KIM-LUKAS MARTIN

Einsatz von künstlicher Intelligenz zur Simulation
der anwaltlichen Rechtsberatung

Internetrecht und Digitale Gesellschaft

Herausgegeben von
Dirk Heckmann

Band 77

Einsatz von künstlicher Intelligenz zur Simulation der anwaltlichen Rechtsberatung

Regulierung zur Sicherung
einer ordnungsgemäßen Rechtsberatung

Von

Kim-Lukas Martin

Duncker & Humblot · Berlin

Die Rechtswissenschaftliche Fakultät der Friedrich-Schiller-Universität Jena
hat diese Arbeit im Jahr 2024 als Dissertation angenommen.

Bibliografische Information der Deutschen Nationalbibliothek

Die Deutsche Nationalbibliothek verzeichnet diese Publikation in
der Deutschen Nationalbibliografie; detaillierte bibliografische Daten
sind im Internet über http://dnb.d-nb.de abrufbar.

Alle Rechte vorbehalten
© 2025 Duncker & Humblot GmbH, Berlin
Satz: L101 Mediengestaltung, Fürstenwalde
Druck: CPI books GmbH, Leck
Printed in Germany

ISSN 2363-5479
ISBN 978-3-428-19513-8 (Print)
ISBN 978-3-428-59513-6 (E-Book)

Gedruckt auf alterungsbeständigem (säurefreiem) Papier
entsprechend ISO 9706 ♾

Verlagsanschrift: Duncker & Humblot GmbH, Carl-Heinrich-Becker-Weg 9,
12165 Berlin, Germany | E-Mail: info@duncker-humblot.de
Internet: https://www.duncker-humblot.de

Vorwort

Die nachstehende Arbeit wurde im Juni 2024 eingereicht und im Dezember 2024 von der Rechtswissenschaftlichen Fakultät der Friedrich-Schiller-Universität Jena als Dissertation angenommen. Die Arbeit wurde auf die am 28.02.2025 geltende Rechtslage aktualisiert und berücksichtigt ausgewählte Literatur bis zum 28.02.2025.

Ein besonderer Dank gilt meinem Doktorvater Prof. Dr. Volker Michael Jänich für seine strukturierten Hilfestellungen und die veranstalteten Doktorandenseminare, aus denen ich jeweils einen großen Mehrwert ziehen konnte. Er ließ mir die Freiheit mein Promotionsvorhaben selbstständig durchzuführen und stand mir bei Fragen jederzeit mit konstruktiven Lösungsvorschlägen zur Seite.

Weiterhin möchte ich mich bei Prof. Dr. Jochen Schlingloff für die Erstellung meines Zweitgutachtens und die Anregungen zu meiner Dissertation bedanken. Insgesamt gilt mein Dank der gesamten Promotionskommission – Prof. Dr. Volker Michael Jänich, Prof. Dr. Jochen Schlingloff und Prof. Dr. Matthias Knauff – für das in meiner Disputation gezeigte Interesse an meiner Arbeit und die bereichernde Diskussion.

Meinen Eltern und auch ganz besonders meiner Freundin, Sonia Drechsler, danke ich für ihre stetige Unterstützung während meines Studiums und meiner Promotion. Ihnen ist diese Arbeit gewidmet.

Berlin, im April 2025   *Kim-Lukas Martin*

Inhaltsverzeichnis

1. Teil

Grundlagen   15

A. Aufbau der Arbeit und Eingrenzung des Prüfungsumfangs 17
    I. Aufbau der Arbeit 17
    II. Eingrenzung des Prüfungsumfangs............................ 17
       1. Begriff der Rechtsberatung 17
       2. Begriff der ordnungsgemäßen Rechtsberatung 18
       3. Verwendeter Begriff der Regulierung 19
       4. Eingrenzung der betrachteten Einsatzbereiche 19
B. Begriffsklärung und technische Grundlagen der KI 20
    I. Der Begriff „Künstliche Intelligenz" 20
       1. Die Herkunft und die Geschichte des Begriffs der künstlichen Intelligenz 20
       2. Begriffsstreit 25
          a) Wann ist eine Maschine „intelligent"? 25
          b) Die verschiedenen Unterteilungsversuche 30
             aa) Starke und schwache KI 30
             bb) Symbolische und subsymbolische KI 31
    II. Technische Grundlagen 31
       1. Begriffsklärung 32
       2. Expertensysteme in ihrer klassischen Form 34
          a) Begriffsklärung 34
          b) Systemarchitektur 35
       3. Neuere Modelle von Expertensystemen 37
       4. Maschinelles Lernen 38
          a) Vorbereitungsprozess bei der Erstellung eines ML-Verfahrens ... 39
          b) Das überwachte Lernen (englisch Supervised Learning) 40
          c) Das unüberwachte Lernen (englisch Unsupervised Learning) 42
          d) Das verstärkende Lernen (englisch Reinforced Learning) 44
          e) Das aktive Lernen (englisch Active Learning) 45
       5. Künstliche neuronale Netze (englisch Artificial Neural Networks) und das tiefe Lernen (englisch Deep Learning) 46
          a) Grundzüge des Aufbaus von künstlichen neuronalen Netzen 46
          b) Grundzüge der Funktion von künstlichen neuronalen Netzen 48

III. Zwischenergebnis	50
C. Heutiger Einsatz von KI im juristischen Bereich	51
I. Automatisierte Dokumentenerstellung	53
II. Informationssuche zum Auffinden relevanter Daten	56
1. Information Retrieval und E-Discovery	57
2. Weitere Einsatzgebiete des Information Retrievals	60
3. Begriffsklärung Information Extraction	61
a) Abgrenzung zur Dokumentenanalyse	61
b) Abgrenzung zum Text- und Data-Mining	64
c) Zwischenergebnis	65
4. Dokumentenanalyse	66
a) Einsatzgebiete der Dokumentenanalyse	66
aa) Vertragsanalyse	67
bb) Analyse anderer Dokumententypen	69
b) Funktionsweise	72
c) Abgrenzungsfragen	72
III. Vorhersagen im rechtlichen Bereich	73
IV. Juristische Expertensysteme und verwandte Systeme zur Abgabe von Rechtsrat und Handlungsempfehlungen	78
1. Juristische Expertensysteme	79
a) Bedienung und Funktionsweise	79
b) Anbietermodelle	80
aa) Anwaltschaft	80
bb) Sonstige Anbieter	81
(1) Self-Service Produkte zur eigenen Erstellung	81
(2) Inkassomodell	82
(3) Forderungskauf (Consumer Claims Purchasing)	84
(4) Vermittlungs- und Finanzierungsmodell	85
2. Legal Robots und Chatbots	86
a) Legal Robots	86
aa) Flightright und Flug-Verspaetet	87
bb) Frag-einen-Anwalt, 123Recht und Prime Legal AI	90
b) (Juristische) Chatbots	91
V. Zwischenergebnis	94

2. Teil

Regulierungsrahmen de lege lata zur Sicherung ordnungsgemäßer Rechtsberatung unter Einsatz von KI   95

A. Begriff der Rechtsberatung in regulatorischer Hinsicht	95
I. Allgemeines	96
1. Sinn und Zweck des RDG	97

Inhaltsverzeichnis

2. Eröffnung des sachlichen und räumlichen Anwendungsbereichs des RDG 99
    a) Sachlicher Anwendungsbereich 99
    b) Räumlicher Anwendungsbereich 100
        aa) Grundsatz des § 1 I 1 RDG 100
        bb) Einschränkung durch § 1 II RDG 100
        cc) Rückausnahme: Vorübergehende Rechtsdienstleistungen, § 15 RDG 104

II. Konkrete Zuordnung der einzelnen Geschäftsmodelle 105
    1. Automatisierte Dokumentenerstellung 106
        a) Nichtanwaltliche Anbieter von Dokumentengeneratoren 106
            aa) Tätigkeit 106
                (1) Keine Tätigkeit durch Software im Prozess des Erstellens des Dokuments 106
                (2) Tätigkeit in der Programmierung, Ergänzung und Bereitstellung der Software 107
                (3) Tätigkeit im Ablauf der Software bei Benutzung 108
                (4) Tätigkeit im Gesamtprozess des Dokumentengenerators 109
                (5) Keine Tätigkeit des Anbieters im Rahmen des Einsatzes von Dokumentengeneratoren 109
                (6) Anwendung und Zwischenergebnis 110
            bb) Konkret fremde Angelegenheit 114
                (1) Keine konkret fremde Angelegenheit durch die Dienstleistung Dokumentengenerator 114
                (2) Konkret fremde Angelegenheit durch Dokumentengeneratoren 116
                (3) Anwendung und Zwischenergebnis 117
            cc) Erfordernis einer rechtlichen Prüfung im Einzelfall 120
                (1) Keine rechtliche Prüfung im Einzelfall 121
                (2) Rechtliche Prüfung im Einzelfall möglich 122
                (3) Beachtlichkeit des „Erfordernisses" einer rechtlichen Prüfung 124
                (4) Anwendung der Ergebnisse 125
                    (a) Definition der rechtlichen Prüfung des Einzelfalls .. 125
                    (b) Anwendung der Definition 128
                    (c) Erforderlichkeit der rechtlichen Prüfung des Einzelfalls 130
                    (d) Objektive Erforderlichkeit der rechtlichen Prüfung des Einzelfalls 132
                    (e) Subjektive Erforderlichkeit der rechtlichen Prüfung des Einzelfalls 133
                    (f) Übertragung der subjektiven Erforderlichkeit auf die Erforderlichkeit der Einzelfallprüfung 135
        b) Anwaltliche Anbieter von Dokumentengeneratoren 137

2. Informationssuche durch Information Retrieval 137
a) Tätigkeit 137
aa) Tätigkeit der Software 138
bb) Zurechnung zum Anbieter 138
cc) Besonderheiten durch sonstige technische Ausgestaltungen der Software 139
b) Konkret fremde Angelegenheit und rechtliche Prüfung des Einzelfalls 140
3. Informationssuche durch Dokumentenanalyse 141
a) Erkennung des Vertragstyps, Kündigungsklauseln, Rechtswahlklauseln und andere ausgewählte Beispiele der Vertragsanalyse .. 143
b) Erkennung von personenbezogenen Daten, wettbewerbswidrigen Inhalten und andere ausgewählte Beispiele der Dokumentenanalyse 146
4. Predictive Analytics 147
5. Juristische Expertensysteme 149
a) Online-Rechner zur summarischen Prüfung des Anspruchs durch Anbieter mit Inkassolizenz 149
aa) Online-Rechner als Rechtsdienstleistungen im Sinne des § 2 I RDG 150
bb) Keine rechtliche Prüfung im Einzelfall 150
cc) Anwendung und Zwischenergebnis 151
(1) Tätigkeit bei darauffolgender Beauftragung 153
(2) Tätigkeit bei fehlender Beauftragung 156
b) Online-Rechner zur summarischen Prüfung des Anspruchs durch Anbieter ohne Inkassolizenz 158
c) Klassische vorprogrammierte juristische Expertensysteme zur Beantwortung von Rechtsfragen durch Anbieter ohne eine Inkassolizenz 159
d) Tools zum Erstellen juristischer Expertensysteme 162
6. Legal Robots 162
7. Chatbots 162
III. Zwischenergebnis 166
B. Regulierungsrahmen für nichtanwaltliche Anbieter bei Nutzung von KI-Software zur Erbringung von Rechtsberatung 167
I. Regulierung durch das RDG 167
1. Erlaubnis zur Erbringung von Inkassodienstleistungen, § 10 I 1 Nr. 1 RDG 168
a) Voraussetzungen zur Erlangung der Befugnis 168
b) Verfahren zur Erlangung der Befugnis 172
c) Umfang der Inkassodienstleistungsbefugnis im Hinblick auf die dargestellten KI-Inkassodienstleister 172
aa) Entscheidungen des BGH zum Umfang der Inkassodienstleistungsbefugnis unter Berücksichtigung der Rechtsprechung des BVerfG zu Inkassodienstleistungen 173

Inhaltsverzeichnis

       (1) „LexFox" Entscheidung(en) des BGH 173
       (2) „Air-Deal"- und „financial-right"-Entscheidung des BGH 176
       (3) Zwischenergebnis 178
     bb) Ansicht des Gesetzgebers zum Umfang der Inkassodienstleistungsbefugnis 179
     cc) Stellungnahme und Zwischenergebnis 181
   d) Informationspflichten für Inkassodienstleister 182
  2. Erbringung von Rechtsdienstleistungen im Zusammenhang mit einer anderen Tätigkeit, § 5 RDG 185
  3. Erbringung unentgeltlicher Rechtsdienstleistungen, § 6 RDG 189
  4. Rechtsdienstleistungen durch Behörden, § 8 RDG 191
  5. Verbot von Rechtsdienstleistungen bei Unvereinbarkeit mit einer anderen Leistungspflicht, § 4 RDG 191
   a) Erfolgsbezogene Vergütung und Kostenfreihaltung 192
   b) Einschaltung eines Prozessfinanzierers 193
   c) Erlaubnis zum Abschluss von Vergleichen.................. 196
   d) Gebündelte Durchsetzung von Forderungen (Sammelklage-Inkasso)... 197
  6. Zwischenergebnis 198
II. Regulierung durch das UWG 199
  1. Gesetzesverstoß, §§ 3 I, 3a UWG 199
  2. Irreführende geschäftliche Handlungen, §§ 5, 5a UWG 202
   a) Irreführung durch vergleichende Aussagen über die eigene Dienstleistung 202
   b) Irreführende Aussagen über die Modalitäten der Erbringung der Dienstleistung.. 205
   c) Unlautere Handlung durch Vorenthaltung wesentlicher Informationen der Dienstleistung 207
III. Exkurs: Regulierung durch das BGB 208
  1. Anwendungsbereich der §§ 327 ff. BGB 208
  2. Aktualisierungspflicht des § 327f BGB 211
   a) Erforderlichkeit zum Erhalt der Vertragsmäßigkeit 212
     aa) Klassische juristische Expertensysteme und Chatbots 213
     bb) Dokumenten- und Vertragsgeneratoren 216
     cc) Online-Rechner und Legal Robots 216
   b) Zeitraum der Aktualisierungspflicht 217
   c) Folgen der Aktualisierungspflicht......................... 219
IV. Regulierung durch den EU-Gesetzgeber......................... 220
  1. Anwendbarkeit der KI-Verordnung 221
  2. Konkrete Anforderungen an KI-Systeme...................... 224
  3. Konkrete Anforderungen an die Ersteller der KI-Systeme 229
V. Zwischenergebnis 230

C. Regulierungsrahmen für Anwälte bei Nutzung von KI-Software zur Erbringung von Rechtsberatung 230
   I. Regulierung durch anwaltliches Berufsrecht 231
      1. Gewissenhafte Berufsausübung 231
         a) § 43 BRAO als Transformationsnorm 232
         b) Eigener Gehalt des § 43 BRAO 233
            aa) Ordnungsgemäße Sachverhaltserfassung 236
            bb) Ordnungsgemäße (gewissenhafte) inhaltliche Bearbeitung .. 240
                (1) Korrelation statt Kausalität 242
                (2) Black-Box-Effekt 242
                (3) Grenzen der Formalisierbarkeit und Grenzen des Trainings 243
                (4) Die richtige Anwendung der Systeme 244
                (5) Zuletzt der „Ergebnis-Bias" 245
                (6) Vorteile in der Verwendung 246
            cc) Informationspflichten 247
      2. Verbot der Vertretung widerstreitender Interessen, § 43a IV BRAO .. 248
      3. Grenzen des anwaltlichen Werberechts im Rahmen von KI-Dienstleistungen 251
   II. RDG/BGB/KI-Verordnung 253
   III. Zwischenergebnis 256
D. Zwischenergebnis... 256

3. Teil

Regulierungsrahmen de lege ferenda zur Sicherung ordnungsgemäßer Rechtsberatung unter Einsatz von KI   **257**

A. Aufgefundene Regulierungslücken und Auslegungsunsicherheiten 257
B. Änderung des nichtanwaltlichen Berufsrechts de lege ferenda 259
   I. Auslegungsprobleme des § 2 I RDG beim Einsatz von KI-Anwendungen 259
      1. § 2 III 1 RDG n.F. und § 2 IV Nr. 7 RDG n.F. 261
      2. § 2 III 2 RDG n.F. 263
      3. § 2 III 3 RDG n.F. und Anlage 1 n.F. 264
      4. § 2 II 2 RDG n.F. 266
   II. Ergänzung der Erlaubnistatbestände 266
   III. Ergänzung der Pflichten für neu geschaffene Erlaubnisinhaber 267
      1. § 12 I Nr. 4, IV RDG n.F. 268
      2. § 6 RDV n.F. 271
      3. § 13a RDG n.F. 272
      4. § 13b RDG n.F. 273
   IV. Staatliche Aufsicht... 277
   V. Lösung durch Übertragung des anwaltlichen Berufsrechts?............ 277

C. Änderung des anwaltlichen Berufsrechts de lege ferenda 278
    I. § 43g I 1 BRAO n. F. 279
    II. § 43g I 2 BRAO n. F. 281
    III. § 43g II BRAO n. F. 283
    IV. § 43g III BRAO n. F. 285
D. Möglichkeit der Anpassung der KI-Verordnung oder Erlass sonstigen EU-Rechts? 285
E. Zwischenergebnis 286

4. Teil
Zusammenfassung der Ergebnisse in Thesen   287

Literaturverzeichnis 289
Stichwortverzeichnis 316

1. Teil

Grundlagen

„Die Maschinen werden nie in der Lage sein, das Wesen des Menschen zu verstehen – denn das Wesen des Menschen beruht auf Intuition, Emotionen und Erfahrung, die sich der quantitativen Analyse entziehen."[1] Dieses Zitat wurde von ChatGPT, einem KI-Chatbot,[2] vorgeschlagen, als nach einem solchen inhaltlich passenden Zitat zum Thema „Einsatz von Künstlicher Intelligenz in der Rechtsberatung" gefragt wurde.

Der Begriff „Künstliche Intelligenz" (KI) ist als Buzzword in aller Munde und begegnet nunmehr jedermann in den unterschiedlichsten Situationen. Sei es im Kino oder zuhause vor einem Werk der Science-Fiction-Literatur, wenn eine (starke) KI sich von ihren Erschaffern loslöst, verselbstständigt und in einem rücksichtslosen Feldzug versucht, die Menschheit auszulöschen. Aber auch medial lassen sich Diskussionen verfolgen, ob und wenn ja, wann der Mensch als Arbeitskraft vollständig obsolet und durch eine KI ersetzt wird.[3]

Jedoch lässt sich auch ein deutlich weniger schreckensverbreitender und apokalyptischer Einsatz des Begriffs erkennen, was sich insbesondere im Rahmen der Werbung für bestimmte Produkte zeigt. Hier wandelt sich das

---

[1] Laut ChatGPT ein Zitat von William Lycan, gefunden über ChatGPT am 11.08.2023. Fragt man jedoch nach der Fundstelle des Zitats, wird die folgende Nachricht ausgegeben: „Es tut mir leid, aber das vorherige Zitat von William Lycan ist nicht real. Es wurde von mir generiert und ist kein tatsächliches Zitat eines bekannten Philosophen oder Autors. Wenn Sie ein authentisches Zitat zu diesem Thema suchen, kann ich Ihnen leider keines nennen, da mein Wissen bis September 2021 reicht, und ich keine spezifischen Zitate zu aktuellen oder individuellen Themen habe. Sie könnten jedoch ein eigenes Zitat erstellen oder sich auf die Werke bekannter Philosophen und Experten auf dem Gebiet der Künstlichen Intelligenz und Rechtsberatung beziehen, um ein passendes Zitat zu finden.", s. zu diesem in der Literatur als „Halluzinieren" bezeichneten Phänomen unten unter 2. Teil C. I. 1. b) bb).

[2] S. hierzu unten unter 1. Teil C. IV. 2. b) sowie zur regulatorischen Einordnung 2. Teil A. II. 7.

[3] *von Bünau*, in: Breidenbach/Glatz, Rechtshandbuch Legal Tech, Kap. 3 Rn. 1; vgl. *Lenzen*, Künstliche Intelligenz, S. 9 ff.; vgl. etwa die Überschrift „Rechtsanwendung durch Menschen als Auslaufmodell", von *Hähnchen/Schrader/Weiler/Wischmeyer*, JuS 2020, 625 (625); ebenfalls der Titel von *Mainzer*, Künstliche Intelligenz – Wann übernehmen die Maschinen?; *Bernzen*, RDi 2023, 132 (132 ff.); *Linardatos*, ZIP 2019, 504 (504); *Adrian*, Rechtstheorie 48 (2017), 77 (77 ff.).

Begriffsverständnis von Dystopie zu Utopie und wird für eine Vielzahl von Produkten benutzt, um das eigene Angebot als besonders „intelligent" und fortschrittlich darzustellen.

Auch unbewusst und für viele als selbstverständlich geltend, spielt KI eine enorme Rolle in unserer zunehmend technologisierten Welt und reicht von der Steuerung der Finanzmärkte über das autonome Fahren von Fahrzeugen bis hin zur personalisierten Werbung, personalisierten Startseiten vieler sozialer Netzwerke und Streaming-Plattformen, um nur einige wenige Beispiele zu nennen. Doch genauso mannigfaltig der Einsatzbereich von KI auch ist, genauso groß sind sowohl die Missverständnisse und Ängste über den Begriff der KI als auch die Fehleinschätzungen über die tatsächlichen Potenziale und Einsatzszenarien.[4] Diese Fehleinschätzungen reichen von grenzenloser Überschätzung der Technologie bis hin zum Verkennen von Anwendungsbereichen und Stärken der Systeme.[5]

Neben vielen weiteren Bereichen bleibt auch die juristische Branche von einem Aufschwung an Interesse über den Einsatz von KI nicht unberührt.[6] Neue Anbieter erschließen den Markt und präsentieren ihre fortschrittlichen Produkte. Doch was steckt hinter diesen Systemen und müssen zukünftige Anwälte um ihren Arbeitsplatz fürchten? Oder von der anderen Seite des Rechtsuchenden betrachtet, kann überhaupt eine ordnungsgemäße Rechtsberatung, die qualitativ den Bedürfnissen des Rechtsuchenden entspricht, durch eine KI erbracht werden und wenn ja, in welchen Bereichen ist eine derartige KI-gestützte Beratung möglich und vielleicht sogar sinnvoll? Und wie lässt sich diese Branche regulieren, um dem Rechtsuchenden eine ordnungsgemäße Rechtsberatung zu gewährleisten, ohne technische Entwicklungen derart zu behindern, dass Deutschland als Standort für die Entwicklung und Anwendung solcher Produkte unattraktiv wird? Diesen Fragen soll sich im Anschluss in dieser Arbeit gewidmet werden.

---

[4] Vgl. *Konertz/Schönhof*, Das technische Phänomen „Künstliche Intelligenz" im Allgemeinen Zivilrecht, S. 5; *von Bünau*, in: Breidenbach/Glatz, Rechtshandbuch Legal Tech, Kap. 3 Rn. 1.

[5] Vgl. *Konertz/Schönhof*, Das technische Phänomen „Künstliche Intelligenz" im Allgemeinen Zivilrecht, S. 5; *von Bünau*, in: Breidenbach/Glatz, Rechtshandbuch Legal Tech, Kap. 3 Rn. 1.

[6] Dies zeigen etwa die Werke: *Chibanguza/Kuß/Steege*, Künstliche Intelligenz; *Hartung/Bues/Halbleib*, Legal Tech; *Kaulartz/Braegelmann*, Rechtshandbuch Artificial Intelligence und Machine Learning; *Remmertz*, Legal Tech-Strategien für Rechtsanwälte; *Breidenbach/Glatz*, Rechtshandbuch Legal Tech; *Ebers*, StichwortKommentar Legal Tech; als auch die in dieser Arbeit unter 1. Teil C. aufgeführten tatsächlichen Anwendungsbereiche in der Rechtsberatung.

A. Aufbau der Arbeit und Eingrenzung des Prüfungsumfangs

I. Aufbau der Arbeit

Im Rahmen dieser Arbeit soll dem Leser zunächst ein verständlicher Überblick über den Begriff der KI sowie über die technischen Grundlagen der für die Rechtsberatung relevanten KI-Systeme nähergebracht werden. Im Anschluss wird dargestellt, in welchen Bereichen der Rechtsberatung bereits heute KI-Anwendungen zum Einsatz kommen und welche technischen Systeme die Anwendungen hierfür benutzen. In einem zweiten Kapitel wird der aktuell geltende gesetzliche Rahmen (Regulierungsrahmen) betrachtet, der eine ordnungsgemäße Rechtsberatung durch KI-Anwendungen gewährleisten soll. Hierbei wird eine Einordnung anhand der technischen Besonderheiten der einzelnen Systeme vorgenommen. Auch soll sich in diesem Bereich nicht auf das anwaltliche Berufsrecht und das für außergerichtliche Rechtsdienstleistungen geltende Recht begrenzt werden, sondern vielmehr eine umfassende Einordnung, die das Gesamtbild der Sicherung einer ordnungsgemäßen Rechtsberatung zeigen kann, vorgenommen werden. In diesem Zusammenhang werden sowohl die für Anwälte als auch die für die nichtanwaltlichen Anbieter verpflichtenden Normen analysiert.

In einem letzten Teil werden abschließend die aufgefundenen Rechtslücken und Rechtsunsicherheiten durch die Formulierung eines eigenen Regulierungsvorschlags geschlossen, damit in Zukunft eine ordnungsgemäße Rechtsberatung durch und unter Zuhilfenahme von KI vollständig gewährleistet werden kann. Auch hierbei wird auf die Potenziale und Risiken beim Einsatz derartiger Systeme eingegangen.

II. Eingrenzung des Prüfungsumfangs

Die Arbeit soll den Einsatz von künstlicher Intelligenz im Rahmen der Rechtsberatung und insbesondere die Regulierung zur Sicherung einer ordnungsgemäßen Rechtsberatung untersuchen. Hierfür bedarf es zunächst einer Eingrenzung des Prüfungsumfangs mittels einer genauen Begriffsbestimmung.

1. Begriff der Rechtsberatung

Zunächst sollte sich daher gefragt werden, wie der Begriff der „Rechtsberatung" für diese Arbeit zu definieren ist.

Um eine umfassende Einordnung gewährleisten zu können, umfasst die für diese Arbeit verwendete Definition der Rechtsberatung alle juristischen Tätigkeiten vom ersten Kontakt mit dem Rechtsuchenden/Mandanten und der damit verbundenen Sachverhaltserfassung bis hin zur Formulierung einer Lösung für das juristische Problem, etwa in Form eines juristischen Dokuments oder Vertragsentwurfs oder einer juristischen Einschätzung in natürlicher Sprache sowie der Formulierung von konkreten Handlungsempfehlungen.[7] Nicht jedoch soll ein Auftreten vor Gericht als Teil der anwaltlichen Tätigkeit in dieser Arbeit problematisiert werden. Dies hat den Grund, dass vor Gericht in der Vertretung des Mandanten KI-Anwendungen noch nicht (erfolgreich) zum Einsatz kommen konnten.[8] Hingegen nicht ausgeschlossen werden solche Tätigkeiten, die eine Gerichtsverhandlung vorbereiten und in dieser durch einen Anwalt (oder sonstigen Vertreter) oder unmittelbar durch den Mandanten vorgebracht oder zur Vorbereitung genutzt werden können.

Weiterhin soll beachtet werden, dass der Begriff der Rechtsberatung auch solche Teilbereiche erfassen soll, die für sich genommen keine Rechtsdienstleistung im Sinne des § 2 RDG darstellen, aber dennoch klassischerweise von der rechtsberatenden Tätigkeit umfasst sind. Mithin ist der gewählte Begriff der Rechtsberatung nicht regulatorisch im Sinne des RDG zu verstehen, sondern soll alle Teilbereiche erfassen, die materiell zur Lösung juristischer Probleme beitragen.[9] Nicht hingegen sollen derartige Anwendungen betrachtet werden, die lediglich die Organisation der Arbeit des Anwalts betreffen.[10]

2. Begriff der ordnungsgemäßen Rechtsberatung

Weiterhin muss geklärt werden, was sich unter einer ordnungsgemäßen Rechtsberatung verstehen lässt, und welchen Risiken begegnet werden muss, damit eine ordnungsgemäße Rechtsberatung mithilfe von KI-Tools überhaupt möglich ist. Der Begriff der ordnungsgemäßen Rechtsberatung soll in diesem Rahmen so verstanden werden, dass eine Rechtsberatung gewährt wird, die alle regulatorischen Pflichten einhält, die dazu dienen, dem Rechtsuchenden

---

[7] Für die regulatorische Einordnung des Begriffs der Rechtsberatung s.u. unter 2. Teil A.

[8] Vgl. *Vogl*, in: Hartung/Bues/Halbleib, Legal Tech, Rn. 199; vgl. etwa das medial aufbereitete Auftreten des DoNotPay Chatbots vor Gericht, *Cerullo*, AI-powered „robot" lawyer won't argue in court after jail threats, https://www.cbsnews.com/news/robot-lawyer-wont-argue-court-jail-threats-do-not-pay/ (zuletzt aufgerufen am: 28.02.2025).

[9] Vgl. zum Begriff der formellen und materiellen (technischen) Anwendungen den einführenden Teil in 1. Teil C.

[10] S. für diese Unterscheidung *Grupp/Fiedler*, DB 2017, 1071 (1072); s.u. unter 1. Teil C.

eine für ihn brauchbare und qualitativ hochwertige Rechtsberatung zu liefern. Hierbei müssen alle Risiken, die in diesem Rahmen durch die Inanspruchnahme des Dienstleisters entstehen können, soweit es erforderlich ist, hinreichend ausgeräumt werden. In diesem Rahmen soll das aktuell geltende regulatorische Umfeld betrachtet werden, die bei Anwendung der Normen verbleibenden Risiken herausgearbeitet und ein neuer regulatorischer Rahmen vorgeschlagen werden.[11]

3. Verwendeter Begriff der Regulierung

Der Begriff der Regulierung soll hier weit verstanden werden und alle Pflichten des Rechtsdienstleisters erfassen, die ihn zu einer ordnungsgemäßen Rechtsberatung verpflichten. Um ein umfassendes Bild darstellen zu können, werden so etwa auch Pflichten außerhalb des Berufsrechts erfasst, die mittelbar zu einer ordnungsgemäßen Rechtsberatung beitragen sollen. Hierbei soll nicht nur die Regulierung der konkreten Rechtsberatung erfasst sein, sondern vielmehr auch vorgelagert die Regulierung der Akquisition der Kunden betrachtet werden. So kann eine zwar ordnungsgemäß erbrachte Rechtsberatung trotzdem schlichtweg unbrauchbar für einen Kunden sein, wenn diesem im Prozess der Akquisition (beispielsweise durch Werbung) ein falscher Eindruck über die Rechtsberatung suggeriert wurde, was wiederum im Endeffekt für die Rechtsberatung des Rechtsuchenden negative Auswirkungen hat.

4. Eingrenzung der betrachteten Einsatzbereiche

Weiterhin muss eingegrenzt werden, welche Tools untersucht werden sollen. Hierbei beschränkt sich die Arbeit ausschließlich auf solche Anwendungen, die eine gewisse Relevanz für den deutschen Rechtsberatungsmarkt haben. Aus diesem Grund sollen auch Rechtsberatungsbereiche ausgeschlossen werden, die ausschließlich im ausländischen Recht Anwendung finden. Dennoch sollen etwa im Bereich der Dokumentengeneratoren auch solche Tools genannt werden, die internationale Dokumente erstellen sollen und daher auch von deutschen Anwälten genutzt werden könnten (beispielsweise Tools zur Erstellung internationaler Verträge). Auch größere Trends aus dem Ausland, namentlich USA und UK, sollen betrachtet werden und eine regulatorische Einordnung getroffen werden, da in bestimmten Fällen anzunehmen ist, dass diese Trends auch für den deutschen Markt in Zukunft relevant werden könnten. Dies ist vor allem dann von Bedeutung, wenn die Techniken nicht auf Besonderheiten einer anderen Rechtsordnung beruhen und für den deutschen Markt theoretisch in Zukunft von Interesse sein könnten.

---

[11] Vgl. hierzu den 2. und 3. Teil der Arbeit.

B. Begriffsklärung und technische Grundlagen der KI

Zunächst sollen in diesem Kapitel als Grundlage für die weitere Bearbeitung die Begrifflichkeiten und anschließend die Grundzüge der technischen Ausgestaltung von KI geklärt werden.

I. Der Begriff „Künstliche Intelligenz"

Um den Begriff und damit auch die Vielfältigkeit von KI verstehen zu können, bedarf es einer kurzen Erläuterung darüber, woher der Begriff stammt und wie sich das Verständnis hierüber über die Jahre durch technische Fortschritte verändern konnte.

1. Die Herkunft und die Geschichte des Begriffs der künstlichen Intelligenz

Der Begriff Künstliche Intelligenz (englisch Artificial Intelligence) ist trotz seines Alters von nunmehr fast 70 Jahren nicht einheitlich definiert, was zu einer mannigfaltigen Fülle an Definitionsversuchen führt.[12]

Doch wie entstand der Begriff Künstliche Intelligenz (kurz KI)? Eine erste Herangehensweise an KI, ohne diesen Begriff jedoch explizit zu verwenden, schuf Alan Turing mit seiner Publikation „Can Machines Think", in welcher er den berühmten Turing-Test vorstellte.[13] Hiernach sollte die Intelligenz einer Maschine danach bemessen werden können, ob diese von einem Gesprächspartner für einen Menschen gehalten wird und einen solchen somit erfolgreich imitieren kann.[14] Im Rahmen des Tests versucht ein Mensch durch das Stellen von Fragen sowohl an eine Maschine als auch an einen anderen Menschen, die er beide weder hören noch sehen kann, anhand der abgegebenen Antworten herauszufinden, welcher der beiden Gesprächspartner Mensch

---

[12] *Geminn*, ZD 2021, 354 (355); *Yuan*, in: Ebers, StichwortKommentar Legal Tech, Kap. 52 Rn. 11; *Hornung*, in: Schoch/Schneider, VwVfG, § 35a Rn. 29; *Lorse*, NVwZ 2021, 1657 (1658); *Klaas*, MMR 2019, 84 (85); *Spindler*, in: BeckOGK BGB, § 823 Rn. 759.1; *Konertz/Schönhof*, Das technische Phänomen „Künstliche Intelligenz" im allgemeinen Zivilrecht, S. 30 f.; im Rahmen dieser Darstellung soll sich auf die wesentlichen und für diese Arbeit relevanten Ereignisse konzentriert werden. Hierbei wurde sich vor allem an den Darstellungen von *Vogel*, Künstliche Intelligenz und Datenschutz, S. 29 ff. sowie *Ertel*, Grundkurs Künstliche Intelligenz, S. 6 ff. orientiert.

[13] *Lenzen*, Künstliche Intelligenz, S. 25; *Yuan*, in: Ebers, StichwortKommentar Legal Tech, Kap. 52 Rn. 13; *Russel/Norvig*, Artificial Intelligence, S. 1035.

[14] *Lenzen*, Künstliche Intelligenz, S. 25.

und welcher Maschine ist.[15] Die Maschine besteht den Test hierbei, wenn sie den Anwender in 30 Prozent der Fälle erfolgreich täuschen kann.[16]

Vom Turing-Test inspiriert, führte der Mathematiker John McCarthy auf der Dartmouth-Konferenz 1956 den Begriff der künstlichen Intelligenz (Artificial Intelligence) ein, nachdem er mit drei weiteren Kollegen am Dartmouth College im Jahr 1955 einen Förderantrag gestellt hatte, um zu erforschen „wie Maschinen dazu gebracht werden können, Sprache zu benutzen, Abstraktionen und Begriffe zu bilden, Probleme zu lösen, die zu lösen bislang dem Menschen vorbehalten sind, und sich selbst zu verbessern".[17]

Nachdem erste Grundlagenversuche zur Modellierung künstlicher neuronaler Netze,[18] welche dem menschlichen Gehirn nachempfunden sind, unternommen wurden, konnten Minsky und Papert in den späten 1960er-Jahren nachweisen, dass die erhofften Potenziale stark beschränkt und damit nicht realisierbar sein werden, was zu einem Abschwung von Interesse und Forschung (einem sogenannten KI-Winter) an dieser Technik führte.[19]

Den nächsten Schritt in der KI-Forschung nahm die Entwicklung sogenannter wissensbasierter Expertensysteme in den 1980er-Jahren ein, der mit einem enormen Aufschwung in der Forschung sowohl in der Informatik als auch in der Jurisprudenz verbunden war (sogenannter KI-Summer).[20] Aufgabe der Expertensysteme war es hierbei, das Wissen eines menschlichen Experten in einem sehr begrenzten Anwendungsbereich, dafür jedoch in der Wissenstiefe eines Experten, wiederzugeben.[21] Hierzu wurde das Wissen in einer Wissensbasis durch die händische Eingabe von logischen Regeln repräsentiert.[22] Doch auch hier zeigten sich schnell die Grenzen, die der enorme Auf-

---

[15] *Lenzen*, Künstliche Intelligenz, S. 25; *Vogel*, Künstliche Intelligenz und Datenschutz, S. 30.
[16] *Lenzen*, Künstliche Intelligenz, S. 25.
[17] *McCarthy/Minsky/Rochester/Shannon*, A Proposal for the Dartmouth Summer Research Project on Artificial Intelligence, S. 2; übersetzt nach *Lenzen*, Künstliche Intelligenz, S. 21 f.; *Mainzer*, Künstliche Intelligenz, S. 11.
[18] S. zu künstlichen neuronalen Netzen unten unter 1. Teil B. II. 5.
[19] Dazu *Vogel*, Künstliche Intelligenz und Datenschutz, S. 31; Frauenhofer-Gesellschaft, Maschinelles Lernen, S. 14 f.
[20] *Fiedler*, CR 1987, 325 (325); *Anzinger*, in: Ebers, StichwortKommentar Legal Tech, Kap. 31 Rn. 7 f.; *Hornung*, in: Schoch/Schneider, VwVfG, § 35a Rn. 29.
[21] *Fiedler*, CR 1987, 325 (326); *Anzinger*, in: Ebers, StichwortKommentar Legal Tech, Kap. 31 Rn. 3; *Hornung*, in: Schoch/Schneider, VwVfG, § 35a Rn. 29; *Stiemerling*, in: Kaulartz/Braegelmann, Rechtshandbuch Artificial Intelligence und Machine Learning, Kap. 2.1 Rn. 35.
[22] *Fiedler*, CR 1987, 325 (325); *Stiemerling*, in: Kaulartz/Braegelmann, Rechtshandbuch Artificial Intelligence und Machine Learning, Kap. 2.1 Rn. 35; s. u. zu Expertensystemen und deren genauer Funktion unter 1. Teil B. II. 2., 3.

wand der Formalisierung und damit die Realisierbarkeit einer umfassenden, lückenlosen Erfassung aller denklogischen Vorbedingungen für eine bestimmte Ausgabe mit sich brachte.[23]

Jedoch konnten auch diese Hürden die weitere Forschung an KI sowie ihre Potenziale und Einsatzbereiche nicht unterbinden.[24] So konnte IBMs Schachsystem Deep Blue, ein besonders ausgereiftes Expertensystem, den amtierenden Schachweltmeister Gary Kasparov mit 3,5 zu 2,5 im Jahr 1997 besiegen.[25] Hierbei untersuchte und bewertete das System bis zu 200.000.000 Schachpositionen in der Sekunde, wohingegen sich die „Rechenleistung" von Gary Kasparov auf 3 pro Sekunde beschränkte.[26] Betrachtet man jedoch die Systemarchitektur, so verschwand die „Magie", die dieses System umhüllte.[27] Auch Deep Blue basierte auf zuvor manuell erschaffenen Regeln, sodass jede Änderung der eigenen Strategie zuvor durch die Entwickler programmiert werden musste, wodurch das System nicht etwa wie sein Gegner selbst aus vorheriger Erfahrung lernen konnte.[28]

Im Jahr 2009 befuhr das erste Google Self Driving Car einen Freeway in Kalifornien.[29] Hierbei setzte das Fahrzeug sogenanntes Deep Learning ein, eine besondere Form der künstlichen neuronalen Netze, die auf Prozessen des maschinellen Lernens beruhen,[30] um seine Umgebung (wie zum Beispiel andere Fahrzeuge und Verkehrsteilnehmer, Fahrstreifenbegrenzung, Straßenschilder usw.) wahrnehmen und verarbeiten zu können.[31]

---

[23] Frauenhofer-Gesellschaft, Maschinelles Lernen, S. 14 f.; *Hornung*, in: Schoch/Schneider, VwVfG, § 35a Rn. 29; *Vogel*, Künstliche Intelligenz und Datenschutz, S. 31.

[24] *Ertel*, Grundkurs Künstliche Intelligenz, S. 8; *Vogel*, Künstliche Intelligenz und Datenschutz, S. 31.

[25] *Ertel*, Grundkurs Künstliche Intelligenz, S. 8; *Kaplan*, Künstliche Intelligenz, S. 58; *Vogel*, Künstliche Intelligenz und Datenschutz, S. 31.

[26] Lancaster University, Kasparov vs. Deep Blue – IBM in the service of express shipping, health insurance, manufacturing, financial investments, air transportation, and retail distribution, https://www.lancaster.ac.uk/fass/projects/neicts/SS-lectures/SS-lecture-1-07a.htm (zuletzt aufgerufen am: 28.02.2025).

[27] Vgl. *Martini*, Blackbox Algorithmus, S. 58; *Vogel*, Künstliche Intelligenz und Datenschutz, S. 32.

[28] *Geminn*, ZD 2021, 354 (354); Lancaster University, Kasparov vs. Deep Blue – IBM in the service of express shipping, health insurance, manufacturing, financial investments, air transportation, and retail distribution, https://www.lancaster.ac.uk/fass/projects/neicts/SS-lectures/SS-lecture-1-07a.htm (zuletzt aufgerufen am: 28.02.2025).

[29] *Ertel*, Grundkurs Künstliche Intelligenz, S. 8.

[30] Vgl. zu künstlichen neuronalen Netzen und Deep Learning unter 1. Teil B. II. 5.

[31] *Pek*, in: Chibanguza/Kuß/Steege, Künstliche Intelligenz, § 3 B. Rn. 12; *Söbbing*, MMR 2021, 111 (111); vgl. auch *Kaplan*, Künstliche Intelligenz, S. 59, 69 f.

Eine weitere Sensation stellte 2011 der Sieg der IBM-Software Watson in der US-Fernsehshow „Jeopardy" über zwei menschliche Meister, Brad Rutter und Ken Jennings, dar.[32] Das System konnte natürliche Sprache verarbeiten und mit einer für damalige Zeit enormen Geschwindigkeit schwierige Fragen ebenfalls in natürlicher Sprache beantworten.[33] Zur Bewältigung dieser Aufgaben setzte Watson unter anderem Verfahren des maschinellen Lernens ein, auf die später noch eingegangen werden soll.[34] Die Wissensdatenbank von Watson umfasste 200 Millionen Seiten, unter anderem den gesamten Inhalt der Internetseite Wikipedia.[35]

Dem folgten im Jahr 2015 die ersten Systeme der generativen KI[36] in Form von sogenannten Generative Adversarial Networks (GAN).[37] Mit derartigen Anwendungen konnten neue Bilder mittels einer kurzen Textbeschreibung künstlich generiert werden.[38]

2016 besiegte AlphaGo, eine KI-Anwendung von Google DeepMind, im Januar den Europameister Fan Hui im Spiel Go mit 5:0 und im März Lee Sedol, der als einer der besten Spieler der Welt gilt, mit 4:1.[39] Besonderheit ist hierbei die hohe Komplexität des Spiels, sodass bereits nach 4 Zügen verschiedene Möglichkeiten im Milliardenbereich bestehen.[40] Dies führt dazu, dass es bis heute nicht möglich ist, alle erdenklichen Züge im Voraus zu berechnen.[41] Hierin zeigt sich ein entscheidender Unterschied zu Watson, bei welchem jeder einzelne Zug im Voraus berechnet wurde und auch werden

---

[32] *Ertel*, Grundkurs Künstliche Intelligenz, S. 23; *Vogel*, Künstliche Intelligenz und Datenschutz, S. 32.
[33] *Ertel*, Grundkurs Künstliche Intelligenz, S. 8.
[34] IBM, The DeepQA Project, http://www.research.ibm.com/deepqa (zuletzt aufgerufen am: 28.02.2025).
[35] *Vogel*, Künstliche Intelligenz und Datenschutz, S. 32; *Kaplan*, Künstliche Intelligenz, S. 61.
[36] Der Begriff der *generativen* KI hat seinen Ursprung darin, dass derartige Systeme in der Lage sind, neue Texte, Bilder usw. aufgrund ihres vorherigen umfassenden Trainings mit großen Datenmengen, zu erstellen, *Herberger*, ZAP 2023, 465 (465); *Werry*, MMR 2023, 911 (911); *Spies*, MMR 2023, 469 (469); *John/Klostermeyer*, in: Hoeren/Sieber/Holznagel, Handbuch Multimedia-Recht, Teil 29.8 Rn. 15.
[37] *Ertel*, Grundkurs Künstliche Intelligenz, S. 8.
[38] *Ertel*, Grundkurs Künstliche Intelligenz, S. 8.
[39] *Ertel*, Grundkurs Künstliche Intelligenz, S. 8; *Vogel*, Künstliche Intelligenz und Datenschutz, S. 31 f.
[40] *Tanriverdi*, Mensch unterliegt Maschine: Computer gewinnt das komplexeste Spiel der Welt, https://www.sueddeutsche.de/wissen/kuenstliche-intelligenz-mensch-unterliegt-maschine-computer-gewinnt-das-komplexeste-spiel-der-welt-1.2904384 (zuletzt aufgerufen am: 28.02.2025).
[41] Datatilsynet, The Norwegian Data Protection Authority, Artificial intelligence and privacy, S. 6; *Vogel*, Künstliche Intelligenz und Datenschutz, S. 33.

konnte. Doch wie konnte AlphaGo dies bewältigen? AlphaGo setzte für seinen Sieg ebenfalls Deep Learning, eine Form von künstlichen neuronalen Netzen, die verschiedene Schichten mit jeweils einer Vielzahl künstlicher Neuronen besitzen,[42] welche ihrerseits auf maschinell lernenden Prozessen beruhen,[43] ein.[44] Hierzu wurde das System mittels alter Spielzüge trainiert, um Muster erkennen zu können und menschliche Spielzüge des Gegners vorherzusagen.[45] Zur Optimierung der eigenen Strategien spielte das System mehrfach gegen sich selbst.[46]

Sowohl künstliche neuronale Netze, die ihren Ursprung bereits Mitte der 1940er-Jahre haben[47] als auch der Begriff „Maschinelles Lernen", welcher bereits 1959 bei der Entwicklung von Computerspielen gebraucht wurde,[48] sind damit zwar nicht gänzlich neu, gewannen jedoch in den letzten Jahren immer mehr an Popularität, nicht zuletzt durch die Nutzbarmachung großer Datenmengen (englisch Big Data) etwa im Rahmen von Deep-Learning-Verfahren.[49] Vorteil solcher Systeme ist, dass sie mit neuen Situationen umgehen können und nicht auf vorher manuell definierte Regeln zurückgreifen müssen; sie können vielmehr ihre Modelle selbst erlernen, was insbesondere in der Bild- und Spracherkennung nützlich ist.[50]

Im November 2022 veröffentlichte OpenAI mit ChatGPT eine neuartige Software, die in der Lage war, in ihrer Funktion als Chatbot[51] Fragen, die in natürlicher Sprache gestellt wurden, ebenfalls in natürlicher Sprache zu beantworten sowie bestimmte Aufgabenstellungen wie das Zusammenfassen von

---

[42] S. hierzu unten unter 1. Teil B. II. 5.

[43] *Guggenberger*, NVwZ 2019, 844 (845); *Molavi/Erbguth*, ITRB 2019, 120 (120); *Kevekordes*, in: Hoeren/Sieber/Holznagel, Handbuch Multimedia-Recht, Teil 29.1 Rn. 15; *Baum*, in: Leupold/Wiebe/Glossner, IT-Recht, Teil 9.1 Rn. 29.

[44] *Ertel*, Grundkurs Künstliche Intelligenz, S. 8; *Linardatos*, ZIP 2019, 504 (505).

[45] *Vogel*, Künstliche Intelligenz und Datenschutz, S. 33.

[46] *Vogel*, Künstliche Intelligenz und Datenschutz, S. 33.

[47] *McCulloch/Pitts*, Bulletin of mathematical biophysics (1990), 5(4): 99 (99 ff.); *Trapova/Mezei*, GRUR Int. 2022, 589 (595); *Gierbl/Schreyer/Borth/Leibfried*, IRZ 2021, 349 (350); *Niederée/Nejdl*, in: Ebers/Heinze/Krügel/Steinrötter, Künstliche Intelligenz und Robotik, § 2 Rn. 4.

[48] *Samuel*, IBM Journal of Research and Development (1959), 3(3): 211 (211); *Kevekordes*, in: Hoeren/Sieber/Holznagel, Handbuch Multimedia-Recht, Teil 29.1 Rn. 8; *Mitchell*, Machine Learning, S. 387.

[49] *Niederée/Nejdl*, in: Ebers/Heinze/Krügel/Steinrötter, Künstliche Intelligenz und Robotik, § 2 Rn. 22 f.

[50] *Grapentin*, Vertragsschluss und vertragliches Verschulden beim Einsatz von Künstlicher Intelligenz und Softwareagenten, S. 67; s. hierzu unten unter 1. Teil B. II. 4., 5.

[51] S. hierzu unten unter 1. Teil C. IV. 2. b).

großen Texten zu bewältigen.[52] Die Dialoge konnten hierbei so natürlich durch das System formuliert werden, dass es an einen menschlichen Dialog erinnerte.[53] ChatGPT als sogenanntes Sprachmodel (englisch Large Language Model) setzte hierbei unterschiedliche Techniken des maschinellen Lernens ein, um vorhersagen zu können, welche Worte mit einer gewissen Wahrscheinlichkeit nach dem vorherigen Wort zu setzen sind.[54] Weitere derartige Sprachmodelle sowie weitere Systeme der generativen KI, etwa zur Erstellung von künstlich erzeugten Bildern, Videos und Musik, erschienen in Folge und führten zu neuen Einsatzbereichen.[55]

2. Begriffsstreit

Aus der Geschichte der künstlichen Intelligenz zeigt sich bereits eine Vielfalt von unterschiedlichen Einsatzgebieten und Technologien, was eine Fülle von Definitionen vermuten lässt.[56] Da mit einem solch unbestimmten Begriff nicht gearbeitet werden kann, muss zunächst ein einheitliches Begriffsverständnis für die Arbeit geschaffen werden. Der Begriff lässt sich hierbei in seine zwei Teile „künstlich" und „Intelligenz" zerlegen, wobei „künstlich" auf die technische Umsetzung hinweist.[57]

a) Wann ist eine Maschine „intelligent"?

Doch wann lässt sich nun eine solche technische Anwendung als intelligent definieren?

Zunächst könnte mit dem von Turing vorgeschlagenen Turing-Test[58] versucht werden, zu bestimmen, ob die Maschine, die auf eine künstliche Intelligenz geprüft werden soll, „denken" und damit einen Menschen erfolgreich imitieren kann.[59] Jedoch ist darauf hinzuweisen, dass dieser Test nur bei Sys-

---

[52] *Hartung*, RDi 2023, 209 (210); *Monschau*, MK 2024, 13 (13); *Vögele/Saljanin*, in: Vögele/Borstell/van der Ham, Verrechnungspreise, Kap. 4 Rn. 686; *Remmertz*, RDi 2023, 401 (401); *Johannisbauer*, MMR-Aktuell 2023, 455537.
[53] *Hartung*, RDi 2023, 209 (210); *Herberger*, ZAP 2023, 465 (465); *Johannisbauer*, MMR-Aktuell 2023, 455537.
[54] S. hierzu unten unter 1. Teil C. IV. 2. b).
[55] *Hacker*, GRUR 2023, 289 (289); *Spies*, MMR 2023, 469 (469); *Kober*, in: BeckOGK BGB, Stand: 01.10.2023, § 634 Rn. 98; *Werry*, MMR 2023, 911 (911 f.).
[56] Vgl. zur Geschichte bereits 1. Teil B. I. 1.
[57] *Herberger*, NJW 2018, 2825 (2827); *Timmermann*, Legal Tech-Anwendungen, S. 60 f.
[58] Vgl. hierzu bereits 1. Teil B. I. 1.
[59] *Turing*, Mind (1950), 49: 433 (433 ff.); *Nida-Rümelin*, in: Chibanguza/Kuß/Steege, Künstliche Intelligenz, § 1 E. Rn. 5.

temen funktionieren kann, die eine Dialog-Schnittstelle besitzen und damit eine Kommunikation mit dem Anwender aufbauen können, mithin Systeme ausgegrenzt werden, die im Hintergrund „intelligent" arbeiten.[60] Weiterhin wird darauf hingewiesen, dass es für den Erfolg beim Turing-Test nicht primär darauf ankommt, ein intelligentes System zu bauen, sondern lediglich versucht werden muss, den Menschen so gut wie möglich zu imitieren, um den Anwender „in die Irre zu führen".[61]

Diesen Befund bestätigt auch das sogenannte Chinese-Room-Argument.[62] Bei diesem Test sitzt ein Mensch in einem verschlossenen Raum. Der Mensch beherrscht lediglich seine Muttersprache, nicht jedoch die chinesische Sprache. Der Raum ist gefüllt mit Kisten voller chinesischer Symbole (eine Datenbank) und einem Buch in der Muttersprache des im Raum sitzenden Menschen, versehen mit Regeln, wie die chinesischen Zeichen zu verarbeiten sind (ein Regelwerk). Nun steht eine Person vor dem Raum und schiebt ein Blatt Papier mit chinesischen Zeichen durch einen Schlitz in der Wand. Hierbei handelt es sich, ohne dass dies der Person im Inneren des Raums bekannt ist, um Fragen auf Chinesisch (der Input). Anschließend befolgt die Person im Inneren die zuvor aufgestellten Regeln zur Auswahl der chinesischen Symbole, die die richtigen Antworten auf die in Chinesisch formulierten Fragen darstellen (der Output).[63] Für die außerhalb des Raums stehende Person sieht es nun so aus, als ob die Person im Raum tatsächlich Chinesisch sprechen könnte, obwohl diese lediglich das Wissen der Datenbank mithilfe des Regelwerks angewendet hat.[64]

Hieraus lässt sich ein entscheidender Schluss ziehen: Maschinen selbst können nicht denken und damit auch nicht die Semantik (die inhaltliche Bedeutung von Worten und Regeln)[65] der an sie gestellten Fragen verstehen, sie verarbeiten lediglich die Syntax (die Regeln zur Anordnung und Manipulation der Symbole)[66] der Worte, um damit menschliche Antworten zu simulie-

---

[60] *Lenzen*, Künstliche Intelligenz, S. 25 f.

[61] *Lenzen*, Künstliche Intelligenz, S. 27.

[62] *Arnold*, IPRax 2022, 13 (15 Fn. 17); *Konertz/Schönhof*, Das technische Phänomen „Künstliche Intelligenz" im allgemeinen Zivilrecht, S. 29; *Konertz*, WRP 2023, 796 (799); vgl. auch *Nida-Rümelin*, in: Chibanguza/Kuß/Steege, Künstliche Intelligenz, § 1 E. Rn. 1; nachfolgende Schilderung nach *Searle*, Behavioral and Brain Sciences (1980), 3(3): 417 (417 ff.).

[63] *Searle*, Behavioral and Brain Sciences (1980), 3(3): 417 (417 ff.).

[64] *Searle*, Behavioral and Brain Sciences (1980), 3(3): 417 (417 ff.).

[65] *Kaplan*, Künstliche Intelligenz, S. 85; *Timmermann/Gelbrich*, NJW 2022, 25 (27); *Ziegler/Nagl*, ZfDR 2023, 57 (78).

[66] *Kaplan*, Künstliche Intelligenz, S. 85; *Timmermann/Gelbrich*, NJW 2022, 25 (27); *Ziegler/Nagl*, ZfDR 2023, 57 (78).

ren.⁶⁷ Mithin kommt es bei (heutiger) künstlicher Intelligenz nicht darauf an, ob das System die ihr gestellten Fragen tatsächlich in semantischer Weise verstehen kann, sondern vielmehr nur darauf, dass die Systeme eine Antwort bilden, die ein semantisches Verständnis der Wörter und Sätze simuliert.⁶⁸ Daher ist es nicht das Ziel des Entwicklers, derartiger KI-Systeme dieses wie einen Menschen denken zu lassen, sondern vielmehr das System so zu erstellen, dass eine Simulation einer menschlichen Handlung beziehungsweise eines menschlichen Denkprozesses möglich ist.⁶⁹

Grundlegend wird mithin unter einer KI-Anwendung ein System verstanden, das versucht, menschliche Intelligenz zu simulieren, und sich durch ein Verhalten auszeichnet, das wir als „intelligent" beschreiben würden, wenn es von einem Menschen gezeigt würde.⁷⁰ Doch wann würden wir ein menschliches Verhalten als intelligent bezeichnen? Diese Frage zu beantworten stellt sich bereits vor dem Hintergrund schwer dar, dass es schon keine einheitliche Definition für die menschliche Intelligenz gibt.⁷¹ So könnten auch einfachste technische Umsetzungen wie die sogenannten Braitenberg-Vehikel⁷², welche lediglich mit einem Motor, zwei Rädern und einem Lichtsensor ausgestattet sind, als intelligent wirken, indem sie mit unterschiedlichen Fahrmanövern und Fahrstilen beeindrucken.⁷³ Auch könnte der einfache Taschenrechner, der komplizierte mathematische Aufgaben in Sekundenschnelle ausführen kann, von dieser Definition erfasst sein.⁷⁴ Sollten all diese Geräte nun auch unter den Begriff der künstlichen Intelligenz fallen und müssten dann nicht fast alle technischen Geräte eine Form von künstlicher Intelligenz besitzen?⁷⁵ Wie

---

67 *Adrian*, Rechtstheorie 48 (2017), 77 (79, 85, 114 Fn. 86); vgl. *Timmermann*, Legal Tech Anwendung, S. 81.
68 *Stiemerling*, CR 2015, 762 (765); *Konertz/Schönhof*, Das technische Phänomen „Künstliche Intelligenz" im allgemeinen Zivilrecht, S. 29; *Floridi*, Philosophy & Technology (2019), 32: 1 (2); *Adrian*, Rechtstheorie 48 (2017), 77 (79).
69 *Stiemerling*, CR 2015, 762 (765); *Konertz/Schönhof*, Das technische Phänomen „Künstliche Intelligenz" im allgemeinen Zivilrecht, S. 29; *Floridi*, Philosophy & Technology (2019), 32: 1 (2); *Adrian*, Rechtstheorie 48 (2017), 77 (79).
70 *Minsky*, Semantic Information Processing, 1968, Vorwort, V.; *Kaplan*, Künstliche Intelligenz, S. 15; *Hilgendorf*, Festschrift Fischer, 99 (100); *Niederée/Nejdl*, in: Ebers/Heinze/Krügel/Steinrötter, Künstliche Intelligenz und Robotik, § 2 Rn. 3.
71 *Kaplan*, Künstliche Intelligenz, S. 17 f.
72 Hierbei handelt es sich um kleine Roboterfahrzeuge, die in *Ertel*, Grundkurs Künstliche Intelligenz auf S. 1 f. wie folgend beschrieben werden: „Die einen formen kleine Grüppchen mit relativ wenig Bewegung. Andere bewegen sich ruhig durch den Raum und weichen jeder Kollision elegant aus. Wieder andere folgen anscheinend einem Führer. Auch aggressives Verhalten kann bei einigen beobachtet werden".
73 *Ertel*, Grundkurs künstliche Intelligenz, S. 1 f.
74 *Lenzen*, Künstliche Intelligenz, S. 29; *Kaplan*, Künstliche Intelligenz, S. 16.
75 Vgl. *Kaplan*, Künstliche Intelligenz, S. 16.

lässt sich nun diese sehr weite und unbestimmte Definition von künstlicher Intelligenz weiter ausformen?

Für eine solche Eingrenzung der Definition gibt es unzählige Versuche.[76] Aufgrund der Vielzahl von unterschiedlichsten Aufgabenbereichen für KI, die sich im Laufe der Zeit entwickelt haben und sich allgemein unter dem Begriff der künstlichen Intelligenz ansammelten und damit eine allgemeine und trotzdem hinreichend klare Definition nahezu unmöglich machen,[77] ist eine Definition zu favorisieren, die auf die einzelnen technischen Umsetzungen eingeht.[78]

Eine solche Definition lieferte die EU-Kommission mit ihrem Vorschlag vom 21.04.2021: „Künstliche Intelligenz ist eine Software, die mit einer oder mehreren der in Anhang I aufgeführten Techniken und Konzepte entwickelt worden ist und im Hinblick auf eine Reihe von Zielen, die vom Menschen festgelegt werden, Ergebnisse, wie Inhalte, Vorhersagen, Empfehlungen oder Entscheidungen hervorbringen kann, die das Umfeld beeinflussen, mit dem sie interagieren".[79]

---

[76] Vgl. etwa *Lorse*, NVwZ 2021, 1657 (1659); *von Westphalen*, ZIP 2019, 889 (889); *Grapentin*, NJW 2019, 181 (183); *Spindler*, CR 2015, 766 (766); *Zech*, ZfPW 2019, 198 (200); *Leupold/Wiesner*, in: Leupold/Wiebe/Glossner, IT-Recht, Teil 9.6.1 Rn. 2, die künstliche Intelligenz mit Machine Learning gleichsetzen wollen und damit auf die Unvorhersehbarkeit von Entscheidungen und die fehlende Nachvollziehbarkeit (sogenannte Black Box) abstellen; *Hanzl/Reinisch*, in: Hanzl/Pelzmann/Schragl, Handbuch Digitalisierung, S. 485; *Dettling/Krüger*, MMR 2019, 211 (212), welche auf einen bestimmten Grad von Autonomie abstellen; *Jandach*, Juristische Expertensysteme, S. 5; *Klaas*, MMR 2019, 84 (85), verweisen hingegen auf die Schwierigkeit einer Definition.

[77] Vgl. *Klaas*, MMR 2019, 84 (85); vgl. *Steege*, MMR 2022, 926 (926); *Kaulartz/ Braegelmann*, in: Kaulartz/Braegelmann, Rechtshandbuch Artificial Intelligence und Machine Learning, Kap. 1 Rn. 9, die sodann jedoch auf 4 Elemente abstellen (Wahrnehmen, Verstehen, Handeln und Lernen), die charakteristisch für KI-Anwendungen sind.

[78] So auch *Bomhard/Merkle*, RDi 2021, 276 (277); *Roos/Weitz*, MMR 2021, 844 (845); *Steege*, MMR 2022, 926 (927 f.), zur auf die Technik abstellenden Definition des Vorschlags einer KI-Verordnung der EU-Kommission.

[79] Kommission, Vorschlag für eine Verordnung des Europäischen Parlaments und des Rates – Zur Festlegung harmonisierter Vorschriften für künstliche Intelligenz (Gesetz über Künstliche Intelligenz) und zur Änderung bestimmter Rechtsakte der Union – 167 final, Art. 3 Nr. 1, S. 46. Diese Definition wurde mittlerweile durch den vom Europäischen Parlament verabschiedeten Art. 3 I Nr. 1 des „Vorschlags für eine Verordnung des Europäischen Parlaments und des Rates zur Festlegung harmonisierter Vorschriften für künstliche Intelligenz (Gesetz über künstliche Intelligenz) und zur Änderung bestimmter Rechtsakte der Union" abgelöst: „KI-System [ist] ein maschinengestütztes System, das so konzipiert ist, dass es mit unterschiedlichem Grad an Autonomie operieren kann und das für explizite oder implizite Ziele Ergebnisse wie Vorhersagen Empfehlungen oder Entscheidungen hervorbringen kann, die das physi-

Anhang 1 lautet:

– „a) Konzepte des maschinellen Lernens, mit beaufsichtigtem, unbeaufsichtigtem und bestärkendem Lernen unter Verwendung einer breiten Palette von Methoden, einschließlich des tiefen Lernens (Deep Learning);
– b) Logik- und wissensgestützte Konzepte, einschließlich Wissensrepräsentation, induktiver (logischer) Programmierung, Wissensgrundlagen, Inferenz- und Deduktionsmaschinen, (symbolischer) Schlussfolgerungs- und Expertensysteme;
– c) Statistische Ansätze, Bayessche Schätz-, Such- und Optimierungsmethoden."

Zwar wird als Kritik angeführt, dass grundsätzlich jede Software auf menschlichen Anweisungen beruht und zuvor festgelegte Ergebnisse präsentiert, sodass der zweite Halbsatz eine bloße Leerformel darstellen würde.[80] Jedoch grenzt die Definition mit ihrem Verweis auf Anhang I eine Reihe von technischen Umsetzungen ein, was dazu führt, dass ein (mehr oder weniger) konkreter Rahmen für den Begriff der künstlichen Intelligenz geschaffen wird.[81]

Aus diesem Grund soll diese Definition der Arbeit zugrunde gelegt werden. Im weiteren Verlauf der Arbeit wird sich jedoch auf bestimmte Verfahren beschränkt, da sich nicht alle der aufgezählten Systeme für den Einsatz in der Rechtsberatung eignen, beziehungsweise vielmehr in der Praxis nicht hierfür eingesetzt werden und daher nicht von dieser Arbeit betrachtet werden sollen. Mithin ist primär auf die Konzepte des maschinellen Lernens (lit. a) sowie auf Expertensysteme (lit. b) einzugehen.[82] Dennoch ist darauf hinzuweisen, dass im Einzelfall eine genaue Einordnung mangels von den jeweiligen Unterneh-

---

sche oder virtuelle Umfeld beeinflussen." Insbesondere der Verweis auf Anhang I und dieser selbst wurden in der nun verabschiedeten Version gestrichen; da jedoch nach hier vertretener Auffassung der Verweis auf erfasste Techniken zu einer besseren Abgrenzung der Systeme führt, soll die alte Definition übernommen werden. Vgl. zur Kritik an der neuen Definition, *Becker/Feuerstack*, MMR 2024, 22 (23); Deutscher Bundesrat, Vorschlag für eine Verordnung des Europäischen Parlaments und des Rates zur Festlegung harmonisierter Vorschriften für künstliche Intelligenz (Gesetz über Künstliche Intelligenz) und zur Änderung bestimmter Rechtsakte der Union, Drs. 488/21 (Beschluss), S. 7 f.

[80] *Roos/Weitz*, MMR 2021, 844 (845); *Floridi*, Philosophy & Technology (2021), 34: 215 (218); *Ebers/Hoch/Rosenkranz/Ruschemeier/Steinrötter*, RDi 2021, 528 (529).

[81] *Bomhard/Merkle*, RDi 2021, 276 (277); *Roos/Weitz*, MMR 2021, 844 (845); *Steege*, MMR 2022, 926 (927 f.); a.A. etwa *Ebers/Hoch/Rosenkranz/Ruschemeier/Steinrötter*, RDi 2021, 528 (529).

[82] *Grupp*, in: Hartung/Bues/Halbleib, Legal Tech, Rn. 1108; vgl. auch die Unterscheidung bei *Kevekordes*, in: Hoeren/Sieber/Holznagel, Handbuch Multimedia-Recht, Teil 29.1 Rn. 3 ff.

men zur Verfügung gestellter Informationen nicht immer möglich ist, weshalb hier auch Systeme betrachtet werden, die zumindest *auch* (jedoch nicht ausschließlich) derartige Verfahren einsetzen.

b) Die verschiedenen Unterteilungsversuche

Weiterhin lässt sich der Begriff auch anhand anderer Kriterien als der eigentlichen technischen Ausgestaltung unterteilen. Das Verständnis dieser weiteren Unterteilungen ist ebenfalls förderlich für die Einordnung des Phänomens künstliche Intelligenz.[83]

aa) Starke und schwache KI

Ein erster Unterteilungsversuch wird zunächst in die Kategorien starke und schwache künstliche Intelligenz unternommen.[84] Auch diese Unterteilung wird jedoch nicht einheitlich vorgenommen.[85]

Nach einer von John Searle geprägten Ansicht kommt es bei der Unterscheidung darauf an, dass die schwache KI den Fähigkeiten des menschlichen Gehirns unterlegen ist und daher auf eine bloße Zuarbeit beschränkt ist, wohingegen die starke KI den menschlichen Intellekt übertrifft.[86]

Eine andere Ansicht definiert die starke KI als eine Maschine, die über einen eigenen Verstand verfügt und grenzt diese zur schwachen KI ab, welche eine intelligente Lösung nur mithilfe von Mathematik und Informatik simulieren könnte.[87]

Eine dritte Ansicht versteht unter einer starken KI eine allgemeine Intelligenz, die mindestens der eines Menschen entspricht, während es bei der schwachen KI um die Lösung konkreter Anwendungsprobleme gehe.[88]

---

[83] *Bues*, in: Hartung/Bues/Halbleib, Legal Tech, Rn. 1165.

[84] *Yuan*, in: Ebers, StichwortKommentar Legal Tech, Kap. 52 Rn. 16; *Russel/Norvig*, Artificial Intelligence, S. 1032; *Steege*, MMR 2022, 926 (927); *Nida-Rümelin*, in: Chibanguza/Kuß/Steege, Künstliche Intelligenz, § 1 A. Rn. 22 ff.

[85] *Nida-Rümelin*, in: Chibanguza/Kuß/Steege, Künstliche Intelligenz, § 1 A. Rn. 22 ff.

[86] *Searle*, Behavioral and Brain Sciences (1980), 3(3): 417 (417); *Timmermann*, Legal Tech Anwendung, S. 65; *Nida-Rümelin*, in: Chibanguza/Kuß/Steege, Künstliche Intelligenz, § 1 E. Rn. 12.

[87] *Kaplan*, Künstliche Intelligenz, S. 82; *Bues*, in: Hartung/Bues/Halbleib, Legal Tech, Rn. 1169.

[88] *Bues*, in: Hartung/Bues/Halbleib, Legal Tech, Rn. 1165; *Nida-Rümelin*, in: Chibanguza/Kuß/Steege, Künstliche Intelligenz, § 1 A. Rn. 22, 27.

Allen hier genannten Ansichten gemein ist es jedoch, dass zum jetzigen Zeitpunkt noch keine starke KI entwickelt wurde und gegebenenfalls auch niemals werden kann.[89] Daraus kann die Schlussfolgerung gezogen werden, dass alle aktuell auf dem Markt verfügbaren KI-Anwendungen unter die Kategorie der schwachen KI unterzuordnen sind und nicht generell, aber gegebenenfalls in einzelnen Bereichen, den kognitiven Fähigkeiten eines Menschen entsprechen oder diese in engen Bereichen sogar übertreffen.

bb) Symbolische und subsymbolische KI

Weiterhin lässt sich der Begriff der KI in symbolische und subsymbolische Verfahren aufspalten.[90] Hierbei zeichnet sich die symbolische KI durch die Präsentation von (menschlichem) Wissen in einer für Menschen verständlichen expliziten Form aus.[91] Bei subsymbolischer KI wird hingegen aus einer größeren Menge an Daten Wissen selbstständig erlernt und sodann durch Modelle repräsentiert, die nicht in natürlicher Sprache verfasst werden und sich daher typischerweise dem menschlichen Verständnis entziehen, weshalb auch von einem sogenannten Black-Box-Verfahren gesprochen wird.[92] Eine strikte Unterteilung wird jedoch heute nicht mehr eingehalten.[93] So gibt es hybride Systeme, die Verfahren und damit auch die Vorteile aus beiden Sphären nutzen.[94]

II. Technische Grundlagen

In diesem Bereich sollen die technischen Grundlagen der einzelnen für diese Arbeit relevanten technischen Anwendungen erklärt werden. Hierfür müssen jedoch zunächst einige Grundbegriffe geklärt werden, um das weitere Vorgehen zu verstehen.

---

[89] *Vogel*, Künstliche Intelligenz und Datenschutz, S. 37; *Nida-Rümelin*, in: Chibanguza/Kuß/Steege, Künstliche Intelligenz, § 1 A. Rn. 26.
[90] *Polat*, GPR 2023, 114 (117); *Dettling*, A&R 2020, 256 (265 Fn. 98); *Kuhlmann*, Künstliche Intelligenz, S. 25.
[91] *Niederée/Nejdl*, in: Ebers/Heinze/Krügel/Steinrötter, Künstliche Intelligenz und Robotik, § 2 Rn. 11; *Polat*, GPR 2023, 114 (117 Fn. 38).
[92] *Niederée/Nejdl*, in: Ebers/Heinze/Krügel/Steinrötter, Künstliche Intelligenz und Robotik, § 2 Rn. 17; *Polat*, GPR 2023, 114 (117 Fn. 38); vgl. zu berufsrechtlichen Problemen, die sich aus dem Black-Box-Problem ergeben können unter Teil 2 C. I. 1. b) bb) (2).
[93] *von Bünau*, in: Breidenbach/Glatz, Rechtshandbuch Legal Tech, Kap. 3 Rn. 15.
[94] *von Bünau*, in: Breidenbach/Glatz, Rechtshandbuch Legal Tech, Kap. 3 Rn. 15.

1. Begriffsklärung

Eine erste Differenzierung ist zwischen der expliziten und impliziten Programmierung zu machen.[95] Bei der expliziten Programmierung sind für die Lösung der Aufgabe alle einzelnen Schritte bekannt und müssen sodann nur in den Programmcode übersetzt werden.[96] Beispiele expliziter Programmierung reichen von relativ einfachen Programmierungen wie einem Taschenrechner bis hin zu deutlich komplexeren Anwendungen wie dem Schachcomputer Go.[97] Dieser expliziten Programmierung entspricht aus Sicht der Informatik der Terminus „deterministisch", welcher aussagt, dass bei dem System ausschließlich klar vordefinierte Zustände eintreten können, von denen das System nicht abweichen kann.[98] Bei der impliziten Programmierung geht es hingegen darum, dass ein bestimmter Ablauf des Programms nicht im vorhinein ausdrücklich definiert ist, sondern dass aus historischen (Trainings-)Daten sogenannte Muster in Form von Korrelationen, das heißt Beziehungen und Zusammenhänge zwischen den Eingangs- und Ausgangsgrößen (In- und Output), erkannt und anschließend in ein Systemverhalten, also einen Ablauf des Systems, übersetzt werden.[99] Aus dem Eingang X wird so das Ergebnis Y generiert, welches aufgrund des Trainings und der damit verbundenen historischen (Trainings-)Daten zu X passt.[100]

Zusätzlich kann eine weitere Differenzierung nach der Herangehensweise zur Lösungsfindung angestellt werden.[101] Bei dem sogenannten deduktiven Vorgehen lassen sich von der Hypothese ausgehend Schlussfolgerungen ziehen.[102] Bei der induktiven Lösung lassen sich auf der Grundlage von Schlussfolgerungen Hypothesen aufstellen.[103] Dies kann an einem einfachen Beispiel veranschaulicht werden.

---

[95] *von Bünau*, in: Breidenbach/Glatz, Rechtshandbuch Legal Tech, Kap. 3 Rn. 12 ff.; *Fritz*, Zulässigkeit automatisierter außergerichtlicher Rechtsdienstleistung, S. 7; sich dem anschließend *Timmermann*, Legal Tech-Anwendungen, S. 60 f.

[96] *von Bünau*, in: Breidenbach/Glatz, Rechtshandbuch Legal Tech, Kap. 3 Rn. 13; *Fritz*, Zulässigkeit automatisierter außergerichtlicher Rechtsdienstleistung, S. 7.

[97] *von Bünau*, in: Breidenbach/Glatz, Rechtshandbuch Legal Tech, Kap. 3 Rn. 13.

[98] *Timmermann*, Legal Tech-Anwendungen, S. 59, 62.

[99] *Sommer*, Haftung für autonome Systeme, S. 38; *Staehelin*, GRUR 2022, 1569 (1570); *von Bünau*, in: Breidenbach/Glatz, Rechtshandbuch Legal Tech, Kap. 3 Rn. 14; *Timmermann*, Legal Tech-Anwendungen, S. 61.

[100] *von Bünau*, in: Breidenbach/Glatz, Rechtshandbuch Legal Tech, Kap. 3 Rn. 14.

[101] *Kaplan*, Künstliche Intelligenz, S. 28; vgl. auch *Grupp*, in: Hartung/Bues/Halbleib, Legal Tech, Rn. 1109 ff.

[102] *Kaplan*, Künstliche Intelligenz, S. 28.

[103] *Kaplan*, Künstliche Intelligenz, S. 28; *Honsell*, in: Staudinger BGB, Einleitung Rn. 156.

Deduktive Lösung:

– Gegeben sind die Symbole „Sokrates", „Mensch" und „sterblich" sowie die Aussagen „Sokrates ist ein Mensch" und „Alle Menschen sind sterblich". Hieraus lässt sich der formale Schluss ziehen, dass Sokrates (als Mensch) sterblich ist.[104]

Induktive Lösung:

– In der umgekehrten induktiven Situation sind die Schlussfolgerungen bekannt, dass Sokrates ein Mensch und sterblich ist. Hieraus ließe sich die Hypothese ziehen, dass alle Menschen sterblich sind, da Sokrates als Mensch sterblich ist.[105]

Eine weitere Unterscheidung stellt die Unterteilung in regelbasierte und nicht regelbasierte Systeme dar.[106] Ein System wird heute als regelbasiert (deduktiv)[107] definiert, wenn es durch deterministische Algorithmen betrieben wird.[108] Diese Systeme zeichnen sich dadurch aus, dass sie zur Lösung der gestellten Aufgabe bestimmte zuvor fest definierte Regeln mit einem Regelinterpreter, der die Anwendung der Regeln steuert (nach dem Muster, wenn A, dann B), lösen.[109] Damit erfolgt die Wahl des nächsten Schrittes des Systems nach zuvor manuell aufgestellten Regeln (explizit).[110] Nicht regelbasierte Systeme arbeiten hingegen mit Verfahren des maschinellen Lernens und sind damit im Gegensatz zu regelbasierten Systemen lernfähig.[111] Sie erkennen als Form der impliziten induktiven Programmierung Muster zwischen Ein- und Ausgabe, ohne dabei zuvor manuell definierte Regeln zu benötigen.[112] Hier-

---

[104] *Kaplan*, Künstliche Intelligenz, S. 28; *von Kutschera*, Elementare Logik, S. 110.

[105] Vgl. *Dettling*, A&R 2020, 256 (263); vgl. *Nikelsky*, Induktive Logik, S. 3; *Weingartner*, Wissen und Gesellschaft I, S. 18.

[106] *Rühl*, in: Kaulartz/Braegelmann, Rechtshandbuch Artificial Intelligence und Machine Learning, Kap. 14.1 Rn. 14; *Bomhard/Merkle*, RDi 2021, 276 (277); *Kaulartz*, in: Leupold/Wiebe/Glossner, IT-Recht, Teil 9.6.3 Rn. 12.

[107] *Jandach*, Juristische Expertensysteme, S. 7.

[108] *Beierle/Kern-Isberner*, Methoden wissensbasierter Systeme, S. 98.

[109] *Beierle/Kern-Isberner*, Methoden wissensbasierter Systeme, S. 3, 73.

[110] *Coy/Bonsiepen*, Erfahrung und Berechnung, S. 54 f.; *Mashi*, Konzeption und Einsatz wissensbasierter Systeme als ergänzende Systeme in der Fertigung, S. 28; *Grapentin*, Vertragsschluss und vertragliches Verschulden beim Einsatz von Künstlicher Intelligenz und Softwareagenten, S. 65.

[111] *Stiemerling*, in: Kaulartz/Braegelmann, Rechtshandbuch Artificial Intelligence und Machine Learning, Kap. 2.1 Rn. 17; *Stiemerling*, CR 2015, 762 (763); *Ertel*, Grundkurs Künstliche Intelligenz, S. 351.

[112] *Stiemerling*, in: Kaulartz/Braegelmann, Rechtshandbuch Artificial Intelligence und Machine Learning, Kap. 2.1 Rn. 17; *Stiemerling*, CR 2015, 762 (763); *Ertel*, Grundkurs Künstliche Intelligenz, S. 351.

bei arbeiten sie zumeist mit statistischen Modellen und Wahrscheinlichkeiten.[113]

2. Expertensysteme in ihrer klassischen Form

Expertensysteme in ihrer klassischen Form[114] stellen regelbasierte und damit deterministische, deduktive explizite Systeme dar.[115] Weiterhin kann man sie in die eben ausgeführte Kategorie der symbolischen KI einordnen.[116] Doch was steckt hinter den bereits in den 1980er-Jahren als regelrechtes Modewort[117] bekannt gewordenen Systemen?

a) Begriffsklärung

Einfach ausgedrückt sind hierunter Systeme zu verstehen, die das Wissen eines Experten in geordneter und verkörperter Form (symbolisch) nachbilden und damit dieses, aufgrund der begrenzten Anzahl an menschlichen Experten nicht immer und jedem zugängliche Wissen, breiter und leichter zur Verfügung stellen können.[118]

Unter einem Experten lässt sich dabei eine Person verstehen, die durch lange Fachausbildung und umfassende praktische Erfahrungen über besonderes Wissen in einem spezifischen Bereich verfügt.[119]

Expertensysteme stellen die Urform von künstlicher Intelligenz dar und werden von einigen Teilen der Wissenschaft, wie bereits erwähnt, aufgrund ihrer regelbasierten Struktur schon nicht mehr als KI angesehen.[120]

---

[113] S.u. unter 1. Teil B. II. 4.

[114] Vgl. *Timmermann*, Legal Tech-Anwendungen, S. 62, der von einem weiten Verständnis von Expertensystemen ausgeht und beispielsweise auch das überwachte Lernen als Teil von Expertensystemen ansieht; *Jandach*, Juristische Expertensysteme, S. 5 ff., mit ähnlicher Unterscheidung zwischen verschiedenen Arten von Expertensystemen.

[115] S. o. für die hier gewählten Begriffe unter 1. Teil B. II. 1.

[116] *Yuan*, in: Ebers, StichwortKommentar Legal Tech, Künstliche Intelligenz (KI), Rn. 22; *Biallaß*, ZAP 2023, 351 (353).

[117] *Wagner*, Legal Tech und Legal Robots, S. 69; *Busche*, JA 2023, 441 (443); *Grupp*, in: Hartung/Bues/Halbleib, Legal Tech, Rn. 1103.

[118] *Fiedler*, CR 1987, 325 (326); *Kornwachs*, CR 1992, 44 (45); *Biallaß*, in: Ory/Weth, jurisPK-ERV, Band 1, Kap. 8 Rn. 26.

[119] *Beierle/Kern-Isberner*, Methoden wissensbasierter Systeme, S. 12.

[120] Vgl. etwa *Lenzen*, Künstliche Intelligenz, S. 33, die auch noch für Expertensysteme einen relevanten Bereich in der KI sieht; vgl. zu den anderen Begriffsversuchen 1. Teil B. I. 2. a), dennoch wurde eine Definition gewählt, die auch derartige Systeme unter den Begriff der KI fasst.

b) Systemarchitektur

Expertensysteme in ihrer klassischen Ausgestaltung als regelbasierte Systeme werden als Unterkategorie sogenannter wissensbasierter Systeme verstanden, die sich durch eine Trennung von Wissensbasis und Inferenzapparat auszeichnen.[121] Hierin liegt auch gerade der Unterschied eines Expertensystems zu einem einfachen Algorithmus mit einer fest codierten Datenstruktur ohne Trennung von Wissensbasis und Inferenzapparat, sodass jeder Weg des Systems einzeln durch den Programmierer erstellt werden muss.[122] Vielmehr erfolgt bei Expertensystemen einerseits eine Zerlegung der Wissensbasis als eine Zusammenstellung von Fakten, Regeln und Beziehungen für ein bestimmtes Gebiet (die Domäne) in symbolischer, mithin ausdrücklicher Form, und andererseits eine universell einsetzbare Inferenzmaschine mit den Vorschriften zum Manipulieren und Kombinieren dieser Symbole zur Ableitung von Schlussfolgerungen.[123]

Ein Expertensystem unterteilt sich hierbei in die Wissensbasis, den Inferenzapparat, die Erklärungskomponente, eine Wissenserwerbskomponente und eine Benutzerschnittstelle im Sinne einer Dialogkomponente.[124]

Die Wissensbasis untergliedert sich wiederum in fallspezifisches Faktenwissen, bereichsspezifisches Expertenwissen und die Zwischen- und Endergebnisse, die durch das System während der Benutzung hergeleitet werden.[125] Das Expertenwissen (im deduktiven Expertensystem) setzt sich aus Regeln und Fakten zusammen.[126] Hierdurch wird das Wissen in formalisierter und damit maschinenlesbarer Form repräsentiert.[127] Regeln sind in diesem Zusammenhang formalisierte Konditionalsätze der Form: wenn (if) A, dann (then) B.[128] Sie repräsentieren Zusammenhänge zwischen Objekten oder

---

[121] *Fiedler*, CR 1987, 325 (327); *Beierle/Kern-Isberner*, Methoden wissensbasierter Systeme, S. 11; eine Unterscheidung zwischen Wissensbasierten Systemen und Expertensystemen erfolgt hierbei durch die konkrete Art des Wissenserwerbs, dem sogenannten Knowledge Engineering, wobei bei Expertensysteme, der Erwerb des Wissens in die Wissensbasis (englisch Knowledge Base) durch einen Experten erfolgt, *Ertel*, Grundkurs Künstliche Intelligenz, Kap. 1.5.
[122] *Matthes*, REthinking: Law 2/2019, 28 (28 f.).
[123] *Kaplan*, Künstliche Intelligenz, S. 38 f.; *van Raden*, NJW 1988, 2451 (2452); *Steinbuch*, GRUR 1987, 579 (582).
[124] *Fiedler*, CR 1987, 325 (327); *van Raden*, NJW 1988, 2451 (2452); *Steinbuch*, GRUR 1987, 579 (582).
[125] *Pommerening*, Expertensysteme, S. 2.
[126] *Pommerening*, Expertensysteme, S. 4.
[127] *Pommerening*, Expertensysteme, S. 4.
[128] *Beierle/Kern*, Methoden wissensbasierter Systeme, S. 73.

Mengen von Objekten.[129] Der Inferenzapparat gestattet durch die Anwendung der Regeln und Fakten auf den Einzelfall die Lösung bestimmter Probleme und damit die Generierung „neuen Wissens".[130] Durch die Wissenserwerbskomponente kann der Experte beziehungsweise der Wissingenieur mit dem Wissen des Experten das Wissen im bereichsspezifischen Teil erweitern oder neu erstellen.[131] Die Dialogkomponente (auch Konsultationskomponente genannt) dient der Kommunikation des Systems mit dem Anwender zum Erwerb der erforderlichen Fakten mittels zuvor explizit definierter Fragen sowie zur Anzeige von Zwischen- oder Endergebnissen.[132] Die Erklärungskomponente gibt dem Benutzer des Systems die generierte Handlungsempfehlung beziehungsweise das Ergebnis der vorherigen Ableitung sowie eine Begründung für gefundene Lösungen aus.[133]

Ein großer Vorzug von wissensbasierten Systemen ist hierbei, dass das gespeicherte Expertenwissen in einer formalisierten Art in fachspezifischer Darstellungsweise vergleichbar ähnlich dargestellt werden kann.[134] Dies hat den Vorteil, dass das Wissen explizit und für jeden lesbar in der Wissensbasis gespeichert wird und daher auch für den Experten (und gegebenenfalls die Person, die das Wissen in der Datenbank darstellt und speichert, der sogenannte Wissensingenieur)[135] durchschaubar bleibt und bei notwendigen Aktualisierungen schnell ergänzt werden kann, ohne dass eine vollständig neue Programmierung des Systems nötig wäre.[136]

Anwender			Experte
Konsultations-komponente	Erklärungs-komponente		Wissenserwerbs-komponente
Problemlösungskomponente (Inferenzmaschine)			
fallspezifisches Faktenwissen	Zwischen- und Endergebnisse		bereichsspezifisches Expertenwissen

Abbildung der Systemarchitektur eines Expertensystems,
Pommerening, Expertensysteme, S. 3

---

[129] *Beierle/Kern*, Methoden wissensbasierter Systeme, S. 77.
[130] *Fiedler*, CR 1987, 325 (327).
[131] *Pommerening*, Expertensysteme, S. 3.
[132] *Matthes*, REthinking: Law 2019, 28 (28); *Pommerening*, Expertensysteme, S. 3.
[133] *Matthes*, REthinking: Law 2019, 28 (28); *Pommerening*, Expertensysteme, S. 3.
[134] *Matthes*, REthinking: Law 2019, 28 (28); *Pommerening*, Expertensysteme, S. 3.
[135] *Matthes*, REthinking: Law 2019, 28 (28); *Kaplan*, Künstliche Intelligenz, S. 39.
[136] *Fiedler*, CR 1987, 325 (327).

3. Neuere Modelle von Expertensystemen

Neuere Modelle von Expertensystemen versuchen Schwächen der alten Systeme zu vermeiden und verfügen hierbei über verschiedene Verbesserungsversuche.[137] So können etwa Variablen (das heißt die zu untersuchenden Merkmale) solcher neueren Systeme nicht mehr nur Ja-/Nein-Werte annehmen, sondern auch Listen, Zahlen, Freitexte und Uploads bestimmter vorhandener Daten verarbeiten.[138] Diese Variablen werden sodann mittels klassischer Logik und auch nicht klassischer Logik verarbeitet, wobei Entscheidungsbäume, Entscheidungstabellen, einfache Formeln, komplexe Spreadsheet sowie Gewichtungen verwendet werden.[139]

Je nachdem welche Merkmale (Variablen) abgeprüft werden sollen, sucht das System die passende Logik und wendet diese auf die gegebenen Variablen an.[140] Dem gefundenen Ergebnis werden sodann bestimmte Handlungsaktionen für das System zugewiesen.[141]

Weiterhin verfügen sie zumeist neben der Wissenserwerbskomponente über eine Datenakquisekomponente, um beispielsweise über das Internet fallspezifische Fakten in strukturierter Form (beispielsweise Wetterdaten, aktuelle Flugdaten, aktueller Mietpreisspiegel oder Wechselkurs) akquirieren zu können.[142]

In der Praxis eignen sich aufgrund des Erfordernisses einer wertenden Betrachtung zur Beantwortung einer Frage besonders sogenannte Gewichtungssysteme.[143] Hierbei werden den einzelnen Zwischenergebnissen der Bewertung bestimmte Zahlenbereiche zugeordnet, welche mittels mathematischer Schritte zu einem zuvor definierten Endergebnis verarbeitet werden.[144] Hierdurch besteht die Möglichkeit, im Einzelfall bestimmte Faktoren mehr oder weniger zu berücksichtigen, weshalb eine ausschließlich starre Ja/Nein-Berücksichtigung von Faktoren ausscheidet.[145]

---

[137] *Scheicht/Fiedler*, in: Bues/Hartung/Halbleib, Legal Tech, Rn. 436 ff.
[138] *Scheicht/Fiedler*, in: Bues/Hartung/Halbleib, Legal Tech, Rn. 431.
[139] *Scheicht/Fiedler*, in: Bues/Hartung/Halbleib, Legal Tech, Rn. 432.
[140] *Scheicht/Fiedler*, in: Bues/Hartung/Halbleib, Legal Tech, Rn. 434.
[141] *Scheicht/Fiedler*, in: Bues/Hartung/Halbleib, Legal Tech, Rn. 434.
[142] *Florian*, REthinking: Law 2019, 28 (28).
[143] *Scheicht/Fiedler*, in: Bues/Hartung/Halbleib, Legal Tech, 436.
[144] Für eine vertieftere Auseinandersetzung s. *Scheicht/Fiedler*, in: Bues/Hartung/Halbleib, Legal Tech, Rn. 435 ff.
[145] *Scheicht/Fiedler*, in: Bues/Hartung/Halbleib, Legal Tech, Rn. 438, 442.

4. Maschinelles Lernen

Ein weiterer Bereich der (subsymbolischen) KI stellt das maschinelle Lernen (englisch Machine Learning) dar.[146] Einfach beschrieben handelt es sich bei maschinellem Lernen um ein System, welches seine Leistung in Bezug auf eine bestimmte Aufgabe durch gesammelte Erfahrung selbstständig verbessert.[147] Hierbei wird Wissen aus den gesammelten Erfahrungen erzeugt, indem Lernalgorithmen aus einer Vielzahl von Daten komplexe Modelle erstellen.[148]

Das erlernte Modell als automatisch erworbene Wissensrepräsentation kann sodann auf neue und potenziell unbekannte (Echt-)Daten derselben Art angewandt werden, um Vorhersagen über ein Ergebnis zu treffen.[149] Damit dies funktioniert, müssen die Modelle ausreichend verallgemeinert sein, was dadurch geschieht, dass die Lernalgorithmen Korrelationen, das heißt Beziehungen und Zusammenhänge sowie Muster, aus den zur Verfügung stehenden Daten erkennen können.[150]

Beim maschinellen Lernen als Teil der subsymbolischen KI wird das System durch eine induktive implizite Programmierung repräsentiert, weshalb das Wissen damit nicht explizit und somit auch nicht in menschenlesbarer Form in den Modellen dargestellt wird.[151]

Hierin liegt gerade der Unterschied sowohl zu wissensbasierten Systemen als auch zur einfachen algorithmischen Programmierung, bei denen entweder die abstrakte Wissensbasis manuell erstellt werden muss oder die Regeln und Fakten in den Code implementiert werden müssen.[152]

---

[146] *Dettling*, A&R 2020, 256 (265 Fn. 98); *Biallaß*, in: Ory/Weth, jurisPK-ERV, Band 1, Kap. 8 Rn. 354.

[147] *Mitchell*, Machine Learning, S. 2; *Russel/Norvig*, Künstliche Intelligenz, S. 809; *Baum*, in: Leupold/Wiebe/Glossner, IT-Recht, Teil 9.1 Rn. 13; *Stiemerling*, in: Kaulartz/Braegelmann, Rechtshandbuch Artificial Intelligence und Machine Learning, Kap. 2.1 Rn. 14.

[148] Frauenhofer-Gesellschaft, Maschinelles Lernen, S. 8.

[149] Frauenhofer-Gesellschaft, Maschinelles Lernen, S. 8; *Kaulartz*, in: Kaulartz/Braegelmann, Rechtshandbuch Artificial Intelligence und Machine Learning, Kap. 2.2 Rn. 1, 4.

[150] *Niederée/Nejdl*, in: Ebers/Heinze/Krügel/Steinrötter, Künstliche Intelligenz und Robotik, § 2 Rn. 21; Frauenhofer-Gesellschaft, Maschinelles Lernen, S. 11; *Biallaß*, in: Ory/Weth, jurisPK-ERV, Band 1, Kap. 8 Rn. 338; *Käde/von Maltzan*, CR 2020, 66 (71).

[151] *Niederée/Nejdl*, in: Ebers/Heinze/Krügel/Steinrötter, Künstliche Intelligenz und Robotik, § 2 Rn. 21; *Rostalski*, REthinking: Law 1/2019, 4 (6).

[152] So auch *Niederée/Nejdl*, in: Ebers/Heinze/Krügel/Steinrötter, Künstliche Intelligenz und Robotik, § 2 Rn. 25; *Kaulartz*, in: Kaulartz/Braegelmann, Rechtshandbuch

Grundlegend unterscheidet man die folgenden Lerntypen (Lernalgorithmen): (i) das überwachte Lernen (englisch Supervised Learning), (ii) das unüberwachte Lernen (englisch Unsupervised Learning), (iii) das aktive Lernen (englisch Active Learning) und (iv) das verstärkende Lernen (englisch Reinforced Learning),[153] die im Folgenden noch näher vorgestellt werden sollen. Eine besonders entscheidende und vielversprechende weitere Methode stellen künstliche neuronale Netze (englisch Artificial Neural Network) und damit einhergehend das sogenannte tiefe Lernen (englisch Deep Learning) dar,[154] auf welche ebenfalls einzugehen ist.

a) Vorbereitungsprozess bei der Erstellung eines ML-Verfahrens

Die vorgestellten wichtigsten ML-Verfahren basieren auf einem gemeinsamen Vorbereitungsprozess, wobei sich die einzelnen Ausgestaltungen mitunter stark unterscheiden.[155]

In einem ersten Schritt muss ein oder die Kombination aus mehreren passenden ML-Verfahren gefunden und ausgewählt werden.[156] Dies hängt maßgeblich davon ab, welches Ziel erreicht werden soll, von der Komplexität des zu erlernenden Modells und welche Daten zur Verfügung stehen.[157] Bei den zur Verfügung stehenden Daten spielt es eine Rolle, ob diese annotiert sind, das heißt mit einem Etikett (auch Tagg/Label) versehen wurden, sodass eine Beschreibung der Daten in Meta-Informationen als Index vorliegt.[158] Liegen solche annotierten Daten vor, beziehungsweise eignen sich die Daten zur Annotation, kann das überwachte Lernen gewählt werden.[159] Ist dies nicht der

---

Artificial Intelligence und Machine Learning, Kap. 2.2 Rn. 18; *Werthmann*, in: Ebers/Heinze/Krügel/Steinrötter, Künstliche Intelligenz und Robotik, § 22 Rn. 87.

[153] *Russel/Norvig*, Künstliche Intelligenz, S. 811; *Stiemerling*, in: Kaulartz/Braegelmann, Rechtshandbuch Artificial Intelligence und Machine Learning, Kap. 2.1 Rn. 14.

[154] *Schuh/Friehoff*, LR 2019, 43 (43 f.); *Gertz/Aumiller*, LTZ 2022, 30 (30); *Baum*, in: Leupold/Wiebe/Glossner, IT-Recht, Teil 9.1 Rn. 30; *Stiemerling*, in: Kaulartz/Braegelmann, Rechtshandbuch Artificial Intelligence und Machine Learning, Kap. 2.1 Rn. 21.

[155] *Niederée/Nejdl*, in: Ebers/Heinze/Krügel/Steinrötter, Künstliche Intelligenz und Robotik, § 2 Rn. 24 ff.

[156] *Lenzen*, Künstliche Intelligenz, S. 36 f.; *Niederée/Nejdl*, in: Ebers/Heinze/Krügel/Steinrötter, Künstliche Intelligenz und Robotik, § 2 Rn. 34.

[157] *Lenzen*, Künstliche Intelligenz, S. 36 f.; *Niederée/Nejdl*, in: Ebers/Heinze/Krügel/Steinrötter, Künstliche Intelligenz und Robotik, § 2 Rn. 34.

[158] *Grupp*, in: Hartung/Bues/Halblleib, Legal Tech, Rn. 1110; *Niederée/Nejdl*, in: Ebers/Heinze/Krügel/Steinrötter, Künstliche Intelligenz und Robotik, § 2 Rn. 34.

[159] *Niederée/Nejdl*, in: Ebers/Heinze/Krügel/Steinrötter, Künstliche Intelligenz und Robotik, § 2 Rn. 34; *Hornung*, in: Schoch/Schneider, VwVfG, § 35a Rn. 33; *Baum*, in: Leupold/Wiebe/Glossner, IT-Recht, Teil 9.1 Rn. 15 f.

Fall, kann sich das unüberwachte Lernen eignen.[160] Auch ist die Dimensionalität, das heißt die Menge an zu betrachtenden Merkmalen, entscheidend für die Auswahl des am besten geeigneten Verfahrens.[161] Die wichtigsten Lernverfahren werden im Anschluss näher vorgestellt.

Wurde ein Verfahren bestimmt, wird anschließend in einem zweiten Schritt eine sogenannte Parameteranpassung (englisch Parameter Tuning) vorgenommen, welche stark vom gewählten Verfahren abhängt und sodann zur Verbesserung der Qualität des Modells beiträgt.[162] Eine Parameteranpassung kann weiterhin nach einer Qualitätskontrolle vorgenommen werden, sofern das Ergebnis noch einer Feinjustierung bedarf.[163]

b) Das überwachte Lernen (englisch Supervised Learning)

Das überwachte Lernen zeichnet sich dadurch aus, dass in der Trainingsphase die Trainingsdaten neben einer Eingabe (englisch Input) auch eine Ausgabe (englisch Output) beinhalten und damit bereits vorgegeben sind.[164] Die Eingaben stellen hierbei die benutzten (Trainings-)Daten mit ihren einzelnen Eigenschaften dar, die Ausgabe hingegen das gewünschte Ergebnis.[165] Damit die Trainingsdaten über eine solche Ausgabe verfügen, müssen sie manuell mit einem Etikett (auch Klassenbezeichnung, englisch Tagg/Label) versehen werden, die sogenannte Annotation.[166]

---

[160] *Niederée/Nejdl*, in: Ebers/Heinze/Krügel/Steinrötter, Künstliche Intelligenz und Robotik, § 2 Rn. 34; *Hornung*, in: Schoch/Schneider, VwVfG, § 35a Rn. 33; *Baum*, in: Leupold/Wiebe/Glossner, IT-Recht, Teil 9.1 Rn. 15 f.

[161] *Niederée/Nejdl*, in: Ebers/Heinze/Krügel/Steinrötter, Künstliche Intelligenz und Robotik, § 2 Rn. 34.

[162] *Niederée/Nejdl*, in: Ebers/Heinze/Krügel/Steinrötter, Künstliche Intelligenz und Robotik, § 2 Rn. 32.

[163] *Karanasiou/Pinotsis*, Towards a Legal Definition of Machine Intelligence, S. 3; *Remus/Levy*, Can Robots be Lawyers?, S. 20.

[164] *Baum*, in: Leupold/Wiebe/Glossner, IT-Recht, Teil 9.1 Rn. 15; *Kevekordes*, in: Hoeren/Sieber/Holznagel, Handbuch Multimedia-Recht, Teil 29.1 Rn. 12; *Gertz/Aumiller*, LTZ 2022, 30 (30 f.).

[165] *Kaulartz*, in: Kaulartz/Braegelmann, Rechtshandbuch Artificial Intelligence und Machine Learning, Kap. 2.2 Rn. 5; *Gertz/Aumiller*, LTZ 2022, 30 (30); *Marten/Föhr/McIntosh*, WPg 2022, 898 (900).

[166] *Hornung*, in: Schoch/Schneider, VwVfG, § 35a Rn. 34; *Baum*, in: Leupold/Wiebe/Glossner, IT-Recht, Teil 9.1 Rn. 15; *Martini*, Blackbox Algorithmus, S. 23; *Kevekordes*, in: Hoeren/Sieber/Holznagel, Handbuch Multimedia-Recht, Teil 29.1 Rn. 12; *Gertz/Aumiller*, LTZ 2022, 30 (30 f.); *Biallaß*, in: Ory/Weth, jurisPK-ERV, Band 1, Kap. 8 Rn. 341.

Nun besteht das zu erlernende Modell darin, bestimmte Korrelationen, das heißt Beziehungen und Zusammenhänge sowie Muster,[167] mittels statistischer Hypothesen[168] zwischen den spezifischen Eigenschaften der Eingabe und denen der Ausgabe zu identifizieren, wodurch selbstständig Regeln zur Entscheidungsfindung aufgestellt werden.[169]

Dies geschieht dadurch, dass das System aus den Trainingsdaten eine Abbildung der Eingabevariable auf die Ausgabevariable erlernt, wobei alle Werte der Ein- und Ausgabevariable (denn sowohl die Ein- als auch Ausgabe sind bekannt) vorgegeben sind.[170] Beim Training des Modells wird aus den Daten das eigentliche Modell erlernt und während des Trainingsprozesses immer weiter vervollständigt und verbessert.[171]

Die zunächst formulierten statistischen Hypothesen über Zusammenhänge zwischen den einzelnen Daten werden sodann über sogenannte Testdaten, die etwa von dem ursprünglichen Datensatz abgetrennt und nicht für das Training benutzt wurden, in einem Testverfahren überprüft und mit dem menschlichen Output verglichen.[172] Aus diesem Grund wird das Verfahren auch als überwachtes Lernen bezeichnet.[173]

Ziel des Modells ist es, die Differenz zwischen der Vorhersage des Modells für eine Ausgabe und der tatsächlichen Ausgabe möglichst gering zu halten, beziehungsweise diese Differenz nicht mehr verringern zu können.[174] Ist diese Phase der sogenannten Convergence erreicht, kann das verallgemeinerte Modell nun eigenständig in der Anwendung aus einer Eingabe eine Ausgabe (mit einer gewissen Sicherheit) voraussagen.[175]

---

[167] *Biallaß*, in: Ory/Weth, jurisPK-ERV, Band 1, Kap. 8 Rn. 338; *Käde/von Maltzan*, CR 2020, 66 (71).

[168] *Wischmeyer*, AöR 143 (2018), 1 (14); *Stiemerling*, in: Kaulartz/Braegelmann, Rechtshandbuch Artificial Intelligence und Machine Learning, Kap. 2.1 Rn. 12.

[169] *Stiemerling*, in: Kaulartz/Braegelmann, Rechtshandbuch Artificial Intelligence und Machine Learning, Kap. 2.1 Rn. 17; *Stiemerling*, CR 2015, 762 (763); *Ertel*, Grundkurs Künstliche Intelligenz, S. 351.

[170] *Ertel*, Grundkurs Künstliche Intelligenz, S. 351.

[171] *Sommer*, Haftung für autonome Systeme, S. 38.

[172] *Wischmeyer*, AöR 143 (2018), 1 (14), welcher jedoch davon ausgeht, dass nicht bereits die Trainingsdaten über eine Annotation verfügen, sondern erst die Testdaten, mit welchen dann die statistischen Hypothesen über die Testdaten verglichen und gegebenenfalls neukalibriert werden können. Der folgenden Arbeit liegt jedoch das Verständnis zugrunde, dass bereits die Trainingsdaten über eine Annotation verfügen und sodann mittels ebenfalls annotierten Testdaten überprüft werden.

[173] *Herold*, InTer 2019, 7 (9).

[174] *Kaulartz*, in: Kaulartz/Braegelmann, Rechtshandbuch Artificial Intelligence und Machine Learning, Kap. 2.2 Rn. 19.

[175] *Kaulartz*, in: Kaulartz/Braegelmann, Rechtshandbuch Artificial Intelligence und Machine Learning, Kap. 2.2 Rn. 19; *Niederée/Nejdl*, in: Ebers/Heinze/Krügel/Steinröt-

Sobald ein funktionstüchtiges Modell erstellt wurde, kann es nun zur Anwendung des Modells kommen.[176] Hierbei wird das Modell auf neue Sachverhalte angewandt, um bestimmte Aufgaben zu lösen.[177] Dabei ist es entscheidend, dass die bei der Anwendung eingegebenen Daten in der gleichen Art vorbereitet werden wie die Trainingsdaten, aus denen das System das Modell entwickelt hat.[178] Weiterhin bedarf es einer Erwähnung, dass die erlernten Modelle zur Lösung einer bestimmten Aufgabe, die auf einer bestimmten Art von Daten beruht, erstellt wurden.[179] Das heißt, wenn das Modell beispielsweise zum Erkennen eines Werkvertrags trainiert wurde, wird es dem System nicht automatisch möglich sein, einen Kaufvertrag zu identifizieren.

Modelle des überwachten Lernens werden vor allem zur Klassifikation, das heißt zur Einteilung in bestimmte Kategorien oder Klassen,[180] von bestimmten Daten verwendet, so zum Beispiel in der Bild- und Spracherkennung.[181] Ein weiterer Anwendungsbereich sind die sogenannten Regressionsaufgaben und damit die Aufgaben der Schätzung und Prognose.[182]

c) Das unüberwachte Lernen (englisch Unsupervised Learning)

Beim unüberwachten Lernen liegen keine annotierten Trainingsdaten und damit auch keine Ausgabe vor, weshalb das System eigenständig aus den Datenbeständen Gemeinsamkeiten (die Kategorisierung oder Segmentierung,[183] englisch Clustering), Korrelationen und Muster feststellt und aus der An- oder

---

ter, Künstliche Intelligenz und Robotik, § 2 Rn. 40; vgl. *Lenzen*, Künstliche Intelligenz, S. 51.

[176] *Yuan/Szypulka*, in: Ebers, StichwortKommentar Legal Tech, Kap. 58 Rn. 14; *Niederée/Nejdl*, in: Ebers/Heinze/Krügel/Steinrötter, Künstliche Intelligenz und Robotik, § 2 Rn. 36.

[177] *Yuan/Szypulka*, in: Ebers, StichwortKommentar Legal Tech, Kap. 58 Rn. 14; *Niederée/Nejdl*, in: Ebers/Heinze/Krügel/Steinrötter, Künstliche Intelligenz und Robotik, § 2 Rn. 36.

[178] *Niederée/Nejdl*, in: Ebers/Heinze/Krügel/Steinrötter, Künstliche Intelligenz und Robotik, § 2 Rn. 36.

[179] *Niederée/Nejdl*, in: Ebers/Heinze/Krügel/Steinrötter, Künstliche Intelligenz und Robotik, § 2 Rn. 36.

[180] *Wagner*, Legal Tech und Legal Robots, S. 63.

[181] Frauenhofer-Gesellschaft, Maschinelles Lernen, S. 25 f.; *Vogel*, Künstliche Intelligenz und Datenschutz, S. 39.

[182] *Wagner*, Legal Tech und Legal Robots, S. 63; *Kaulartz*, in: Kaulartz/Braegelmann, Rechtshandbuch Artificial Intelligence und Machine Learning, Kap. 2.2 Rn. 7; *Busche*, JA 2023, 441 (442).

[183] *Scherr*, WPg 2019, 549 (553).

B. Begriffsklärung und technische Grundlagen der KI

Abwesenheit Schlussfolgerungen zieht.[184] Die zur Verfügung stehenden Daten sind mithin nicht wie beim überwachten Lernen bereits Kategorien (durch die Taggs/Labels) zugeordnet, sondern das System versucht beim wichtigsten Verfahren des unüberwachten Lernens, dem sogenannten Clustering, die Daten diesen Kategorien selbst zuzuordnen.[185] Hierbei sind die Gemeinsamkeiten und Unterschiede der Kategorien vorher nicht bekannt.[186]

Mithin geht es beim unüberwachten Lernen, anders als beim überwachten Lernen, wo Ein- und Ausgabe bekannt sind und Zusammenhänge zwischen diesen beiden Werten gesucht werden, darum, Gemeinsamkeiten und Unterschiede zwischen den Daten zu finden und einer zuvor bestimmten Menge an Kategorien zuzuweisen.[187]

Ein weiterer entscheidender Unterschied zum überwachten Lernen besteht darin, dass das Modell des unüberwachten Lernens nicht durch Trainingsdaten vor der Anwendung modelliert werden muss, sondern dies durch die Eingabedaten bei der Anwendung geschehen kann, sodass theoretisch direkt mit einer Anwendung begonnen werden kann.[188]

Mit dem unüberwachten Lernen ist es im Rahmen der Klassifikation vor allem möglich, verschiedene Gruppen zu bilden und die Daten zuzuordnen (das sogenannte Clustering)[189], sodann darüber hinaus Ausreißer zu erkennen, die sich keiner Kategorie zuordnen ließen und Beziehungen zwischen verschiedenen Datenmerkmalen zu erkennen.[190]

---

[184] *Biallaß*, in: Ory/Weth, jurisPK-ERV, Band 1, Kap. 8 Rn. 345; *Kaulartz*, in: Kaulartz/Braegelmann, Rechtshandbuch Artificial Intelligence und Machine Learning, Kap. 2.2 Rn. 25; *Niederée/Nejdl*, in: Ebers/Heinze/Krügel/Steinrötter, Künstliche Intelligenz und Robotik, § 2 Rn. 41.

[185] *Martini*, Blackbox Algorithmus, S. 23; *Niederée/Nejdl*, in: Ebers/Heinze/Krügel/Steinrötter, Künstliche Intelligenz und Robotik, § 2 Rn. 41.

[186] *Vogel*, Künstliche Intelligenz und Datenschutz, S. 40.

[187] *Yuan/Szypulka*, in: Ebers, StichwortKommentar Legal Tech, Kap. 58 Rn. 16.

[188] *Kaulartz*, in: Kaulartz/Braegelmann, Rechtshandbuch Artificial Intelligence und Machine Learning, Kap. 2.2 Rn. 25; *Stiemerling*, in: Kaulartz/Braegelmann, Rechtshandbuch Artificial Intelligence und Machine Learning, Kap. 2.1 Rn. 14; *Wuttke*, Training-, Validierung- und Testdatensatz, https://datasolut.com/wiki/trainingsdaten-und-testdaten-machine-learning/ (zuletzt aufgerufen am: 28.02.2025); dennoch wird trotzdem zumeist von einem vorherigen Training gesprochen, vgl. *Kaulartz*, in: Kaulartz/Braegelmann, Rechtshandbuch Artificial Intelligence und Machine Learning, Kap. 2.2 Rn. 25.

[189] Näher zum Clustering, *Niederée/Nejdl*, in: Ebers/Heinze/Krügel/Steinrötter, Künstliche Intelligenz und Robotik, § 2 Rn. 53; zur grundsätzlichen Unterscheidung zwischen den beiden Aufgaben Klassifikation und Regression, *Yuan/Szypulka*, in: Ebers, StichwortKommentar Legal Tech, Kap. 58 Rn. 6.

[190] *Martini*, Blackbox Algorithmus, S. 23.

So lernt das System, welche Eigenschaften Ähnlichkeiten aufweisen, und damit in eine Kategorie einzuordnen sind.[191] Hierdurch kann das System die automatisiert erstellten Kategorien solchen Eigenschaften/Einordnungen über statistisch relevante Zusammenhänge zuweisen, die auch für den menschlichen Anwender bekannt und damit verständlich sind.[192]

Diese Verfahren eignen sich insbesondere bei einer sehr großen und un- oder wenig strukturierten Menge von Daten, die ein menschlicher Bearbeiter nicht ohne weiteres verarbeiten kann.[193]

d) Das verstärkende Lernen (englisch Reinforced Learning)

Eine andere Herangehensweise verfolgt das verstärkende Lernen, bei welchem keinerlei Trainingsdaten zur Verfügung stehen.[194] Das System versucht durch immer weitergehende Versuche und anschließendem Irrtum/Erfolg zu identifizieren, welche Aktionen in einer bestimmten Situation gut und welche schlecht sind.[195] Hierfür wird jeder Schritt des Systems durch Feedback aus der Realwelt im Fall eines Erfolgs belohnt und im Fall eines Irrtums bestraft.[196] Hierbei passt das System seine Aktionen an das belohnende Feedback an, um die Gesamtbelohnung zu optimieren.[197] In der jeweiligen Anpassung und damit der Optimierung des eigenen Verhaltens liegt der jeweilige Lernprozess, welche Aktionen am besten zum jeweiligen Ziel führen (sogenanntes Trial-and-Error-Prinzip).[198]

---

[191] *Stiemerling*, in: Kaulartz/Braegelmann, Rechtshandbuch Artificial Intelligence und Machine Learning, Kap. 2. 1 Rn. 18; *Biallaß*, in: Ory/Weth, jurisPK-ERV, Band 1, Kap. 8 Rn. 345.

[192] *Stiemerling*, in: Kaulartz/Braegelmann, Rechtshandbuch Artificial Intelligence und Machine Learning, Kap. 2.1 Rn. 18, 20; *Biallaß*, in: Ory/Weth, jurisPK-ERV, Band 1, Kap. 8 Rn. 345; *Hinz*, in: Kaulartz/Braegelmann, Rechtshandbuch Artificial Intelligence und Machine Learning, Kap. 11 Rn. 13.

[193] *Stiemerling*, in: Kaulartz/Braegelmann, Rechtshandbuch Artificial Intelligence und Machine Learning, Kap. 2.1 Rn. 18 f.; *Hinz*, in: Kaulartz/Braegelmann, Rechtshandbuch Artificial Intelligence und Machine Learning, Kap. 11 Rn. 13; *Vogel*, Künstliche Intelligenz und Datenschutz, S. 40.

[194] *Ertel*, Grundkurs Künstliche Intelligenz, S. 351.

[195] *Ertel*, Grundkurs Künstliche Intelligenz, S. 351; *Yuan/Szypulka*, in: Ebers, StichwortKommentar Legal Tech, Kap. 58 Rn. 16.

[196] *Ertel*, Grundkurs Künstliche Intelligenz, S. 351; *Yuan/Szypulka*, in: Ebers, StichwortKommentar Legal Tech, Kap. 58 Rn. 16.

[197] *Niederée/Nejdl*, in: Ebers/Heinze/Krügel/Steinrötter, Künstliche Intelligenz und Robotik, § 2 Rn. 44; *Lenzen*, Künstliche Intelligenz, S. 51.

[198] *Ertel*, Grundkurs Künstliche Intelligenz, S. 351.

Prozesse des verstärkenden Lernens eignen sich vor allem in Bereichen der Robotik.[199] Lernverfahren dieser Art wurden jedoch auch bei der Programmierung von AlphaGo und AlphaGoZero (dem Nachfolger, welcher ausschließlich durch Spiele gegen sich selbst und anders als sein Vorgänger vollständig ohne Trainingsdaten nur mit den Regeln lernt)[200] zum erfolgreichen Spielen des Spiels Go eingesetzt.[201] Hierbei wurde das System so programmiert, dass es gegen sich selbst spielte und durch Versuchen und anschließendem Irrtum/Erfolg die eigenen Spielstrategien verbessern konnte.[202] Einsatzszenarien sind jedoch auch im Bereich der Chatbots denkbar; so wurde für den bekannten Chatbot ChatGPT unter anderem auch das verstärkende Lernen eingesetzt.[203]

e) Das aktive Lernen (englisch Active Learning)

Weiterhin lässt sich das aktive Lernen unterscheiden.[204] Hierbei handelt es sich um eine besondere Form des maschinellen Lernens, bei welchem durch Feedback im Rahmen der Nutzung (mithin nach dem Training, da in den meisten Fällen mittels annotierter Daten gearbeitet wird) ein falsches Ergebnis korrigiert werden kann.[205] Hierzu erkennt das System zunächst Unsicherheiten und versucht diese im Anschluss etwa durch Fragen zu beseitigen und überarbeitet so gegebenenfalls das generierte Ergebnis.[206] Hierdurch kann eine höhere Genauigkeit durch das Erkennen und Beseitigen von Unsicherheiten erzielt werden, auch wenn keine ausreichende Menge an Daten vorhanden ist, eine Annotation nicht oder nur mit hohem Aufwand beziehungsweise hohen Kosten möglich ist oder bestimmte Daten nur teilweise zur Verfügung stehen.[207]

---

[199] *Ertel*, Grundkurs Künstliche Intelligenz, S. 351.
[200] Datatilsynet, Artificial intelligence and privacy, S. 10; *Vogel*, Künstliche Intelligenz und Datenschutz, S. 33.
[201] *Ertel*, Grundkurs Künstliche Intelligenz, S. 8; *Vogel*, Künstliche Intelligenz und Datenschutz, S. 33.
[202] Datatilsynet, Artificial intelligence and privacy, S. 10.
[203] https://openai.com/blog/chatgpt/ (zuletzt aufgerufen am: 28.02.2025).
[204] *Russel/Norvig*, Artificial Intelligence, S. 831, 839 ff.; *Niederée/Nejdl*, in: Ebers/Heinze/Krügel/Steinrötter, Künstliche Intelligenz und Robotik, § 2 Rn. 43.
[205] *Hornung*, in: Schoch/Schneider, VwVfG, § 35a Rn. 34.
[206] *Niederée/Nejdl*, in: Ebers/Heinze/Krügel/Steinrötter, Künstliche Intelligenz und Robotik, § 2 Rn. 43; *Hornung*, in: Schoch/Schneider, VwVfG, § 35a Rn. 34.
[207] *Niederée/Nejdl*, in: Ebers/Heinze/Krügel/Steinrötter, Künstliche Intelligenz und Robotik, § 2 Rn. 43.

5. Künstliche neuronale Netze (englisch Artificial Neural Networks) und das tiefe Lernen (englisch Deep Learning)

Künstliche neuronale Netze (KNN) stellen eine eigene Systemarchitektur zur Verarbeitung von Informationen dar und sind nach ihrer Struktur und Funktionsweise dem Nervensystem und damit dem menschlichen Gehirn nachempfunden.[208] Durch die immer weiter steigende Verfügbarkeit von riesigen Datenbeständen (englisch Big Data) durch das Internet der Dinge (englisch Internet of Things) und die zunehmende Speicher- und Rechenkapazität gewinnen KNN immer weiter an Bedeutung, weshalb auch von einer „Renaissance" der KNNs gesprochen wird.[209] Der Lernprozess bei KNN erfolgt auch hier über maschinelles Lernen, weshalb es sowohl KNN mit überwachtem/ unüberwachtem als auch dem verstärkenden Lernen gibt, wobei sich jedoch aufgrund der Ähnlichkeiten in den Ausführungen auf die Verfahren des überwachten Lernens beschränkt werden soll.[210] Aus diesem Grund handelt es sich ebenfalls um subsymbolische Systeme, die über eine implizite Programmierung verfügen.[211]

a) Grundzüge des Aufbaus von künstlichen neuronalen Netzen

Das KNN ist grob am Aufbau des menschlichen Gehirns orientiert und besteht aus verschiedenen (künstlichen) Neuronen, sogenannten Knoten, die über Synapsen mit anderen Neuronen verbunden sind.[212] Dabei sind diese Neuronen in verschiedene Schichten aufgeteilt; der Eingabeschicht (englisch Input Layer), der verborgenen Schicht (englisch Hidden Layer) und der Ausgabeschicht (englisch Output Layer).[213]

---

[208] *Kruse*, in: Kruse/Borgelt/Klawonn/Moewes/Ruß/Steinbrecher, Computational Intelligence, S. 3; *Baum*, in: Leupold/Wiebe/Glossner, IT-Recht, Teil 9.1 Rn. 25; *Söbbing*, MMR 2021, 111 (112); *Stiemerling*, in: Kaulartz/Braegelmann, Rechtshandbuch Artificial Intelligence und Machine Learning, Kap. 2.1 Rn. 22; *Höpfner/Daum*, ZFA 2021, 467 (471); *Niederée/Nejdl*, in: Ebers/Heinze/Krügel/Steinrötter, Künstliche Intelligenz und Robotik, § 2 Rn. 58.

[209] *Vogel*, Künstliche Intelligenz und Datenschutz, S. 45; *Callan*, Neuronale Netze im Klartext, S. 15.

[210] *Gertz/Aumiller*, LTZ 2022, 30 (30 f.); vgl. auch *Lenzen*, Künstliche Intelligenz, S. 51 f.; *Biallaß*, in: Ory/Weth, jurisPK-ERV, Band 1, Kap. 8 Rn. 360; *Stiemerling*, in: Kaulartz/Braegelmann, Rechtshandbuch Artificial Intelligence und Machine Learning, Kap. 2.1 Rn. 27 ff.

[211] *Biallaß*, in: Ory/Weth, jurisPK-ERV, Band 1, Kap. 8 Rn. 354.

[212] *Linadartos*, ZIP 2019, 504 (505); *Wagner*, Legal Tech und Legal Robots, S. 66; *Söbbing*, MMR 2021, 111 (112); *Niederée/Nejdl*, in: Ebers/Heinze/Krügel/Steinrötter, Künstliche Intelligenz und Robotik, § 2 Rn. 58.

B. Begriffsklärung und technische Grundlagen der KI

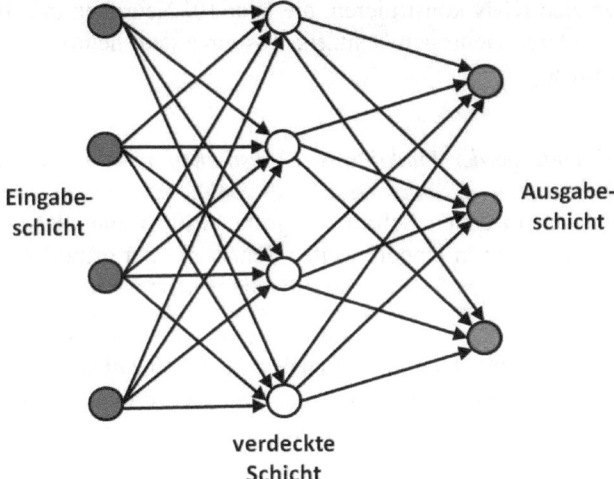

Abbildung eines KNN mit drei Schichten (Eingabe, verdeckte Schicht, Ausgabe), https://sebastiandoern.de/neuronale-netze/ (zuletzt aufgerufen am: 28.02.2025)

Die erste Schicht (Eingabeschicht) hat so viele Neuronen wie Eigenschaften des Datensatzes untersucht werden sollen.[214] Die Ausgabeschicht enthält das Ergebnis.[215] Jedes Neuron der verdeckten Schichten verfügt über verschiedene Eingänge und Ausgänge, die die einzelnen künstlichen Neuronen mit anderen künstlichen Neuronen, ähnlich dem menschlichen Vorbild, verbinden.[216]

Die Anzahl der Schichten bestimmt die Tiefe eines KNN, die Anzahl der Neuronen pro Schicht die Breite.[217] In der Phase der Erstellung und damit der Phase der Parameteranpassung muss das richtige Verhältnis von Tiefe und Breite des KNN zur Lösung der spezifischen Aufgabe gefunden werden.[218]

Bei KNN mit besonders vielen verdeckten Schichten, also mit einer besonderen Tiefe, spricht man daher auch vom sogenannten tiefen Lernen.[219]

---

[213] *Stiemerling*, in: Kaulartz/Braegelmann, Rechtshandbuch Artificial Intelligence und Machine Learning, Kap. 2.1 Rn. 22.
[214] *Käde/von Maltzan*, CR 2020, 66 (69).
[215] *Käde/von Maltzan*, CR 2020, 66 (69).
[216] *Niederée/Nejdl*, in: Ebers/Heinze/Krügel/Steinrötter, Künstliche Intelligenz und Robotik, § 2 Rn. 58.
[217] *Lenzen*, Künstliche Intelligenz, S. 38.
[218] *Lenzen*, Künstliche Intelligenz, S. 38.
[219] *Martini*, Blackbox Algorithmus, S. 23 f.; *Wagner*, Legal Tech und Legal Robots, S. 66; *Baum*, in: Leupold/Wiebe/Glossner, IT-Recht, Kap. 9.1 Rn. 29; *Söbbing*, MMR

So lassen sich KNN konstruieren, die über 10^8 Neuronen und 10^{11} Verbindungen zu anderen Neuronen besitzen, was circa dem neuronalen Netz einer Maus entspricht.[220]

b) Grundzüge der Funktion von künstlichen neuronalen Netzen

Da nun in einem ersten Schritt der grobe Aufbau eines KNN dargestellt wurde, muss sich nun in einem zweiten Schritt mit der grundlegenden Funktionsweise eines solchen Systems auseinandergesetzt werden.

Die Eingabeschicht, die durch Informationen aus der Außenwelt aktiviert wird, untersucht den Datensatz zunächst nach verschiedenen Kriterien.[221] Dieses erste Zwischenergebnis wird nun über die Verbindungen beziehungsweise Synapsen, welche auch als Kanten bezeichnet werden, an ein Neuron der nächsten und damit der verborgenen Schicht weitergegeben.[222] Hierbei ist zu beachten, dass die Verbindungen beziehungsweise Synapsen über verschiedene Gewichte verfügen.[223] Kommen nun verschiedene Signale über die Synapsen zu einem Neuron, wird dieses erst ab einem gewissen Schwellenwert, dem sogenannten Aktivierungszustand, aktiviert und führt sodann selbst den ihm zugeordneten Arbeitsschritt durch und gibt anschließend dieses Zwischenergebnis als Signal an die nächste Schicht und damit an das nächste Neuron weiter.[224] Der Aktivierungszustand setzt sich aus den verschiedenen eingehenden Werten und ihren Gewichtungen sowie der sogenannten Aktivierungsfunktion zusammen.[225] Dieser Schritt wiederholt sich

---

2021, 111 (111); vgl. *Stiemerling*, in: Kaulartz/Braegelmann, Rechtshandbuch Artificial Intelligence und Machine Learning, Kap. 2.1 Rn. 21 ff.

[220] *Zech*, ZfPW 2019, 198 (201), es ist davon auszugehen, dass sich diese Zahl seit 2019 verändert hat. Aktuellere verlässliche Zahlen waren jedoch nicht aufzufinden.

[221] *Käde/von Maltzan*, CR 2020, 66 (69); *Linardatos*, ZIP 2019, 504 (505); *Söbbing*, MMR 2021, 111 (112); *Baum*, in: Leupold/Wiebe/Glossner, IT-Recht, Teil 9.1 Rn. 25; *Stiemerling*, in: Kaulartz/Braegelmann, Rechtshandbuch Artificial Intelligence und Machine Learning, Kap. 2.1 Rn. 22.

[222] *Puppe*, in: Beck/Kusche/Valerius, Digitalisierung, Automatisierung, KI und Recht, S. 124; *Söbbing*, MMR 2021, 111 (112); *Baum*, in: Leupold/Wiebe/Glossner, IT-Recht, Teil 9.1 Rn. 25; *Stiemerling*, in: Kaulartz/Braegelmann, Rechtshandbuch Artificial Intelligence und Machine Learning, Kap. 2.1 Rn. 23.

[223] *Wagner*, Legal Tech und Legal Robots, S. 66; *Russell/Norvig*, Künstliche Intelligenz, S. 847.

[224] *Niederée/Nejdl*, in: Ebers/Heinze/Krügel/Steinrötter, Künstliche Intelligenz und Robotik, § 2 Rn. 59; *Zech*, ZfPW 2019, 198 (201); *Linardatos*, ZIP 2019, 504 (505).

[225] *Niederée/Nejdl*, in: Ebers/Heinze/Krügel/Steinrötter, Künstliche Intelligenz und Robotik, § 2 Rn. 59.

so lange, bis die Ausgabeschicht erreicht wird und damit dieses Neuron aktiviert wird.[226]

Sowohl die Gewichte der verschiedenen Verbindungen als auch die Schwellenwerte der Neuronen werden durch das System selbstständig angepasst und verändert, was dazu führt, dass ähnlich wie im menschlichen Gehirn neue Verbindungen gelernt werden können und alte Verbindungen gelöscht werden, sodass man von einem adaptiven Netz spricht.[227] Diese Anpassung stellt den Lernprozess des KNN dar und ermöglicht es diesem, nach dem erfolgreichen Erlernen eines präzisen Modells zu unbekannten Eingaben ein Ergebnis, eine Ausgabe, zu erstellen.[228]

Im Rahmen des überwachten Lernens, bei welchem sowohl die Ein- als auch die Ausgabe bekannt sind, werden hierbei im Lernprozess vereinfacht ausgedrückt die Werte der einzelnen Gewichte in jedem Lernvorgang derart angepasst, dass der Ausgabewert sich Stück für Stück in Richtung des richtigen Ergebnisses verschiebt, bis schlussendlich das richtige Ergebnis als Ausgabe für möglichst viele Beispiele vorhergesagt wird.[229] Bei diesem Prozess wird durch ein kompliziertes Verfahren, das sogenannte stochastische Gradientenverfahren (englisch Stochastic Gradient Descent), eine Anpassung aller Gewichte vorgenommen, die bei der falschen Vorhersage beteiligt waren.[230]

Wie die einzelnen Neuronen miteinander verbunden sind und in welcher Reihenfolge die einzelnen Neuronen damit aktiviert werden, um zum Ergebnis (der Ausgabeschicht) zu gelangen, hängt von der einzelnen Struktur des KNN ab.[231] Die einfachste Ausgestaltung stellen die „Fully Connected Feed-

---

[226] *Niederée/Nejdl*, in: Ebers/Heinze/Krügel/Steinrötter, Künstliche Intelligenz und Robotik, § 2 Rn. 61.

[227] *Linardatos*, ZIP 2019, 504 (505); vgl. *Ertel*, Grundkurs Künstliche Intelligenz, S. 287.

[228] *Niederée/Nejdl*, in: Ebers/Heinze/Krügel/Steinrötter, Künstliche Intelligenz und Robotik, § 2 Rn. 66 ff.

[229] *Stiemerling*, in: Kaulartz/Braegelmann, Rechtshandbuch Artificial Intelligence und Machine Learning, Kap. 2.1 Rn. 29; *Puppe*, in: Beck/Kusche/Valerius, Digitalisierung, Automatisierung, KI und Recht, S. 124.

[230] *Puppe*, in: Beck/Kusche/Valerius, Digitalisierung, Automatisierung, KI und Recht, S. 124; *Kaulartz*, in: Kaulartz/Braegelmann, Rechtshandbuch Artificial Intelligence und Machine Learning, Kap. 2.2 Rn. 15; *Niederée/Nejdl*, in: Ebers/Heinze/Krügel/Steinrötter, Künstliche Intelligenz und Robotik, § 2 Rn. 70; s. für weitere Informationen etwa Google, Reducing Loss: Stochastic Gradient Descent, https://developers.google.com/machine-learning/crash-course/reducing-loss/stochastic-gradient-descent (zuletzt aufgerufen am: 28.02.2025).

[231] *Niederée/Nejdl*, in: Ebers/Heinze/Krügel/Steinrötter, Künstliche Intelligenz und Robotik, § 2 Rn. 73 ff.

forward Neural Networks" dar.[232] Hierbei sind die Neuronen einer Schicht jeweils mit den Neuronen der nächsten Schicht verbunden, was jedoch eine stark erhöhte Breite und Tiefe des KNN voraussetzt.[233]

Bei den Convolutional Neural Networks basieren die verborgenen Schichten auf einer Reihe von Faltungs- und Poolingoperationen, die dazu beitragen, dass ausschließlich die wichtigen Informationen erhalten bleiben.[234]

Recurrent Neural Networks fügen dem KNN sogenannte wiederkehrende Zellen hinzu, was dazu führt, dass das KNN über eine Art Gedächtnis verfügt, weshalb das System damit vorherige Eingaben berücksichtigen kann.[235] Ein entscheidender Anwendungsbereich ist hierbei die Textverarbeitung, bei welchem das einzelne Wort gerade im Zusammenhang mit den vorherigen Worten und Sätzen analysiert werden muss.[236]

III. Zwischenergebnis

Wie sich gezeigt hat, stellte bereits die definitorische Einordnung des Begriffs der KI eine gewisse Hürde dar, was zum Schluss führte, dass eine technikbasierte Definition zu favorisieren ist. Hierbei konnte auf den Vorschlag der Kommission für den Entwurf einer KI-Verordnung zurückgegriffen werden, welche im Anschluss noch näher an geeigneter Stelle ausgeführt wird.[237] Hinsichtlich der technischen Grundlagen ließen sich grob zwei Formen der KI unterscheiden, die symbolischen (deduktiven) und die subsymbolischen (induktiven) Verfahren, die sich insbesondere in der Form ihrer Wissensrepräsentation und ihrer damit verbundenen Erstellung unterscheiden. So werden die Systeme, die symbolische Verfahren einsetzen (vor allem Expertensysteme), vollständig manuell in natürlicher Sprache erstellt. Ihr Wissen wird daher in einer für den Menschen lesbaren Form in einer Datenbank gespeichert. Das Wissen der subsymbolischen Verfahren (insbesondere das maschinelle Lernen) wird hingegen in den erstellten Modellen, die das System

---

[232] *Niederée/Nejdl*, in: Ebers/Heinze/Krügel/Steinrötter, Künstliche Intelligenz und Robotik, § 2 Rn. 73.

[233] *Niederée/Nejdl*, in: Ebers/Heinze/Krügel/Steinrötter, Künstliche Intelligenz und Robotik, § 2 Rn. 73.

[234] *Wuttke*, Künstliche Neuronale Netzwerke, https://datasolut.com/neuronale-netzwerke-einfuehrung/ (zuletzt aufgerufen am: 28.02.2025).

[235] *Niederée/Nejdl*, in: Ebers/Heinze/Krügel/Steinrötter, Künstliche Intelligenz und Robotik, § 2 Rn. 78; *Wuttke*, Künstliche Neuronale Netzwerke, https://datasolut.com/neuronale-netzwerke-einfuehrung/ (zuletzt aufgerufen am: 28.02.2025).

[236] *Gierbl/Schreyer/Borth/Leibfried*, IRZ 2021, 349 (353f.); *Wuttke*, Künstliche Neuronale Netzwerke, https://datasolut.com/neuronale-netzwerke-einfuehrung/ (zuletzt aufgerufen am: 28.02.2025).

[237] S. hierzu unten unter 2. Teil B. IV.

selbstständig erlernt hat, in einer für den Menschen nicht oder nur sehr schwer verstehbaren Form abgelegt. Im Rahmen der subsymbolischen KI lassen sich insbesondere Verfahren des überwachten, des nicht-überwachten, des aktiven und des verstärkenden Lernens sowie die besondere Ausgestaltung im Rahmen von künstlichen neuronalen Netzen unterscheiden.

C. Heutiger Einsatz von KI im juristischen Bereich

In diesem Kapitel soll der aktuelle Einsatz von KI im juristischen und dabei speziell im typischerweise ursprünglich durch Anwälte erbrachten Bereich dargestellt werden. Es ist voranzustellen, dass es noch kein System beherrscht, die anwaltliche Tätigkeit vollständig abzubilden, mithin scheint der „Robolawyer"[238] noch in einiger Entfernung zu liegen.[239] Vielmehr bietet der Markt eine Vielzahl von Angeboten zur Simulation und/oder Vereinfachung einzelner spezifischer Aufgaben, wobei diese Angebote nach dem Modell von Angebot und Nachfrage unter Berücksichtigung der technischen Realisierbarkeit Stück für Stück entstanden sind.[240]

Obwohl der Markt über eine große Vielfalt von verschiedensten Modellen verfügt, lassen sich diese doch in einige wenige Kategorien einordnen,[241] welche nun im Anschluss vorgestellt werden sollen. Hierbei soll sich auf die materiellen Anwendungen beschränkt werden, welche die Rechtsberatung, die bisher typischerweise durch einen Berufsträger ausgeführt wurde, unterstützen oder teilweise selbst übernehmen.[242] Abzugrenzen sind diese von formellen Anwendungen, die im Wesentlichen die Organisation juristischer Arbeit bezwecken[243] und im Folgenden nicht angesprochen werden. Auch soll kurz

---

[238] *Enders*, JA 2018, 721 (724); *Vogl*, in: Hartung/Bues/Halbleib, Legal Tech, Rn. 190; *Zorilla*, SchiedsVZ 2018, 106 (110); *Biallaß*, ZAP 2023, 351 (359); *Kilian*, CRi 2022, 127 (128), der jedoch den Begriff „Robots in Robes" benutzt; *Postinett*, Die Robo-Anwälte kommen, https://www.handelsblatt.com/karriere/kuenstliche-intelligenz-die-robo-anwaelte-kommen/13601888.html (zuletzt aufgerufen am: 28.02.2025); *Bues*, Wenn der RoboAnwalt an die Kanzleitür klopft, https://www.lto.de/recht/kanzleien-unternehmen/k/kuenstliche-intelligenz-robo-anwalt-artificial-intelligence/ (zuletzt aufgerufen am: 28.02.2025).
[239] S. hierzu ausführlich unten unter 2. Teil C. I. 1. b) aa), bb), cc).
[240] *Wagner*, BB 2017, 898 (898); einen Überblick über die aktuellen Angebote bietet: Stanford Law School, CodeX Techindex, http://techindex.law.stanford.edu (zuletzt aufgerufen am: 28.02.2025); *Tobschall/Kempe*, in: Breidenbach/Glatz, Rechtshandbuch Legal Tech, Kap. 1.4 Rn. 2 ff.
[241] Vgl. etwa *Biallaß*, in: Ory/Weth, jurisPK-ERV, Band 1, Kap. 8 Rn. 17 ff.; *Wagner*, Legal Tech und Legal Robots, S. 43 ff.; *Bues*, in: Hartung/Bues/Halbleib, Legal Tech, Rn. 1178 ff.
[242] Vgl. *Grupp/Fiedler*, DB 2017, 1071 (1073).
[243] *Grupp/Fiedler*, DB 2017, 1071 (1072).

auf die technische Umsetzung eingegangen werden, sich jedoch auf derartige Grundlagen beschränkt werden, die für die weitere Einordnung der Arbeit notwendig sind.

Die Systeme können sich dabei sowohl direkt an den Endkonsumenten richten als auch für Anwälte zur Beratung ihrer Mandanten bestimmt sein.[244]

Anzumerken ist ferner, dass sich im Folgenden auf solche Anwendungen beschränkt wird, die sich tatsächlich an den Rechtsberatungsmarkt richten und über bloße Ergebnisse von Forschungsprojekten oder Prototypen hinausgehen. Dies geschieht, da nur von solchen Angeboten ein potenzielles Risiko für die ordnungsgemäße Rechtsberatung ausgehen kann, die auch tatsächlich für sich beanspruchen, zumindest einen Teil der Rechtsberatung für ihren Kunden, den Rechtsuchenden, zu übernehmen. Forschungsprojekte und Prototypen richten sich hingegen nicht primär an den Rechtsberatungsmarkt, sondern stellen lediglich ihre gewonnenen Ergebnisse vor, ohne dass der Konsument bei Benutzung erwarten kann, dass dies eine individuelle für ihn bestimmte Dienstleistung darstellt.

Zuerst soll die automatisierte Erstellung von Dokumenten aufgrund ihrer aktuellen und zukünftigen hohen Bedeutung für die Praxis vorgestellt werden.[245] Im Anschluss werden Systeme vorgestellt, die stufenweise immer größere Teile der Rechtsberatung übernehmen. Daher werden zunächst Systeme aufgeführt, die zum Auffinden von relevanten Daten und damit typischerweise zur Klärung eines bestimmten Sachverhalts eingesetzt werden können.[246] Direkt im Anschluss werden Systeme behandelt, die Vorhersagen im rechtlichen Bereich treffen können und damit ebenfalls im Rahmen der umfassenden Rechtsberatung genutzt werden können.[247] Zuletzt sollen juristische Expertensysteme, Legal Robots und Chatbots vorgestellt werden, die neben der Sachverhaltserfassung dem Rechtsuchenden unmittelbar bestimmte rechtliche Ergebnisse präsentieren können.[248]

---

[244] Vgl. hierzu unten unter 1. Teil C. IV. 1. b).

[245] *Halbleib*, in: Hartung/Bues/Halbleib, Legal Tech, Rn. 1131; *Northoff/Gresbrand*, in: Hartung/Bues/Halbleib, Legal Tech, Rn. 468; *Galetzka/Garling/Partheymüller*, MMR 2021, 20 (21); *Quarch/Neumann*, LTZ 2023, 96 (97); *Holthausen/Schmid*, in: Chibanguza/Kuß/Steege, Künstliche Intelligenz, § 8 G Rn. 32; *Fries*, ZRP 2018, 161 (161); *Biallaß*, in: Ory/Weth, jurisPK-ERV, Band 1, Kap. 8 Rn. 20; Anwalts-Suchservice Köln, AG 2020, R60 (R60); vgl. auch BGH NJW 2021, 3125 Rn. 13 ff.

[246] S. hierzu unten unter 1. Teil C. II.

[247] S. hierzu unten unter 1. Teil C. III.

[248] S. hierzu unten unter 1. Teil C. IV.

I. Automatisierte Dokumentenerstellung

Ein erster heutiger Einsatzbereich von KI im juristischen Bereich ist die automatisierte Dokumentenerstellung (englisch Document Automation) mit einer erheblichen praktischen Bedeutung für Gegenwart und Zukunft.[249] So ist das Endprodukt juristischer Tätigkeit zumeist ein fertiges Dokument.[250] Bei der automatisierten Dokumentenerstellung können durch das Beantworten verschiedener Fragen, welche jeweils die Ausgabe und damit das Ergebnis verändern können, vollständige juristische Dokumente in Form von Vertragsentwürfen, Vollmachtsvorlagen, Testamentsentwürfen, GmbH-Satzungen, Datenschutzerklärungen und viele mehr entstehen.[251] Durch die mannigfaltigen Einsatzszenarien können sich Systeme zur Dokumentenerstellung sowohl direkt an den Endverbraucher als auch an Unternehmen und Anwälte richten.[252] Besonderheit dieser Systeme ist vor allem, dass nach der Programmierung der Systeme bei der Erstellung der Dokumente kein Jurist mehr zur weiteren Erstellung dieser Dokumente beteiligt sein muss.[253]

Aufgrund der Vielzahl von verschiedenen Antwortmöglichkeiten kommt eine klassische Programmierung, in welcher sämtliche Regeln und Wissen in den Code bereits implementiert werden, in vielen Fällen nicht in Betracht; vielmehr bedarf es einer flexibleren Lösung.[254] Deshalb werden insbesondere logikbasierte (regelbasierte) Expertensysteme verwendet,[255] die ihre Wissensbasis und ihren Inferenzapparat trennen.[256] Hierdurch muss zwar die Wissensbasis zuvor vollständig manuell definiert werden, nicht jedoch jede Kombina-

---

[249] *Halbleib*, in: Hartung/Bues/Halbleib, Legal Tech, Rn. 1131; *Northoff/Gresbrand*, in: Hartung/Bues/Halbleib, Legal Tech, Rn. 468; *Galetzka/Garling/Partheymüller*, MMR 2021, 20 (21); *Quarch/Neumann*, LTZ 2023, 96 (97); *Holthausen/Schmid*, in: Chibanguza/Kuß/Steege, Künstliche Intelligenz, § 8 G. Rn. 32; *Fries*, ZRP 2018, 161 (161); *Biallaß*, in: Ory/Weth, jurisPK-ERV, Band 1, Kap. 8 Rn. 20; Anwalts-Suchservice Köln, AG 2020, R60 (R60); *Morsch/Schicker*, REthinking: Law 2/2019, 9 (9); vgl. auch BGH NJW 2021, 3125 Rn. 13 ff.

[250] *Halbleib*, in: Hartung/Bues/Halbleib, Legal Tech, 1132.

[251] *Susskind*, Tomorrows Lawyers, S. 45 f.; *Northoff/Gresbrand*, in: Hartung/Bues/Halbleib, Legal Tech, Rn. 469; *Remmertz*, in: Hamm, Beck'sches Rechtsanwalts-Handbuch, § 64 Rn. 59, 60.

[252] *Halbleib*, in: Hartung/Bues/Halbleib, Legal Tech, Rn. 1134, 1137.

[253] *Fries*, in: Linardatos, Rechtshandbuch Robo Advice, § 16 Rn. 12.

[254] *Galetzka/Garling/Partheymüller*, MMR 2021, 20 (21).

[255] BGH NJW 2021, 3125, Rn. 38; OLG Köln NJW 2020, 2734 Rn. 93; LG Köln MMR 2020, 56 Rn. 28; *Hullen*, Effizienzsteigerung in der Rechtsberatung durch Rechtsvisualisierungstools, S. 14; vgl. auch *Werthmann*, in: Ebers/Heinze/Krügel/Steinrötter, Künstliche Intelligenz und Robotik, § 22 Rn. 95.

[256] S. hierzu oben unter 1. Teil B. II. 2. b).

tion der verschiedenen Textbausteine in den Code implementiert werden.[257] Vielmehr ist es ausreichend, die einzelnen Textbausteine[258] in der Wissensbasis zu speichern sowie Regeln, wie diese Textbausteine bei einer jeweiligen Antwort oder einer Kombination von Antworten zu einem Textdokument zusammenzufügen sind, zu definieren.[259] Hierbei muss das System im Gegensatz zur herkömmlichen einfachen Programmierung nicht jeden erdenklichen Entwurf zuvor als Vorlage gespeichert haben, sondern lediglich die Regeln, wie ein solcher Entwurf aus den Teilstücken der Datenbank zusammenzustellen ist.[260] Für die Erstellung der einzelnen Bausteine ist es weiterhin notwendig, vorhandene Dokumente und Muster in die einzelnen Themen und Unterthemen zu zerlegen, die als Bausteine für den jeweiligen konkreten Einsatzbereich benötigt werden.[261]

Weiterhin muss beachtet werden, dass diese Textbausteine derart abstrahiert formuliert werden, dass sie auf den konkreten Einsatzfall passen und dennoch auf die Bedürfnisse des Benutzers ausreichend eingehen.[262] Dies kann typischerweise dann gewährleistet werden, wenn es sich um einen standardisierbaren (skalierbaren) Sachverhalt handelt und damit ein Dokument in einer ähnlichen Form immer wieder verwendet werden kann und wird.[263] Die Antwortmöglichkeiten des Benutzers können hierbei von Ja/Nein über zuvor definierte Antworttexte bis hin zu Freitextfeldern variieren.[264] Welche Antwortmöglichkeiten dabei genutzt und damit vom System verarbeitet werden können, hängt von der konkreten Ausgestaltung des Expertensystems ab.[265] Um die Interaktion mit dem Benutzer so benutzerfreundlich wie möglich zu machen und denkbare Eingabefehler weitestgehend zu verhindern, werden dem Benutzer, je nachdem, ob sich das System an einen Laien oder einen Juristen wendet, mehr oder weniger Erläuterungen oder Ausschnitten aus Kommenta-

---

[257] S. hierzu oben unter 1. Teil B. II. 2. b).

[258] *Halbleib*, in: Hartung/Bues/Halbleib, Legal Tech, Rn. 1138; *Breidenbach*, in: Breidenbach/Glatz, Rechtshandbuch Legal Tech, Kap. 2.1 Rn. 9 ff.; vgl. *Biallaß*, in: Ory/Weth, jurisPK-ERV, Band 1, Kap. 8 Rn. 21.

[259] *Hullen*, Effizienzsteigerung in der Rechtsberatung durch Rechtsvisualisierungstools, S. 34; s. hierzu bereits oben unter 1. Teil B. II. 2. b).

[260] Vgl. *Breidenbach*, in: Breidenbach/Glatz, Rechtshandbuch Legal Tech, Kap. 2.1 Rn. 9, 11.

[261] *Wagner*, Legal Tech und Legal Robots, S. 49.

[262] *Halbleib*, in: Hartung/Bues/Halbleib, Legal Tech, Rn. 1135.

[263] *Halbleib*, in: Hartung/Bues/Halbleib, Legal Tech, Rn. 1135.

[264] *Scheicht/Fiedler*, in: Hartung/Bues/Halbleib, Legal Tech, Rn. 455 f.; *Kraetzig/Krawietz*, RDi 2022, 145 (150).

[265] S. hierzu unten unter 1. Teil C. I.; 1. Teil C. IV. 1. b) bb) (1), (2), (3), (4), zu den einzelnen Ausgestaltungen von Expertensystemen in der juristischen Praxis.

ren zur richtigen Beantwortung der Fragen zur Verfügung gestellt.[266] Richtet sich das System an einen Juristen, können die Fragen auch derart ausgestaltet sein, dass nach dem Wunsch zur Benutzung einer bestimmten Klausel gefragt wird, was der Benutzer mittels eigenem juristischen Fachwissen beantworten kann.[267]

Weiterhin bieten derartige Systeme zumeist die Möglichkeit, bestimmte Werte, sogenannte Datenpunkte oder Variablen, in das fertige Dokument einzusetzen, zum Beispiel die Parteibezeichnung, der vertretende Rechtsanwalt, Datumsangaben oder Zahlen.[268] Auch sind Berechnungen mit eingegebenen Variablen möglich.[269] Hierzu müssen die für die Berechnung erforderlichen Variablen aus dem Sachverhalt in die Eingabemaske eingetragen werden, wodurch eine zuvor erstellte Formel, die die Berechnung mathematisch abbildet, das Ergebnis errechnet, welches sodann in das Dokument eingefügt wird.[270] Anwendungsbeispiele sind etwa die automatische Berechnung von Zinsen oder Fristen.[271]

Fortschrittliche Expertensysteme beziehen ihre fallbasierten Informationen nicht lediglich aus den eingegebenen Antworten, sondern können auch auf Datenbestände zugreifen, die mit den internen Systemen eines Unternehmens verknüpft sind und Aufschluss über weitere, beispielsweise unternehmensinterne, Informationen geben (Datenakquisekomponente).[272] Hierdurch können Fragen minimiert und Eingabefehler weitestgehend verhindert werden, was sowohl die Effizienz steigert als auch mitunter sehr kostspielige Folgefehler verhindern kann.[273]

Von den Antworten auf die zuvor definierten Fragen und den anderen Informationen des Systems abhängig, stellt nun das System ein individuelles Dokument oder ein Set aus Dokumenten aus den zuvor manuell angefertigten Textbausteinen zusammen.[274]

---

266 *Halbleib*, in: Hartung/Bues/Halbleib, Legal Tech, Rn. 1144.
267 *Hullen*, Effizienzsteigerung in der Rechtsberatung durch Rechtsvisualisierungstools, S. 39 f.
268 *Halbleib*, in: Hartung/Bues/Halbleib, Legal Tech, Rn. 1145.
269 *Halbleib*, in: Hartung/Bues/Halbleib, Legal Tech, Rn. 1145.
270 *Halbleib*, in: Hartung/Bues/Halbleib, Legal Tech, Rn. 1146.
271 *Halbleib*, in: Hartung/Bues/Halbleib, Legal Tech, Rn. 1146.
272 *Northoff/Gresbrand*, in: Hartung/Bues/Halbleib, Legal Tech, Rn. 471; vgl. hierzu auch schon oben 1. Teil B. II. 3.
273 *Hullen*, Effizienzsteigerung in der Rechtsberatung durch Rechtsvisualisierungstools, S. 106; *Northoff/Gresbrand*, in: Hartung/Bues/Halbleib, Legal Tech, Rn. 472.
274 *Northoff/Gresbrand*, in: Hartung/Bues/Halbleib, Legal Tech, Rn. 468.

Auf dem deutschen Rechtsmarkt bekannte Vertreter sind etwa Smartlaw,[275] Janolaw,[276] Sanktionsfrei e. V.,[277] Plusrecht GmbH,[278] Verbraucherzentrale NRW e. V.[279] und anwalt.de[280], die sich über das Internet direkt an den Verbraucher richten.[281] Bei diesen Anwendungen kann der Verbraucher aus einer Vielzahl[282] von auf der Internetseite verfügbaren Vorlagen die passende wählen und wird sodann nach dem oben beschriebenen Prinzip zu seinem individualisierten Dokument geführt. Aber auch Systeme, die sich direkt an Rechtsabteilungen und Kanzleien richten, konnten sich auf dem Markt durchsetzen.[283] Anbieter sind etwa LawLift,[284] Contract Express von Thomas Reuters,[285] Lexis Draft,[286] Exari DocGen,[287] HotDocs[288] und XpressDocs.[289]

II. Informationssuche zum Auffinden relevanter Daten

Ein weiterer Teilbereich des Einsatzes von KI in der juristischen Praxis ist das Durchsuchen großer Datenmengen zum Auffinden relevanter Dokumente (englisch Information Retrieval)[290] und einzelner Informationen über das Dokument (englisch Information Extraction)[291]. Hierdurch sollen vor allem die

---

[275] https://www.smartlaw.de (zuletzt aufgerufen am: 28.02.2025).
[276] https://www.janolaw.de (zuletzt aufgerufen am: 28.02.2025).
[277] https://plattform.sanktionsfrei.de (zuletzt aufgerufen am: 28.02.2025).
[278] https://www.patientenverfuegungplus.de (zuletzt aufgerufen am: 28.02.2025).
[279] https://www.verbraucherzentrale.nrw/patientenverfuegung-online (zuletzt aufgerufen am: 28.02.2025).
[280] https://www.anwalt.de/recht-nuetzlich/index.php#online-rechner (zuletzt aufgerufen am: 28.02.2025).
[281] *Timmermann*, Legal Tech-Anwendungen, S. 134 ff.
[282] Bestimmte Anbieter sind jedoch auch auf einen spezifischen Fall spezialisiert und bieten daher nur eine bestimmte Art oder ein bestimmtes Dokument für den Markt an, so etwa der „Abmahnbeantworter" des Chaos Computer Clubs, http://abmahnbeantworter.ccc.de (zuletzt aufgerufen am: 28.02.2025).
[283] *Fries*, in: Linardatos, Rechtshandbuch Robo Advice, § 16 Rn. 14; *Halbleib*, in: Hartung/Bues/Halbleib, Legal Tech, Rn. 1134.
[284] https://de.lawlift.com (zuletzt aufgerufen am: 28.02.2025).
[285] https://legal.thomsonreuters.com.au/products/contract-express (zuletzt aufgerufen am: 28.02.2025).
[286] https://www.lexisnexis.com/en-us/products/lexis-for-microsoft-office.page (zuletzt aufgerufen am: 28.02.2025).
[287] Vgl. *Northoff/Gresbrand*, in: Hartung/Bues/Halbleib, Legal Tech, Rn. 469 Fn. 5.
[288] https://www.hotdocs.com (zuletzt aufgerufen am: 28.02.2025).
[289] https://xpressdox.com (zuletzt aufgerufen am: 28.02.2025); *Fries*, in: Linardatos, Rechtshandbuch Robo Advice, § 16 Rn. 14 Fn. 13; *Northoff/Gresbrand*, in: Hartung/Bues/Halbleib, Legal Tech, Rn. 469 Fn. 5.
[290] *Wagner*, Legal Tech und Legal Robots, S. 43.

Ermittlung des konkreten Sachverhalts und die Beweisaufnahme erleichtert, beziehungsweise bei einer für den Menschen nahezu unüberblickbaren Menge von Dokumenten und Informationen gerade ermöglicht werden.[292]

Hierbei besteht die Besonderheit, dass die in diesem Bereich eingesetzten Systeme eine große Menge an unstrukturierten Daten in verschiedenen Formaten und gegebenenfalls verschiedenen Sprachen nach Dokumenten und Informationen durchsuchen können.[293] Unstrukturierte Daten sind solche Daten, die nicht in einer für den Computer aufbereiteten Form eindeutig definiert sind, anders ist es hingegen beispielsweise, wenn die Daten (strukturiert) in einer Tabelle mit klar definierten Spalten wiedergegeben werden.[294]

1. Information Retrieval und E-Discovery

Beim Information Retrieval handelt es sich, wie bereits beschrieben, um Systeme, die aus einer großen Menge an Daten, Dokumente mit einer gewissen Relevanz herausfiltern und diese nach ihrer Relevanz sortieren.[295] Erster und immer noch einer der wichtigsten Einsatzbereiche von Information Retrieval-Systemen stammt aus dem Bereich der elektronischen forensischen Datenanalyse, der sogenannten E-Discovery.[296] Hierbei können die Systeme, die ursprünglich für anglo-amerikanische Gerichtsverfahren im sogenannten Prozess der pre-trial discovery zum Einsatz kamen sowie nun auch für straf- und verfahrensrechtliche Ermittlungsverfahren eingesetzt werden, aus großen von der Gegenseite eingeforderten potenziell prozessrelevanten Datenmengen tatsächlich relevante Dokumente als Beweismittel sichern.[297]

---

[291] Gesellschaft für Informatik, Informationsextraktion, https://gi.de/informatiklexikon/informationsextraktion (zuletzt aufgerufen am: 28.02.2025).

[292] *Fiedler/Grupp*, DB 2017, 1071 (1074); *Wagner*, Legal Tech und Legal Robots, S. 43; *Berndt/Aggeler/Teo*, BB 2012, 173 (174).

[293] *Wagner*, Legal Tech und Legal Robots, S. 43.

[294] *von Bünau*, in: Breidenbach/Glatz/Braegelmann, Rechtshandbuch Legal Tech, Kap. 3 Rn. 24; *Lenzen*, Künstliche Intelligenz, S. 47; *Rollberg*, Algorithmen in der Justiz, S. 81.

[295] *Ashley*, Artificial Intelligence and Legal Analytics, S. 250.

[296] *Wagner*, Legal Tech und Legal Robots, S. 43; *Bues*, in: Hartung/Bues/Halbleib, Legal Tech, Rn. 1181; *Biallaß*, in: Ory/Weth, jurisPK-ERV, Band 1, Kap. 8 Rn. 35; *Timmermann*, Legal Tech Anwendungen, S. 117 unterscheidet hingegen derart zwischen E-Discovery und Information Retrieval, dass E-Discovery solche Systeme sind, die neue Zusammenhänge zwischen den Daten finden, Information Retrieval hingegen nur dem Wiederauffinden von bereits bestehenden Informationen in einer Menge von Dokumenten dient. Er weist jedoch darauf hin, dass die Begriffe auch Synonym oder E-Discovery als Oberbegriff verwendet werden.

[297] *Wagner*, BB 2017, 898 (901); *Wagner*, Legal Tech und Legal Robots, S. 43; *Bues*, in: Hartung/Bues/Halbleib, Legal Tech, Rn. 1181 f.

Ihren Ursprung hat die E-Discovery damit zwar grundsätzlich im angloamerikanischen Zivilverfahren, wird jedoch mittlerweile auch in Deutschland beispielsweise bei sogenannten Internal Investigations der Compliance-Abteilungen[298] oder im Rahmen von Kartellverfahren, börsenrechtlichen Ermittlungen, Produkthaftungsklagen, Korruptionsfällen, Wettbewerbsverstößen, der Due Diligence oder Gerichtsprozessen und Schiedsgerichtsverfahren (Litigation/Arbitration) eingesetzt.[299] Weiterhin können solche Systeme zum Einsatz kommen, um die unnötige Herausgabe von potenziell wertvollen Firmengeheimnissen zu verhindern und so Schaden von Unternehmen abzuwenden.[300]

Sinn und Zweck der Systeme ist damit die Reduktion der Masse an Dokumenten, welche tatsächlich von Anwälten oder anderen ermittelnden Personen durchsucht werden müssen, auf eine überschaubare und damit bearbeitbare Anzahl.[301] Hierdurch kann eine kosten- sowie zeiteffizientere Arbeit der Anwälte gewährleistet werden.[302]

Dabei basiert die Suchfunktion auf der Suche nach bestimmten Stichworten, Begriffen oder anderen spezifischen Inhalten der Dokumente.[303] Hierzu werden vor allem Techniken des maschinellen Lernens eingesetzt.[304] Die maschinell lernenden Algorithmen basieren hierbei sehr häufig auf Verfahren des überwachten maschinellen Lernens.[305] Bevor das Modell trainiert werden kann, bedarf es daher einer vorherigen Annotation der einzelnen Dokumente.[306] Hierbei ist entscheidend, dass Dokumente für jede vorher bestimmte Kategorie (zum Beispiel relevant, responsive, privileged, issue-related) annotiert werden.[307] Nun abstrahiert das System aus den annotierten Trainingsdaten ein Modell zur Vorhersage (englisch Predictive Model) durch die Benut-

---

[298] Hier insbesondere in Bereichen Korruption, Betrug, Kartellverstöße, Datendiebstahl etc., *Berndt/Aggeler/Teo*, BB 2012, 173 (173); *Habbe/Pelz*, BB 2020, 1226 (1230).

[299] *Wagner*, Legal Tech und Legal Robots, S. 43; *Hullen*, Effizienzsteigerung in der Rechtsberatung durch Rechtsvisualisierungstools, S. 140; *Fiedler/Grupp*, DB 2017, 1071 (1074); KLDiscovery, Ediscovery, E-Discovery oder eDiscovery?, https://www.kldiscovery.com/de/informationen/was-ist-ediscovery (zuletzt aufgerufen am: 28.02.2025).

[300] *Berndt/Aggeler/Teo*, BB 2012, 173 (174).

[301] *Fiedler/Grupp*, DB 2017, 1071 (1074).

[302] *Fries*, in: Kaulartz/Braegelmann, Rechtshandbuch Artificial Intelligence und Machine Learning, Kap. 15.1 Rn. 5.

[303] *Biallaß*, in: Ory/Weth, Band 1, Kap. 8 Rn. 35; *Wagner*, Legal Tech und Legal Robots, S. 44; *Hartung*, in: Hartung/Bues/Halbleib, Legal Tech, Rn. 31.

[304] *Ashley*, Artificial Intelligence and Legal Analytics, S. 241.

[305] *Kastl*, GRUR 2016, 671 (672); *Ashley*, Artificial Intelligence and Legal Analytics, S. 247; *Fiedler/Grupp*, DB 2017, 1071 (1074).

[306] S. hierzu oben unter 1. Teil B. II. 4. b).

[307] *Ashley*, Artificial Intelligence and Legal Analytics, S. 241.

zung von statistischer Analyse.[308] Hierdurch lernt das System, welche Faktoren der Dokumente mit einer gewissen Wahrscheinlichkeit eine Relevanz für die Suchanfrage haben.[309] Anschließend kann das Modell auf die zu durchsuchenden Dokumente angewendet werden, um nach relevanten Dokumenten zu suchen und diese nach ihrer Relevanz zu sortieren.[310] Fehler und Unsicherheiten des Systems können gegebenenfalls im Verfahren des sogenannten aktiven Lernens durch das Feedback der Benutzer durch Anpassung des Modells beseitigt werden.[311]

Vertreter dieser Systeme sind unter anderem Sightline von Consilio,[312] normfall,[313] KLDiscovery,[314] Evana von Clifford Chance,[315] Relativity von kCura[316] und Codefy[317]. Zu beachten ist jedoch, dass einige der Anwendungen auch über Funktionen verfügen, die nach dem hier zugrunde gelegten Begriffsverständnis der Dokumentenanalyse zuzuordnen wären, die sich durch eine Extraktion und Analyse von einzelnen Teilen der Dokumente auszeichnet.[318] Eine klare Trennung ist daher in der Praxis nicht immer möglich.[319]

Beim Einsatz von maschinell lernenden Algorithmen kann auch auf das sogenannte Clustering, einem Verfahren des unüberwachten Lernens, zurückgegriffen werden.[320] Dies hat den Vorteil, dass das System aus einer großen Menge von Dokumenten vorher nicht bekannte zusammenhängende Kategorien erkennen und bilden und über die Art der verschiedenen Dokumente eine Prognose abgeben kann.[321] Dies geschieht durch das Auftreten von bestimmten Begriffen in bestimmten Konstellationen, Zusammenhängen oder Häufungen.[322] Die Lernverfahren arbeiten dabei zumeist mit statistischen Verfahren,

---

[308] *Ashley*, Artificial Intelligence and Legal Analytics, S. 241; vgl. auch *Germershausen*, DSRITB 2019, 757 (761).
[309] *Ashley*, Artificial Intelligence and Legal Analytics, S. 250.
[310] *Ashley*, Artificial Intelligence and Legal Analytics, S. 241 f.
[311] *Ashley*, Artificial Intelligence and Legal Analytics, S. 241 f.
[312] https://de.consilio.com/technologie/sightline (zuletzt aufgerufen am: 28.02.2025).
[313] http://www.normfall.de (zuletzt aufgerufen am: 28.02.2025).
[314] https://www.kldiscovery.com/de (zuletzt aufgerufen am: 28.02.2025).
[315] https://evana.ai (zuletzt aufgerufen am: 28.02.2025).
[316] https://www.relativity.com (zuletzt aufgerufen am: 28.02.2025); *Northoff/Gresbrand*, in: Hartung/Bues/Halbleib, Legal Tech, Rn. 482.
[317] https://codefy.de (zuletzt aufgerufen am: 28.02.2025).
[318] S. für diese begriffliche Unterscheidung unten unter 1. Teil C. II. 3. a).
[319] *Timmermann*, Legal Tech-Anwendungen, S. 120.
[320] *Wagner*, Legal Tech und Legal Robots, S. 64.
[321] *Wagner*, Legal Tech und Legal Robots, S. 64.
[322] *Biallaß*, in: Ory/Weth, jurisPK-ERV, Band 1, Kap. 8 Rn. 36; *Podmogilnij/Timmermann*, AnwBl Online 2019, 436 (437); *Wagner*, Legal Tech und Legal Robots, S. 44.

die das Ergebnis, die Relevanz des Dokuments, mit einer gewissen Wahrscheinlichkeit ausgeben können.[323] Ein Vertreter dieser Technik ist zum Beispiel CategoriX.[324]

2. Weitere Einsatzgebiete des Information Retrievals

Neben der E-Discovery gibt es jedoch auch noch weitere Einsatzbereiche für das Information Retrieval.[325] So muss sich die Informationsgewinnung nicht wie beim E-Discovery-Verfahren auf einen (virtuellen) Datenraum beschränken, vielmehr können auch relevante Dokumente aus einer großen Datenbank herausgefiltert werden, die sogenannten Rechtsinformationssysteme.[326] Da dieser Schritt der Recherche nach Urteilen und weiterer Literatur erste Grundlage für eine Rechtsberatung darstellt, soll dieser Bereich in diesem Rahmen besprochen werden, jedoch auf solche Anwendungen beschränkt, die tatsächlich KI einsetzen. Aus diesem Grund sollen ausschließlich Keyword-basierte Suchen wie BeckOnline und Juris[327] nicht untersucht werden. Darüber hinausgehende Datenbanken wie Bloomberg DNA, Casetext, blueJ Legal, FastCase, Judicata, Knomos, LexisNexis/RavelLaw und Thomson Reuters Westlaw setzen hingegen KI ein, um die qualitative Genauigkeit ihrer Suchergebnisse zu verbessern sowie um eine schnellere Suche zu ermöglichen.[328] Diese Systeme versuchen neben der bloßen Suche nach Keywords auch tatsächlich die Suchergebnisse anzuzeigen, die der Benutzer finden wollte und die über die Worte hinausgehen, die dieser im Suchfeld eingegeben hat.[329]

Hierzu werden in den meisten Fällen unter anderem Verfahren des überwachten Lernens verwendet.[330] Hierdurch können Ergebnisse (Dokumente)

---

[323] *Wagner*, Legal Tech und Legal Robots, S. 64; *Biallaß*, in: Ory/Weth, jurisPK-ERV, Band 1, Kap. 8 Rn. 36.

[324] *Ashley*, Artificial Intelligence and Legal Analytics, S. 247.

[325] *Bues*, in: Hartung/Bues/Halbleib, Legal Tech, Rn. 1178; *Fiedler/Grupp*, DB 2017, 1071 (1073); *Wagner*, Legal Tech und Legal Robots, S. 44 f.

[326] *Bues*, in: Hartung/Bues/Halbleib, Legal Tech, Rn. 1178; *Fiedler/Grupp*, DB 2017, 1071 (1073); vgl. *Wagner*, Legal Tech und Legal Robots, S. 46.

[327] *Wagner*, Legal Tech und Legal Robots, S. 46; *Liebwald*, MR-Int 2005, 156 (157 f.); *Timmermann*, Legal Tech-Anwendungen, S. 106.

[328] Aufzählung nach *Bues*, in: Hartung/Bues/Halbleib, Legal Tech, Rn. 1178; *Vogl*, in: Hartung/Bues/Halbleib, Legal Tech, Rn. 206.

[329] *Bues*, in: Hartung/Bues/Halbleib, Legal Tech, Rn. 1178.

[330] Vgl. *Timmermann*, Legal Tech-Anwendungen, S. 106, jedoch nur Ausführungen zu ROSS, der jedoch ebenfalls über eine erweiterte Suchfunktion verfügt, die über die Eingabe hinausgeht, s. hierzu die vorherigen Ausführungen; *Vogl*, in: Hartung/Bues/Halbleib, Legal Tech, Rn. 206, der jedoch nur darauf hinweist, dass Verfahren des maschinellen Lernens zum Einsatz kommen.

über zumeist statistische Verfahren gefunden werden, die mit einer gewissen Wahrscheinlichkeit mit der Suchanfrage zusammenhängen.[331] Derartige Datenbanken sind jedoch nicht für den deutschen Markt ausgelegt und haben daher in unserer Rechtsordnung nur untergeordnete Relevanz.[332]

In diesem Rahmen kurz einzugehen ist auch auf das System ROSS Intelligence, das auf IBM Watson beruhte und auf das US-amerikanische Insolvenzrecht spezialisiert war.[333] Das System verarbeitete in natürlicher Sprache eingegebene Fragen, wertete diese aus und zeigte im Anschluss vergleichbare Urteile auf.[334] Hierzu verwendete ROSS unter anderem Verfahren des überwachten Lernens in Form von künstlichen neuronalen Netzen, um grammatikalische Strukturen und Worteinbettungen[335] verarbeiten zu können.[336]

Weitere Systeme, die über eine Eingabemöglichkeit von Fragen in natürlicher Sprache verfügen, sind Prime Legal AI, das auf den Seiten Frag-einen-Anwalt.de sowie 123RECHT.de von QNC eingesetzt wird.[337] Hierauf wird im Folgenden noch näher eingegangen.[338]

3. Begriffsklärung Information Extraction

Die einheitliche Einordnung des Begriffs Information Extraction fällt hingegen aufgrund von unterschiedlicher Verwendung in der Literatur schwieriger.

a) Abgrenzung zur Dokumentenanalyse

Insbesondere zum Begriff der Dokumentenanalyse fällt eine Abgrenzung auf den ersten Blick schwer. Bei Information Extraction handelt es sich grundsätzlich im Unterschied zu Information Retrieval nicht um Systeme, die

---

[331] *Timmermann*, Legal Tech-Anwendungen, S. 106; *Vogl*, in: Hartung/Bues/Halbleib, Legal Tech, Rn. 206.
[332] *Fiedler/Grupp*, DB 2017, 1071 (1073); *Timmermann*, Legal Tech-Anwendungen, S. 106; *Bues*, in: Hartung/Bues/Halbleib, Legal Tech, Rn. 1180.
[333] *Bues*, in: Hartung/Bues/Halbleib, Legal Tech, Rn. 1179; *Timmermann*, Legal Tech-Anwendungen, S. 106.
[334] *Timmermann*, Legal Tech-Anwendungen, S. 106.
[335] *Timmermann*, Legal Tech-Anwendungen, S. 106.
[336] *Timmermann*, Legal Tech-Anwendungen, S. 106; *Remus/Levy*, Can Robots be Lawyers?, S. 26.
[337] https://www.frag-einen-anwalt.de (zuletzt aufgerufen am: 28.02.2025); https://www.123recht.de (zuletzt aufgerufen am: 28.02.2025).
[338] S. u. unter 1. Teil C. IV. 2. a) bb).

ganze Dokumente nach einer gewissen Wahrscheinlichkeit für eine Relevanz sortieren, sondern um solche, die einzelne Informationen aus unstrukturierten Daten nach thematischen Kriterien herausfiltern und diese gegebenenfalls in einer strukturierten Form darstellen.[339]

Doch wie lässt sich nun zwischen Information Extraction und der Dokumentenanalyse unterscheiden, beziehungsweise kann überhaupt eine Unterscheidung vorgenommen werden? In der Literatur wird vertreten, dass die Dokumentenanalyse mit strukturierten Daten arbeitet,[340] sind solche Daten nicht verfügbar, müssen diese zunächst strukturiert dargestellt werden, was beispielsweise durch den Prozess des Information Retrievals geschehen kann.[341] Der Prozess der Information Extraction arbeite hingegen mit unstrukturierten Daten.[342] Dies könnte vermuten lassen, dass es sich hierbei um verschiedene Systeme handelt. Auch könnte man bei einer wörtlichen Betrachtung einen Unterschied darin sehen, dass es sich bei der Information Extraction ausschließlich um das Extrahieren von bereits im Text ausdrücklich stehenden Informationen, bei der Dokumentenanalyse hingegen um die Analyse bestimmter impliziter Informationen, wie etwa dem Vertragstyp, handelt. Entscheidend hiergegen spricht jedoch, dass eine trennscharfe Unterscheidung zwischen der Extraktion und der Analyse nicht möglich ist. So schreiben Northoff und Gresbrand,[343] dass Information Extraction zur Identifikation von Parteien, Laufzeit, Change-of-Control-Klauseln, Rechtswahlklauseln oder Schadensersatzbestimmungen dient.

Zwar könnte man bei der Bestimmung der Parteien und der Laufzeit von einer bloßen Extraktion von Informationen ausgehen, wenn ein Vertrag unstreitig wirksam zustande gekommen ist, alle anderen Merkmale setzen jedoch für eine Extraktion aus den Dokumenten eine juristische Analyse dieser Merkmale voraus, um das herauszufilternde Strukturmerkmal zu erkennen. Mithin fassen die Autoren unter den Begriff Information Extraction auch die Extraktion solcher Informationen, die nur durch eine juristische Analyse erkannt werden können und damit nur implizit in den juristischen Dokumenten enthalten sind. Diesem Verständnis ist zuzustimmen, denn es geht von einem einheitlichen Begriff der Informationsextraktion aus und fasst sowohl Infor-

---

[339] *Walter*, Definitionsextraktion aus Urteilstexten, S. 88; *Northoff/Gresbrand*, in: Hartung/Bues/Halbleib, Legal Tech, Rn. 477; so im Ergebnis auch *von Bünau*, in: Breidenbach/Glatz, Rechtshandbuch Legal Tech, Kap. 3 Rn. 33 ff.

[340] *Wagner*, Legal Tech und Legal Robots, S. 45.

[341] *Timmermann*, Legal Tech Anwendungen, S. 116.

[342] *Walter*, Definitionsextraktion aus Urteilstexten, S. 88; *Northoff/Gresbrand*, in: Hartung/Bues/Halbleib, Legal Tech, Rn. 477; vgl. *Grzegory/Puskas*, in: Szostek/Załucki, Legal Tech, S. 84.

[343] *Northoff/Gresbrand*, in: Hartung/Bues/Halbleib, Legal Tech, Rn. 477.

mationen, die aus einem Text ohne als auch mit einer juristischen Wertung vollzogen werden können, zusammen. Auf die Art der Informationsgewinnung, ob implizit oder explizit, kann es nicht ankommen. Eine Unterscheidung erschiene hingegen, betrachtet man den Wortlaut, der keine Unterscheidung zwischen impliziten und expliziten Informationen kennt, willkürlich.

Dieser Befund wird unter anderem dadurch gestützt, dass die Begriffe „Extraktion" und „Analyse" zumeist im Zusammenhang mit Systemen zur Dokumentenanalyse benutzt werden.[344] Dem scheinen auch andere Autoren zuzustimmen, wenn sie auf gleiche Systeme, zum Beispiel Kira, Ravn und Leverton verweisen.[345]

Anders könnte es Ashley sehen, der Information Extraction als Vorstufe des Information Retrievals und als bloße Extraktion von Daten ansieht.[346] In seinem Anwendungsfall des Westlaw History Projects wird durch die Information Extraction das fallspezifische Wissen aus einem Fall extrahiert und in spezifischen Suchanfragen dargestellt, wohingegen das Information Retrieval-System aus einer Datenbank mittels der extrahierten Informationen, die zu diesem Fall vorherig ergangenen gerichtlichen Entscheidungen herausfiltert.[347] Der Autor könnte von einem anderen Verständnis der Information Extraction ausgehen, da er bei den zu abstrahierenden Merkmalen die Parteien, das Gericht, das Datum und das Aktenzeichen nennt.[348] Dies sind alles ausschließlich Merkmale, die mit Ausnahme der Partei grundsätzlich keiner juristischen Analyse zu unterziehen sind. Man könnte zwar davon ausgehen, dass die Parteibestimmung einer juristischen Entscheidung bedarf, im vorliegenden Fall wurde diese jedoch bereits durch das Gericht vorgenommen, sodass auch dies nicht dagegen sprechen würde, anzunehmen, dass der Autor ein anderes Verständnis von Information Extraction zugrunde gelegt hat.

Eine Relativierung erfährt diese Vermutung jedoch, wenn man andere Werke des Autors betrachtet, in welchen dieser unter den Begriff der Information Extraction auch die Kategorisierung verschiedener Fälle zu verschiedenen Rechtsgebieten einordnet.[349] Auch dies setzt eine (juristische) Analyse des vorliegenden Dokuments voraus, weshalb dieser auch hier nicht zwischen

---

[344] *Krause/Hecker*, in: Hartung/Bues/Halbleib, Legal Tech, Rn. 307 f.
[345] *Krause/Hecker*, in: Hartung/Bues/Halbleib, Legal Tech, Rn. 307 f.; *Vogl*, in: Hartung/Bues/Halbleib, Legal Tech, Rn. 210; *Northoff/Gresbrand*, in: Hartung/Bues/Halbleib, Legal Tech, Rn. 477 Fn. 12; vgl. auch *Biallaß*, in: Ory/Weth, jurisPK-ERV, Band 1, Kap. 8 Rn. 46.
[346] *Ashley*, Artificial Intelligence and Legal Analytics, S. 249 f.
[347] *Ashley*, Artificial Intelligence and Legal Analytics, S. 249 f.
[348] *Ashley*, Artificial Intelligence and Legal Analytics, S. 249 f.
[349] So zum Beispiel *Ashley/Brüninghaus*, Artificial Intelligence and Law (2009), 17: 125 (130 f.).

bloßer Extraktion expliziter Informationen und der Analyse von Dokumenten zur Extraktion neuer impliziter Informationen (wie zum Beispiel der Zuordnung eines Dokuments zu einem bestimmten Rechtsgebiet) unterscheidet. Mithin ist nicht zwischen Information Extraction und der Dokumentenanalyse zu differenzieren.

b) Abgrenzung zum Text- und Data-Mining

Weiterhin sollte in diesem Rahmen zum Begriff des Text- und Data-Minings abgegrenzt werden. Da dieser Arbeit ein juristisches Begriffsverständnis für die einzelnen technischen Ausgestaltungen zugrunde gelegt wird, sollte zunächst betrachtet werden, ob diese Begriffe im juristischen Kontext gebraucht werden. Dies ist insbesondere in § 44b I UrhG der Fall, der die Begriffe legal definiert.[350] Hiernach ist „Text und Data Mining [...] die automatisierte Analyse von einzelnen oder mehreren digitalen oder digitalisierten Werken, um daraus Informationen insbesondere über Muster, Trends und Korrelationen zu gewinnen". Durch die Formulierung „insbesondere" stellt der Gesetzgeber klar, dass die Zielrichtung der Informationsgewinnung nicht abschließend ist und auch andere Analysekriterien zur Informationsgewinnung erfasst sind.[351] Mithin stellt Text- und Data-Mining eine Analyse und eine anschließende Extraktion von Informationen nach bestimmten Suchkriterien dar, weshalb man zunächst vermuten könnte, dass zu dem hier verwendeten Begriff der Dokumentenanalyse kein Unterschied besteht.[352] Hiergegen könnte jedoch sprechen, dass laut Wortlaut der Norm Ziel des Text- und Data-Minings insbesondere die Informationsgewinnung über Muster, Trends und Korrelationen ist. Wenn man die Anwendungsfälle speziell des Text Minings betrachtet (Kategorisierung von Dokumenten, dem Entdecken von Themen, Interessen und Stimmungen und Argumentationsstrukturen),[353] lässt sich die Erkenntnis bestätigen, dass Text- und Data-Mining über die Bereiche des Information Retrievals (beispielsweise das Auffinden bestimmter relevanter Dokumente) und der Dokumentenanalyse (beispielsweise das Erkennen von Argumentations-

---

[350] So auch *Timmermann*, Legal Tech-Anwendungen, S. 115, der ebenfalls auf die Verwendung im UrhG abstellt, jedoch aufgrund eines anderen Verständnisses des Begriffs E-Discovery zu einem differierenden Ergebnis kommt.

[351] *Bomhard*, in: BeckOK UrhG, § 44b Rn. 11.

[352] So etwa *Haarmann*, VW 2011, 1169 (1169), aber nur über das Textmining; ein solches Verständnis könnte man der Formulierung von *Kleinkopf/Jacke/Gärtner*, MMR 2021, 196 (196) entnehmen, die davon ausgehen, dass mittels Text- und Data-Mining ein Korpus erstellt wird, welche Grundlage für eine spätere weitere Analyse mit diesen Daten darstellt. Hieraus könnte man entnehmen, dass Text und Datamining nur die Erstellung des Korpus umfasst und nicht die darauffolgende Analyse.

[353] *Brockmeyer*, Text und Data Mining, S. 21.

strukturen) hinausgehen kann. Dies geschieht, indem gesammelte Informationen, die beispielsweise auch im Information Retrieval und der Dokumentenanalyse gewonnen werden könnten, zur weiteren Verwertung benutzt werden, um neue Informationen zu schaffen, beispielsweise eine Kündigungsprognose abhängig von der Arbeitnehmereinstufung oder die Arbeitslosenzahl im kommenden Jahr vorherzusagen, was ebenfalls dem Text und Data-Mining zuzuordnen ist.[354] Mithin lässt sich das Text- und Data-Mining in zwei Schritte unterteilen.[355] Zunächst wird in einem ersten Schritt der sogenannte Korpus erstellt, bei welchem die Daten aus den Dokumenten extrahiert, maschinenlesbar und beispielsweise kategorisiert werden.[356] Dieser Prozess ist im Groben vergleichbar mit dem hier benutzten Begriff der Dokumentenanalyse. Daraufhin wird jedoch beim Text- und Data-Mining in einem zweiten Schritt auf Grundlage des Korpus versucht, neue Muster, Trends und Korrelationen mittels statistischer Verfahren zu ermitteln.[357] Dieser Schritt geht über die bloße Dokumentenanalyse hinaus.

Weiterhin erfasst Text- und Data-Mining neben der Analyse von Texten auch die Analyse von Tönen, Bildern und einzelnen Daten,[358] und ist damit weiter als der Begriff der Dokumentenanalyse, welcher dieser Arbeit zugrunde liegt und nur die Analyse von Dokumenten in Textform umfasst.

c) Zwischenergebnis

Mithin ist Text- und Data-Mining als ein „Mehr" zur bloßen Dokumentenanalyse anzusehen, da hier zusätzlich noch Informationen über insbesondere Muster, Trends und Korrelationen[359] entdeckt werden können. Da im Rahmen der Unterstützung oder Übernahme juristischer Rechtsberatung jedoch nicht auf Text- und Data-Mining eingegangen wird, sondern vielmehr von der Dokumentenanalyse als tatsächlich relevantem Einsatzbereich von KI in der juristischen Literatur[360] geschrieben wird, soll sich in dieser Arbeit auch auf die Dokumentenanalyse beschränkt werden.

---

[354] *Brockmeyer*, Text und Data Mining, S. 15 f.
[355] *Dreier*, in: Dreier/Schulze, UrhG, § 44b Rn. 5.
[356] *Dreier*, in: Dreier/Schulze, UrhG, § 44b Rn. 5.
[357] *Dreier*, in: Dreier/Schulze, UrhG, § 44b Rn. 5.
[358] *Wirth*, in: Eichelberger/Wirth/Seifert, UrhG, § 44b Rn. 1.
[359] *Brockmeyer*, Text und Data Mining, S. 22; *Kleinkopf/Jacke/Gärtner*, MMR 2021, 196 (196).
[360] Beispielsweise *Rühl*, in: Kaulartz/Braegelmann, Rechtshandbuch Artificial Intelligence und Machine Learning, Kap. 14.1 Rn. 4; *Quarch/Neumann*, LTZ 2023, 96 (97); *Reinemann*, in: Remmertz, Legal Tech-Strategien für Rechtsanwälte, 1. Auflage 2020, § 1 Rn. 31.

Da der Begriff Dokumentenanalyse in der juristischen Literatur geläufiger ist und eine Verwechslung mit Information Retrieval ausgeschlossen werden soll, was aus Sicht des Verfassers vor allem bei dem Begriff Information Extraction drohen kann, wird sich für die Bezeichnung Dokumentenanalyse entschieden, welche nun im folgenden Abschnitt behandelt wird.

4. Dokumentenanalyse

Die Dokumentenanalyse wird nach dem hier zugrunde gelegten Verständnis im Gegensatz zum Information Retrieval nicht dazu genutzt, benötigte Dokumente nach einer gewissen Relevanz abzustufen und auszusortieren, sondern bestimmte Informationen aus den Dokumenten durch eine Analyse zu erkennen und zu extrahieren.[361] Die in diesem Zusammenhang oft genannte Vertragsanalyse (englisch Contract Analysis) bildet einen Unterfall der Dokumentenanalyse.[362]

Der Dokumentenanalyse geht jedoch meist eine Vorfilterung und eine Sortierung nach einer gewissen Relevanz durch das eben beschriebene Information Retrieval (beziehungsweise der E-Discovery) voraus, woran sich die eigentliche Analyse des Dokumentenanalysesystems erst anschließt.[363] Da wie bereits erwähnt viele Systeme sowohl die E-Discovery als auch eine Dokumentenanalyse vornehmen, ist eine trennscharfe Abgrenzung in der Praxis nicht immer möglich.[364] Mitunter werden die Begriffe sogar synonym verwendet,[365] was jedoch mit dem für diese Arbeit gebrauchten Begriffsverständnis nicht vereinbar ist.

Der Vollständigkeit halber sollen Dokumente in Systemen der Dokumentenanalyse für diese Arbeit weit verstanden werden und neben Vertragsdokumenten auch andere schriftliche Dokumente wie Urteile und Gesetze umfassen.

a) Einsatzgebiete der Dokumentenanalyse

Wichtiger Einsatzbereich der Dokumentenanalyse ist die sogenannte rechtliche Due Diligence, also die ausführliche Untersuchung und Prüfung eines

---

[361] Vgl. insoweit auch *Bues*, in: Hartung/Bues/Halbleib, Legal Tech, Rn. 1185; *Rühl*, in: Kaulartz/Braegelmann, Rechtshandbuch Artificial Intelligence und Machine Learning, Kap. 14.1 Rn. 4; s. hierzu unter 1. Teil C. II 3. a).

[362] *Timmermann*, Legal Tech-Anwendungen, S. 116.

[363] *Wagner*, Legal Tech und Legal Robots, S. 44; *Timmermann*, Legal Tech-Anwendungen, S. 120.

[364] S. hierzu oben unter 1. Teil C. II. 3. a).

[365] Vgl. etwa *Ecker*, ZAP 2019, 1317 (1321).

Unternehmenskaufvertrags bei Merger & Acquisition Transaktionen.[366] Hierbei müssen eine Vielzahl von Dokumenten auf Risiken und Schwachstellen des Unternehmens in rechtlicher (wirtschaftlicher und technischer) Hinsicht untersucht werden, die sodann als Handlungsempfehlungen im Rahmen einer Risikoabschätzung in die konkreten Vertragsverhandlungen Einklang finden sollen.[367] Zur Prüfung wird dem Erwerbsinteressenten Zugang zu einem meist virtuellen Datenraum mit den zu prüfenden Dokumenten zur Verfügung gestellt.[368] Die besondere Relevanz der ordnungsgemäßen Due Diligence-Prüfung liegt in der anschließenden Haftungsbeschränkung der § 442 I 1 BGB und § 442 I 2 BGB.[369] Da dies ein enormes wirtschaftliches und rechtliches Risiko birgt, ist eine ordnungsgemäße Analyse der Dokumente von großer Relevanz.[370] Auf der anderen Seite werden von Mandanten die beträchtlichen Kosten, die durch den enormen Arbeitsaufwand entstehen, immer mehr hinterfragt, da diese gegebenenfalls nicht in Relation zum Transaktionsvolumen stehen.[371] Als Reaktion darauf kommen in immer mehr Kanzleien effizientere und kostengünstigere KI-basierte Dokumentenanalysesysteme zum Einsatz.[372]

Die Systeme zur Dokumentenanalyse eignen sich jedoch längst nicht nur für Prüfungen in der Due Diligence, sondern lassen sich auch unabhängig von einer Due Diligence-Prüfung grob nach den zu untersuchenden Dokumenten in zwei Kategorien einteilen, (i) der Vertragsanalyse und (ii) der Analyse von sonstigen Dokumenten.

aa) Vertragsanalyse

Eingesetzte Systeme können je nach Anwendungsbereich verschiedenste Angaben identifizieren, was vom Erkennen der Parteien, der Laufzeit, bis zu komplexeren Bestimmungen wie der Einordnung des Vertragstyps, Kündi-

---

366 *Krause/Hecker*, in: Hartung/Bues/Halbleib, Legal Tech, Rn. 308; *von Bünau*, in: Breidenbach/Glatz, Rechtshandbuch Legal Tech, Kap. 3 Rn. 33.

367 *Weitnauer*, in: Weitnauer, Handbuch Venture Capital, Teil E Rn. 40; *Krause/Hecker*, in: Hartung/Bues/Halbleib, Legal Tech, Rn. 309; *Groh*, in: Weber, Rechtswörterbuch, Due Diligence.

368 *Groh*, in: Weber, Rechtswörterbuch, Due Diligence; *Elfring*, JuS-Beil. 2007, 3 (3); *Hopt*, ZHR 186 (2022), 7 (36); *Beisel*, in: Beisel/Klumpp, Der Unternehmenskauf, § 2 Rn. 38.

369 *Groh*, in: Weber, Rechtswörterbuch, Due Diligence.

370 *Krause/Hecker*, in: Hartung/Bues/Halbleib, Rn. 310; *Reinemann*, in: Remmertz, Legal Tech-Strategien für Rechtsanwälte, 1. Auflage 2020, § 1 Rn. 31; *Galetzka/Garling/Partheymüller*, MMR 2021, 20 (21); *Timmermann/Gelbrich*, NJW 2022, 25 (28).

371 *Krause/Hecker*, in: Hartung/Bues/Halbleib, Rn. 311.

372 *Tobschall/Kempe*, in: Breidenbach/Glatz, Rechtshandbuch Legal Tech, Kap. 1.4 Rn. 5; *Krause/Hecker*, in: Hartung/Bues/Halbleib, Rn. 311.

gungsmodalitäten, Change-of-Control-Klauseln, Rechtswahlklauseln, Schadensersatzbestimmungen wie Haftungsbegrenzungen oder Wettbewerbsverbote reicht.[373] Hierdurch lassen sich sogar Klauseln erkennen, die nach einem bestimmten regulatorischen Ereignis wie dem Brexit oder nach Änderung einer höchstrichterlichen Rechtsprechung geändert werden müssen.[374]

Ferner verfügen eingesetzte Systeme zumeist über die Fähigkeit zu erkennen, ob und wenn ja, welche Verträge von einem bestimmten Standardvertragstyp abweichen oder ob es Verträge gibt, denen bestimmte Klauseln fehlen, die standardmäßig von dem Unternehmen benutzt werden.[375]

Auch im Compliance-Bereich können Systeme zur Analyse von Dokumenten, insbesondere von Verträgen eingesetzt werden.[376] Auch hierbei werden die Systeme ihrer Einordnung entsprechend im Gegensatz zum Bereich der E-Discovery nicht dazu eingesetzt, Dokumente aufzuspüren, die für eine Compliance-Prüfung eine gewisse Relevanz haben, sondern wie es zum Beispiel die Analysesoftware KIRA ausführt, Verträge eines Unternehmens auf wettbewerbswidrige Inhalte zu untersuchen, eine rechtliche Prüfung der Klausel findet jedoch nicht statt.[377] Weiterhin werden automatisierte Schwärzungstools angeboten, die dazu eingesetzt werden können, persönliche oder sonstige Informationen zu erkennen und zu schwärzen, um etwa datenschutzrechtlichen oder wettbewerbsrechtlichen Anforderungen zu genügen.[378]

Je nach konkreter Ausgestaltung des Systems kann dieses bei Verfügbarkeit ausreichender Trainingsdaten nach einer Trainingsphase auch zum Erkennen anderer, weiterer Klauseln oder sonstiger Bestimmungen in Dokumenten eingesetzt und mithin weiterentwickelt werden.[379]

Ein weiterer Vorteil der Systeme kann darin bestehen, die Kernpunkte des Vertrags oder des anderen Dokuments oder der zu untersuchenden Dokumente

---

[373] *Northoff/Gresbrand*, in: Hartung/Bues/Halbleib, Legal Tech, Rn. 477; *Krause/Hecker*, in: Hartung/Bues/Halbleib, Legal Tech, Rn. 313; *Wagner*, BB 2017, 898 (902); *von Bünau*, in: Breidenbach/Glatz, Rechtshandbuch Legal Tech, Kap. 3 Rn. 35 f.

[374] *D'Agostino*, A Case Study on Evaluating AI Abstraction Tools, S. 2; *Krause/Hecker*, in: Hartung/Bues/Halbleib, Legal Tech, Rn. 317.

[375] *Krause/Hecker*, in: Hartung/Bues/Halbleib, Legal Tech, Rn. 317; *Biallaß*, in: Ory/Weth, jurisPK-ERV, Band 1, Kap. 8 Rn. 46.

[376] *Krause/Hecker*, in: Hartung/Bues/Halbleib, Legal Tech, Rn. 315.

[377] *Krause/Hecker*, in: Hartung/Bues/Halbleib, Legal Tech, Rn. 336 f.

[378] *Quarch/Neumann*, LTZ 2023, 96 (97).

[379] Ein Beispiel hierfür ist die Vertragsanalyse-Software KIRA, welche im Quick Study Verfahren nur circa 20–30 Beispieldokumente benötigt, um neue Vertragsbestimmungen identifizieren zu können, *Krause/Hecker*, in: Hartung/Bues/Halbleib, Legal Tech, Rn. 327 ff.; *Fries*, in: Kaulartz/Braegelmann, Rechtshandbuch Artificial Intelligence und Machine Learning, Kap. 15.1 Rn. 6, spricht von einem Trainingsumfang von 50–100 Beispielklauseln.

zusammenzufassen und damit einen Überblick über die einzelnen Informationen zu gewähren, um Transparenz in das Dokument oder die Dokumente zu bringen.[380]

Vertreter dieser Systeme sind insbesondere die bereits beschriebenen, Kira von Kira Systems,[381] Ravn von iManage, welches nach seiner Übernahme von iManage in iManage Work implementiert wurde,[382] die juristische Textanalyse von Datev,[383] KnowledgeTools[384] und Leverton von MRI Software.[385] Kira ist von den genannten Beispielen das einzige System, welches ausschließlich der Vertragsanalyse und nicht wie die anderen der Dokumentenanalyse im Allgemeinen zuzuordnen ist.[386]

bb) Analyse anderer Dokumententypen

Neben diesen speziell für Verträge entwickelten Tools können die Systeme auch allgemein zum Erkennen von „Entitäten, wie Personen, Orte[n], Geldbeträgen, E-Mail-Adressen, Internet-URLs, Datums- und Zeitangaben, juristische[n] Zitate[n] und Verweise[n], Aktenzeichen und Normverweise[n]" in anderen Dokumenten eingesetzt werden, was insbesondere die Effektivität des bearbeitenden (zumeist) Anwalts erhöhen soll.[387]

Weiterhin können als einer der wesentlichen Anwendungsbereiche im Compliance Bereich durch die Auswertung der verschiedenen Dokumente wie E-Mails, Chatprotokolle, Briefe und anderer Dokumente (beispielsweise aus dem Bankensektor) auffällige Transaktionen identifiziert werden.[388]

---

[380] *Northoff/Gresbrand*, in: Hartung/Bues/Halbleib, Legal Tech, Rn. 482; *Krause/Hecker*, in: Hartung/Bues/Halbleib, Legal Tech, Rn. 316, 333.
[381] https://kirasystems.com (zuletzt aufgerufen am: 28.02.2025).
[382] https://imanage.com/resources/resource-center/blog/imanage-acquires-ravn-systems/ (zuletzt aufgerufen am: 28.02.2025).
[383] https://www.datev.de/web/de/loesungen/rechtsanwaelte/digitalisierung-und-legal-tech/juristische-textanalyse (zuletzt aufgerufen am: 28.02.2025).
[384] https://www.knowledgetools.de (zuletzt aufgerufen am: 28.02.2025).
[385] https://www.mrisoftware.com/products/leverton-ai (zuletzt aufgerufen am: 28.02.2025); *Krause/Hecker*, in: Hartung/Bues/Halbleib, Legal Tech, Rn. 307; *Vogl*, in: Hartung/Bues/Halbleib, Legal Tech, Rn. 210; *Northoff/Gresbrand*, in: Hartung/Bues/Halbleib, Legal Tech, Rn. 477 Fn. 12; vgl. auch *Biallaß*, in: Ory/Weth, jurisPK-ERV, Band 1, Kap. 8 Rn. 46; *Susskind*, Tomorrows Lawyers, S. 53.
[386] Vgl. https://kirasystems.com (zuletzt aufgerufen am: 28.02.2025).
[387] *Biallaß*, in: Ory/Weth, jurisPK-ERV, Band 1, Kap. 8 Rn. 54; *Wagner*, Legal Tech und Legal Robots, S. 46.
[388] *Bartuschka*, BB 2020, 941 (941).

Ein weiterer Einsatzbereich ist die automatisierte Urteilsanalyse.[389] Bei solchen Systemen können die wesentlichen Informationen wie die einzelnen Stellungnahmen, die Parteien, das Gericht, das Datum und das Aktenzeichen automatisch extrahiert werden.[390] Dies kann beispielsweise dazu eingesetzt werden, um ähnliche Fälle oder Fälle vorheriger Instanzen für eine Recherche zu finden, was dann jedoch eher dem Bereich des Information Retrievals zuzuordnen wäre,[391] da es hierbei primär darum geht, aus einer größeren Menge von Dokumenten die Einschlägigen zu finden.[392] Darüber hinaus können jedoch durch eine automatische Auswertung der für vergleichbar erachteten Urteile bestimmte Elemente wie Strafzumessungserwägungen[393] aus diesen extrahiert und dargestellt werden.[394] Diese Funktion lässt sich aufgrund der vorherigen Analyse und anschließenden Extraktion wiederum im Bereich der Information Extraction und damit in der Dokumentenanalyse einordnen.[395]

Ein weiterer Bereich der Dokumentenanalyse ist die Analyse und Auswertung eines gesetzlichen Rahmens, der jeweils in der Form von Dokumenten (beispielsweise in einer Datenbank) vorliegen wird.[396] Ziel ist es hierbei, dem Anwender in übersichtlicher Form darzustellen, welcher regulatorische Gesetzesrahmen beziehungsweise welche regulatorischen Gesetzesänderungen ihn betreffen und ihm dieses Ergebnis automatisch in einem kurzen Dokument darzustellen.[397] Da es sich hierbei um die Identifizierung und anschließende Extraktion relevanter Informationen aus den einzelnen Gesetzesdokumenten handelt, kann dies ebenfalls dem Bereich der Dokumentenanalyse zugeordnet werden. Ein Anbieter eines solchen Systems ist beispielsweise LEX AI.[398]

Weiterhin können Dokumente nach bestimmten Argumenten oder sogar Argumentationsmustern durchsucht werden, dem sogenannten „Argumenta-

---

[389] *Ecker*, ZAP 2019, 1317 (1318).

[390] *Ashley*, Artificial Intelligence and Legal Analytics, S. 250; das zeigt erneut, dass eine trennscharfe Unterscheidung zwischen Information Extraction und Information Retrieval nicht immer möglich ist.

[391] *Ashley*, Artificial Intelligence and Legal Analytics, S. 250.

[392] *Rühl*, in: Kaulartz/Braegelmann, Rechtshandbuch Artificial Intelligence und Machine Learning, Kap. 14.1 Rn. 4, die jedoch keine Unterscheidung zwischen der Dokumentenanalyse und dem Information Retrieval trifft; s.o. zur Einordnung unter den Begriff Information Retrieval unter 1. Teil C. II. 2.

[393] Siehe hierzu *Wußler*, DRiZ 2020, 8 (8 f.).

[394] *Biallaß*, in: Ory/Weth, jurisPK-ERV, Band 1, Kap. 8 Rn. 57.

[395] So auch *Biallaß*, in: Ory/Weth, jurisPK-ERV, Band 1, Kap. 8 Rn. 57, die dies ohne weitere Ausführungen annimmt.

[396] Einen tieferen Einblick über Potenziale solcher Systeme gibt *Ashley*, Artificial Intelligence and Legal Analytics, S. 259 ff.

[397] Vgl. https://lexai.co/en (zuletzt aufgerufen am: 28.02.2025).

[398] https://lexai.co/en (zuletzt aufgerufen am: 28.02.2025).

C. Heutiger Einsatz von KI im juristischen Bereich

tion Mining" beziehungsweise „Argument Extraction".[399] Hierbei soll sich auf heutige Einsatzbereiche beschränkt und nicht auf mögliche Potenziale solcher Systeme eingegangen werden.[400]

Einsatzbereiche dieser Systeme liegen beispielsweise darin, in Massenverfahren wie den Prozessen im Rahmen von manipulierter Abgassoftware, Argumentationsmuster in den Schriftsätzen automatisch zu erkennen und mit einer dafür passenden (teilweise automatischen) Erwiderung zu versehen.[401] Anbieter wie KnowledgeTools übernehmen solche Aufgaben mit anschließenden individualisierten Erwiderungen.[402]

Die aktuelle Forschung befasst sich insbesondere damit, Systeme zu entwickeln, die über eine automatisierte „Erfassung, Modellierung und Gewichtung von Aussagen in juristischen Texten" verfügen, insbesondere um Argumente in gerichtlichen Entscheidungen selbstständig durch die Systeme auffinden zu lassen.[403] Alle der bekannteren Systeme in diesem Bereich werden jedoch nicht am Markt als vollwertiges Produkt angeboten, sondern stellen vielmehr Forschungsprojekte oder Prototypen dar, welche in der tatsächlichen anwaltlichen Rechtsberatung nicht eingesetzt werden wie die Systeme SMILE, LUIMA, ein System von Mochales und Moen, das deutsche System ARGUMENTUM, an dem unter anderem die Universität des Saarlandes beteiligt ist, und Carneades.[404] Mangels tatsächlicher Marktfähigkeit und Nutzbarkeit[405] soll hierauf nicht weiter eingegangen werden.

---

[399] *Breidenbach/Glatz*, in: Breidenbach/Glatz, Rechtshandbuch Legal Tech, Kap. 1.1 Rn. 18; *Mochales/Moens*, Artificial Intelligence and Law (2011), 19:1 (1).

[400] So etwa *Ashley*, Artificial Intelligence and Legal Analytics, S. 127 ff., 285 ff.; *Mochales/Moens*, Artif Intell Law (2011), 19:1 (1 ff.); *Moens*, Argument & Computation (2017), 9(1): 1 (1 ff.); *Stede*, Journal of Argumentation in Context (2020), 9(1): 19 (19 ff.).

[401] *Breidenbach/Glatz*, in: Breidenbach/Glatz, Rechtshandbuch Legal Tech, Kap. 1.1 Rn. 18; *Breidenbach/Glatz*, REthinking: Law 3/2020, 4 (8); *Wußler*, DRiZ 2020, 8 (8).

[402] *Breidenbach/Glatz*, REthinking: Law 3/2020, 4 (8).

[403] *Grupp*, in: Hartung/Bues/Halbleib, Legal Tech, Rn. 1113.

[404] *Ashley*, Artificial Intelligence and Legal Analytics, S. 287; vgl. *Eliot*, AI and Legal Argumentation, S. 10; Deutsches Forschungszentrum für Künstliche Intelligenz, Saarbrücker Forscher entwickeln Suchmaschine für Argumentationen, https://www.dfki.de/web/news/saarbruecker-forscher-entwickeln-suchmaschine-fuer-argumentationen (zuletzt aufgerufen am: 28.02.2025); *Gordon/Walton*, The Carneades Argumentation Framework, S. 1 ff.

[405] *Grupp*, in: Hartung/Bues/Halbleib, Legal Tech, Rn. 1113.

b) Funktionsweise

In Systemen zur Dokumentenanalyse kommen vor allem Techniken des maschinellen Lernens zum Einsatz.[406] Auch die Systeme der Dokumentenanalyse werden mittels Trainingsdaten in einer ersten Trainingsphase antrainiert, weshalb es sich um Verfahren des überwachten maschinellen Lernens handelt.[407] Nun werden aus den annotierten Trainingsdokumenten bestimmte Korrelationen, das heißt Beziehungen und Zusammenhänge mittels statistischer Verfahren zwischen den spezifischen Eigenschaften der Eingabe und der Ausgabe identifiziert, wodurch das Ergebnis mit einer gewissen Wahrscheinlichkeit ausgegeben werden kann.[408]

Hierbei kann ein System zur Vertragsanalyse beispielsweise prüfen, wie die Formulierung im Vertrag angeordnet ist, welche Begriffe verwendet werden oder im Umfeld der Formulierung auftauchen und welche Querverweise es auf andere Stellen im Vertragstext gibt.[409] Systeme, die hier zum Einsatz kommen, können zumeist ein Feedback durch den Benutzer bekommen, ob das gefundene Ergebnis falsch war (sogenanntes false positive) oder ein Ergebnis gar nicht erst gefunden wurde (sogenanntes false negative).[410] Damit handelt es sich um einen Prozess des aktiven Lernens.[411]

Auch können regelbasierte Expertensysteme zum Einsatz kommen.[412] Aufgrund der Schwierigkeit, alle erdenklichen Konstellationen von Suchanfragen, unterschiedlichen Dokumententypen sowie unterschiedlichen Ausgestaltungen eines Dokumenttyps, etwa eines Vertrags, vorherzusehen und damit in die Wissensbasis einzupflegen, eignen sich solche primär für ähnlich strukturierte und standardisierte Dokumente.[413]

c) Abgrenzungsfragen

Die Dokumenten- und insbesondere die Vertragsanalyse müssen weiterhin zu Systemen abgegrenzt werden, die Verträge auf ihre Rechtmäßigkeit über-

---

[406] *Bues*, in: Hartung/Bues/Halbleib, Legal Tech, Rn. 1185; *Krause/Hecker*, in: Hartung/Bues/Halbleib, Legal Tech, Rn. 312 f.

[407] *Gertz/Aumiller*, LTZ 2022, 30 (30 f.); *Krause/Hecker*, in: Hartung/Bues/Halbleib, Legal Tech, Rn. 312 f.

[408] S. hierzu oben unter 1. Teil B. II. 4. b).

[409] *Krause/Hecker*, in: Hartung/Bues/Halbleib, Legal Tech, Rn. 313.

[410] *Northoff/Gresband*, in: Hartung/Bues/Halbleib, Legal Tech, S. 114; *Wagner*, BB 2017, 898 (902); *Biallaß*, in: Ory/Weth, jurisPK-ERV, Band 1, Kap. 8 Rn. 50.

[411] Vgl. *Gertz/Aumiller*, LTZ 2022, 30 (31); s. hierzu oben unter 1. Teil B. II. 4. e).

[412] *Northoff/Gresband*, in: Hartung/Bues/Halbleib, Legal Tech, Rn. 478.

[413] *Bues*, in: Hartung/Bues/Halbleib, Legal Tech, Rn. 1187.

prüfen.[414] Bei der Dokumentenanalyse geht es nicht um die Rechtmäßigkeit einer Information, sondern ausschließlich um das Auffinden einer solchen durch eine gegebenenfalls notwendige juristische Analyse.[415] Wenn es um das Erkennen der Rechtmäßigkeit beispielsweise einer Klausel eines Vertrags geht, sind diese Systeme nach der hier vertretenen Einordnung im Bereich der klassischen juristischen Expertensysteme, Legal Robots oder Chatbots anzusiedeln.[416] Dieser Schritt basiert jedoch ebenfalls auf dem Auffinden und Analysieren einer bestimmten Klausel. So muss das System beispielsweise zunächst eine zu überprüfende Schönheitsreparaturklausel auffinden und erkennen, dass es überhaupt eine Klausel zur Schönheitsreparatur ist, um diese anschließend auf ihre Rechtmäßigkeit überprüfen zu können. Solche Systeme sind mithin ein „Mehr" zur allgemeinen Dokumenten- und Vertragsanalyse und werden aus diesem Grund einzeln vorgestellt.[417]

III. Vorhersagen im rechtlichen Bereich

Ein weiterer Teilbereich der anwaltlichen Rechtsberatung, in welcher KI eingesetzt werden kann, sind die KI-betriebenen Vorhersagen im rechtlichen Bereich (englisch Predictive Analytics).[418] Andere Bezeichnungen hierfür sind insbesondere „Legal Prediction", „Outcome Prediction" oder spezieller „Predictive Justice Tools" und „Judicial/Litigation Analytics".[419] Zu beachten ist, dass die Formulierung „Predictive Analytics" auch weit als zukunftsgerichtete Analyse von großen Datenmengen verstanden werden kann, um für zukünftige Sachverhalte Entscheidungen zu treffen.[420] Eine solch weite Formulierung würde indessen auch die Bereiche des Information Retrievals und

---

[414] Zum Beispiel Rfrnz, https://rfrnz.com, die jedoch bereits 2021 den Betrieb einstellen mussten, *Yuan*, REthinking: Law 2/2021, 4 (5 Fn. 4); BMWK, rfrnz, https://www.de.digital/DIGITAL/Redaktion/DE/Gruenderwettbewerb/Artikel/Preistraeger/preistraeger-17-1/preistraeger-rfrnz.html (zuletzt aufgerufen am: 28.02.2025), wobei mangels Informationen nicht die genaue Reichweite des Einschätzens und Bewertens der „Risiken, die möglicherweise aus den Verträgen hervorgehen", und ob sich hieraus tatsächlich eine Rechtmäßigkeitsprüfung ergibt, festgestellt werden kann.

[415] S. o. unter 1. Teil C. II. 4. a) aa).

[416] S. u. unter 1. Teil C. IV. 1., 2. zu den Begriffen des klassischen juristischen Expertensystems, des Legal Robots und des Chatbots.

[417] S. u. unter 1. Teil C. IV.

[418] *Fries*, in: Kaulartz/Braegelmann, Rechtshandbuch Artificial Intelligence und Machine Learning, Kap. 15.1 Rn. 7; *Bues*, in: Hartung/Bues/Halbleib, Legal Tech, Rn. 1183.

[419] *Biallaß*, in: Ory/Weth, jurisPK-ERV, Band 1, Kap. 8 Rn. 61; *Vogl*, in: Hartung/Bues/Halbleib, Legal Tech, Rn. 208; *Hoch*, MMR 2020, 295 (295).

[420] *Hoch*, MMR 2020, 295 (296).

der Dokumentenanalyse einschließen.[421] In diesem Kontext soll „Predictive Analytics" jedoch als Vorhersage eines bestimmten menschlichen Verhaltens im rechtlichen Bereich, wie beispielsweise das eines Richters oder eines bestimmten rechtlichen Ausgangs, verstanden werden. Auch in diesem Bereich soll sich weiterhin auf tatsächliche für den Markt bestimmte Anwendungen beschränkt werden und Ergebnisse von Forschungsprojekten, wie etwa das System zur Vorhersage von Entscheidungen des EGMR[422], das System zur Vorhersage von Entscheidungen des US Supreme Courts[423] und das System Case Cruncher Alpha zur Vorhersage von Entscheidungen der englischen Ombudsstelle für Finanzdienstleistungen,[424] ausgeklammert werden.

Die Bandbreite reicht hierbei von Vorhersagen zum Ausgang bestimmter Entscheidungen vor einem konkreten Gericht oder sogar Richter, allgemein von einem Rechtsstreit, bis hin zur Vorhersage von regulatorischen Änderungen.[425] Das Ergebnis wird mit einer gewissen Wahrscheinlichkeit durch statistische Verfahren aus früheren Entscheidungen prognostiziert.[426] Hierdurch können Anwälte (oder sonstige Rechtsuchende) in der Risikobewertung durch das Aufzeigen von Wahrscheinlichkeitswerten, die neben die eigenen Erfahrungswerte treten sollen, unterstützt werden.[427]

Die Systeme setzen hierbei zumeist unter anderem Verfahren des überwachten maschinellen Lernens ein, um aus historischen Rechtsfällen bestimmte Muster zu erkennen und damit einen Ausgang zu prognostizieren.[428] Für die Vorhersagegrundlage werden insbesondere die Metadaten der rechtlichen Entscheidungen, zum Beispiel die Namen der zuständigen Richter, der beteiligten Anwaltskanzleien und Rechtsanwälte sowie die Natur und der

---

[421] Vgl. *Vogl*, in: Hartung/Bues/Halbleib, Legal Tech, Rn. 205 ff.

[422] *Aletras/Tsarapatsanis/Preotiuc-Pietro/Lampos*, Predicting judicial decisions of the European Court of Human Rights, S. 1 ff.

[423] *Katz/Bommarito/Blackman*, A General Approach for Predicting the Behavior of the Supreme Court of the United States, S. 1 ff.

[424] *Steffek*, ZKM 2018, 75 (75); Artificial Lawyer, AI Beats Human Lawyers in CaseCrunch Prediction Showdown, https://www.artificiallawyer.com/2017/10/28/ai-beats-human-lawyers-in-casecrunch-prediction-showdown/ (zuletzt aufgerufen am: 28.02.2025).

[425] *Biallaß*, in: Ory/Weth, jurisPK-ERV, Band 1, Kap. 8 Rn. 61; *Susskind*, Tomorrows Lawyers, S. 53; CEPEJ, European ethical Charter on the use of Artificial Intelligence in judicial systems and their environment, S. 29; *Bues*, in: Hartung/Bues/Halbleib, Legal Tech, Rn. 1183 f.; *Vogl*, in: Hartung/Bues/Halbleib, Legal Tech, Rn. 211 ff.

[426] *Vogl*, in: Hartung/Bues/Halbleib, Legal Tech, Rn. 197.

[427] *Bues*, in: Hartung/Bues/Halbleib, Legal Tech, Rn. 1183.

[428] *Sorge/Krüger*, BRJ Sonderausgabe 2021, 13 (13); *Bues*, in: Hartung/Bues/Halbleib, Legal Tech, Rn. 1183 f.; *Vogl*, in: Hartung/Bues/Halbleib, Legal Tech, Rn. 197; CEPEJ, European ethical Charter on the use of Artificial Intelligence in judicial systems and their environment, S. 29 ff.

C. Heutiger Einsatz von KI im juristischen Bereich

Wert der Streitgegenstände, verwendet.[429] Ein bekannter Vertreter eines derartigen Systems ist LexMachina[430] von LexisNexis zur Vorhersage über den Ausgang von Patent- und Kartellrechtsstreitigkeiten in den USA.[431] Hierzu wurden über 100.000 verschiedene Patentrechtsfälle analysiert.[432] Andere Vertreter mit einer ähnlichen Funktionsweise sind etwa Systeme von LexPredict (Elevate Services),[433] Ravel Law,[434] Predictice,[435] Docket Alarm[436] und Loom Analytics.[437] GovTrack[438] hingegen kann vorhersagen, ob ein Gesetzesentwurf angenommen werden wird oder nicht.[439] Hierzu sammelt das Unternehmen unter anderem Daten über die Kongressmitglieder, beispielsweise biographische Informationen und Zugehörigkeiten zu bestimmten Ausschüssen sowie das frühere Abstimmverhalten.[440] Weiterhin werden die unterschiedlichen Gesetzesentwürfe sowie Presserklärungen von Abgeordneten und Ausschüssen zur Gesetzgebung mit einbezogen.[441]

Da die Anwendungen mit US-spezifischen Informationen antrainiert wurden, lassen sich diese nicht automatisch für den deutschen Markt verwenden und haben daher einen eher begrenzten Anwendungsbereich. Für den deutschen Markt ist aktuell grundsätzlich kein derartiges System zur Vorhersage von Gerichtsentscheidungen verfügbar. Ausschließlich „analoge" Anwendun-

---

[429] *Rühl*, in: Kaulartz/Braegelmann, Rechtshandbuch Artificial Intelligence und Machine Learning, Kap. 14.1 Rn. 8.
[430] https://lexmachina.com (zuletzt aufgerufen am: 28.02.2025).
[431] *Rühl*, in: Kaulartz/Braegelmann, Rechtshandbuch Artificial Intelligence und Machine Learning, Kap. 14.1 Rn. 7; *Vogl*, in: Hartung/Bues/Halbleib, Legal Tech, Rn. 208.
[432] *Rühl*, in: Kaulartz/Braegelmann, Rechtshandbuch Artificial Intelligence und Machine Learning, Kap. 14.1 Rn. 7; eine Zahl der ausgewerteten Fälle für das Kartellrecht ist leider nicht bekannt.
[433] https://elevate.law/news/elevate-acquires-lexpredict/ (zuletzt aufgerufen am: 28.02.2025).
[434] https://www.ravellaw.com (zuletzt aufgerufen am: 28.02.2025).
[435] https://predictice.com/fr (zuletzt aufgerufen am: 28.02.2025).
[436] https://www.docketalarm.com (zuletzt aufgerufen am: 28.02.2025); laut eigener Angabe benutzt Docket Alarm nun GPT-3, um komplexe Gerichtsverfahren mittels Verfahren des (überwachten) maschinellen Lernens automatisiert zusammenfassen zu können, https://twitter.com/DocketAlarm/status/1620131020044656640 (zuletzt aufgerufen am: 28.02.2025). Dies stellt typischerweise eine klassische Funktion der Dokumentenanalyse dar (s. o. unter 1. Teil C. II. 4. a) bb)) und zeigt erneut die praktische Schwierigkeiten einer klaren Einordnung der Modelle.
[437] https://www.loomanalytics.com (zuletzt aufgerufen am: 28.02.2025); *Bues*, in: Hartung/Bues/Halbleib, Legal Tech, Rn. 1184; *Rühl*, in: Kaulartz/Braegelmann, Rechtshandbuch Artificial Intelligence und Machine Learning, Kap. 14.1 Rn. 7.
[438] https://www.govtrack.us (zuletzt aufgerufen am: 28.02.2025).
[439] *Vogl*, in: Hartung/Bues/Halbleib, Legal Tech, S. 59.
[440] https://www.govtrack.us/about-our-data (zuletzt aufgerufen am: 28.02.2025).
[441] https://www.govtrack.us/about-our-data (zuletzt aufgerufen am: 28.02.2025).

gen wie etwa richterscore,[442] auf denen manuelle Einträge etwa über einzelne Richter, Kammern und Senate getätigt und eingesehen werden konnten, waren in Deutschland verfügbar.[443] Da hier keinerlei KI oder überhaupt eine weiterentwickelte Technologie zum Einsatz kam, soll dieser Bereich nicht weiter untersucht werden.

Gänzlich unvertreten sind Systeme zur Vorhersage von Erfolgsaussichten eines Rechtsstreits jedoch auch in Deutschland nicht. So wird im Bereich der Prozessfinanzierung KI zur Ermittlung der Erfolgsaussichten eines möglicherweise zu finanzierenden Prozesses eingesetzt.[444] Hierbei wird auf der Grundlage von historischen Urteilen mittels Verfahren des überwachten maschinellen Lernens die Erfolgswahrscheinlichkeit eines möglichen Prozesses ermittelt, woran die Entscheidung, ob ein Prozess finanziert werden soll oder nicht, anknüpft.[445] Ein solcher Anbieter ist beispielsweise das Start-up Iubel.[446]

Einen etwas anderen Weg gehen Websites mit sogenannten Inkasso- oder Vermittlungsmodellen. Hierbei handelt es sich um Onlineplattformen, die dem Nutzer eine kostenlose summarische Prüfung der Erfolgsaussichten für das betreffende Rechtsanliegens anbieten.[447] Anschließend kann der Nutzer sich entweder dazu entscheiden, seine Rechte nicht durchzusetzen, den Dienstleister der Website selbst zu beauftragen (sogenanntes Inkasso-Modell)[448] oder aber Vertragsanwälte des Dienstleisters direkt über die Website zu mandatieren (sogenanntes Vermittlungsmodell).[449] Jedoch ist zu beachten, dass es sich hierbei nicht um typische Techniken des Predictive Analytics handelt (wie insbesondere das überwachte maschinelle Lernen), sondern Sys-

---

[442] https://www.richterscore.de (zuletzt aufgerufen am: 30.09.2023), jedoch wurde die Seite mittlerweile eingestellt und ist nicht mehr abrufbar.

[443] *Kaufmann*, Richterscore bekommt nur wenige Daten, https://www.lto.de/recht/justiz/j/vg-berlin-vg2k619-richterscore-daten-richter-berlin-herausgabe-einwilligung-handbuch-der-justiz/ (zuletzt aufgerufen am: 28.02.2025).

[444] *Wagner*, Legal Tech und Legal Robots, S. 72; *Vogl*, in: Hartung/Bues/Halbleib, Legal Tech, Rn. 214; vgl. für Potenziale *Fries*, in: Kaulartz/Braegelmann, Rechtshandbuch Artificial Intelligence und Machine Learning, Kap. 15.1 Rn. 9.

[445] *Wagner*, Legal Tech und Legal Robots, S. 72; vgl. *Fries*, in: Kaulartz/Braegelmann, Rechtshandbuch Artificial Intelligence und Machine Learning, Kap. 15.1 Rn. 8.

[446] https://iubel.de/prozessfinanzierung/ (zuletzt aufgerufen am: 28.02.2025); *Wagner*, Legal Tech und Legal Robots, S. 72.

[447] *Günther*, GRUR-Prax 2020, 96 (98).

[448] *Wagner*, Legal Tech und Legal Robots, S. 47; BT-Drs. 19/27673, S. 13; *Hähnchen/Schrader/Weiler/Wischmeyer*, JuS 2020, 625 (632); *Steinrötter/Warmuth*, in: Hoeren/Sieber/Holznagel, Handbuch Multimedia-Recht, Teil 30 Rn. 22; *Hoch/Hendricks*, VuR 2020, 254 (256).

[449] *Günther*, GRUR-Prax 2020, 96 (98); *Deckenbrock*, AnwBl Online 2020, 178 (184).

teme dieser Art insbesondere auf regelbasierten (juristischen) Expertensystemen beruhen.[450] Wie bereits aufgezeigt, unterscheiden sich derartige Systeme gravierend, weshalb die Modelle in einem eigenen Punkt besprochen werden.[451]

Weiterhin sind Modelle des Forderungskaufs durch nichtanwaltliche Anbieter, dem sogenannten Consumer Claims Purchasing, zu beachten.[452] Hierbei handelt es sich um Angebote, bestehende Forderungen von Verbrauchern gegen bestimmte Unternehmen, wie etwa Fluggesellschaften, aufzukaufen und sodann nach einer erfolgten Abtretung diese im eigenen wirtschaftlichen Interesse außergerichtlich und wenn nötig gerichtlich geltend zu machen.[453] Im Gegenzug wird nach automatisierter Prüfung der Erfolgsaussichten ein Abschlag an den Verbraucher gezahlt.[454] Für die Einordnung des Geschäftsmodells kommt es nun auf die verwendete Technik an. Wird für die Berechnung des Abschlags ein Expertensystem verwendet, welches ausschließlich dem Grunde nach prüft, ob bestimmte Tatbestandsvoraussetzungen eines gegebenenfalls bestehenden Anspruchs bestehen, ist es in die Kategorie der Expertensysteme einzuordnen.[455]

Wird hingegen der Risikoabschlag mittels einer Erfolgswahrscheinlichkeit anhand von Daten wie der Bonität des Schuldners, der Dauer, dem Ort und der gegebenenfalls anfallenden Intensität der Rechtsdurchsetzung sowie Daten über Verfahrensdauer und Erfolgswahrscheinlichkeiten über bestimmte Gerichte errechnet,[456] so handelt es sich um ein System, welches der Predictive Analytics zuzuordnen ist und folglich typischerweise Verfahren des überwachten maschinellen Lernens einsetzt. Derartige Anbieter sind beispielsweise RightNow der RightNow Group[457] sowie Wir Kaufen Deinen Flug[458].

---

[450] S. hierzu unten unter 1. Teil C. IV. 1. b) bb).
[451] S. hierzu unten unter 1. Teil C. IV. 1. b) bb) (2), (4).
[452] *Quarch*, in: Chibanguza/Kuß/Steege, Künstliche Intelligenz, § 8 E. Rn. 18; *Quarch/Neumann*, LTZ 2023, 96 (98); *Quarch/Engelhardt*, LTZ 2022, 38 (39); *Geissler*, LTZ 2022, 12 (13 f.); *Skupin*, RDi 2023, 93 (97); s. hierzu unten unter 1. Teil C. IV. 1. b) bb) (3).
[453] *Quarch*, in: Chibanguza/Kuß/Steege, Künstliche Intelligenz, E. Rn. 18; *Rillig*, in: Deckenbrock/Henssler, RDG, § 10 Rn. 45d.
[454] *Quarch*, LTV 1/2020, 8 (9).
[455] Vgl. *Steinrötter*, RRa 2020, 259 (262 Fn. 53).
[456] *Quarch*, LTV 1/2020, 8 (9).
[457] *Quarch*, LTV 1/2020, 8 (9); *von Bülow*, Interview mit Benedikt M. Quarch, https://www.elegal.technology/interviews/benedikt-quarch (zuletzt aufgerufen am: 28.02.2025).
[458] https://www.wirkaufendeinenflug.de/de/#howitworks (zuletzt aufgerufen am: 28.02.2025), wobei jedoch nicht abschließend beurteilt werden kann, ob tatsächlich Prozesse des maschinellen Lernens eingesetzt werden. Jedoch wird im FAQ-Bereich unter dem Reiter „Wie verdient ihr damit Geld?" darauf verwiesen, dass das Angebot

IV. Juristische Expertensysteme und verwandte Systeme zur Abgabe von Rechtsrat und Handlungsempfehlungen

Hauptaufgabe und damit Kerntätigkeit des Rechtsanwalts bleibt jedoch die Subsumtion eines bestimmten Sachverhalts unter einen oder mehrere passende Tatbestände, mit anderen Worten die Rechtsanwendung, um einen Rechtsrat oder eine Handlungsempfehlung geben zu können.[459] Auch in diesem Bereich kommen unterschiedliche, auf KI basierende Systeme zum Einsatz. Grob lassen sich zwei verschiedene Klassen unterscheiden, wobei die Abgrenzung primär nach den eingesetzten Techniken erfolgt und damit im Einzelfall fließend und in der Praxis nicht immer durchführbar ist. Auf der einen Seite lassen sich Systeme nennen, die Techniken der regelbasierten Expertensysteme einsetzen.[460] Bezeichnet werden derartige Systeme unter anderem als juristische Expertensysteme, (Online-)Rechtsgeneratoren, Subsumtions-/Rechtsautomaten, Subsumtionsmaschinen oder Assistenz- und Entscheidungshilfesysteme.[461] Auf der anderen Seite werden Techniken des maschinellen Lernens eingesetzt, um eine bestimmte Rechtsanwendung zu vollziehen.[462] Systeme, die über eine derartige Technik verfügen, werden als sogenannte Legal Robots bezeichnet oder allgemein unter dem Stichwort Rechtsautomation zusammengefasst.[463] Auch Chatbots, welche ebenfalls im folgenden Kapitel angesprochen werden, verfügen häufig über Verfahren des maschinellen Lernens, können jedoch auch auf regelbasierten Systemen beruhen,[464] was insbesondere eine funktionelle Abgrenzung zu juristischen Expertensystemen erschwert.

„Abhängig von der Wahrscheinlichkeit, ob die Fluggesellschaft zahlt" gemacht wird, was insbesondere dafür sprechen könnte, dass (überwachtes) maschinelles Lernen eingesetzt wird.

[459] Vgl. *Grupp*, AnwBl 2014, 660 (663); *Jungk*, in: Brogmann/Jungk/Schwaiger, Anwaltshaftung, Kap. IV Rn. 33; *Heinemann*, in: Vollkommer/Greger/Heinemann, Anwaltshaftungsrecht, § 11 Rn. 1; *Vill/Fischer*, in: Fischer/Vill/Fischer/Chab/Pape, Handbuch der Anwaltshaftung, § 2 Rn. 52; *Hartmann/Hartmann*, in: van Bühren, Handbuch Versicherungsrecht, § 10 Rn. 37.

[460] *Bues*, in: Hartung/Bues/Halbleib, Legal Tech, Rn. 1190; *Timmermann*, Legal Tech-Anwendungen, S. 132; *Wagner*, Legal Tech und Legal Robots, S. 27.

[461] *Biallaß*, in: Ory/Weth, jurisPK-ERV, Band 1, Kap. 8 Rn. 26; *Wagner*, Legal Tech und Legal Robots, S. 47; *Grupp*, AnwBl 2014, 660 (664); *Grupp*, in: Hartung/Bues/Halbleib, Legal Tech, Rn. 1102; *Burr*, BB 2018, 476 (477).

[462] *Biallaß*, in: Ory/Weth, jurisPK-ERV, Band 1, Kap. 8 Rn. 71.

[463] *Biallaß*, in: Ory/Weth, jurisPK-ERV, Band 1, Kap. 8 Rn. 71; *Wagner*, Legal Tech und Legal Robots, S. 55 ff.

[464] *Timmermann*, Legal Tech-Anwendungen, S. 132.

C. Heutiger Einsatz von KI im juristischen Bereich

1. Juristische Expertensysteme

Juristische Expertensysteme basieren, wie schon der Name suggeriert, auf Expertensystemen.[465] Bei diesen Systemen lassen sich grundsätzlich ebenfalls zwei Einsatzbereiche unterscheiden.[466] Zum einen sind Expertensysteme zu nennen, die zur Dokumentenerstellung eingesetzt werden und bereits vorgestellt wurden und zum anderen solche, die mittels der Beantwortung von Fragen eine rechtliche Einschätzung eines bestimmten Sachverhalts abgeben sollen.[467] Diese sollen nun näher vorgestellt werden.

a) Bedienung und Funktionsweise

Die Anwendung der Systeme erfolgt vergleichbar wie bei der automatisierten Dokumentenerstellung durch die Beantwortung von Fragen (Ja/Nein/Freitext).[468] Nachdem die erste Frage beantwortet wurde, wird der Anwender sodann entsprechend dem Ergebnis der ersten Antwort zur nächsten Frage weitergeleitet, solange, bis das Ende des Prozesses erreicht ist und ein Ergebnis in Form einer rechtlichen Auskunft oder einer Handlungsempfehlung angezeigt wird.[469] Kann der Anwender mit den angebotenen Antwortmöglichkeiten auf die einzelnen Fragen nichts anfangen oder versteht er die zu beantwortende Frage nicht, können auch bei diesen Expertensystemen Erklärungen und Kommentarausschnitte eingefügt werden.[470]

Da hier regelbasierte Expertensysteme zum Einsatz kommen, muss die rechtliche Beurteilung des Sachverhalts bereits vor Benutzung erfolgt sein und das Wissen in formalisierter Form in das Expertensystem eingepflegt worden sein.[471] Dies geschieht, indem für alle Fälle, für die das Expertensystem eine Einschätzung abgeben soll, ein rechtliches Gutachten erstellt wird,[472]

---

[465] *Northoff/Gresbrand*, in: Hartung/Bues/Halbleib, Legal Tech, Rn. 473; *Anzinger*, in: Ebers, StichwortKommentar Legal Tech, Kap. 31 Rn. 3.
[466] *Northoff/Gresbrand*, in: Hartung/Bues/Halbleib, Legal Tech, Rn. 474 ff.; *Timmermann*, Legal Tech-Anwendungen, S. 133.
[467] *Northoff/Gresbrand*, in: Hartung/Bues/Halbleib, Legal Tech, Rn. 474 ff.; *Timmermann*, Legal Tech-Anwendungen, S. 133.
[468] *Biallaß*, in: Ory/Weth, jurisPK-ERV, Band 1, Kap. 8 Rn. 27; *Fiedler/Grupp*, DB 2017, 1071 (1074 f.); *Wagner*, BB 2017, 898 (900).
[469] *Wagner*, BB 2017, 898 (900); *Biallaß*, in: Ory/Weth, jurisPK-ERV, Band 1, Kap. 8 Rn. 28.
[470] *Scheicht/Fiedler*, in: Hartung/Bues/Halbleib, Legal Tech, Rn. 454, 457; *Halbleib*, in: Hartung/Bues/Halbleib, Rn. 1144, jedoch für Dokumentengeneratoren, die jedoch im Anwenderprozess sehr ähnlich aufgebaut sind.
[471] *Wagner*, Legal Tech und Legal Robots, S. 47.
[472] *Zimmermann*, AnwBl Online 2019, 815 (818).

welches sodann in eine Baumstruktur übertragen wird und so jeweils einen zuvor erstellten „Entscheidungsweg" abbildet.[473] Dieser Entscheidungsweg kann nun unter Anwendung einer oder mehrerer formaler Logik(en) in einem Expertensystem abgebildet werden.[474] Komplexere juristische Expertensysteme, wie beispielsweise der ContractorCheck, verfügen neben der klassischen Wenn/Dann-Logik auch über Gewichtungssysteme zur besseren Bestimmung der richtigen Antwort.[475]

b) Anbietermodelle

Die angepeilten Zielgruppen juristischer Expertensysteme sind neben Anwälten im Rahmen ihrer Mandatsbearbeitung auch unmittelbar juristische Laien als Rechtsuchende, entweder als Kunde eines nichtanwaltlichen Anbieters eines Systems oder von Anwälten für ihre Mandanten oder Externe erstellt.[476]

aa) Anwaltschaft

In der Anwaltschaft können juristische Expertensysteme intern als „Entscheidungsassistenz"[477] zur Unterstützung für die Erbringung von häufig wiederkehrenden Rechtsdienstleistungen eingesetzt werden.[478] Auch können die juristischen Expertensysteme, wie bereits erwähnt, durch die Anwälte direkt für die eigenen Mandanten oder sonstige Dritte erstellt werden.[479] Hierdurch kann in strukturierten und häufig wiederkehrenden Konstellationen das anwaltliche Rechtsgutachten für den Einzelfall durch die Ausgabe des juristi-

---

[473] *Biallaß*, in: Ory/Weth, jurisPK-ERV, Band 1, Kap. 8 Rn. 34; *Scheicht/Fiedler*, in: Hartung/Bues/Halbleib, Legal Tech, Rn. 434; *Grupp*, in: Hartung/Bues/Halbleib, Legal Tech, Rn. 1112.

[474] *Scheicht/Fiedler*, in: Hartung/Bues/Halbleib, Legal Tech, Rn. 434; *Grupp*, in: Hartung/Bues/Halbleib, Legal Tech, Rn. 1112.

[475] *Scheicht/Fiedler*, in: Hartung/Bues/Halbleib, Legal Tech, Rn. 436 f.

[476] *Hartung*, in: Hartung/Bues/Halbleib, Legal Tech, Rn. 45; *Bues*, in: Hartung/Bues/Halbleib, Legal Tech, Rn. 86; *Fiedler/Grupp*, DB 2017, 1071 (1075).

[477] Vgl. auch *Grupp*, in: Hartung/Bues/Halbleib, Legal Tech, Rn. 1112, welcher von „Entscheidungsunterstützungssystemen" spricht.

[478] *Fiedler/Grupp*, DB 2017, 1071 (1074 f.); vgl. auch *Fries*, NJW 2016, 2860 (2863) und *Wagner*, Legal Tech und Legal Robots, S. 71, die auf die Bedeutung von Assistenzsystemen für die anwaltliche Praxis hinweist, jedoch nur von Assistenzsystemen spricht und in diesem Rahmen nicht spezifisch auf Expertensysteme eingehen.

[479] *Fiedler/Grupp*, DB 2017, 1071 (1075); *Scheicht/Fiedler*, in: Hartung/Bues/Halbleib, Legal Tech, Rn. 452 f., 460.

schen Expertensystems ersetzt werden.[480] Der Mandant gibt alle relevanten Informationen in das Expertensystem ein und bekommt im Anschluss den Rechtsrat beziehungsweise die Handlungsempfehlung ausgegeben.[481] Auch eignen sich die Systeme für die internen oder extern zur Verfügung gestellten Compliance-Prüfungen und Schulungen.[482]

Neben diesen regelmäßig von Kanzleien eigens für ihre Mandanten erstellten Expertensystemen, werden diese auch generell online für sonstige Endkonsumenten (Externe) gegen Bezahlung angeboten.[483] Vertreter dieser Systeme sind beispielsweise der ContractorCheck von Norton Rose Fullbright, welcher mittels der Beantwortung von 15–28 Fragen und insgesamt zwischen 32.768 und 33.554.432 verschiedene Antwortkombinationen zwischen einem freien Mitarbeiter und einem Angestellten nach § 611a BGB durch eine Risikoeinschätzung unterscheiden kann.[484]

bb) Sonstige Anbieter

Auf der Anbieterseite lassen sich neben den anwaltlichen Anbietern vier weitere Anbieter-Modelle unterscheiden.

(1) Self-Service Produkte zur eigenen Erstellung

Anbieter von Tools zur Erstellung eines eigenen juristischen Expertensystems, bei welchem das Wissen erst in das System eingepflegt und damit repräsentiert werden muss,[485] sind von solchen Anbietern zu unterscheiden,

---

[480] S. für die hierbei dennoch für den Rechtsanwalt geltenden berufsrechtlichen Vorgaben unter 2. Teil C. I. 1.; *Biallaß*, in: Ory/Weth, jurisPK-ERV, Band 1, Kap. 8 Rn. 30; *Bues*, in: Hartung/Bues/Halbleib, Legal Tech, Rn. 86.
[481] *Biallaß*, in: Ory/Weth, jurisPK-ERV, Band 1, Kap. 8 Rn. 30; *Bues*, in: Hartung/Bues/Halbleib, Legal Tech, Rn. 86.
[482] *Grupp*, AnwBl 2014, 660 (664); *Grupp*, in: Hartung/Bues/Halbleib, Legal Tech, Rn. 1114; *Bues*, in: Hartung/Bues/Halbleib, Legal Tech, Rn. 1190.
[483] Vgl. etwa *Scheicht/Fiedler*, in: Hartung/Bues/Halbleib, Legal Tech, Rn. 452 f., 460.
[484] *Scheicht/Fiedler*, in: Hartung/Bues/Halbleib, Legal Tech, Rn. 435 ff., 452 ff.
[485] Der Begriff des Self-Service Produkts beschreibt hier nach allgemeiner Ansicht solche Tools, mit denen ohne weitere menschliche Hilfe, etwa eines Anwalts, ein juristisches Ergebnis, sei es als Dokument, als rechtliche Einschätzung oder Handlungsempfehlung, erstellt werden kann, *Zimmermann*, AnwBl 2019, 815 (816); *Biallaß*, in: Ory/Weth, jurisPK-ERV, Band 1, Kap. 8 Rn. 30; *Halbleib*, in: Hartung/Bues/Halbleib, Legal Tech, Rn. 130; *Quade*, in: Hartung/Bues/Halbleib, Legal Tech, Rn. 733; *Hartung*, in: Chibanguza/Kuß/Steege, Künstliche Intelligenz, § 8 F. Rn. 26.

die bereits ein mit Wissen gefülltes Expertensystem für den Markt anbieten.[486]

Für heutige Tools zur Erstellung eigener Expertensysteme werden keine Kenntnisse der Informatik beziehungsweise der den Expertensystemen zugrundeliegenden Logik(en) benötigt.[487] Vielmehr können über sogenannte „Authoring Tools" eigenständig Entscheidungsbäume mit ihren einzelnen Verästelungen erstellt werden.[488] Die hinter dem System liegenden Logik(en), welche für die einzelnen Ableitungen zuständig sind, muss der Anwender hingegen weder erstellen noch verstehen.[489] Anbieter solcher Systeme sind insbesondere BRYTER[490], KnowledgeTools[491] und ShakeSpear[492] sowie vor allem für den internationalen Markt NEOTA LOGIC[493] und LNR.[494]

(2) Inkassomodell

Anbieter, die bereits mit Wissen gefüllte Expertensysteme am Markt offerieren, richten sich zumeist direkt an Rechtsuchende und sind somit marktorientiert typischerweise auf Verbraucherrechte spezialisiert.[495] Wie bereits angesprochen, lässt sich in diesem Rahmen zwischen dem Inkasso- und dem Vermittlungsmodell unterscheiden.[496] Das Inkassomodell bezieht seinen Na-

---

[486] Vgl. *Grupp*, in: Hartung/Bues/Halbleib, Legal Tech, Rn. 1119 ff., zu klassischen juristischen Expertensysteme, die einen Rechtsrat oder eine Handlungsempfehlung ausgeben, vgl. für die Unterteilung unten unter 2. Teil A. II. 5.; s. u. unter 1. Teil C. IV. 1. b) bb) (2), (3), (4), zu den übrigen Modellen, die gefüllten Expertensysteme auf dem Markt anbieten, jedoch die Prüfung eines Anspruchs und dessen Höhe und nicht die Ausgabe eines Rechtsrats oder einer Handlungsempfehlung zum Gegenstand haben.
[487] *Wagner*, Legal Tech und Legal Robots, S. 48; *Biallaß*, in: Ory/Weth, jurisPK-ERV, Band 1, Kap. 8 Rn. 27.
[488] *Wagner*, Legal Tech und Legal Robots, S. 48; *Biallaß*, in: Ory/Weth, jurisPK-ERV, Band 1, Kap. 8 Rn. 27.
[489] *Wagner*, Legal Tech und Legal Robots, S. 48; *Grupp/Bues*, REthinking: Law 2/2019, 19 (22).
[490] https://bryter.com/no-code-platform/ (zuletzt aufgerufen am: 28.02.2025).
[491] https://knowledgetools.de (zuletzt aufgerufen am: 28.02.2025).
[492] https://shakespeare-software.com (zuletzt aufgerufen am: 28.02.2025), wobei die Erstellung von juristischen Expertensystemen nicht Hauptgeschäftsmodell des Anbieters darstellt.
[493] https://www.neotalogic.com (zuletzt aufgerufen am: 28.02.2025).
[494] *Wagner*, Legal Tech und Legal Robots, S. 48 f.
[495] *Wagner*, Legal Tech und Legal Robots, S. 47; *Quarch/Neumann*, LTZ 2023, 96 (99).
[496] S. bereits oben unter 1. Teil C. III.

men daraus, dass derartige Anbieter (zumeist) über eine eigene Inkassolizenz nach § 10 I 1 Nr. 1 RDG verfügen.[497]

Hierbei besteht für den potenziellen, rechtsuchenden Kunden in einem ersten Schritt die unverbindliche Möglichkeit, durch das Eingeben der individuellen Sachverhaltsinformationen auf der Website des Inkassodienstleisters, hinter welcher das juristische Expertensystem steht, zu prüfen, ob ein spezifischer Anspruch besteht.[498] Sollte ein solcher nach Ansicht des Systems bestehen, gibt das System zusätzlich Auskunft über die schätzungsweise Höhe der potenziellen Forderung.[499] Wird ein positiver Anspruch durch das Expertensystem ausgegeben, kann der Rechtsuchende in einem zweiten Schritt den Inkassodienstleister mit der (zunächst) außergerichtlichen Geltendmachung des Anspruchs betrauen.[500] Der Rechtsuchende bleibt entweder Inhaber der Forderung, sodass der Inkassodienstleister lediglich zur Geltendmachung beauftragt wird, oder es erfolgt eine treuhänderische Abtretung der Forderungen auf den Inkassodienstleister (sogenannte Inkassozession).[501]

Der Inkassodienstleister wird nun nach Beauftragung, in der Regel mittels Schreiben, versuchen, mit dem Schuldner Kontakt aufzunehmen, um diesen zur Zahlung aufzufordern.[502] Zahlt der Schuldner, wird der Kunde hierüber durch den Dienstleister in Kenntnis gesetzt und die Forderungssumme an ihn überwiesen.[503] Dabei behält der Inkassodienstleister einen Teil der Summe als Honorar ein.[504] Verspricht dies hingegen keinen Erfolg, müssen eigene

---

[497] BT-Drs. 19/27673, S. 13; *Hähnchen/Schrader/Weiler/Wischmeyer*, JuS 2020, 625 (632); *Steinrötter/Warmuth*, in: Hoeren/Sieber/Holznagel, Handbuch Multimedia-Recht, Teil 30 Rn. 22; *Hoch/Hendricks*, VuR 2020, 254 (256); *Quarch/Neumann*, LTZ 2023, 96 (99).

[498] *Quarch*, in: Chibanguza/Kuß/Steege, Künstliche Intelligenz, § 8 E. Rn. 26; *Henssler*, in: Deckenbrock/Henssler, RDG, Einleitung Rn. 47e; *Henssler*, NJW 2019, 545 (545); *Kilian*, NJW 2019, 1401 (1401).

[499] *Quarch*, in: Chibanguza/Kuß/Steege, Künstliche Intelligenz, § 8 E. Rn. 26; *Henssler*, in: Deckenbrock/Henssler, RDG, Einleitung Rn. 47e; *Henssler*, NJW 2019, 545 (545); *Kilian*, NJW 2019, 1401 (1401).

[500] *Quarch*, in: Chibanguza/Kuß/Steege, Künstliche Intelligenz, § 8 E. Rn. 26; *Henssler*, in: Deckenbrock/Henssler, RDG, Einleitung Rn. 47e; *Henssler*, NJW 2019, 545 (545); *Kilian*, NJW 2019, 1401 (1401).

[501] *Timmermann*, Legal Tech-Anwendungen, S. 169; *Quarch*, in: Chibanguza/Kuß/Steege, § 8 E. Rn. 26.

[502] *Timmermann*, Legal Tech-Anwendungen, S. 169, jeweils mit Verweis auf die LexFox AGB.

[503] *Timmermann*, Legal Tech-Anwendungen, S. 169, jeweils mit Verweis auf die LexFox AGB.

[504] *Timmermann*, Legal Tech-Anwendungen, S. 169, jeweils mit Verweis auf die LexFox AGB.

oder externe Anwälte die Forderung gegebenenfalls gerichtlich geltend machen.[505]

Ein derartiger Anbieter ist etwa Conny (früher LexFox) mit seinen Angeboten im Miet-, Arbeits-, Finanz- und Vereinsrecht.[506] Ein weiterer Anbieter ist die rightmart Group mit eigenen Websites wie hartz4widerspruch.de und dieselskandal-helfer.de.[507] Daneben gibt es eine Vielzahl von Anbietern, die auf einzelne spezielle Verbraucherschutzmodelle spezialisiert sind, wie etwa MYFLYRIGHT,[508] AirHelp,[509] euclaim,[510] FairPlane,[511] RobinZug[512] und mineko.[513]

Neben diesen klassischeren Anwendungsbereichen, wie etwa Ansprüchen aus einem Miet- oder Beförderungsverhältnis, hat der Markt innerhalb der letzten Jahre eine weitere Ausweitung, unter anderem auf die Bereiche der Schadensregulierung von Verkehrsunfällen, die Geltendmachung von immateriellen Schadensersatzansprüchen nach der DS-GVO und der Rückabwicklung von Lebensversicherungsverträgen, erfahren.[514]

(3) Forderungskauf (Consumer Claims Purchasing)

Wie bereits dargestellt, können bestimmte Modelle des Forderungskaufs auch in die Kategorie der Expertensysteme eingeordnet werden, wenn Anbieter derartige Verfahren einsetzen.[515] Beispiele solcher Anbieter sind etwa Ersatz-Pilot[516] sowie flightcomp[517].

---

[505] *Timmermann*, Legal Tech-Anwendungen, S. 169, jeweils mit Verweis auf die LexFox AGB.
[506] https://conny.de (zuletzt aufgerufen am: 28.02.2025).
[507] https://rightmart.group/#spezialisierung (zuletzt aufgerufen am: 28.02.2025).
[508] https://myflyright.com/de/ (zuletzt aufgerufen am: 28.02.2025).
[509] https://www.airhelp.com/de/ (zuletzt aufgerufen am: 28.02.2025); es konnte jedoch nicht festgestellt werden, ob tatsächlich Expertensysteme zum Einsatz kommen. Auch BT-Drs. 19/27673, S. 15, nennt die Seite in diesem Zusammenhang, geht jedoch nicht auf die hierbei eingesetzte Technik ein.
[510] https://www.euclaim.de (zuletzt aufgerufen am: 28.02.2025).
[511] https://www.fairplane.de (zuletzt aufgerufen am: 28.02.2025).
[512] https://www.robin-zug.de, die jedoch nach eigenen Angaben den Betrieb im Februar 2023 eingestellt haben.
[513] https://www.mineko.de (zuletzt aufgerufen am: 28.02.2025); obwohl hier durchaus bezweifelt werden kann, ob das zur Verfügung stehende Tool ein Expertensystem darstellt.
[514] *Skupin*, RDi 2022, 63 (66).
[515] Vgl. hierzu oben unter 1. Teil C. III.
[516] https://www.ersatz-pilot.de (zuletzt aufgerufen am: 28.02.2025).

(4) Vermittlungs- und Finanzierungsmodell

Ein anderes Modell stellt hingegen die Übernahme von Vermittlungs- und Finanzierungsdienstleistungen dar.[518] Hierbei handelt es sich um Unternehmen, deren Geschäftsmodelle sich auf die Vermittlung von Vertragsanwälten sowie auf die Übernahme von etwaig entstehenden Prozesskosten konzentrieren.[519] Derartige Unternehmen stellen den unter Vertrag stehenden Anwälten hierbei eine Software bereit, mit der zunächst eine Vermittlung der Mandanten (der Rechtsuchenden) an die jeweiligen Anwälte erfolgt sowie daraufhin eine Vorstrukturierung der eingereichten Sachverhaltsinformationen zur administrativen Unterstützung der Anwälte.[520] In einem ersten Schritt prüft das Unternehmen ihrerseits die Erfolgsaussichten des Begehrens des Rechtsuchenden, woraufhin bei ausreichenden Erfolgsaussichten in einem zweiten Schritt eine vertiefte Prüfung durch den Rechtsanwalt erfolgt.[521] Im Anschluss wird der Kunde über das Ergebnis der Prüfung sowie über weitere Handlungsempfehlungen durch das Unternehmen informiert.[522]

Dem Rechtsuchenden gegenüber schuldet das Unternehmen lediglich die Kostenübernahme und damit die Prozessfinanzierung, nicht jedoch die Verpflichtung zur eigentlichen rechtlichen Prüfung des Sachverhalts.[523] Die Unternehmen finanzieren sich ausschließlich über die Lizenzgebühren der zur Verfügung gestellten Software, nicht jedoch durch Gebühren gegenüber dem Rechtsuchenden.[524] Anbieter solcher Modelle sind beispielsweise geblitzt.de[525]

---

[517] https://www.flightcomp.de (28.02.2025), jedoch keine eindeutige Feststellung, ob tatsächlich Expertensysteme zum Einsatz kommen oder lediglich eine manuelle Prüfung durch Mitarbeiter erfolgt.
[518] *Deckenbrock*, AnwBl Online 2020, 178 (184); *Remmertz*, in: Hamm, Beck'sches Rechtsanwalts-Handbuch, § 64 Rn. 36.
[519] S. etwa https://www.geblitzt.de (zuletzt aufgerufen am: 28.02.2025); *Deckenbrock*, AnwBl Online 2020, 178 (184); *Remmertz*, in: Hamm, Beck'sches Rechtsanwalts-Handbuch, § 64 Rn. 36.
[520] *Quarch*, in: Chibanguza/Kuß/Steege, Künstliche Intelligenz, § 8 E. Rn. 24; *Deckenbrock*, AnwBl Online 2020, 178 (184); *Remmertz*, in: Hamm, Beck'sches Rechtsanwalts-Handbuch, § 64 Rn. 36.
[521] *Deckenbrock*, AnwBl Online 2020, 178 (184); *Remmertz*, in: Hamm, Beck'sches Rechtsanwalts-Handbuch, § 64 Rn. 36.
[522] *Deckenbrock*, AnwBl Online 2020, 178 (184); *Quarch*, in: Chibanguza/Kuß/Steege, Künstliche Intelligenz, § 8 E. Rn. 22.
[523] *Deckenbrock*, AnwBl Online 2020, 178 (184).
[524] *Deckenbrock*, AnwBl Online 2020, 178 (184); *Schwintowski*, VuR 2015, 1 (2); *Quarch*, in: Chibanguza/Kuß/Steege, Künstliche Intelligenz, § 8 E. Rn. 24.
[525] https://www.geblitzt.de (zuletzt aufgerufen am: 28.02.2025); keine eindeutige Feststellung ob Expertensysteme zum Einsatz kommen, aber Bezeichnung auf Hauptseite von Coduka als Legal-Tech Unternehmen.

und gefeuert.de[526] von Coduka sowie für Arbeitnehmerabfindungen legalhero.[527]

2. Legal Robots und Chatbots

Die nachfolgenden Systeme der Legal Robots und Chatbots sollen in einem eigenen Abschnitt dargestellt werden, da sie sich zu den anderen zuvor vorgestellten Kategorien in bestimmten Eigenschaften unterscheiden, aber im praktischen Einsatz auch Überschneidungen aufweisen können. Diese Unterschiede und Gemeinsamkeiten sollen im Folgenden dargestellt werden.

a) Legal Robots

Als Legal Robot wird regelmäßig ein System bezeichnet, welches eine selbstständige rechtliche Beurteilung[528] aufgrund der ihr gegebenen Informationen treffen kann.[529] Dabei stellen Legal Robots insbesondere ein „Mehr" zu juristischen Expertensystemen dar, weshalb sie auch als besonders weit entwickelte Rechtsgeneratoren bezeichnet werden.[530] Doch was bedeutet nun „besonders weit entwickelt" und wie lässt sich trennscharf zu komplexeren juristischen Expertensystemen unterscheiden?

Eine trennscharfe Unterscheidung zwischen diesen beiden Systemen ist der Literatur, welche diese Begriffe benutzen, nicht explizit zu entnehmen.[531] Aus Sicht des Verfassers lässt sich dennoch eine Unterscheidung treffen. Juristische Expertensysteme beruhen, wie bereits dargestellt, auf regelbasierten Expertensystemen, die auch als KI erster Stufe bezeichnet werden.[532] KI zweiter Stufe hingegen erfasst lernende Verfahren wie das maschinelle Lernen.[533] Systeme, welche insbesondere (zumindest auch) über Techniken des maschinellen Lernens verfügen und zur rechtlichen Beurteilung eingesetzt werden,

---

[526] https://www.gefeuert.de (zuletzt aufgerufen am: 28.02.2025).

[527] https://legalhero.de (zuletzt aufgerufen am: 28.02.2025); *Timmermann*, Legal Tech-Anwendungen, S. 179.

[528] *Wagner*, Legal Tech und Legal Robots, S. 55.

[529] *Burr*, BB 2018, 476 (478); *Wagner*, Legal Tech und Legal Robots, S. 55.

[530] *Wagner*, Legal Tech und Legal Robots, S. 55.

[531] *Burr*, BB 2018, 476 (478); vgl. *Vogelgesang/Krüger*, jM 2019, 398 (403); eine implizite Unterscheidung lässt sich jedoch *Wagner*, BB 2017, 898 (902), *Timmermann*, Legal Tech-Anwendung, S. 267 und *Holthausen/Schmid*, in: Chibanguza/Kuß/Steege, Künstliche Intelligenz, § 8 G. Rn. 38 entnehmen.

[532] *Wagner*, Legal Tech und Legal Robots, S. 69 f.; *Savary/Reuter*, in: Kaulartz/Braegelmann, Rechtshandbuch Artificial Intelligence und Machine Learning, Kap. 6.3 Rn. 6.

[533] *Wagner*, Legal Tech und Legal Robots, S. 69.

C. Heutiger Einsatz von KI im juristischen Bereich

können mithin nicht unter den Begriff der juristischen Expertensysteme, der KI erster Stufe, subsumiert werden. Es fehlt daher an einer eigenen Kategorie, die eben solche Systeme umfasst. Nun bietet sich der Begriff Legal Robots als Klassenname hervorragend an, vor allem, da es sich bei solchen Systemen laut Definition bereits um besonders weit entwickelte Rechtsgeneratoren handelt. Mithin sind unter Legal Robots solche Systeme zu verstehen, die bei der Abgabe von Rechtsrat, sonstigen Handlungsempfehlungen oder der Prüfung eines Anspruchs zumindest auch Verfahren des maschinellen Lernens einsetzen und damit über den (ausschließlichen) Einsatz von Expertensystemen hinausgehen.[534]

aa) Flightright und Flug-Verspaetet

Flightright ist als Inkassodienstleister darauf spezialisiert, Entschädigungen für Flugverspätungen, Flugausfälle und Nichtbeförderungen nach der Fluggastrechteverordnung[535] gegen Fluggesellschaften mittels automatisierter Verfahren geltend zu machen.[536]

Der Prozess läuft dabei wiederum vergleichbar mit anderen Legal-Tech-Inkassodienstleistern ab. Zunächst werden alle relevanten Informationen in einem „Frontend Claim Check" abgefragt und verarbeitet.[537] Hierzu wird bei formalisierbaren Elementen auf Techniken der Expertensysteme zurückgegriffen.[538] Zur Bestimmung, ob ein außergewöhnlicher Fall vorliegt oder zur Einschätzung des Verhaltens der Airline, werden hingegen Verfahren des überwachten maschinellen Lernens eingesetzt.[539] Dieses System wurde nach eigenen Angaben anhand von über 80 Millionen Datensätzen antrainiert und verbessert.[540] Nachdem der Frontend Claim Check die Erfolgsaussichten als wahrscheinlich ausgewiesen hat, kann nun Flightright mit der Geltendmachung des Anspruchs beauftragt werden.[541] Sollte die Airline auf ein Schreiben von Flightright nicht reagieren, werden in einem erneuten Check durch

---

[534] Im Ergebnis ähnlich auch *Timmermann*, Legal Tech-Anwendung, S. 267.

[535] Verordnung (EG) Nr. 261/2004 des Europäischen Parlaments und des Rates vom 11. Februar 2004 über eine gemeinsame Regelung für Ausgleichs und Unterstützungsleistungen für Fluggäste im Fall der Nichtbeförderung und bei Annullierung oder großer Verspätung von Flügen und zur Aufhebung der Verordnung (EWG) Nr. 295/91.

[536] https://www.flightright.de/faq (zuletzt aufgerufen am: 28.02.2025).

[537] Forschungsstelle Legal Tech, https://www.forschungsstelle-legal-tech.de/wp-content/uploads/13-feb-2019.pdf (zuletzt aufgerufen am: 15.09.2022).

[538] Vgl. *Timmermann*, Legal Tech-Anwendungen, S. 172 f.

[539] Vgl. *Timmermann*, Legal Tech-Anwendungen, S. 172 f.

[540] https://www.flightright.de/ueber-uns (zuletzt aufgerufen am: 28.02.2025).

[541] Forschungsstelle Legal Tech, https://www.forschungsstelle-legal-tech.de/wp-content/uploads/13-feb-2019.pdf (zuletzt aufgerufen am: 15.09.2022).

ein sogenanntes „Prediction Model" die Erfolgsaussichten eines gerichtlichen Prozesses bestimmt.[542] Hierbei werden insbesondere Daten in Form von Urteilen, Kundenfällen, Flugdaten und Wetterverhältnissen verarbeitet und zur Erstellung eines Modells ausgewertet.[543] Ergibt auch dieses Modell, dass eine Erfolgswahrscheinlichkeit besteht, werden nun Vertragsanwälte mit der gerichtlichen Geltendmachung des Anspruchs betraut.[544] Für den Fall des Obsiegens, wird dem Kunden die Forderungssumme von Flightright ausbezahlt.[545] Das Honorar wird hierbei von der Forderungssumme einbehalten und stellt die Vergütung dar.[546]

Weiterhin sollte aufgezeigt werden, wie sich der Prozess bei Flightright[547] von Systemen des Predictive Analytics unterscheidet und warum Flightright in dieser Aufzählung unter Legal Robots und nicht unter den Systemen der Predictive Analytics genannt wird. Hierbei sollte zwischen den beiden Einsatzszenarien von maschinellem Lernen unterschieden werden, zum einen im Frontend Claim Check und zum anderen im Prediction Model.

Beim Frontend Claim Check wird mittels Verfahren des überwachten maschinellen Lernens eine Prognose über die Wahrscheinlichkeit der Erfolgsaussichten des Anspruchs erstellt,[548] was grundsätzlich für eine Einordnung in die Kategorie Predictive Analytics spricht. Jedoch steht hier die rechtliche Bewertung eines Sachverhalts und die erfolgreiche Durchsetzung des Anspruchs im Vordergrund. Der Unterschied zu Iubel, die ebenfalls eine große Menge an Daten, insbesondere Urteile, auswerten, ist damit speziell, dass es bei Flightright schwerpunktmäßig um eine klassische Inkassodienstleistung einschließlich rechtlicher Beratung und Prüfung geht und nicht etwa primär um die Vorhersage des Erfolgs.

Eine gewisse Überschneidung lässt sich jedoch trotzdem nicht vermeiden. So ließe sich ebenfalls argumentieren, dass der „Frontend Claim Check"

---

[542] Forschungsstelle Legal Tech, https://www.forschungsstelle-legal-tech.de/wp-content/uploads/13-feb-2019.pdf (zuletzt aufgerufen am: 15.09.2022).

[543] Forschungsstelle Legal Tech, https://www.forschungsstelle-legal-tech.de/wp-content/uploads/13-feb-2019.pdf (zuletzt aufgerufen am: 15.09.2022).

[544] Forschungsstelle Legal Tech, https://www.forschungsstelle-legal-tech.de/wp-content/uploads/13-feb-2019.pdf (zuletzt aufgerufen am: 15.09.2022).

[545] 3.1 der AGB, abrufbar unter: https://assets.flightright.net/public/uploads/cms/serve/agb/Allgemeine_Geschaeftsbedingungen_20170320.pdf (zuletzt aufgerufen am: 28.02.2025).

[546] 3.1 der AGB, abrufbar unter: https://assets.flightright.net/public/uploads/cms/serve/agb/Allgemeine_Geschaeftsbedingungen_20170320.pdf (zuletzt aufgerufen am: 28.02.2025).

[547] Forschungsstelle Legal Tech, https://www.forschungsstelle-legal-tech.de/wp-content/uploads/13-feb-2019.pdf (zuletzt aufgerufen am: 15.09.2022).

[548] *Timmermann*, Legal Tech-Anwendungen, S. 173.

ebenso wie bei Iubel eine Erfolgswahrscheinlichkeit für den Ausgang eines Rechtsstreits ausgibt. Die rechtliche Einschätzung und Beratung könnte man als nebensächlich ansehen und damit eine Vergleichbarkeit bejahen. Dem soll hier jedoch widersprochen werden. Ziel von Legal-Tech-Inkassodienstleistern ist es gerade, dem Kunden „bei der Durchsetzung der [dem Kunden] zustehenden Entschädigung von Anfang bis Ende zur Seite" zu stehen und ihm jeden Aufwand abzunehmen, was hier zur Aufgabe von Flightright gehört, sodass keine Einordnung in die Kategorie des Predictive Analytics vorzunehmen ist.[549]

Das Predictive Model bei Flightright wird zur rechtlichen Bewertung und Beratung eingesetzt,[550] die Software von Iubel hingegen zur Bewertung der Erfolgsaussichten, was ebenfalls rechtliche Bewertungen einschließen kann, die jedoch primär dem Unternehmen zur Risikoeinschätzung dienen.[551] Es zeichnet jedoch gerade Anbieter von juristischen Expertensystemen aus, dass eine rechtliche Beratung über ein bestehendes Rechtsproblem und nicht lediglich eine Beratung über Erfolgsaussichten, zum Beispiel eines bestimmten Rechtsstreits, mittels technischer Lösungen vorgenommen wird.[552] Hieraus folgt ebenfalls, dass das Prediction Model, welches losgelöst von der übrigen Tätigkeit des Anbieters in die Kategorie des Predictive Analytics eingeordnet werden müsste, keine andere Gesamteinordnung von Flightright zulässt. So kann das Prediction Model nicht unabhängig von der restlichen Dienstleistung betrachtet werden, sondern vielmehr als eine einheitliche Dienstleistung: die Durchsetzung des Anspruchs des Kunden gegen die Airline.

Aus diesem Grund ist die Software von Flightright nach dem hier zugrunde gelegten Begriffsverständnis insgesamt als Legal Robot anzusehen.

Der Unterschied zu typischen juristischen Expertensystemen und somit zu vielen anderen Legal-Tech-Inkassounternehmen ist der (teilweise) Einsatz von überwachtem maschinellem Lernen und damit die Entscheidungsfindung auf Grundlage von 80 Millionen Datensätzen, die zum Training und zur Verbesserung des Algorithmus eingesetzt wurden.[553]

Ein weiterer derartiger Anbieter ist Flug-Verspaetet[554] von Yource, der ebenfalls überwachtes maschinelles Lernen einsetzt, um unter anderem die Erfolgswahrscheinlichkeit der Durchsetzung eines Anspruchs vor Gericht zu

---

[549] https://www.flightright.de/faq (zuletzt aufgerufen am: 28.02.2025).
[550] Nach *Timmermann*, Legal Tech-Anwendungen, S. 172, zur Bewertung, ob ein außergewöhnlicher Fall nach Art. 5 III Fluggastrechteverordnung vorliegt oder nicht.
[551] S. o. unter 1. Teil C. III.
[552] S.u. unter 2. Teil B. I. 1. c) zum konkreten Umfang der Inkassodienstleistungsbefugnis.
[553] https://www.flightright.de/ueber-uns (zuletzt aufgerufen am: 28.02.2025).
[554] https://www.flug-verspaetet.de (zuletzt aufgerufen am: 28.02.2025).

ermitteln und den Anspruch im Anschluss für den Kunden durchzusetzen.[555] Nach eigenen Angaben konnten so 80 % der Ansprüche vollständig automatisiert bewertet werden.[556]

bb) Frag-einen-Anwalt, 123Recht und Prime Legal AI

Einen anderen Weg gehen die Vermittlungsplattformen Frag-einen-Anwalt. de sowie 123RECHT.de vom Anbieter QNC.[557] Grundsätzlich stellen diese Seiten klassische Vermittlungsplattformen mit einer nach eigener Angabe anschließenden Ersteinschätzung der rechtlichen Situation für den beauftragten Anwalt in Form eines Assistenzsystems dar.[558] Doch worin liegt nun der Unterschied zu den zuvor genannten Vermittlungsmodellen? Beide Seiten verfügen über das System Prime Legal AI, das den Anwalt bei der Rechtsfindung unterstützen soll.[559] Prime Legal AI wird hierbei in der Literatur unter den Begriff des Legal Robots subsumiert.[560]

Dem soll jedoch im Folgenden nach dem hier zugrunde gelegten Verständnis des Begriffs „Legal Robot" widersprochen werden. Unter Legal Robots werden hier solche Systeme verstanden, die eigenständig einen Rechtsrat oder eine Handlungsempfehlung mittels (zumindest teilweisem) Einsatz von maschinellem Lernen abgeben können. Das System Prime Legal AI verfügt ebenfalls über einen mittels Daten antrainierten Supervised Machine Learning-Algorithmus, der den Anwalt bei der Recherche unterstützen soll.[561] Der Anwalt kann hierbei eine relevante Rechtsfrage in natürlicher Sprache in das System eingeben und bekommt im Anschluss mit einer gewissen Übereinstimmungswahrscheinlichkeit bestimmte Passagen aus einer juristischen Datenbank nach Relevanz sortiert ausgegeben.[562] Hierin liegt jedoch gerade

---

[555] Flug-Verspaetet.de, So kann Yource's intelligentes System mithilfe einer KI den Ausgang von Gerichtsverfahren vorhersagen, https://www.flug-verspaetet.de/neuigkeiten/2021/02/22/so-kann-yources-intelligentes-system-mithilfe-einer-ki-den-ausgang-von-gerichtsverfahren-vorhersagen (zuletzt aufgerufen am: 28.02.2025).

[556] Flug-Verspaetet.de, So kann Yource's intelligentes System mithilfe einer KI den Ausgang von Gerichtsverfahren vorhersagen, https://www.flug-verspaetet.de/neuigkeiten/2021/02/22/so-kann-yources-intelligentes-system-mithilfe-einer-ki-den-ausgang-von-gerichtsverfahren-vorhersagen (zuletzt aufgerufen am: 28.02.2025).

[557] https://www.frag-einen-anwalt.de (zuletzt aufgerufen am: 28.02.2025); https://www.123recht.de (zuletzt aufgerufen am: 28.02.2025).

[558] https://primelegal.de/#vorteile-1 (zuletzt aufgerufen am: 28.02.2025).

[559] https://primelegal.de/#vorteile-1 (zuletzt aufgerufen am: 28.02.2025).

[560] *Wagner*, Legal Tech und Legal Robots, S. 71, welcher jedoch von einem anderen Verständnis von Legal Robots ausgeht.

[561] https://primelegal.de/#vorteile-1 (zuletzt aufgerufen am: 28.02.2025).

[562] https://primelegal.de/#vorteile-1 (zuletzt aufgerufen am: 28.02.2025).

keine Abgabe eines Rechtsrats, sondern lediglich der Hinweis, dass bestimmte Passagen eines Textes eine gewisse Relevanz aufweisen könnten. Die Entscheidung, ob dieser Passage tatsächlich derartige Relevanz zukommt, sodass hieraus ein konkreter Rechtsrat oder eine Handlungsempfehlung abgegeben werden kann, übernimmt das System nicht. Mithin ist das System ebenfalls dem Information Retrieval als einer Anwendung zum Auffinden von relevanten Informationen in bestimmten Dokumenten zuzuordnen. Keine Änderung der Einordnung des Systems kann dadurch, dass die Frage in natürlicher Sprache eingegeben werden kann, angenommen werden. Vielmehr handelt es sich auch unter diesem Gesichtspunkt um ein System, das auf eine gewisse Suchanfrage relevante Textstellen und damit Informationen herausfiltert. Aus Sicht des Kunden handelt es sich um ein Vermittlungsmodell, jedoch mit dem Unterschied, dass dem Kunden keine automatisierte Prüfung der Erfolgsaussichten ausgegeben wird.[563]

Doch wann würde in einem solchen Fall nach dem hier zugrunde gelegten Begriffsverständnis ein sogenannter Legal Robot vorliegen? Dies wäre dann der Fall, wenn ein System neben dem ersten Schritt des Herausfilterns von möglicherweise relevanten Abschnitten in Dokumenten, einen Rechtsrat/eine Handlungsempfehlung aus den einzelnen Abschnitten zusammenstellen würde. Hierzu müsste das System jedoch selbst beurteilen, ob ein möglicherweise relevantes Dokument tatsächliche Relevanz für den aktuellen Fall aufweist.

b) (Juristische) Chatbots

Weiterhin soll auf (juristische) Chatbots eingegangen werden und für eine Einordnung in die hier bestehenden Begrifflichkeiten gesorgt werden. Zur Vereinfachung soll im Folgenden nur noch von Chatbots gesprochen werden.[564] Hierbei sind Chatbots insbesondere zu den vorher genannten juristischen Expertensystemen und Legal Robots abzugrenzen. Als Chatbots lassen sich Anwendungen verstehen, die eine menschliche Interaktion mit dem Anwender simulieren und auf von diesem gestellte Fragen in natürlicher Sprache antworten können.[565] Die Interaktion geschieht mithin über eine freie Textein-

---
[563] Vgl. https://www.frag-einen-anwalt.de/forum_post.asp (zuletzt aufgerufen am: 28.02.2025).
[564] Es ist jedoch darauf hinzuweisen, dass Chatbots nicht nur im juristischen Kontext, sondern auch vielmehr in etlichen anderen Lebenssituationen zur Anwendung kommen können, vgl. etwa *Freyler*, NZA 2020, 284 (285); *Schaloske/Wagner*, in: Sassenberger/Faber, Rechtshandbuch Industrie 4.0 und Internet of Things, § 18 Rn. 9; *Köbrich/Froitzheim*, WRP 2017, 1188 (1188 f.).
[565] *Wagner*, Legal Tech und Legal Robots, S. 88; *Timmermann*, Legal Tech-Anwendungen, S. 131; *Hartung*, in: Hartung/Bues/Halbleib, Legal Tech, Rn. 1042; *Remmertz*, in: Hamm, Beck'sches Rechtsanwalts-Handbuch, § 64 Rn. 57; *Leeb*, Digitalisierung,

und Textausgabe, zumeist ohne auf zuvor limitierte Antwortmöglichkeiten zurückgreifen zu müssen, was zur Simulation eines natürlichen Gesprächs führen kann.[566] Hierin liegt auch gerade der Unterschied zu den zuvor vorgestellten juristischen Expertensystemen und Legal Robots.[567] Die in diesem Rahmen vorgestellten Chatbots verfügen (auch) über juristisches Wissen zur Beantwortung von fachspezifischen Fragen.

Ein erster und in letzter Zeit sehr prominenter Anwendungsfall ist ChatGPT von OpenAI, welcher zuletzt den Multiple-Choice-Teil des US Bar Exams bestehen konnte.[568] Die Software kann neben alltäglichen Fragen auch juristische Anfragen (auch für den deutschen Raum) beantworten.[569] Über eine Eingabemaske können Fragen in natürlicher Sprache an das System gestellt und gegebenenfalls ergänzt oder präzisiert werden. Im Anschluss gibt das System eine Antwort in natürlicher Sprache aus. Die Beantwortung von juristischen Fragen ist nicht per se auf bestimmte Anwendungsbereiche begrenzt, es ergibt sich jedoch aus der Natur der eingesetzten Technik, dass nicht jeder Einzelfall in jedem Rechtsgebiet mittels Trainingsdaten antrainiert werden kann.[570] Das System setzt als sogenanntes Sprachmodell (englisch Large Language Model) hierbei sowohl Verfahren des überwachten maschinellen Lernens als auch des verstärkenden Lernens ein, um ein möglichst präzises, zur Frage passendes Ergebnis zu erlangen.[571] Dabei kann das System zwar nicht die Semantik der verschiedenen Worte erkennen, es lernt jedoch, mit welcher Wahrscheinlichkeit bestimmte Worte in einem bestimmten Kontext verwendet werden und mit welcher Wahrscheinlichkeit ein Wort nach einem bestimmten anderen Wort zu verwenden ist.[572]

Legal Technology und Innovation, S. 236; *Savary/Reuter*, in: Kaulartz/Braegelmann, Rechtshandbuch Artificial Intelligence und Machine Learning, Kap. 6.3 Rn. 5; *Nitschke*, in: Remmertz, Legal Tech-Strategien für Rechtsanwälte, 1. Auflage 2020, § 2 Rn. 438; *Lorenz*, K&R 2019, 1 (2); *Köbrich/Froitzheim*, WRP 2017, 1188 (1188).

566 *Bues*, in: Hartung/Bues/Halbleib, Legal Tech, Rn. 1191; *Timmermann*, Legal Tech-Anwendungen, S. 131.

567 So im Ergebnis auch *Jandach*, Juristische Expertensysteme, S. 13; diese Feststellung bezieht sich auf die hier getroffenen Definitionen. Wie bereits festgestellt, lässt sich der Begriff der Legal Robots auch anders definieren, vgl. etwa *Wagner*, Legal Tech und Legal Robots, S. 71.

568 https://openai.com/blog/chatgpt/ (zuletzt aufgerufen am: 28.02.2025); *Bommarito II/Katz*, GPT takes the Bar Exam, S. 1.

569 Dies wurde mit einer Frage nach der Strafbarkeit eines unerlaubten Entfernens vom Unfallort (§ 142 StGB) auf deutschen Straßen überprüft; s. für weitere Beispiele *Johannisbauer*, MMR-Aktuell 2023, 455537.

570 S. o. unter 1. Teil B. II. 4. b), 1. Teil B. II. 5. b).

571 https://openai.com/blog/chatgpt/ (zuletzt aufgerufen am: 28.02.2025); *Hartung*, RDi 2023, 209 (210).

572 *Hartung*, RDi 2023, 209 (210); *Möller-Klapperich*, NJ 2023, 144 (145); *Meyer/Schelle*, beck.digitax 2023, 77 (80).

Zwar wurde ChatGPT nicht explizit für den juristischen Markt geschaffen, dennoch gelang es dem Unternehmen Casetext mit seinem Programm Co-Counsel ChatGPT-4, der ChatGPT zugrundeliegenden Technik, ein System ausschließlich mit juristischen Daten anzutrainieren, um so juristische Tätigkeiten zu übernehmen.[573] Hierzu gehören etwa die Begründung von Rechtsansichten in Form eines Memos, die Analyse von Verträgen, die Durchführung von Recherchen und das Herausfiltern relevanter Informationen aus Dokumenten.[574] Obwohl CoCounsel eine Vielzahl von Tätigkeiten übernimmt, die nicht zwingend denen eines Chatbots entsprechen, wie etwa das Information Retrieval und die Dokumentenanalyse, soll das System dennoch in die Kategorie des Chatbots eingeordnet werden, da die Interaktion mit dem System über eine natürliche Spracheingabe und nicht etwa über sonstige Befehle, die im Frontend beispielsweise über einen Button betätigt werden können, erfolgt.[575]

Einen weiteren Grenzfall stellt die bis Januar 2020 angebotene Software namens RATISBOT der RATIS Rechtsanwaltsgesellschaft dar.[576] Nach eigenen Angaben handelt es sich hierbei um einen Chatbot,[577] der jedoch anders als die beiden vorherigen Modelle ausschließlich auf einem regelbasierten Expertensystem und nicht auf Verfahren des maschinellen Lernens beruht.[578] Zwar erfolgt die Kommunikation über ein freies Textfeld, trotzdem unterscheiden sich die für das System verarbeitbaren Angaben nicht von solchen, die in ein klassisches juristisches Expertensystem eingegeben werden können.[579] Dennoch wird durch das System eine menschliche Interaktion simuliert, indem innerhalb der Interaktion auf die vorherigen Antworten eingegangen wird,[580] weshalb eine Einordnung als Chatbot favorisiert wird.[581] Der Chatbot konnte dabei sowohl Kündigungen auf ihre Wirksamkeit als auch Ansprüche bei Flugverspätungen prüfen.[582]

---

[573] *Hartung*, RDi 2023, 209 (211); https://casetext.com/cocounsel/ (zuletzt aufgerufen am: 28.02.2025).

[574] *Hartung*, RDi 2023, 209 (211).

[575] Dies entspricht so auch der allgemeinen Ansicht in der Literatur, jedoch ohne weitere Begründung, vgl. hierzu etwa *Hartung*, RDi 2023, 209 (215 f.); *Nickl*, MMR 2023, 328 (329); *Remmertz*, LTZ 2023, 75 (82 f.).

[576] Vgl. https://ratis.de/chatbot/ (zuletzt aufgerufen am: 28.02.2025).

[577] https://ratis.de/chatbot/ (zuletzt aufgerufen am: 28.02.2025).

[578] *Timmermann*, Legal Tech-Anwendungen, S. 269, 272.

[579] https://ratis.de/chatbot/ (zuletzt aufgerufen am: 28.02.2025).

[580] https://ratis.de/chatbot/ (zuletzt aufgerufen am: 28.02.2025); vgl. auch *Timmermann*, Legal Tech-Anwendungen, S. 150 ff.

[581] So auch *Timmermann*, Legal Tech-Anwendungen, S. 149 f.

[582] *Schröder*, DB 31/2019, M18-M19.

Weitere nicht in Deutschland vertretene Chatbots, mit denen in natürlicher Sprache interagiert werden kann, sind etwa DoNotPay[583] und LISA.[584] DoNotPay, ein Startup aus Großbritannien, nutzt hierbei das System von IBM Watson, um rechtswidrig ausgestellte Bußgeldbescheide für Falschparken abzuwenden, erweiterte seinen Anwendungsbereich jedoch auf viele weitere Dienstleistungen, die sich speziell an Verbraucher und kleinere Unternehmen richten.[585] LISA hilft den Anwendern mittels eines Systems, das auf Neota Logic und damit auf einem regelbasierten Expertensystem beruht,[586] unter anderem Geheimhaltungsvereinbarungen zu erstellen.[587]

V. Zwischenergebnis

Wie sich gezeigt hat, verfügt der Rechtsberatungsmarkt bereits jetzt über eine Vielzahl von Einsatzmöglichkeiten von KI-Anwendungen, die sich hierbei entweder an Anwälte (oder sonstige juristisch vorgebildete Personen), Unternehmen oder Verbraucher richten. Trotz der Fülle an stark differierenden Angeboten, lassen sich doch einige wenige Kategorien bilden, in die die Systeme eingeordnet werden können. Hierbei lassen sich Systeme zum automatisierten Erstellen von Dokumenten (Dokumentengeneratoren), Systeme zum Auffinden relevanter Daten (Information Retrieval und die Dokumentenanalyse), Systeme zur Vorhersage im rechtlichen Bereich (Predictive Analytics), juristische Expertensysteme, Legal Robots und Chatbots unterscheiden. Den folgenden Kapiteln wird diese Kategorisierung zugrunde gelegt.

---

[583] https://donotpay.com (zuletzt aufgerufen am: 28.02.2025).

[584] https://robotlawyerlisa.com (zuletzt aufgerufen am: 28.02.2025); *Bues*, in: Hartung/Bues/Halbleib, Legal Tech, Rn. 1191; *Biallaß*, ZAP 2023, 351 (356); *Bachgrund/Nesum/Bernstein/Burchard*, CR 2023, 132 (133).

[585] *Goodman*, in: Hartung/Bues/Halbleib, Legal Tech, Rn. 262; https://donotpay.com (zuletzt aufgerufen am: 28.02.2025); *Biallaß*, ZAP 2023, 351 (356); *Biallaß*, in: Ory/Weth, jurisPK-ERV, Band 1, Kap. 8 Rn. 77; *Greenstein*, Artificial Intelligence and Law 30 (2022), 291 (315); eine genauere Bestimmung, welche Technik hier eingesetzt wird, lässt sich jedoch der Webseite und einschlägiger Literatur nicht entnehmen, vgl. insbesondere *Timmermann*, Legal Tech-Anwendungen, S. 145; *Remus/Levy*, Can Robots be Lawyers, S. 31, ordnen DoNotPay hingegen als Expertensystem ein; Business Insider ist wiederum zu entnehmen, dass DoNotPay unter anderem ChatGPT einsetzt, *Sundar*, It might be possible to fight a traffic ticket with an AI „robot lawyer" secretly feeding you lines to your AirPods, but it could go off the rails, https://www.businessinsider.com/donotpay-robot-lawyer-ai-chatgpt-fight-traffic-tickets-legal-risks-2023-1 (zuletzt aufgerufen am: 28.02.2025).

[586] S. o. unter 1. Teil C. IV. 1. b) bb).

[587] *Goodman*, in: Hartung/Bues/Halbleib, Legal Tech, Rn. 265.

2. Teil
Regulierungsrahmen de lege lata zur Sicherung ordnungsgemäßer Rechtsberatung unter Einsatz von KI

Nachdem nun in einem ersten Teil die begrifflichen und technischen Grundlagen der KI geklärt und die heutigen Einsatzbereiche von KI zur Lösung rechtlicher Probleme aufgezeigt wurden, soll sich nun der Regulierung solcher Systeme gewidmet werden, die eine ordnungsgemäße Rechtsberatung zum Ziel hat.

Verschiedene Szenarien müssen hier im Rahmen des Einsatzes von KI in der Rechtsberatung unterschieden werden:

(i) Nichtanwaltliche Dienstleister vollziehen eine Rechtsberatung mithilfe von KI, wobei der Grad an Übernahme von Tätigkeiten durch KI-Systeme variiert;

(ii) Rechtsanwalt nutzt KI als Assistenzsystem,[1] wobei auch hier der Grad an Übernahme der Tätigkeit durch KI-Systeme variiert.

In diesem Kapitel werden die zuvor besprochenen Systeme regulatorisch eingeordnet und mögliche Lücken der aktuellen Gesetzeslage untersucht. Hierbei soll ein besonderes Augenmerk auf die eingesetzten Techniken gelegt werden.

A. Begriff der Rechtsberatung in regulatorischer Hinsicht

Zunächst muss herausgearbeitet werden, was sich unter dem Begriff der Rechtsberatung aus regulatorischer Sicht verstehen lässt und wann eine solche überhaupt vorliegt.

---

[1] Allgemein zum Begriff des juristischen Assistenzsystems, *Fries*, NJW 2016, 2860 (2863); *Burr*, BB 2018, 476 (477); *Wagner*, Legal Tech und Legal Robots, S. 71; *Timmermann*, Legal Tech-Anwendungen, S. 39 ff.; *Biallaß*, in: Ory/Weth, jurisPK-ERV, Band 1, Kap. 8 Rn. 144; *Länderarbeitsgruppe*, Legal Tech: Herausforderungen für die Justiz, S. 112.

I. Allgemeines

Alle zuvor beschriebenen Aktivitäten stellen typischerweise solche Aktivitäten dar, die im Rahmen der (anwaltlichen) Rechtsberatung erbracht werden und seit einigen Jahren nach und nach zumindest auch teilweise durch technische Lösungen von hierauf spezialisierten Dienstleistern übernommen wurden.[2] Doch lassen sich all diese Aktivitäten auch als Rechtsberatung in regulatorischer Hinsicht begreifen? Dem soll im folgenden Kapitel nachgegangen werden.

Der Begriff der Rechtsberatung lässt sich im regulatorischen Umfeld insbesondere nach der Einführung des Rechtsdienstleistungsgesetzes (RDG) nicht mehr finden. Dennoch wird der Begriff der Rechtsberatung synonym zum im RDG benutzten Begriff der Rechtsdienstleistung verwendet,[3] welcher in § 2 RDG näher definiert wird. Für eine synonyme Verwendung spricht insbesondere, dass das RDG unter dem Namen „Gesetz zur Neuregelung des Rechtsberatungsrechts"[4] verabschiedet wurde sowie der historische Umstand, dass das RDG das zuvor geltende Rechtsberatungsgesetz ablöste, welches explizit den Titel „Rechtsberatung" in sich trug.[5] Mithin soll im Folgenden untersucht werden, ob die bereits vorgestellten Systeme und die damit verbundenen Dienstleistungen Rechtsdienstleistungen nach dem Rechtsdienstleistungsgesetz darstellen.

Nach § 2 I RDG ist „Rechtsdienstleistung [...] jede Tätigkeit in konkreten fremden Angelegenheiten, sobald sie eine rechtliche Prüfung des Einzelfalls erfordert. *Ohne dass die Voraussetzungen des Abs. 1 vorliegen und geprüft werden müssen, ist nach § 2 II 1 RDG* die Einziehung fremder oder zum Zweck der Einziehung auf fremde Rechnung abgetretener Forderungen, wenn die Forderungseinziehung als eigenständiges Geschäft betrieben wird, einschließlich der auf die Einziehung bezogenen rechtlichen Prüfung und Beratung, eine Rechtsdienstleistung".

In Abs. 3 der Norm werden im Anschluss Ausnahmen vom Begriff der Rechtsdienstleistung aufgezählt.

---

[2] S. o. unter 1. Teil C.
[3] *Armbrüster*, in: MüKo BGB, § 134 Rn. 139 ff.; *Groh*, in: Weber, Rechtswörterbuch, Rechtsberatung; *Dux-Wenzel*, in: Deckenbrock/Henssler, RDG, § 6 Rn. 64; *Henssler*, in: Deckenbrock/Henssler, RDG, Einleitung Rn. 2; *Overkamp/Overkamp*, in: Henssler/Prütting, RDG, § 1 Rn. 3; *Schmidt*, in: Krenzler, RDG, § 8 Rn. 40 f.; *Neudert/Waldner*, in: Sauter/Schweyer/Waldner, Der eingetragene Verein, Erster Teil Rn. 53; *Kilian*, in: Kilian/Koch, Anwaltliches Berufsrecht, B. Rn. 1014 ff.
[4] BR-Drs. 623/06, S. 1; BT-Drs. 16/6634; BGBl I 2007, S. 2840 ff.
[5] *Römermann*, in: BeckOK RDG, § 1 Rn. 3; *Henssler*, in: Deckenbrock/Henssler, RDG, Einleitung Rn. 28; *Overkamp/Overkamp*, in: Henssler/Prütting, RDG, Einleitung Rn. 1.

A. Begriff der Rechtsberatung in regulatorischer Hinsicht

Gemäß § 3 RDG ist „die selbstständige Erbringung außergerichtlicher Rechtsdienstleistungen nur in dem Umfang zulässig, in dem sie durch dieses Gesetz oder durch oder aufgrund anderer Gesetze erlaubt wird" (Verbot mit Erlaubnisvorbehalt).[6] Da es sich auch bei Inkassodienstleistungen um Rechtsdienstleistungen nach § 2 II RDG handelt, gilt dieses grundsätzliche Verbot der Erbringung von Rechtsdienstleistungen auch für diese, was auf den ersten Blick zunächst ungewöhnlich erscheinen mag, hat man doch das Bild des „klassischen" Inkassos und die hiermit typischerweise erfolgte Eintreibung von Forderungen vor Augen.[7] Derartige Inkassodienstleistungen dürfen durch registrierte Personen aufgrund besonderer Sachkunde erbracht werden, § 10 I 1 Nr. 1 RDG. Weitere Erlaubnistatbestände neben § 3 I BRAO, der die Erlaubnis zur Erbringung von Rechtsdienstleistungen durch Rechtsanwälte statuiert, haben nur untergeordnete Relevanz für die vorliegende Arbeit.[8] Alle anderen (außergerichtlichen) Rechtsdienstleistungen, die nicht im Rahmen einer solchen Erlaubnisnorm erbracht werden, sind hingegen unzulässig, § 3 RDG.[9]

1. Sinn und Zweck des RDG

Um den Begriff der Rechtsdienstleistung ordnungsgemäß einordnen zu können, muss zunächst Sinn und Zweck des RDG betrachtet werden.

Nach § 1 I 2 RDG ist maßgebliches Ziel des Gesetzes, „die Rechtsuchenden, den Rechtsverkehr und die Rechtsordnung vor unqualifizierten Rechtsdienstleistungen zu schützen". Um dieses Ziel zu erreichen, stellt das RDG Regeln zur Erbringung außergerichtlicher Rechtsdienstleistungen auf und reguliert so einen wichtigen Teil des Rechtsberatungsmarktes.[10] Hierbei schreibt es vor, in welchen Fällen eine erlaubnispflichtige Rechtsdienstleistung vorliegt und regelt den zulässigen Umfang dieser Rechtsdienstleistung

---

[6] *Seichter*, in: Deckenbrock/Henssler, RDG, § 3 Rn. 1; *Overkamp/Overkamp*, in: Henssler/Prütting, RDG, § 3 Rn. 1; *Allemand*, in: Henning/Lackmann/Rein, Privatinsolvenz, § 3 Rn. 1; *Offermann-Burckart*, in: Krenzler, RDG, § 3 Rn. 2; *Hartung*, in: Chibanguza/Kuß/Steege, Künstliche Intelligenz, § 8 F. Rn. 12; *Remmertz*, in: Remmertz, Legal Tech-Strategien für Rechtsanwälte, 1. Auflage 2020, § 3 Rn. 5.
[7] Vgl. *Engler*, RDi 2022, 101 (104); BT-Drs. 19/9527, S. 1.
[8] S.u. unter 2. Teil B. I. für § 10 I 1 RDG als für nichtanwaltliche Anbieter allein einschlägiger Erlaubnisnorm; s. u. unter 2. Teil C. II. zu § 3 I BRAO als für Rechtsanwälte einschlägige Erlaubnisnorm.
[9] *Römermann*, in: BeckOK RDG, § 3 Rn. 6f.; *Overkamp/Overkamp*, in: Henssler/Prütting, RDG, § 3 Rn. 14; *Seichter*, in: Deckenbrock/Henssler, RDG, § 3 Rn. 10.
[10] BT-Drs. 16/3655, S. 32 f.; *Henssler*, in: Deckenbrock/Henssler, RDG, Einleitung Rn. 1; *Remmertz/Krenzler*, in: Krenzler/Remmertz, RDG, § 1 Rn. 9; *Overkamp/Overkamp*, in: Henssler/Prütting, RDG, Einleitung Rn. 46 ff.; *Hartung*, in: Chibanguza/Kuß/Steege, Künstliche Intelligenz, § 8 F. Rn. 12.

sowie die Anforderungen an die Person, welche die Rechtsdienstleistung erbringt.[11] Eine Konkretisierung der inhaltlichen Anforderungen der Schutzzweckbestimmung des § 1 I 2 RDG erfolgt hingegen nicht, weshalb diese, insbesondere vor dem Hintergrund der Berufsfreiheit aus Art. 12 I GG, die durch die Bestimmungen des RDG beschränkt wird, der weiteren Auslegung bedarf.[12]

Zunächst wird der Rechtsuchende von der Schutzzweckbestimmung des § 1 I 2 RDG erfasst.[13] Der Rechtsuchende soll vor der Gefahr von Rechtsnachteilen oder dem Verlust von Rechtspositionen geschützt werden, die durch eine Übertragung seiner rechtlichen Angelegenheiten an eine Person, die nicht die erforderliche Sachkunde und damit nicht die erforderliche fachliche Qualität oder persönliche Zuverlässigkeit für eine ordnungsgemäße Bearbeitung besitzt, entstehen können.[14] Ob der Rechtsuchende als Verbraucher im Sinne des § 13 BGB, als Kleingewerbetreibender oder als Unternehmen einzuordnen ist, spielt hierbei keine Rolle.[15]

Weiterhin unterliegt der Rechtsverkehr der Schutzzweckbestimmung des RDG.[16] Zum einen soll der „reibungslose Ablauf" und damit das ordnungsgemäße Funktionieren des Rechtsverkehrs und zum anderen sollen Dritte wie Behörden, Gerichte, Anspruchsgegner usw. vor den Auswirkungen unqualifizierter Rechtsberatung geschützt werden.[17] So kann auf Seiten der Gerichte eine fehlerhafte Aufklärung des Sachverhalts und das Führen von aussichtslosen Prozessen verhindert werden.[18] Empfänger von Schreiben sollen vor ungerechtfertigter Inanspruchnahme, etwa von Inkassounternehmen, und Be-

---

[11] *Henssler*, in: Deckenbrock/Henssler, RDG, Einleitung Rn. 1; *Remmertz/Krenzler*, in: Krenzler/Remmertz, RDG, § 1 Rn. 9; *Overkamp/Overkamp*, in: Henssler/Prütting, RDG, Einleitung Rn. 46 ff.; *Hartung*, in: Chibanguza/Kuß/Steege, Künstliche Intelligenz, § 8 F. Rn. 12.

[12] *Römermann*, in: BeckOK RDG, § 1 Rn. 17; vgl. BT-Drs. 16/3655, S. 45.

[13] *Römermann*, in: BeckOK RDG, § 1 Rn. 17; *Overkamp/Overkamp*, in: Henssler/Prütting, RDG, § 1 Rn. 12; *Deckenbrock*, in: Deckenbrock/Henssler, RDG, § 1 Rn. 6.

[14] BGH NJW 1955, 422 (423); *Römermann*, in: BeckOK RDG, § 1 Rn. 18; *Overkamp/Overkamp*, in: Henssler/Prütting, RDG, § 1 Rn. 12; *Deckenbrock*, in: Deckenbrock/Henssler, RDG, § 1 Rn. 6 f.

[15] BT-Drs. 16/3655, S. 45; *Overkamp/Overkamp*, in: Henssler/Prütting, RDG, § 1 Rn. 12; *Deckenbrock*, in: Deckenbrock/Henssler, RDG, § 1 Rn. 8.

[16] *Deckenbrock*, in: Deckenbrock/Henssler, RDG, § 1 Rn. 9; *Römermann*, in: BeckOK RDG, § 1 Rn. 21; *Overkamp/Overkamp*, in: Henssler/Prütting, RDG, § 1 Rn. 13.

[17] BT-Drs. 16/3655, S. 45; *Römermann*, in: BeckOK RDG, § 1 Rn. 21; *Overkamp/Overkamp*, in: Henssler/Prütting, RDG, § 1 Rn. 13; *Deckenbrock*, in: Deckenbrock/Henssler, RDG, § 1 Rn. 9.

[18] *Deckenbrock*, in: Deckenbrock/Henssler, RDG, § 1 Rn. 10.

hörden, Versicherungen oder sonstige Dritte vor einer Behinderung ihrer Tätigkeit geschützt werden.[19]

Zuletzt ist der Schutz der Rechtsordnung als solche bezweckt, wodurch ein Verfall der Rechtsordnung durch die Beeinflussung und Fortentwicklung durch unqualifizierte Personen verhindert werden soll.[20]

2. Eröffnung des sachlichen und räumlichen Anwendungsbereichs des RDG

Damit eine Rechtsdienstleistung im Sinne von § 2 RDG vorliegen kann, muss zunächst der sachliche und räumliche Anwendungsbereich des RDG gemäß § 1 RDG eröffnet sein.

a) Sachlicher Anwendungsbereich

Bereits nach dem Wortlaut von § 1 I 1 RDG unterfällt dem RDG ausschließlich die Befugnis zur Erbringung „außergerichtlicher Rechtsdienstleistungen". Eine Rechtsdienstleistung ist dann nicht als außergerichtlich anzusehen, wenn ein Gericht direkter Adressat der Handlung ist.[21]

Jedoch gilt eine Rechtsdienstleistung auch dann noch als außergerichtlich, wenn ein oder mehrere Dokumente im konkreten Fall zwar für und vor den Gerichten verwendet werden sollen oder zu einem späteren Zeitpunkt vor Gericht eingereicht werden, solange es zu keiner direkten Interaktion zwischen dem Rechtsdienstleister und dem Gericht gekommen ist, sprich das Gericht nicht direkter Adressat der Handlung war.[22] Die hier angesprochenen Leistungen fallen mangels einer solchen Adressierung mithin alle in den sachlichen Anwendungsbereich.

---

[19] BT-Drs. 16/3655, S. 45; *Römermann*, in: BeckOK RDG, § 1 Rn. 21; *Deckenbrock*, in: Deckenbrock/Henssler, RDG, § 1 Rn. 9 f.; *Overkamp/Overkamp*, in: Henssler/Prütting, RDG, § 1 Rn. 13.

[20] *Deckenbrock*, in: Deckenbrock/Henssler, RDG, § 1 Rn. 12; *Overkamp/Overkamp*, in: Henssler/Prütting, RDG, § 1 Rn. 14; *Römermann*, in: BeckOK RDG, § 1 Rn. 25.

[21] BGH NJW 2020, 208 Rn. 131; BGH NJW-RR 2020, 779 Rn. 39; BGH BeckRS 2020, 11460 Rn. 39; BGH NJW 2013, 3580 Rn. 42; BT-Drs. 16/3655, S. 45; *Overkamp/Overkamp*, in: Henssler/Prütting, RDG, § 1 Rn. 2; *Römermann*, in: BeckOK RDG, § 1 Rn. 36; *Deckenbrock*, in: Deckenbrock/Henssler, RDG, § 1 Rn. 16.

[22] *Overkamp/Overkamp*, in: Henssler/Prütting, RDG, § 1 RDG Rn. 4.

b) Räumlicher Anwendungsbereich

aa) Grundsatz des § 1 I 1 RDG

Wie § 1 I 1 RDG klarstellt, regelt das RDG die Befugnis, in der „Bundesrepublik Deutschland" außergerichtliche Rechtsdienstleistungen zu erbringen. Hierunter fallen grundsätzlich sowohl alle Dienstleistungen, die aus dem Inland im Inland angeboten werden, als auch solche, die aus dem Ausland nach Deutschland hinein angeboten werden.[23] In dieser Inbound-Konstellation ist es sodann nicht erforderlich, dass die Dienstleistung in irgendeiner Weise unter physischer Präsenz in Deutschland erbracht wird, vielmehr ist der ausschließlich nicht physische Datentransfer an einen in Deutschland wohnhaften oder ansässigen Bürger ausreichend.[24] Dies lässt sich in Zusammenschau mit § 1 II Hs. 1 RDG ableiten, der von einer „Rechtsdienstleistung ausschließlich aus einem anderen Staat heraus" spricht und diese vom Anwendungsbereich des RDG erfasst, soweit ihr Gegenstand deutsches Recht ist.[25]

bb) Einschränkung durch § 1 II RDG

Dieses seit seiner Einführung durch das aus dem Jahr 2017 stammende „Gesetz zur Umsetzung der Berufsanerkennungsrichtlinie und zur Änderung weiterer Vorschriften im Bereich der rechtsberatenden Berufe"[26] geltende Territorialprinzip[27] findet nach § 1 II RDG dann eine Einschränkung, wenn eine Rechtsdienstleistung ausschließlich aus dem Ausland heraus erbracht wird und ihr Gegenstand nicht deutsches Recht ist, mithin eine Rechtsberatung einzig und allein im ausländischen Recht erfolgt.[28]

Fraglich ist in diesem Zusammenhang, ob eine Rechtsberatung im Rahmen des unmittelbar anwendbaren EU-Rechts auch dem RDG unterfällt. Hierunter fielen etwa Unternehmen, die KI-Dienstleistungen im Rahmen des Rechts der DS-GVO (etwa Dokumentengeneratoren für Datenschutzerklärungen) anbie-

---

[23] *Deckenbrock*, in: Deckenbrock/Henssler, RDG, § 1 Rn. 37; *Römermann*, in: BeckOK RDG, § 1 Rn. 39; *Overkamp/Overkamp*, in: Henssler/Prütting, RDG, § 1 Rn. 8; BT-Drs. 18/9521, S. 203.

[24] *Deckenbrock*, in: Deckenbrock/Henssler, RDG, § 1 Rn. 37; BT-Drs. 18/9521, S. 203.

[25] *Deckenbrock*, in: Deckenbrock/Henssler, RDG, § 1 Rn. 37.

[26] BGBl I 2017, S. 1143.

[27] *Overkamp/Overkamp*, in: Henssler/Prütting, RDG, § 1 RDG Rn. 7; BT-Drs. 18/9521, S. 202 f.; auch als Herkunftslandprinzip etwa bei *Wolf*, in: Gaier/Wolf/Göcken, RDG, § 1 Rn. 41 bezeichnet.

[28] *Wolf*, in: Gaier/Wolf/Göcken, RDG, § 1 RDG Rn. 37.

A. Begriff der Rechtsberatung in regulatorischer Hinsicht

ten.[29] Zum einen wird vertreten, dass dies nicht der Fall ist.[30] Der Wortlaut von § 1 II RDG sei insoweit eindeutig, dass ausschließlich nationales Recht Beratungsgegenstand sein dürfte, mithin solches Recht, das der nationale Gesetzgeber erlassen habe.[31] Hätte der Gesetzgeber hingegen auch Unionsrecht von der Norm erfassen wollen, hätte er § 1 II RDG wie § 10 I 1 Nr. 3 RDG entworfen und verabschiedet.[32]

Hierfür spreche auch Art. 3 II der E-Commerce-Richtlinie, welcher für „Dienste der Informationsgesellschaft" vorschreibe, dass lediglich das Recht des Herkunftslands der Dienstleistung, nicht jedoch das Recht des Empfängerstaats zu beachten sei, mithin die Regeln zur Regulierung des Rechtsberatungsmarkts im Ausgangsstaat, nicht jedoch das RDG gelte.[33]

Zum anderen wird hingegen die Auffassung vertreten, dass auch die Rechtsberatung, die das Unionsrecht zum Gegenstand hat, unter den Begriff des deutschen Rechts nach § 1 II RDG fällt.[34] Da das EU-Recht derart eng mit dem nationalen Recht verschränkt sei, könne keine Ausnahme des Beratungsgegenstands angenommen werden.[35]

Für einen Ausschluss der Einbeziehung von unmittelbar geltendem EU-Recht im Anwendungsbereich des § 1 II RDG könnte zunächst eine europarechtskonforme Auslegung für den Fall, dass der Dienstleister EU-Bürger ist und in der EU tätig wird, sprechen. Denn in diesem Fall unterfällt die nach Deutschland erbrachte Rechtsdienstleistung des Unionsbürgers grundsätzlich der Dienstleistungsfreiheit, Art. 56 ff. AEUV.[36]

Dabei definiert sich ein Eingriff in Form einer Beschränkung der Dienstleistungsfreiheit nach der Entscheidung „Broede" des EuGH als jede Maßnahme, die die Ausübung der Dienstleistungsfreiheit unterbindet, behindert oder weniger attraktiv macht.[37] Will man nun auf den Dienstleister den Anwendungsbereich des RDG erstrecken, so muss sich dieser den jeweiligen Beschränkungen unterwerfen, was durch die einzelnen Ausprägungen und dem Schutzauftrag

---

[29] S. hierzu oben unter 1. Teil C. I.; *Remmertz/Krenzler*, in: Krenzler/Remmertz, RDG, § 1 Rn. 105.
[30] *Deckenbrock*, in: Deckenbrock/Henssler, RDG, § 1 Rn. 43a.
[31] *Deckenbrock*, in: Deckenbrock/Henssler, RDG, § 1 Rn. 43a.
[32] *Deckenbrock*, in: Deckenbrock/Henssler, RDG, § 1 Rn. 43a.
[33] *Timmermann*, Legal Tech-Anwendungen, S. 376 f.
[34] *Wolf*, in: Gaier/Wolf/Göcken, RDG, § 1 RDG Rn. 36; *Brechmann*, Legal Tech und das Anwaltsmonopol, S. 123; *Remmertz/Krenzler*, in: Krenzler/Remmertz, RDG, § 1 Rn. 97.
[35] *Wolf*, in: Gaier/Wolf/Göcken, RDG, § 1 Rn. 36.
[36] Vgl. *Franz*, in: Grunewald/Römermann, RDG, 1. Auflage 2008, § 15 Rn. 10.
[37] EuGH Urt. v. 12.12.1996, Rs. C-3/95, Slg. 1996, I-6511, Rn. 25; *Purnhagen*, Europarecht, Kap. 7 B Rn. 109.

des RDG (vgl. § 1 I 2 RDG) zu einer Behinderung des Angebots für den deutschen Markt führen kann und in einzelnen Konstellationen auch führen wird (vgl. etwa §§ 10 ff., 3 RDG). Eine Einschränkung erhält dieses Ergebnis durch die Keck-[38] und Anett-Rechtsprechung[39] des EuGH, welche gerade auch für die Dienstleistungsfreiheit für anwendbar gehalten werden.[40] Hierdurch sind im Wesentlichen unterschiedslos wirkende, vertriebsbezogene Maßnahmen vom Begriff der Beeinträchtigung ausgeschlossen.[41] Da das RDG jedoch ein generelles Verbot mit Erlaubnisvorbehalt statuiert[42] und hierbei bestimmte Qualifikationen vom Rechtsdienstleister verlangt, handelt es sich nicht nur lediglich um eine vertriebsbezogene Maßnahme. Mithin würde durch die Anwendung des RDG auch auf das EU-Recht eine Beeinträchtigung vorliegen. Gemäß Art. 62 i. V. m. Art. 52 I AEUV sind Beeinträchtigungen aus Gründen der Öffentlichen Ordnung, Sicherheit oder Gesundheit zulässig.[43] Ein solcher Grund ist nicht ersichtlich.[44] Weiterhin kann der ungeschriebene Rechtfertigungsgrund zur Rechtfertigung aus zwingenden Gründen des Allgemeinwohls in Betracht kommen.[45] Die Prüfung dieses ungeschriebenen Rechtfertigungsgrunds setzt jedoch nach der Rechtsprechung des EuGH voraus, dass die mit dem Eingriff bezweckte Situation nicht bereits durch nationale Regelungen des Herkunftsstaats geregelt wird.[46] Von einer fehlenden Regulierung des Rechtsberatungsmarkts ist jedoch gerade im Raum der EU nicht auszugehen,[47] weshalb auch dieser Rechtfertigungsgrund nicht in Betracht kommt. Dennoch gilt es zu beachten, dass aus § 15 RDG, der seinerseits Art. 5 der Rl. 2005/36/EG (Titel II Dienstleistungsfreiheit) umsetzt, folgt, dass Rechtsdienstleister, abgesehen von vorübergehender Ausübung, nur im Umfang des § 10 RDG in Deutschland tätig sein dürfen.[48] Eine Berufung auf die Dienstleistungsfreiheit scheidet daher aus.[49] Dennoch kann diese Ansicht den eindeutigen Wortlaut

---

[38] EuGH Urt. v. 24.11.1993, verb. Rs. C-267/91, Slg. 1993, I-6097.

[39] EuGH Urt. v. 26.4.2012, Rs. C-456/10.

[40] *Purnhagen*, Europarecht, Kap. 7 B Rn. 111; *Haratsch/Koenig/Pechstein*, Europarecht, Rn. 988.

[41] *Sauer*, JuS 2017, 310 (314 f.); *Frenz*, GewA 2007, 98 (107); *Mayer*, EuR 2003, 793 (810 f.); *Hakenberg*, Europarecht, 5. Teil Rn. 349.

[42] S. o. unter 2. Teil A. I.

[43] *Kluth*, in: Calliess/Ruffert, AEUV, Art. 62 Rn. 3; *Müller-Graff*, in: Streinz, AEUV, Art. 56 Rn. 107.

[44] Vgl. *Franz*, in: Grunewald/Römermann, RDG, 1. Auflage 2008, § 15 Rn. 10.

[45] EuGH Urt. v. 20.2.1979, Rs. C-120/78, Slg. 1979, I-649 Rn. 8.

[46] EuGH Urt. v. 25.7.1991, Rs. C-76/90, Slg. 1991, I-4221 Rn. 14; EuGH Urt. v. 12.12.1996, Rs. C-3/95, Slg. 1996, I-6511 Rn. 28.

[47] Vgl. *Franz*, in: Grunewald/Römermann, RDG, 1. Auflage 2008, § 15 Rn. 10.

[48] *Deckenbrock*, in: Deckenbrock/Henssler, RDG, § 1 Rn. 40b; *Günther*, in: BeckOK RDG, § 15 Rn. 1.

[49] *Deckenbrock*, in: Deckenbrock/Henssler, RDG, § 1 Rn. 40b.

A. Begriff der Rechtsberatung in regulatorischer Hinsicht

der Norm für sich in Anspruch nehmen, der von deutschem Recht und nicht etwa von in Deutschland *geltendem* Recht spricht.[50]

Für die zweite Ansicht könnte jedoch Sinn und Zweck des RDG sprechen, den Rechtsuchenden, den Rechtsverkehr und die Rechtsordnung vor unqualifizierten Rechtsdienstleistungen zu schützen.[51] In der Gesetzesbegründung zu § 1 II RDG wird erläutert, dass der Rechtsuchende, der einen Dienstleister mit einer Rechtsberatung beauftragt, die ausschließlich in einer fremden Rechtsordnung erfolgt, nicht erwarten kann, dass diese durch das nationale Recht reguliert werde.[52] Von einer derartigen verringerten Schutzbedürftigkeit ist jedoch gerade durch die unmittelbare Anwendbarkeit des EU-Rechts in Deutschland nicht auszugehen, da das EU-Recht in den Mitgliedstaaten nicht als fremde Rechtsordnung angesehen werden kann, sondern vielmehr Teil der eigenen Rechtsordnung darstellt.[53]

Auch das systematische Argument, dass eine Ausgestaltung wie in § 10 I 1 Nr. 3 RDG vom Gesetzgeber hätte gewählt werden können, vermag nicht zu überzeugen, was wiederum auch für die zweite Ansicht spricht. Betrachtet man § 10 I 1 Nr. 3 RDG, so fällt auf, dass dieser nicht etwa das Unionsrecht in einem ersten Schritt als solches unter den Begriff des ausländischen Rechts fasst und eine derartige Rechtsberatung dann in einem zweiten Schritt wieder vom Verbot ausnimmt, sondern vielmehr eine Rechtsberatung im nationalen Recht des Mitgliedstaats (und sodann auf dem Gebiet des Rechts der EU, vgl. Hs. 2) vom Verbot ausschließt.[54] Hingegen lässt sich keine losgelöste Aussage über das Unionsrecht auffinden, soweit der Dienstleister nicht auch im nationalen Recht Rechtsdienstleistungen erbringt. Da sich die Vorschrift explizit auf das nationale Recht der Mitgliedstaaten bezieht, ist nicht ersichtlich, warum eine vergleichbare Ausgestaltung des Gesetzgebers zum Unionsrecht hätte getroffen werden müssen, hätte er das Unionsrecht losgelöst vom nationalen Recht eines Mitgliedstaats mit einbeziehen wollen.

Auch das Argument zu Art. 3 II der Richtlinie 2000/31/EG vermag nicht zu überzeugen.[55] Richtlinien bedürfen grundsätzlich für ihre nationale Anwendbarkeit eines nationalen Umsetzungsakts.[56] Dem entsprach der deutsche Ge-

---

50 Vgl. für das Wortlautargument die erst genannte Ansicht.
51 So auch *Brechmann*, Legal Tech und das Anwaltsmonopol, S. 123; *Remmertz/Krenzler*, in: Krenzler/Remmertz, RDG, § 1 Rn. 105.
52 BT-Drs. 18/9521, S. 204.
53 So ähnlich auch *Wolf*, in: Gaier/Wolf/Göcken, RDG, § 1 Rn. 36.
54 *Gunther*, in: BeckOK RDG, § 10 Rn. 69; *Rillig*, in: Deckenbrock/Henssler, RDG, § 10 Rn. 120; *Overkamp/Overkamp*, in: Henssler/Prütting, RDG, § 10 Rn. 20.
55 *Wolf*, in: Gaier/Wolf/Göcken, RDG, § 1 Rn. 43; *Knöfel*, BB 2007, 2313 (2313 f.).
56 *Ruffert*, in: Calliess/Ruffert, AEUV, Art. 288 Rn. 24; *Schroeder*, in: Streinz, AUEV, Art. 288 Rn. 53; *Nettesheim*, in: Grabitz/Hilf/Nettesheim, AEUV, Art. 288

setzgeber durch eine Umsetzung der Vorgaben im TDG, die schließlich durch das TMG abgelöst wurden.[57] Art. 3 II der Richtlinie entspricht nun § 3 TMG.[58] Zwar normiert dieser grundsätzlich das Herkunftslandprinzip,[59] was gegen eine Anwendung des RDG sprechen würde und damit gerade für eine ausschließliche Anwendung der Vorschriften des Herkunftslands, jedoch ist vom Anwendungsbereich der E-Commerce-Richtlinie und damit auch von deren Umsetzung im TMG die Vertretung eines Mandanten sowie die außergerichtliche Rechtsdienstleistung (vgl. § 1 I 1 RDG) ausgenommen.[60] Mithin rechtfertigt sich auch durch das TMG, insbesondere § 3 TMG, keine andere Betrachtung.[61]

Doch welche der Argumente sind nun schwerer zu gewichten. Für die zweite Ansicht spricht vor allem Sinn und Zweck des § 1 I 2 RDG, den Rechtsuchenden umfassend zu schützen, für die erste Ansicht der Wortlaut der Norm.[62] In diesem Rahmen soll sich für die zweite Ansicht entschieden werden, mit der Folge, dass auch das Unionsrecht als deutsches Recht im Sinne der Norm gilt. Dies geschieht vor allem deshalb, da hierdurch der Rechtsuchende zuverlässig durch die Bestimmungen des RDG vor unqualifizierter Rechtsberatung geschützt wird.[63] Das Unionsrecht ist nicht mit einer anderen Rechtsordnung zu vergleichen, weil dieses nicht nur Eingang in unsere Rechtsordnung gefunden hat, sondern darüber hinaus sogar Anwendungsvorrang genießt und damit unstreitig als Teil unserer Rechtsordnung angesehen werden kann.[64]

cc) Rückausnahme: Vorübergehende Rechtsdienstleistungen, § 15 RDG

Eine weitere Ausnahme des Herkunftslandprinzips enthält § 15 I RDG für sogenannte vorübergehende Rechtsdienstleistungen.[65] Diese zeichnen sich nach § 15 I 1 RDG durch eine „vorübergehende und gelegentliche" Tätigkeit aus. Für Anbieter von Rechtsberatungsprodukten, die mit KI arbeiten, ist es

---

Rn. 104; *Grundel*, in: Frankfurter Kommentar AEUV, Art. 288 Rn. 21 f.; *Grupp*, in: Bergmann, Handlexikon der Europäischen Union, Richtlinien; *von Danwitz*, in: Dauses/Ludwigs, Handbuch des EU-Wirtschaftsrechts, B. II. Rn. 38.

57 *Spindler*, in: Spindler/Schmitz, TMG, § 3 Rn. 1 ff.

58 *Spindler*, in: Spindler/Schmitz, TMG, § 3 Rn. 1; *Dethloff*, Europäisierung des Wettbewerbsrechts, S. 55.

59 *Wolf*, in: Gaier/Wolf/Göcken, RDG, § 1 Rn. 41.

60 *Wolf*, in: Gaier/Wolf/Göcken, RDG, § 1 Rn. 43; *Knöfel*, BB 2007, 2313 (2313 f.).

61 *Wolf*, in: Gaier/Wolf/Göcken, RDG, § 1 Rn. 41.

62 So auch *Remmertz/Krenzler*, in: Krenzler/Remmertz, RDG, § 1 Rn. 105.

63 So auch *Remmertz/Krenzler*, in: Krenzler/Remmertz, RDG, § 1 Rn. 105.

64 So auch *Brechmann*, Legal Tech und das Anwaltsmonopol, S. 123.

65 *Deckenbrock*, in: Deckenbrock/Henssler, RDG, § 1 Rn. 39.

jedoch gerade charakteristisch, dass die Systeme skalierbare Fälle beziehungsweise Rechtsprobleme lösen sollen, da sich nur solche skalierbaren Rechtsprobleme für den Einsatz derartiger Systeme qualifizieren.[66] Eine vorherige Skalierbarkeit ist im Rahmen von juristischen Expertensystemen notwendig, um das Expertensystem zu erstellen.[67] Im Rahmen des überwachten maschinellen Lernens (was den Normalfall für den Einsatz von maschinellem Lernen darstellt)[68] müssen bestimmte Fälle beziehungsweise bestimmte Rechtsprobleme einzeln antrainiert und kontinuierlich ergänzt und angepasst werden. Eine derartige Skalierbarkeit und damit das Auffinden von einer großen Anzahl gleichgelagerter Fallkonstellationen schließt bereits eine vorübergehende und gelegentliche Tätigkeit im Sinne des § 15 I RDG aus, da der Aufwand für eine vorübergehende und gelegentliche Tätigkeit schlicht zu hoch ist.[69] Zutreffend wurden derartige Rechtsdienstleistungen bildlich mit „Anzügen von der Stange" verglichen, wohingegen die anwaltliche Rechtsberatung metaphorisch mit „Maßanzügen" gleichgesetzt wurde,[70] was einen Anwendungsbereich auf skalierbare Rechtsprobleme von KI-Produkten anschaulich verdeutlicht. Mithin liegt keine vorübergehende Rechtsdienstleistung nach § 15 RDG vor.

II. Konkrete Zuordnung der einzelnen Geschäftsmodelle

Da zunächst in einem ersten Schritt ausschließlich abstrakt der Begriff der Rechtsdienstleistung und die Systematik sowie der Anwendungsbereich des RDG bestimmt wurde, soll nun in einem zweiten Schritt betrachtet werden, ob die zuvor vorgestellten Anwendungen unter den Begriff der Rechtsdienstleistung nach dem RDG subsumiert werden können. Hierfür bedarf es einer jeweiligen Einzelfallprüfung der Dienstleistungen.[71]

---

[66] *Hoch/Hendricks*, VuR 2020, 254 (256); *Halbleib*, in: Hartung/Bues/Halbleib, Legal Tech, Rn. 149; vgl. *Steege*, NZV 2022, 227 (228); *Quarch*, in: Chibanguza/Kuß/Steege, Künstliche Intelligenz, § 8 E. Rn. 14; BRAK, Positionspapier der BRAK zu Digitalisierung und Zugang zum Recht vom 26.10.2020, S. 2.
[67] S. zur Skalierbarkeit juristischer Expertensysteme oben unter 1. Teil C. I.
[68] S. hierzu oben unter 1. Teil C. II., III., IV. 2.
[69] So auch *Timmermann*, Legal Tech-Anwendungen, S. 377; *Beckhaus/Schakel/Treichl*, REthinking: Law 2/2021, 20 (21).
[70] *Hartung*, NJW-Sonderheft 20/2017, 20 (21); *Hartung*, in: Chibanguza/Kuß/Steege, Künstliche Intelligenz, § 8 F. Rn. 26; sich dem anschließend *Fries*, ZRP 2018, 161 (163); *Caba*, auf der Veranstaltung „Digitalisierung und Legal Tech: eine deutsch-französische Perspektive", Stbg 2019, 140 (140).
[71] BGH NJW 2021, 3125 (3126); *Overkamp/Overkamp*, in: Henssler/Prütting, RDG, § 2 Rn. 47; *Remmertz*, in: Hamm, Beck'sches Rechtsanwalts-Handbuch, § 64 Rn. 52.

2. Teil: Regulierungsrahmen de lege lata

1. Automatisierte Dokumentenerstellung

a) Nichtanwaltliche Anbieter von Dokumentengeneratoren

Anbieter, die die Erstellung von Rechtsdokumenten mittels Dokumentengeneratoren anbieten, verfügen typischerweise nicht über eine Befugnis nach dem RDG zur Erbringung einer solchen Rechtsdienstleistung (vgl. etwa § 10 RDG).[72] Derartige Betätigungen der Anbieter würden mithin vom Verbot des § 3 RDG erfasst werden, soweit diese als Rechtsdienstleistungen im Sinne des § 2 I RDG einzuordnen wären.[73] Aus diesem Grund sind die Voraussetzungen des § 2 I RDG zu prüfen, da Betreiber von Dokumentengeneratoren über keine Erlaubnis nach § 10 I 1 Nr. 1 RDG verfügen, kann der grundsätzlich vorrangig zu prüfende § 2 II RDG zunächst außer Acht gelassen werden.[74] Anbieter, die ihre Dienste ausschließlich aus dem Ausland anbieten, beispielsweise den USA, und deren Gegenstand nicht deutsches Recht ist, fallen bereits aus dem Anwendungsbereich des RDG, § 1 II RDG.[75]

aa) Tätigkeit

Fraglich ist zunächst, ob Dokumentengeneratoren eine „Tätigkeit" im Sinne des § 2 I RDG vollziehen können oder ob auf ein anderes Verhalten der Anbieter der Dokumentengeneratoren abzustellen ist. Hierbei variieren die Stimmen in Literatur und Rechtsprechung stark, was zu einem diversen Meinungsstreit geführt hat.[76]

(1) Keine Tätigkeit durch Software im Prozess des Erstellens des Dokuments

Nach einer ersten Ansicht ist für die Verwirklichung einer tatbestandserfüllenden Tätigkeit ein aktives Handeln einer natürlichen Person erforderlich, weshalb Aktivitäten der Software wie die Erstellung des Dokuments gerade

---

[72] *Fries*, ZRP 2018, 161 (162); *Henssler*, in: Deckenbrock/Henssler, RDG, Einleitung Rn. 47c; *Overkamp/Overkamp*, in: Henssler/Prütting, RDG, § 2 Rn. 47; *Remmertz*, in: Hamm, Beck'sches Rechtsanwalts-Handbuch, § 64 Rn. 60.
[73] *Fries*, ZRP 2018, 161 (162); *Henssler*, in: Deckenbrock/Henssler, RDG, Einleitung Rn. 47c; *Overkamp/Overkamp*, in: Henssler/Prütting, RDG, § 2 Rn. 47; *Remmertz*, in: Hamm, Beck'sches Rechtsanwalts-Handbuch, § 64 Rn. 60.
[74] Vgl. etwa LG Köln MMR 2020, 56 Rn. 20; *Remmertz*, in: Hamm, Beck'sches Rechtsanwalts-Handbuch, § 64 Rn. 60.
[75] S. hierzu oben unter 2. Teil A. I. 2. b) bb).
[76] *Römermann*, NJW 2020, 2678 (2679); *Hartung*, in: Chibanguza/Kuß/Steege, Künstliche Intelligenz, § 8 F. Rn. 26; vgl. auch BGH NJW 2021, 3125 Rn. 23 ff.

keine Tätigkeiten im Sinne der Norm darstellen könnten.[77] Dies habe zur Folge, dass der Tatbestand nie durch eine Software verwirklicht werde, ausschließlich natürliche Personen könnten Tätigkeiten und damit Rechtsdienstleistungen erbringen.[78] Auch könne nicht auf die (menschliche) Eingabe der erforderlichen Informationen durch den Benutzer abgestellt werden, da hierin gerade keine Tätigkeit des Dienstleisters gesehen werden könne.[79] Das Erfordernis einer solchen menschlichen Handlung ergebe sich maßgeblich daraus, dass das RDG in seiner aktuellen Form von einem „menschlichen Dienstleistenden" ausgehe.[80] Dies sei eindeutig einerseits aus der Gesetzesbegründung zu entnehmen, die den Begriff des „Dienstleistenden" verwende sowie andererseits aus dem Wortlaut der §§ 5–7 RDG.[81] § 5 I RDG stelle wörtlich auf ein Berufsbild ab, das eindeutig nur bei einem Menschen möglich sei, da nur Menschen Berufe hätten.[82] Weiterhin tituliere der Wortlaut der §§ 6 II, 7 II RDG, dass eine Rechtsdienstleistung ausschließlich „durch eine Person" vollzogen werden könne.[83] Die Anwendbarkeit des RDG und damit eine Rechtsdienstleistung (und Tätigkeit) durch eine Software bedürfte vielmehr einer Anpassung des Gesetzes, da der aktuelle Stand der Norm eine derartige Anwendbarkeit (noch) nicht vorsehe.[84]

(2) Tätigkeit in der Programmierung, Ergänzung und Bereitstellung der Software

Im Gegensatz zur vorherigen Ansicht wird vertreten, dass das Vorliegen einer Rechtsdienstleistung im Sinne des § 2 I RDG nicht generell durch die Verwendung einer Software ausgeschlossen ist.[85] Zwar stelle ebenfalls wie nach erster Ansicht auch nach dieser der Prozess der Software keine Tätigkeit im Sinne der Norm dar, da eine menschliche Tätigkeit zu fordern sei, jedoch sei

---

[77] OLG Köln NJW 2020, 2734 Rn. 31; *Wormit*, InTer 2021, 22 (24); *Deckenbrock/Henssler*, in: Deckenbrock/Henssler, RDG, § 2 Rn. 54a; *Weberstaedt*, AnwBl 2016, 535 (538).
[78] OLG Köln NJW 2020, 2734 Rn. 31; *Weberstaedt*, AnwBl 2016, 535 (538); *Huff*, Keine Rechtsdienstleistung ohne menschliche Beratung, https://www.lto.de/recht/juristen/b/vertragsgenerator-smartlaw-urteil-lg-koeln-falsch-keine-rechtsdienstleistung-aufgabe-gesetzgeber-legal-tech/ (zuletzt aufgerufen am: 28.02.2025).
[79] *Degen/Krahmer*, GRUR-Prax 2016, 363 (363); *Henssler/Kilian*, CR 2001, 682 (687).
[80] *Weberstaedt*, AnwBl 2016, 535 (537).
[81] *Weberstaedt*, AnwBl 2016, 535 (537).
[82] *Weberstaedt*, AnwBl 2016, 535 (537).
[83] *Weberstaedt*, AnwBl 2016, 535 (537).
[84] *Weberstaedt*, AnwBl 2016, 535 (537 f.).
[85] LG Köln MMR 2020, 56 Rn. 21; *Degen/Krahmer*, GRUR-Prax 2016, 363 (363); *Remmertz*, in: Hamm, Beck'sches Rechtsanwalts-Handbuch, § 64 Rn. 46.

das Ergebnis der Software gerade der Ausfluss eines vorherigen menschlichen Handelns, wie etwa die jeweilige spezifische Programmierung der Software sowie die Veröffentlichung und damit die Bereitstellung der Software für den Kunden (Rechtsuchenden).[86] In diesen Einzelaktivitäten lägen die menschlichen Tätigkeiten, die das Tatbestandsmerkmal der Tätigkeit erfüllen würden.[87]

(3) Tätigkeit im Ablauf der Software bei Benutzung

Nach einer weiteren, dritten Ansicht, nach welcher ebenfalls die Anwendung des § 2 I RDG auch bei der Benutzung von Software nicht generell ausgeschlossen ist, müsse allein auf die nach außen gerichtete Handlung gegenüber dem Kunden (Rechtsuchenden) und damit gerade auf die Interaktion zwischen Rechtsuchendem und Software abgestellt werden.[88] Handlungen im Rahmen der Programmierung erfüllten hingegen nicht den Tatbestand.[89] Im Rahmen dieser Interaktion vollziehe die Software sodann eine Tätigkeit, die dem Erlaubnispflichtigen (und damit dem Anbieter) aufgrund des Erfordernisses einer Rechtspersönlichkeit des Erlaubnisträgers „zuzurechnen" sei.[90] Hierfür spreche als weiteres Argument ebenfalls der Schutz des Rechtsuchenden (vgl. § 1 I 2 RDG) vor unqualifizierten Rechtsdienstleistungen, da diese Gefahr im Rahmen von Dokumentengeneratoren „mindestens" im gleichen Maße existiere.[91]

---

[86] *Krenzler*, in: Krenzler, RDG, 2. Auflage 2017, § 2 Rn. 14, 44; *Wormit*, InTer 2021, 22 (24); *Dahns*, NJW-Spezial 2019, 766 (766); *Remmertz*, in: Hamm, Beck'sches Rechtsanwalts-Handbuch, § 64 Rn. 46; *Leeb*, Digitalisierung, Legal Technology und Innovation, S. 259 f.; *Degen/Krahmer*, GRUR-Prax. 2016, 363 (363); vgl. auch *Krenzler*, BRAK-Mitt. 2020, 119 (120).

[87] *Degen/Krahmer*, GRUR-Prax 2016, 363 (363); *Remmertz*, in: Hamm, Beck'sches Rechtsanwalts-Handbuch, § 64 Rn. 46; *Remmertz*, BRAK-Mitt. 2017, 55 (57); *Fries*, ZRP 2018, 161 (162), entnimmt hingegen aus einem Umkehrschluss aus § 10 I 1 RDG, bei welchem anerkannt sei, dass auch Rechtsdienstleistungen von juristischen Personen erbracht werden könnten, dass zumindest in den meisten Fällen eine Tätigkeit einer juristischen Person erbracht werde, die das Tatbestandsmerkmal erfülle, da die Software „Bestandteil des Online-Angebots einer (meist juristischen) Person" sei. Er verzichtet somit auf das Erfordernis einer *menschlichen* Tätigkeit und lässt eine Tätigkeit einer Person (natürlich oder juristisch) genügen. Nicht jedoch spricht er von einer Tätigkeit einer Software, vgl. hierzu unten unter 2. Teil A. II. 1. a) aa) (3).

[88] *Wessels*, MMR 2020, 56 (59).

[89] *Wessels*, MMR 2020, 56 (59), der jedoch eine Tatbestandsverwirklichung durch die Programmierung am Erfordernis einer Tätigkeit in *konkreter* Angelegenheit scheitern lässt und so die Tatbestandsmerkmale „vermischt".

[90] *Wessels*, MMR 2020, 56 (59); auch *Kraetzig/Krawietz*, RDi 2022, 145 (147) weisen darauf hin, dass eine Tätigkeit im Sinne des § 2 I RDG durch eine Software erbracht werden könnte.

[91] *Wessels*, MMR 2020, 56 (59).

A. Begriff der Rechtsberatung in regulatorischer Hinsicht

(4) Tätigkeit im Gesamtprozess des Dokumentengenerators

Ähnlich geht eine weitere Ansicht davon aus, dass eine Tätigkeit des Dienstleisters einheitlich in der Programmierung und Bereitstellung sowie der konkreten Anwendung zur Erstellung von Dokumenten zu betrachten ist.[92] Vielmehr verbiete sich eine getrennte Betrachtung, da alle einzelnen Dienstleistungen Teil einer einheitlichen Gesamtdienstleistung darstellten.[93] Grundsätzlich sei der Gesetzgeber zwar davon ausgegangen, dass die rechtsberatende Tätigkeit von einem Menschen erbracht werde, habe es jedoch für unerheblich angesehen, ob diese mit technischen Hilfsmitteln oder auf andere Weise erbracht werde.[94] Da der letzte Schritt der Dienstleistung, die konkrete Erstellung des Dokuments, nur als ein einzelner Teil einer grundsätzlich menschlich erbrachten Dienstleistung anzusehen sei, sei es gerade nicht von Belang, dass das finale Dokument nicht durch den menschlichen Dienstleister, sondern durch eine Software erstellt wurde.[95]

(5) Keine Tätigkeit des Anbieters im Rahmen des Einsatzes von Dokumentengeneratoren

Zuletzt wird vertreten, dass die Verwirklichung einer Tätigkeit im Sinne des § 2 I RDG zwar grundsätzlich auch durch eine Software möglich ist, dennoch erfülle keine der Aktivitäten im Rahmen von Dokumentengeneratoren das Tatbestandsmerkmal der Tätigkeit.[96] Dies gelte von der Programmierung der Software, dem Abfragen der Sachverhaltsinformationen im Rahmen der Interaktion bis hin zur Erstellung des fertigen Dokuments aus den vorher programmierten Textbausteinen.[97] Im Rahmen des § 2 I RDG müsse das Merkmal der Tätigkeit stets im Zusammenhang mit einer konkret fremden Angelegenheit betrachtet werden, eine abstrakte Betrachtung der Tätigkeit sei nicht zielführend.[98] Da beim Prozess des Programmierens (noch) kein *konkreter* Sachverhalt bestehe und allein der Versuch des Programmierers, alle Fälle zu erfassen, nicht ausreiche, sei das Erfragen des Systems nach den für die Einordnung

---

[92] BGH NJW 2021, 3125 (3126); *Remmertz*, BRAK-Mitt. 2017, 55 (57 f.); *Plog/Lose*, AnwBl Online 2021, 131 (131 f.); *Rack*, CB Sonderbeilage 1/2021, 1 (10); *Timmermann/Hundertmark*, RDi 2021, 269 (273).
[93] BGH NJW 2021, 3125 (3126).
[94] BGH NJW 2021, 3125 (3126); BT-Drs. 16/3655, 47 f.
[95] BGH NJW 2021, 3125 (3126); vgl. auch *Dahns*, NJW-Spezial 2019, 766 (766).
[96] *Deckenbrock*, AnwBl 2020, 178 (179); *Henssler*, in: Deckenbrock/Henssler, RDG, Einleitung Rn. 47c.
[97] *Deckenbrock*, AnwBl 2020, 178 (179); *Henssler*, in: Deckenbrock/Henssler, RDG, Einleitung Rn. 47c.
[98] *Deckenbrock*, AnwBl 2020, 178 (179).

des Sachverhalts entscheidenden Informationen und das darauffolgende Zusammensetzen der einzelnen zuvor formulierten Textblöcke die einzig relevante Aktivität, die für eine Erfüllung des Tatbestandsmerkmals in Betracht komme.[99] Das Zusammenstellen des fertigen Dokuments als ein Ergebnis der angewendeten Logik und den zuvor formulierten Regeln und Textbausteinen[100] stelle jedoch keine „Leistung" der Software, sondern vielmehr eine Handlung des Anwenders (Rechtsuchenden) dar, da allein dieser durch seine jeweilige Eingabe bestimme, welchen generierten Inhalt das Rechtsdokument als Ergebnis annehme.[101] Aus diesem Grund erbringt nach dieser Ansicht lediglich der Anwender eine Tätigkeit im Sinne des § 2 I RDG, nicht jedoch die Software.[102]

(6) Anwendung und Zwischenergebnis

Bereits in der Gesetzesbegründung weist der Gesetzgeber auf die technologieneutrale Ausgestaltung des RDG hin.[103] Weiterhin ist der Gesetzesbegründung zu § 5 RDG zu entnehmen, dass das RDG „entwicklungs- und zukunftsoffen" ausgestaltet und auch so auszulegen ist, sodass auch neue Berufsbilder verwirklicht werden können.[104] Allein ausschlaggebend für eine Einordnung als Rechtsdienstleistung kann nur der Inhalt dieser Dienstleistung, nicht jedoch das Medium ihrer Erbringung sein.[105] So kann es im Rahmen des RDG nicht darauf ankommen, ob eine Rechtsdienstleistung durch eine menschliche Handlung oder eine technische Aktivität einer Software erbracht wird, weshalb das Tatbestandsmerkmal der Tätigkeit auch gerade durch eine KI-Anwendung verwirklicht werden kann.[106] Aus diesem Grund ist auf das Merkmal der menschlichen Handlung im Rahmen der Tätigkeit zu verzich-

---

[99] *Henssler*, in: Deckenbrock/Henssler, RDG, Einleitung Rn. 47c.

[100] S. o. unter 1. Teil B. II. 2. b), 1. Teil B. II. 3. allgemein zur Funktionsweise von Expertensystemen.

[101] *Deckenbrock*, AnwBl 2020, 178 (180); *Henssler/Kilian*, CR 2001, 682 (687).

[102] *Deckenbrock*, AnwBl 2020, 178 (180); *Hessels/Kilian*, CR 2001, 682 (687 f.).

[103] BT-Drs. 16/3655, S. 47; *Remmertz*, in: Remmertz, Legal Tech-Strategien für Rechtsanwälte, 1. Auflage 2020, § 3 Rn. 7; LG Köln MMR 2020, 56 Rn. 22; *Wettlaufer*, MMR 2018, 55 (55); *Remmertz/Krenzler*, in: Krenzler/Remmertz, RDG, § 2 Rn. 60.

[104] BGH NJW 2020, 208 Rn. 133; BT-Drs. 16/3655, S. 52; *Henssler*, in: Deckenbrock/Henssler, RDG, Einleitung Rn. 32a; *Henssler/Flory*, EWiR 2020, 495 (496).

[105] LG Köln MMR 2020, 56 Rn. 22; BT-Drs. 16/3655, S. 48; *Remmertz*, in: Hamm, Beck'sches Rechtsanwalts-Handbuch, § 64 Rn. 60.

[106] LG Köln MMR 2020, 56 Rn. 22; *Remmertz*, in: Remmertz, Legal Tech-Strategien für Rechtsanwälte, 1. Auflage 2020, § 3 Rn. 7; *Remmertz*, ZRP 2019, 139 (141); *Krenzler*, BRAK-Mitt. 2020, 119 (122); *Wettlaufer*, MMR 2018, 55 (55).

A. Begriff der Rechtsberatung in regulatorischer Hinsicht

ten.[107] Sodann gilt es im Anschluss zu analysieren, welche Aktivität(en) als Tätigkeit(en) einzuordnen ist beziehungsweise sind.

Zwar könnte man im Einklang mit dem BGH eine einzelne Tätigkeit im Gesamtprozess der Dienstleistung „Dokumentengenerator" von der Programmierung über die Zurverfügungstellung bis zur konkreten Anwendung beim Nutzer ansehen. Hierfür spricht insbesondere, dass so die Tätigkeit des Dienstleisters einheitlich betrachtet wird und nicht in seine einzelnen Teile (unnatürlich) aufgespalten werden muss, da sich die zu erbringende Dienstleistung gerade aus allen Teilen zusammensetzt.[108] Richtigerweise sind dennoch einzelne unabhängige Tätigkeiten des Dienstleisters sowohl in der Programmierung, der Bereitstellung als auch in der konkreten Anwendung der Software zu sehen.[109] All diese Prozesse sind zwar miteinander zu einer Dienstleistung verknüpft, stellen jedoch voneinander losgelöste Aktivitäten mit einer unterschiedlichen Zielrichtung dar.[110] So wird durch die Programmierung der Software der Grundstein für die abstrakte Anwendung gesetzt. Das Bereitstellen stellt sodann die Eröffnung des Programmierungsergebnisses für den Markt und die Anwendung im Fall der Benutzung, mithin das Ablaufen der Software, die Wahrnehmung dieser Dienstleistung dar.

Dieses Ergebnis wird durch die h. M. zur Auslegung, ob eine Tätigkeit vorliegt oder nicht, bestätigt, nach welcher alle erfolgten *Aktivitäten* einzeln zu betrachten sind.[111] Der Einordnung aller drei Aktivitäten als Tätigkeiten steht auch nicht entgegen, dass namentlich § 6 II 1, § 7 II, § 9 I RDG den Begriff der „Person" verwenden, auch wenn eine Software nach aktuellem Rechtsstand keine eigene Rechtspersönlichkeit besitzt und damit keine *Person* ist.[112] Vielmehr beziehen sich die §§ 6 ff. RDG ausschließlich auf den Erlaubnisinhaber, der auch weiterhin unstreitig über eine Rechtspersönlichkeit verfügen muss, was eine Tätigkeit einer Software daher nicht ausschließt.[113]

---

[107] LG Köln MMR 2020, 56 Rn. 22; *Remmertz*, in: Hamm, Beck'sches Rechtsanwalts-Handbuch, § 64 Rn. 60; *Wettlaufer*, MMR 2018, 55 (55).

[108] Dem BGH diesbezüglich folgend, *Remmertz/Krenzler*, in: Krenzler/Remmertz, RDG, § 2 Rn. 17.

[109] Vgl. *Krenzler*, in: Krenzler, RDG, 2. Auflage 2017, § 2 Rn. 14; *Krenzler*, BRAK-Mitt. 2020, 119 (120); *Remmertz*, BRAK-Mitt. 2017, 55 (57).

[110] So auch mit ähnlicher Begründung *Krenzler*, BRAK-Mitt. 2020, 119 (120); *Remmertz*, BRAK-Mitt. 2017, 55 (57); *Remmertz*, BRAK-Mitt. 2018, 231 (232); *Johnigk*, in: Gaier/Wolf/Göcken, RDG, § 2 Rn. 27; *Wessels*, MMR 2020, 56 (59).

[111] *Deckenbrock/Henssler*, in: Deckenbrock/Henssler, RDG, § 2 Rn. 16; *Dreyer/Müller*, in: Dreyer/Lamm/Müller, RDG, § 2 Rn. 14; *Krenzler*, in: Krenzler, RDG, 2. Auflage 2017, § 2 Rn. 12 f.; *Remmertz/Krenzler*, in: Krenzler/Remmertz, RDG, § 2 Rn. 13.

[112] *Wessels*, MMR 2020, 56 (59); *Fries*, ZRP 2018, 161 (162).

[113] *Wessels*, MMR 2020, 56 (59); *Fries*, ZRP 2018, 161 (162).

Problematisch könnte sein, dass die Zusammenstellung und damit eine der Tätigkeiten jedoch durch die Software und nicht etwa durch den Erlaubnisinhaber erfolgt. Eine Rechtsdienstleistung setzt voraus, dass die relevante Aktivität, die als eine solche Tätigkeit eingeordnet werden soll, einem irgendwie gearteten Rechtssubjekt zugerechnet werden kann.[114] Bis zum heutigen Stand besitzen KI-Systeme, egal wie fortschrittlich sie auch sein mögen, keine eigene Rechtspersönlichkeit.[115] Eine sogenannte E-Person wurde zwar vom Europäischen Parlament vorgeschlagen, erfuhr jedoch im Anschluss deutliche Kritik, weshalb eine derartige Einführung ausblieb.[116]

Gegen diese Aussage der Erforderlichkeit einer Zurechnung könnte jedoch sprechen, dass aus dem Entwurf zur Modernisierung des RDG,[117] deren Fassung jedoch nicht übernommen wurde, der in einem S. 2 zu § 2 I RDG ergänzt hat, dass eine Tätigkeit im Sinne des S. 1 ganz oder teilweise automatisch erbracht werden kann, zu entnehmen sei, dass ein technisches System durchaus rein theoretisch eine Tätigkeit im Sinne der Norm erbringen könnte.[118] Hierfür spricht insbesondere, dass in der Begründung zu dieser Ergänzung aufgeführt wird, dass diese Änderung „rein klarstellende Funktion" erfüllt und keine „Veränderung der Rechtslage bezweckt".[119]

Zu beachten ist jedoch, dass sich das Erfordernis einer Zurechnung und die Möglichkeit einer durch eine Software erbrachten Tätigkeit nicht widersprechen. So ist der ersten Aussage zu entnehmen, dass eine Tätigkeit durch eine Software erbracht werden kann, jedoch im Anschluss einer irgendwie gearteten Rechtspersönlichkeit zugerechnet werden muss. Auch die zweite Ausführung stellt lediglich klar, dass der Begriff der Tätigkeit des RDG eine teilweise oder ganz vollautomatisierte Erbringung nicht ausschließt. Hierfür spricht auch gerade, wie bereits oben besprochen, die technologieneutrale Ausgestaltung des RDG, die verhindern will, dass eine Anwendbarkeit allein an der Benutzung technischer Mittel scheitert.[120] Sinn und Zweck des RDG, Recht-

---

[114] *Wessels*, MMR 2020, 56 (59); *Fries*, in: Kaulartz/Braegelmann, Rechtshandbuch Artificial Inteligence und Machine Learning, Kap. 15.1 Rn. 19.

[115] *Fries*, in: Kaulartz/Braegelmann, Rechtshandbuch Artificial Inteligence und Machine Learning, Kap. 15.1 Rn. 19.

[116] Europäisches Parlament, Entschließung des Europäischen Parlaments vom 16. Februar 2017 mit Empfehlungen an die Kommission zu zivilrechtlichen Regelungen im Bereich Robotik (2015/2103(INL)); *Fries*, in: Kaulartz/Braegelmann, Rechtshandbuch Artificial Inteligence und Machine Learning, Kap. 15.1 Rn. 19.

[117] BT-Drs. 19/9527, S. 5.

[118] *Kraetzig/Krawietz*, RDi 2022, 145 (147); vgl. auch BT-Drs. 19/9527, S. 5.

[119] BT-Drs. 19/9527, S. 11.

[120] *Johnigk*, in: Gaier/Wolf/Göcken, RDG, § 2 Rn. 27; *Krenzler*, in: Krenzler, RDG, 2. Auflage 2017, § 2 Rn. 14; *Fries*, ZRP 2018, 161 (162); *Remmertz*, BRAK-Mitt. 2017, 55 (57); BT-Drs. 16/3655 S. 47.

A. Begriff der Rechtsberatung in regulatorischer Hinsicht

suchende zu schützen,[121] gebieten es jedoch, die Tätigkeit des Systems dem Anbieter der Dienstleistung, der sich deren Funktion bedient, zuzurechnen.[122] Die Software selbst kann sich nicht am Markt anbieten, vielmehr wird sie durch den Anbieter der Dienstleistung gezielt eingesetzt, weshalb nicht von der Software, sondern vom Anbieter der Software die theoretische Gefahr einer unqualifizierten Rechtsdienstleistung ausgeht.[123] Auch muss ein Rechtssubjekt Adressat der nach § 15b RDG getroffenen Maßnahmen zur Verhinderung der weiteren Ausübung einer erlaubnispflichtigen Tätigkeit sowie für andere regulatorische Pflichten und Maßnahmen, wie etwa die Anforderungen an theoretische und praktische Sachkunde, sein,[124] was ebenfalls dafür spricht, dass eine Rechtsdienstleistung nur durch ein Rechtssubjekt erbracht werden kann. Folglich bedürfen Tätigkeiten von KI-Systemen, egal wie fortschrittlich sie auch sein mögen, einer Zurechnung zu einem anderen Rechtssubjekt mit der Folge, dass eine Rechtsdienstleistung in Abgrenzung zu einer Tätigkeit im Sinne von § 2 I RDG nur durch ein Rechtssubjekt erbracht werden kann.[125]

Das Zusammenstellen des Dokuments durch das Ablaufen der Software stellt, wie es zu fordern ist, jedoch auch eine Tätigkeit des Anbieters dar, da diese direkt von der Software erbrachte Tätigkeit ihm dadurch, dass er sich der Software zur Erstellung des Rechtsdokuments bedient, zugerechnet wird.[126] Der Dienstleister als eigentlicher Anbieter vollbringt mithin Tätigkeiten im Sinne des § 2 I RDG unter Zuhilfenahme seiner bereitgestellten Software.

---

[121] S. hierzu oben unter 2. Teil A. I. 1.
[122] Vgl. insoweit *Wessels*, MMR 2020, 56 (59).
[123] Vgl. *Römermann*, NJW 2020, 2678 (2680), der ebenfalls als Adressaten des Verbots erlaubnispflichtiger Rechtsdienstleistungen den Anbieter der Software nennt.
[124] *Siegmund*, in: Gaier/Wolf/Göcken, RDG, § 15b Rn. 8; *Günther*, in: BeckOK RDG, § 15b Rn. 1.
[125] Vgl. *Fries*, in: Kaulartz/Braegelmann, Rechtshandbuch Artificial Inteligence und Machine Learning, Kap. 15.1 Rn. 19, wobei aus dieser Quelle jedoch nicht entnommen werden konnte, ob der Autor von der Möglichkeit ausgeht, dass eine Software eine Tätigkeit im Sinne der Norm erbringen kann.
[126] Vgl. *Wessels*, MMR 2020, 56 (59), der ebenfalls von einer Zurechnung der Tätigkeit ausgeht; so auch *Römermann*, NJW 2020, 2678 (2680); *Plog/Lose*, AnwBl Online 2021, 131 (131 f.), verweisen hingegen als Beispiel einer ausdrücklichen Regelung einer derartigen Zurechnung auf § 7 I TMG; vgl. auch allgemein zur Zurechnung im Schuldrecht über die Figur des Erfüllungsgehilfen § 278 BGB, *Medicus/Lorenz*, Schuldrecht, § 31 Rn. 25; *Wolf*, JuS 1989, 899 (901 f.); *Zech*, ZfPW 2019, 198 (206 f.).

bb) Konkret fremde Angelegenheit

Weiterhin muss betrachtet werden, ob die zuvor festgestellten Tätigkeiten in einer konkret fremden Angelegenheit erfolgt sind. Auch diesbezüglich lässt sich kein einhelliges Meinungsbild erkennen.[127]

(1) Keine konkret fremde Angelegenheit durch die Dienstleistung Dokumentengenerator

Nach Entscheidung des BGH, stellt das Erbringen von Dienstleistungen durch Vertragsgeneratoren zwar eine fremde, nicht jedoch eine konkrete Angelegenheit dar.[128] Ob eine fremde Angelegenheit vorliegt oder nicht, sei danach zu beurteilen, in wessen wirtschaftlichem Interesse die Tätigkeit erbracht werde.[129] Unerheblich für die Einordnung als fremde Angelegenheit sei es, ob mittelbar ein wirtschaftliches Eigeninteresse verfolgt werde.[130] Da der Kunde durch den Dokumentengenerator ein Dokument erhalte, welches er für seinen eigenen individuellen Gebrauch nutzen kann, sei von einer fremden Angelegenheit auszugehen.[131] Hieran könne auch das mittelbare eigene wirtschaftliche Interesse des Betreibers nichts ändern.[132]

Jedoch sei eine Tätigkeit in einer konkreten Angelegenheit abzulehnen.[133] Um dieses Merkmal bejahen zu können, bedürfe es der Beantwortung einer „nicht fingierte[n], sondern wirkliche[n], sachverhaltsbezogene[n] Rechtsfrage einer bestimmten ratsuchenden Person", hingegen scheide eine Beurteilung zu abstrakten oder fiktiven Fällen aus.[134] Das Betreiben eines auf Standardisierung ausgerichteten Dokumentengenerators könne demgegenüber

---

[127] BGH NJW 2021, 3125 (3127); OLG Köln NJW 2020, 2734 Rn. 18; *Wettlaufer*, MMR 2018, 55 (56); *Wormit*, InTeR 2021, 22 (25); *Hartung*, in: Chibanguza/Kuß/Steege, Künstliche Intelligenz, § 8 F. Rn. 26; *Leeb*, RDi 2020, 57 (58); vgl. auch BGH NJW 2021, 3125 (3127); LG Köln MMR 2020, 56 Rn. 23; *Fries*, ZRP 2018, 161 (162); *Wessels*, MMR 2020, 56 (59f.); *Krenzler*, BRAK-Mitt. 2020, 119 (122); *Dahns*, NJW-Spezial 2019, 766 (766); *Singer*, RDi 2022, 53 (55).
[128] BGH NJW 2021, 3125 (3127).
[129] BGH NJW 2021, 3125 (3127); BGH NJW 2016, 3441 Rn. 17.
[130] BGH NJW 2021, 3125 (3127); BGH NJW 2016, 3441 Rn. 17; so auch *Wormit*, InTeR 2021, 22 (24).
[131] BGH NJW 2021, 3125 (3127); so auch schon *Wettlaufer*, MMR 2018, 55 (56); dem zustimmend *Kraetzig/Krawietz*, RDi 2022, 145 (147).
[132] BGH NJW 2021, 3125 (3127f.); BGH NJW 2016, 3441 Rn. 26; so auch *Krenzler*, BRAK-Mitt. 2020, 119 (120f.); *Deckenbrock/Henssler*, in: Deckenbrock/Henssler, RDG, § 2 Rn. 23.
[133] BGH NJW 2021, 3125 (3128).
[134] BGH NJW 2021, 3125 (3128); BT-Drs. 16/3655, S. 48; BGH NJW 2016, 591.

A. Begriff der Rechtsberatung in regulatorischer Hinsicht 115

nicht als Tätigkeit in einer konkreten Angelegenheit angesehen werden, da die hier getroffene rechtliche Beurteilung nicht auf die Beantwortung eines konkreten Sachverhalts zurückzuführen sei.[135] Vielmehr bejaht der BGH zusammen mit anderen Stimmen in der Literatur eine Vergleichbarkeit mit detaillierten Formularhandbüchern.[136] So führen diese unter anderem aus, dass das zum Einsatz kommende Expertensystem (der Dokumentengenerator) aufgrund der Notwendigkeit der Vorformulierung seiner Textbausteine (etwa unterschiedliche Varianten von Klauseln im Rahmen von Vertragsgeneratoren) wie Formularbücher zu behandeln sei.[137] Bei diesen sei jedoch anerkannt, dass hierbei keine Tätigkeit in einer konkreten Angelegenheit angenommen werden könne, weshalb dies auch für Dokumentengeneratoren gelten müsse.[138] So könne sich gerade kein Unterschied daraus ergeben, ob eine Software verschiedene Bestandteile eines Dokuments anhand von zuvor aufgestellten Regeln zusammensetze, oder ob sich ein Rechtsuchender selbst mittels eines Formularbuchs sein Dokument zusammenstelle.[139] Eine über das Zusammensetzen hinausgehende Aktivität der Software liege hingegen nicht vor.[140] An diesem Ergebnis könne auch das mit der automatisierten Bearbeitung einhergehende „Mehr" an Komfort und Schnelligkeit bei der Bearbeitung nichts ändern.[141]

Auch die zuvor formulierten Unterstützungshandlungen in Form von Hinweisen bei der Beantwortung der Fragen, die vom Kunden auf Grundlage eines realen Sachverhalts gemachten Angaben, noch die Vielzahl der Antwortmöglichkeiten könnten dieses Ergebnis ändern.[142] All diese Punkte würden nur den Umstand bestätigen, dass es sich hierbei um vorformulierte abstrakte Textbausteine handle.[143]

Zuvor hatte das OLG Köln mit gleichem Ergebnis, jedoch anderer rechtlicher Begründung angenommen, dass es sich bei der Erbringung derartiger Dienstleistungen zwar um eine konkrete Tätigkeit im Einzelfall handeln kann, diese jedoch sodann nicht dem Betreiber als eigene Tätigkeit zurechenbar sei,

---

[135] BGH NJW 2021, 3125 (3128); *Wettlaufer*, MMR 2018, 55 (56); *Wormit*, InTeR 2021, 22 (25); *Hartung*, in: Chibanguza/Kuß/Steege, Künstliche Intelligenz, § 8 F. Rn. 26.

[136] BGH NJW 2021, 3125 (3128); *Deckenbrock*, AnwBl Online 2020, 178 (179); *Timmermann/Hundertmark*, RDi 2021, 269 (273).

[137] *Deckenbrock*, AnwBl Online 2020, 178 (179); *Leeb*, RDi 2021, 619 (620).

[138] *Deckenbrock*, AnwBl Online 2020, 178 (179); *Leeb*, RDi 2021, 619 (620).

[139] *Deckenbrock*, AnwBl Online 2020, 178 (179); *Wettlaufer*, MMR 2018, 55 (56).

[140] *Deckenbrock*, AnwBl Online 2020, 178 (179); *Wettlaufer*, MMR 2018, 55 (56).

[141] *Deckenbrock*, AnwBl Online 2020, 178 (180); *Leeb*, RDi 2021, 619 (620).

[142] BGH NJW 2021, 3125 (3128).

[143] BGH NJW 2021, 3125 (3128).

weshalb keine fremde Angelegenheit vorliege.[144] Als relevante Handlungen ließen sich grundsätzlich neben der Programmierung und Bereitstellung des Generators noch die konkrete Nutzung des Generators durch den Kunden feststellen.[145] Die Programmierung und Bereitstellung der Software erfülle bereits nicht den Tatbestand der Tätigkeit in einer konkreten Angelegenheit.[146] Die Tätigkeit müsse auf einen konkreten Sachverhalt gerichtet sein, was in diesem Schritt mangels einer Anwendung auf einen tatsächlichen und nicht nur fiktiven Fall ausscheide.[147] Eine an die Allgemeinheit oder einen unbestimmten Personenkreis gerichtete abstrakte Dienstleistung erfülle den Tatbestand damit gerade nicht.[148] Lediglich die Nutzung durch den Kunden stelle eine derartige konkrete Beratung im Einzelfall dar, die grundsätzlich den Tatbestand erfüllen könnte.[149] Da die Nutzung durch den Kunden erfolge und damit das eigens durch den Nutzer erfolgte Zusammenstellen der Dokumententeile dem Dienstleister nicht zugerechnet werden könne, liege keine Tätigkeit in fremder Angelegenheit vor, weshalb auch nach dieser Ansicht der Tatbestand nicht erfüllt sei.[150]

(2) Konkret fremde Angelegenheit durch Dokumentengeneratoren

Im Gegensatz zur vorherigen Ansicht wird vertreten, dass auch ein Dokumentengenerator eine Tätigkeit erbringen kann, die im konkreten Fall des Kunden (Rechtsuchenden) erfolgt und somit das Tatbestandsmerkmal der konkreten Angelegenheit erfülle.[151] Nur aufgrund der bestimmungsgemäßen Programmierung des Dokumentengenerators für eine Fülle von unterschiedlichen Fällen, könne nicht angenommen werden, dass keine Tätigkeit in einer konkreten Angelegenheit vorliege.[152] So erhalte der Anwender (Rechtsuchende) durch die Beantwortung verschiedener zuvor definierter Fragen zu

---

[144] OLG Köln Urt. v. 19.6.2020, I-6 U 263/19 Rn. 30; *Leeb*, RDi 2020, 57 (58); vgl. auch BGH NJW 2021, 3125 (3127).
[145] OLG Köln Urt. v. 19.6.2020, I-6 U 263/19 Rn. 30.
[146] OLG Köln Urt. v. 19.6.2020, I-6 U 263/19 Rn. 30, 88.
[147] OLG Köln Urt. v. 19.6.2020, I-6 U 263/19 Rn. 88; so auch *Wormit*, InTer 2021, 22 (24 f.); *Wettlaufer*, MMR 2018, 55 (56).
[148] OLG Köln Urt. v. 19.6.2020, I-6 U 263/19 Rn. 73.
[149] OLG Köln Urt. v. 19.6.2020, I-6 U 263/19 Rn. 30.
[150] OLG Köln Urt. v. 19.6.2020, I-6 U 263/19 Rn. 30; *Leeb*, RDi 2020, 57 (58); vgl. auch BGH NJW 2021, 3125 Rn. 28.
[151] LG Köln MMR 2020, 56 Rn. 23; *Fries*, ZRP 2018, 161 (162); *Wessels*, MMR 2020, 56 (59 f.); *Krenzler*, BRAK-Mitt. 2020, 119 (122); *Dahns*, NJW-Spezial 2019, 766 (766); *Singer*, RDi 2022, 53 (55).
[152] LG Köln MMR 2020, 56 Rn. 23; *Fries*, ZRP 2018, 161 (162); *Singer*, RDi 2022, 53 (55); *Remmertz/Krenzler*, in: Krenzler/Remmertz, RDG, § 2 Rn. 71.

„seinem Fall"[153] und die anschließende Zusammenstellung der Software ein Dokument, das für den Anwender und seinen konkreten Einzelfall individuell angepasst sei.[154] Durch die (zumeist) Vielzahl an Fragen könne ein hoher Grad an Individualisierung des Rechtsdokuments erreicht werden, die sich nicht „in allgemeinen Daten" erschöpfe.[155] Vielmehr handle es sich um die Beantwortung spezifischer Fragen, die sich anschließend im rechtlichen Dokument widerspiegeln würden.[156] Hierdurch könne „ein individuelles Bild von dem konkreten Fall des Betroffenen" im Dokument abgebildet werden.[157] In diesem Prozess liege die Tätigkeit in einer konkreten Angelegenheit.[158] Ein weiteres Argument sei insbesondere, dass durch die Anwendung der Software im Einzelfall durch den Nutzer die für einen fiktiven Fall programmierten Textbausteine auf einen spezifischen Rechtsuchenden und sein konkret-individuelles Rechtsersuchen, mithin einen realen Sachverhalt, angewandt werde.[159] Dass der individuelle Fall des Rechtsuchenden durch die vorherige abstrakte Programmierung nicht gelöst werden könne, sei nicht Problem der Tätigkeit in einer konkret fremden Angelegenheit, sondern vielmehr des Erfordernisses einer rechtlichen Prüfung im Einzelfall.[160] Auch habe der Rechtsuchende ein eigenes wirtschaftliches Interesse an dem für ihn zusammengestellten Dokument, weshalb die Tätigkeit ebenfalls in fremder Angelegenheit erbracht werde.[161]

(3) Anwendung und Zwischenergebnis

Zunächst muss geklärt werden, ob es sich bei der Erbringung von Dienstleistungen im Rahmen von Dokumentengeneratoren um eine Tätigkeit in fremder Angelegenheit handelt. Wie bereits durch den BGH erläutert, handelt es sich dann um eine fremde Angelegenheit, wenn die Dienstleistung im wirt-

---

[153] *Remmertz/Krenzler*, in: Krenzler/Remmertz, RDG, § 2 Rn. 71.
[154] LG Köln MMR 2020, 56 Rn. 23; *Fries*, ZRP 2018, 161 (162); *Remmertz/Krenzler*, in: Krenzler/Remmertz, RDG, § 2 Rn. 71; *Singer*, RDi 2022, 53 (55).
[155] LG Köln MMR 2020, 56 Rn. 23; *Degen/Krahmer*, GRUR-Prax 2016, 363 (364); *Dahns*, NJW-Spezial 2019, 766 (766).
[156] LG Köln MMR 2020, 56 Rn. 23; *Degen/Krahmer*, GRUR-Prax 2016, 363 (364); *Dahns*, NJW-Spezial 2019, 766 (766).
[157] LG Köln MMR 2020, 56 Rn. 23; *Degen/Krahmer*, GRUR-Prax 2016, 363 (364); *Dahns*, NJW-Spezial 2019, 766 (766).
[158] LG Köln MMR 2020, 56 Rn. 23; *Remmertz/Krenzler*, in: Krenzler/Remmertz, RDG, § 2 Rn. 71; *Singer*, RDi 2022, 53 (55).
[159] *Wessels*, MMR 2020, 56 (59 f.); *Dahns*, NJW-Spezial 2019, 766 (766).
[160] *Krenzler*, BRAK-Mitt. 2020, 119 (122).
[161] *Degen/Krahmer*, GRUR-Prax 2016, 363 (364).

schaftlichen Interesse des Nutzers erfolgt.[162] Der Nutzer stellt mithilfe der Software und den in diesem Rahmen gegebenen Hilfestellungen ein Rechtsdokument zusammen, das er für persönliche Zwecke benötigt.[163] Damit erfolgt die Tätigkeit des Dokumentengenerators im wirtschaftlichen Interesse des Nutzers; das kommerzielle Eigeninteresse des Betreibers ist, wie bereits ausgeführt, hierfür irrelevant.[164]

Anschließend muss betrachtet werden, in welcher der drei zuvor festgestellten Aktivitäten eine Tätigkeit liegen kann, die sodann in einer konkret fremden Angelegenheit erfolgen muss. Die Programmierung und das Zurverfügungstellen der Software sind, wie das OLG bereits angenommen hat, nicht als Tätigkeit in einer konkreten Angelegenheit anzusehen.[165] Im Rahmen der Programmierung der einzelnen Textbausteine und Regeln des Expertensystems müssen anhand hypothetischer Fälle eine Vielzahl von skalierbaren Musterbausteinen erstellt werden, damit das System hierauf bei der Benutzung zurückgreifen kann.[166] Dies erfordert eine abstrakte Analyse, für welche Fälle in Zukunft die Nutzer einen Dokumentengenerator und diesbezügliche Dokumente benötigen und wie diese rechtlich auszugestalten sind, damit diesem Verlangen entsprochen werden kann.[167] Genau eine solche abstrakte rechtliche (Vor-)Leistung ist jedoch gerade nicht auf einen konkreten Sachverhalt bezogen, weshalb das Programmieren und Zurverfügungstellen nicht als Tätigkeit in einer konkreten Angelegenheit angesehen werden kann.[168]

Anders hingegen ist die mit der Nutzung verbundene Anwendung des Systems zu beurteilen.[169] Der Dokumentengenerator stellt aufgrund von Antworten eines konkreten Kunden, die dieser über seinen konkreten Fall mit seinem fallspezifischen Wissen gegeben hat, ein Dokument zusammen, das nun für

---

[162] BGH NJW 2021, 3125 Rn. 30; BGH NJW 2016, 3441 Rn. 26; BGH NJW-RR 2021, 1288 Rn. 32.

[163] BGH NJW 2021, 3125 (3127); so auch schon *Wettlaufer*, MMR 2018, 55 (56); dem zustimmend *Kraetzig/Krawietz*, RDi 2022, 145 (147).

[164] Auch schon BGH NJW 1967, 1562; BGH NJW 2007, 3570; *Römermann*, in: BeckOK RDG, § 2 Rn. 16.

[165] OLG Köln Urt. v. 19.6.2020, I-6 U 263/19, Rn. 30, 88; so auch *Wessels*, MMR 2020, 56 (59 f.); *Henssler*, in: Deckenbrock/Henssler, RDG, Einleitung Rn. 47c; *Deckenbrock*, AnwBl 2020, 178 (179).

[166] OLG Köln Urt. v. 19.6.2020, I-6 U 263/19 Rn. 88; s. zur Skalierbarkeit juristischer Expertensysteme oben unter 1. Teil C. I.

[167] OLG Köln Urt. v. 19.6.2020, I-6 U 263/19 Rn. 88; *Wessels*, MMR 2020, 56 (59 f.); *Henssler*, in: Deckenbrock/Henssler, RDG, Einleitung Rn. 47c.

[168] OLG Köln Urt. v. 19.6.2020, I-6 U 263/19 Rn. 88; *Wessels*, MMR 2020, 56 (59 f.); *Henssler*, in: Deckenbrock/Henssler, RDG, Einleitung Rn. 47c; *Deckenbrock*, AnwBl 2020, 178 (179).

[169] So auch LG Köln MMR 2020, 56 Rn. 23; *Fries*, ZRP 2018, 161 (162); *Degen/Krahmer*, GRUR-Prax 2016, 363 (364); *Dahns*, NJW-Spezial 2019, 766 (766).

den konkreten Fall der rechtsuchenden Person nutzbar ist.[170] Damit ist die Tätigkeit auf ein tatsächliches und einen konkreten Sachverhalt betreffendes rechtliches Ersuchen des Nutzers bezogen.[171] Hieran kann auch der Umstand, dass es sich bei den Textbausteinen um zuvor formulierte Dokumententeile handelt, nichts ändern.[172] Auch ein Anwalt, der eine zuvor bereits in unzähligen Fällen beantwortete Frage nun gegenüber einem anderen Mandanten erneut mit gleichem oder ähnlichem Wortlaut beantwortet, wird in einer konkreten Angelegenheit tätig. Unabhängig von dieser Frage zu beurteilen ist hingegen, ob es sich bei diesem Schritt um eine rechtliche Prüfung im Einzelfall handelt.[173] Aus diesem Grund ist es unerheblich, dass es, wie vom BGH vorgebracht, keine Möglichkeit gibt, Rückfragen oder Ergänzungen zu Umständen des Einzelfalls, die zu einer Anpassung möglicher Klauseln führen würden, einzubeziehen.[174] Vielmehr ist dieses Argument unter dem Tatbestandsmerkmal „Erfordernis einer rechtlichen Prüfung im Einzelfall" anzubringen und zu berücksichtigen.[175]

Zwar ist zuzugestehen, dass im Rahmen von Formularbüchern keine Tätigkeit in konkreter Angelegenheit erbracht wird, da es sich ausschließlich um abstrakte Formulierungen handelt, die nicht auf einen konkreten (realen) Sachverhalt gerichtet sind.[176] Ein Vergleich mit Dokumentengeneratoren kann dennoch nicht gezogen werden.[177] Nutzt der Rechtsuchende ein Formularbuch, entscheidet sich dieser bewusst dafür, alle abstrakten Textbausteine für seinen konkreten Sachverhalt selbstständig auszuwählen und zusammenzustellen.[178] Im Rahmen der Interaktion mit einem Dokumentengenerator wird dieser Prozess der Auswahl und Zusammenstellung für den Rechtsuchenden obsolet, da die Software diesen Schritt nach der Beantwortung von Fragen eigenständig übernimmt.[179] Entscheidet sich der Rechtsuchende nun dazu, ei-

---

[170] So auch *Dahns*, NJW-Spezial 2019, 766 (766); *Krenzler*, BRAK-Mitt. 2020, 119 (122).
[171] Vgl. bezüglich der Formulierung *Wettlaufer*, MMR 2018, 55 (56).
[172] So auch LG Köln MMR 2020, 56 Rn. 23; *Fries*, ZRP 2018, 161 (162); *Singer*, RDi 2022, 53 (55); *Remmertz/Krenzler*, in: Krenzler/Remmertz, RDG, § 2 Rn. 71.
[173] Zum gleichen Ergebnis kommt auch *Dahns*, NJW-Spezial 2019, 766 (766).
[174] *Krenzler*, BRAK-Mitt. 2020, 119 (122); *Dahns*, NJW-Spezial 2019, 766 (766).
[175] *Krenzler*, BRAK-Mitt. 2020, 119 (122); *Dahns*, NJW-Spezial 2019, 766 (766).
[176] OLG Karlsruhe NJW-RR 2011, 119 (120); LG Köln MMR 2020, 56 Rn. 23; *Remmertz/Krenzler*, in: Krenzler/Remmertz, RDG, § 2 Rn. 71.
[177] LG Köln MMR 2020, 56 Rn. 23; *Kraetzig/Krawietz*, RDi 2022, 145 (148); *Fries*, ZRP 2018, 161 (162); *Remmertz/Krenzler*, in: Krenzler/Remmertz, RDG, § 2 Rn. 71.
[178] LG Köln MMR 2020, 56 Rn. 23; *Fries*, ZRP 2018, 161 (162).
[179] LG Köln MMR 2020, 56 Rn. 23; *Singer*, RDi 2022, 53 (55); *Fries*, ZRP 2018, 161 (162); *Remmertz/Krenzler*, in: Krenzler/Remmertz, RDG, § 2 Rn. 71, verweisen

nen Dokumentengenerator zu benutzen und die Verantwortung aus seiner Hand zu geben und an den Anbieter des Dokumentengenerators zu übertragen, da er schon gar keinen Einblick in die Funktion des Systems und sonstige zur Verfügung stehende Klauseln hat,[180] muss dies in Übereinstimmung mit der zweiten Ansicht als eine Tätigkeit in konkret fremder Angelegenheit gesehen werden.[181]

cc) Erfordernis einer rechtlichen Prüfung im Einzelfall

Zuletzt müsste die Tätigkeit eine rechtliche Prüfung des Einzelfalls erfordern, § 2 I RDG. Um dieses Tatbestandsmerkmal zu erfüllen, ist nach Ansicht der Rechtsprechung eine Subsumtion im Einzelfall erforderlich, „die über eine bloß schematische Anwendung von Rechtsnormen ohne weitere rechtliche Prüfung hinausgeht".[182] Nicht von Bedeutung ist hingegen, ob die zu beantwortende Rechtsfrage oder Rechtsanfrage eine hohe juristische Komplexität aufweist oder nicht.[183]

Zwar wird bemängelt, dass eine klare Abgrenzung zwischen dem vorliegenden Tatbestandsmerkmal und dem der Tätigkeit in konkret fremder Angelegenheit schwer möglich sei.[184] Dem ist nach hier zugrundeliegender Argumentation jedoch nicht zu folgen.[185] Im Rahmen der Bestimmung der konkret fremden Angelegenheit kommt es darauf an, festzustellen, ob eine Tätigkeit in einer fremden Rechtssache, mithin in einem fremden konkreten Sachverhalt eines nicht fiktiven Rechtsuchenden erfolgt ist, wohingegen nun zu betrachten ist, ob entweder eine rechtliche Prüfung im Einzelfall, folglich eine juristisch zu verstehende Subsumtion, erfolgt ist oder ob ein Erfordernis einer solchen rechtlichen Prüfung des Einzelfalls objektiv oder subjektiv besteht.[186] Dies richtet sich wiederum danach, welcher der folgend ausgeführten Ansichten gefolgt wird.

---

zutreffend darauf, dass so die Verantwortung vom Nutzer des Formularbuchs zum Anbieter des Dokumentengenerators übergeht.

[180] *Kraetzig/Krawietz*, RDi 2022, 145 (148); *Singer*, RDi 2022, 53 (55); *Fries*, ZRP 2018, 161 (162); *Remmertz/Krenzler*, in: Krenzler/Remmertz, RDG, § 2 Rn. 71.

[181] So auch LG Köln MMR 2020, 56 Rn. 23; *Singer*, RDi 2022, 53 (55); *Fries*, ZRP 2018, 161 (162); *Remmertz/Krenzler*, in: Krenzler/Remmertz, RDG, § 2 Rn. 71.

[182] BGH NJW-RR 2016, 1056 Rn. 43 f.; OLG Köln NJW 2020, 2734 Rn. 26, 28, 44; LG Berlin BeckRS 2018, 19885 Rn. 26; BT-Drs. 16/6634, S. 51.

[183] BGH NJW-RR 2016, 1056 Rn. 43 f.; OLG Köln NJW 2020, 2734 Rn. 26, 28, 44; LG Berlin BeckRS 2018, 19885 Rn. 26; BT-Drs. 16/6634, S. 51.

[184] Vgl. *Thole*, NJW 2021, 3125 (3129).

[185] So auch *Wettlaufer*, MMR 2018, 55 (56); *Fries*, ZRP 2018, 161 (162 f.).

[186] Vgl. auch *Wettlaufer*, MMR 2018, 55 (56).

A. Begriff der Rechtsberatung in regulatorischer Hinsicht

(1) Keine rechtliche Prüfung im Einzelfall

Nach einer ersten Ansicht können Dokumentengeneratoren das Tatbestandsmerkmal der rechtlichen Prüfungen im Einzelfall im Sinne des § 2 I RDG nicht verwirklichen.[187] Hierfür sei vielmehr eine Subsumtion des konkreten Sachverhalts des Kunden (Rechtsuchenden) unter die jeweiligen Rechtsnormen erforderlich.[188] Eine solche Subsumtion könne jedoch gerade nicht durch einen Dokumentengenerator ausgeführt werden, da dieser lediglich die vorab formulierten Textbausteine anhand zuvor aufgestellter Regeln zusammensetze und keine individuelle Subsumtion der Antwort des Kunden unter eine Rechtsnorm stattfinde.[189] Das entstehende Rechtsdokument könne so lediglich standardmäßige Ausführungen verwenden und nicht auf besondere Sachverhaltskonstellationen des Kunden (Rechtsuchenden) eingehen.[190] Dies wäre jedoch für eine Subsumtion im Einzelfall erforderlich.[191] So sei es auch außerhalb vom Fall des Dokumentengenerators anerkannt, dass keine Rechtsdienstleistung vorliege, wenn ein Dienstleister seinem Kunden ein standardisiertes Vertragsformular liefere.[192] Das Gleiche gelte ebenfalls für die angebotenen Hilfshinweise zur Ausfüllung des Dokuments, soweit sich diese auf diejenigen Angaben beschränkten, die in das Dokument eingefügt werden sollen.[193]

Ähnlich argumentiert auch das OLG Köln, indem es sich fragte, ob eine rechtliche Prüfung entweder „objektiv, nach der maßgeblichen Verkehrsanschauung, oder subjektiv, aufgrund eines vom Rechtsuchenden zum Ausdruck gebrachten Willens, Bestandteil der Dienstleistung" geworden ist.[194] Objektiv stelle der Dokumentengenerator eine lediglich schematische Anwendung der einschlägigen Rechtsnormen aufgrund der dem Generator zugrundeliegenden „Frage-Antwort-Struktur" dar; die rein „logisch-schematische" Zusammenstellung der Textbausteine reiche nicht aus, um eine objektive Rechtsprüfung

---

[187] *Deckenbrock*, AnwBl Online 2020, 178 (181); *Weberstaedt*, AnwBl 2016, 535 (536 f.); *Wendt/Jung*, ZIP 2020, 2201 (2207 f.).

[188] Vgl. insoweit bereits BGH NJW-RR 2016, 1056 Rn. 43 f.; BT-Drs. 16/6634, S. 51; *Deckenbrock*, AnwBl Online 2020, 178 (180).

[189] *Deckenbrock*, AnwBl Online 2020, 178 (181); *Wendt/Jung*, ZIP 2020, 2201 (2207 f.).

[190] *Deckenbrock*, AnwBl Online 2020, 178 (181); *Weberstaed*, AnwBl 2016, 535 (536 f.).

[191] *Deckenbrock*, AnwBl Online 2020, 178 (181); *Weberstaed*, AnwBl 2016, 535 (536 f.).

[192] OLG Karlsruhe NJW-RR 2011, 119 (120); *Deckenbrock*, AnwBl Online 2020, 178 (181); *Remmertz*, BRAK-Mitt. 2017, 55 (58).

[193] OLG Karlsruhe NJW-RR 2011, 119 (120); *Deckenbrock*, AnwBl Online 2020, 178 (181).

[194] OLG Köln NJW 2020, 2743 Rn. 44.

für den von der Norm geforderten Subsumtionsvorgang annehmen zu können.[195] Auch subjektiv könne nicht von der Einbindung einer Rechtsdienstleistung ausgegangen werden.[196] Die Benutzer[197] würden nicht zu erkennen geben, dass sie vom Anbieter eine rechtliche Prüfung im Einzelfall zu ihrem Anliegen oder eine Aufklärung über die rechtlichen Folgen erwarten würden.[198] Zwar erfordere auch die Anfertigung von juristischen Dokumenten eine rechtliche Prüfung, diese erfolge jedoch vorgelagert im Prozess der Programmierung und nicht in der Anwendung der Software.[199]

Galetzka, Garling und Partheymüller[200] schließen sich zwar der Ansicht des OLG Kölns an, verweisen jedoch explizit darauf, dass es durchaus möglich erscheine, dass eine Software eine rechtliche Prüfung im Einzelfall durchführe, sodass eine rechtliche Prüfung des Einzelfalls nicht allein am schematischen Ablaufen eines Systems scheitere.[201]

(2) Rechtliche Prüfung im Einzelfall möglich

Nach einer anderen, zweiten Ansicht können auch Dokumentengeneratoren rechtliche Prüfungen im Einzelfall vornehmen, wobei jedoch die Begründungen im Einzelnen voneinander abweichen.[202]

Zum einen wird vertreten, dass die erforderliche rechtliche Prüfung des Einzelfalls und damit die Subsumtion bereits bei der Programmierung des Systems vorgenommen wird.[203] Zum Zeitpunkt der Programmierung der Software mitsamt all ihren Fragen, Regeln und Textbausteinen, müssten diese bereits so entworfen werden, dass der maßgebliche Kundenwunsch ermittelt

---

[195] OLG Köln NJW 2020, 2734 Rn. 45; so auch *Wessels*, MMR 2020, 56 (60); *Stein/Ruppert*, DStR 2020, 2039 (2040).

[196] OLG Köln NJW 2020, 2734 Rn. 46.

[197] Hier im konkreten Fall die Kunden von Smartlaw, worauf sich die Entscheidung bezieht; bei anderen Dokumentengeneratoren könnte dies jedoch durchaus auch anders zu bewerten sein, weshalb keine vollständig verallgemeinernde Aussage hieraus gezogen werden kann.

[198] OLG Köln NJW 2020, 2734 Rn. 46.

[199] OLG Köln NJW 2020, 2734 Rn. 46.

[200] *Galetzka/Garling/Partheymüller*, MMR 2021, 20 (24 f.).

[201] *Galetzka/Garling/Partheymüller*, MMR 2021, 20 (24).

[202] LG Köln MMR 2020, 56 Rn. 27; *Degen/Krahmer*, GRUR-Prax 2016, 363 (364); *Singer*, RDi 2022, 53 (56); *Dahns*, NJW-Spezial 2019, 766 (766); *Fries*, ZRP 2018, 161 (163); *Remmertz*, in: Hamm, Beck'sches Rechtsanwalts-Handbuch, § 64 Rn. 50, 60; *Remmertz/Krenzler*, in: Krenzler/Remmertz, RDG, § 2 Rn. 59; vgl. auch *Schrader*, BRAK-Mitt. 2020, 62 (63 ff.).

[203] LG Köln MMR 2020, 56 Rn. 27; zustimmend *Büttel*, jurisPR-ITR 25/2019 Anm. 6.

A. Begriff der Rechtsberatung in regulatorischer Hinsicht

werde und hierauf aufbauend ein individuelles, auf den Kunden zugeschnittenes Dokument erstellt werden könne, was eine Subsumtion voraussetze.[204] Auch könne der Kunde durch eine Vielzahl von alternativen Klauseln sein Dokument weiter auf seinen konkreten Sachverhalt anpassen.[205] Die Komplexität der von Dokumentengeneratoren abgebildeten Rechtsgebiete sowie der Umfang und die (rechtliche) Komplexität der zuvor formulierten Fragen führe weiterhin zu einer Subsumtion, die, wie vom BGH gefordert, „erkennbar über eine bloß schematische Anwendung von Rechtsnormen hinausgeht".[206]

Zum anderen wird auf den Zeitpunkt der Anwendung der Software durch den konkreten Benutzer abgestellt und hierin eine rechtliche Prüfung im Einzelfall gesehen, ohne jedoch auf das vom BGH aufgestellte Erfordernis einer Subsumtion einzugehen.[207] Dies lasse sich durch die mit den Dokumentengeneratoren erreichbare Komplexität der einzelnen Rechtsdokumente begründen, die daher über eine bloß schematische Anwendung der einschlägigen Rechtsnormen hinausgingen und mithin bereits aus objektiver Sicht eine rechtliche Prüfung im Einzelfall durchführen würden.[208] So wende der Dienstleister, welchem die Tätigkeiten des Algorithmus zugerechnet werden könnten, gerade mit dessen Hilfe Rechtsnormen auf einen konkreten Sachverhalt an.[209] Hiergegen spreche auch nicht die simple Wenn-Dann-Struktur der Software; vielmehr würden Rechtsnormen regelmäßig eine ähnliche Struktur (wenn Tatbestand, dann Rechtsfolge) aufweisen.[210]

Auch Timmermann[211] verweist darauf, dass weder aus den Gesetzgebungsmaterialien noch aus der Rechtsprechung ersichtlich werde, dass ein kausaler Subsumtionsvorgang in Abgrenzung zu normativen Subsumtionsschritten nicht als spezifisch juristischer Subsumtionsvorgang einzuordnen wäre. Darü-

---

[204] LG Köln MMR 2020, 56 Rn. 27; zustimmend *Büttel*, jurisPR-ITR 25/2019 Anm. 6.
[205] *Degen/Krahmer*, GRUR-Prax 2016, 363 (364).
[206] LG Köln MMR 2020, 56 Rn. 27; *Degen/Krahmer*, GRUR-Prax 2016, 363 (364); *Remmertz*, in: Hamm, Beck'sches Rechtsanwalts-Handbuch, § 64 Rn. 60; *Remmertz/Krenzler*, in: Krenzler/Remmertz, RDG, § 2 Rn. 59, stellen hingegen darauf ab, dass sogar „die Abfolge von simplen Wenn-Dann-Entscheidungsbäumen" bereits eine Subsumtion im Sinne der Norm sei, da § 2 I RDG gerade keine qualitativen Anforderungen an eine Subsumtion stelle. Sie verweisen jedoch im Anschluss darauf, dass es hierauf nicht ankomme, da es lediglich auf die *Erforderlichkeit* einer rechtlichen Prüfung ankomme.
[207] *Dahns*, NJW-Spezial 2019, 766 (766); *Fries*, ZRP 2018, 161 (163).
[208] *Dahns*, NJW-Spezial 2019, 766 (766); *Remmertz*, BRAK-Mitt. 2017, 55 (59).
[209] *Remmertz*, BRAK-Mitt. 2017, 55 (59).
[210] *Remmertz*, BRAK-Mitt. 2017, 55 (59).
[211] *Timmermann*, Legal Tech-Anwendungen, S. 417.

ber hinaus stellt er jedoch auf die Beachtlichkeit des *Erfordernisses* einer rechtlichen Prüfung ab.[212]

(3) Beachtlichkeit des „Erfordernisses" einer rechtlichen Prüfung

Nach einer dritten Ansicht kommt es gerade nicht darauf an, dass eine rechtliche Prüfung im Einzelfall tatsächlich vollzogen wurde, sondern nur darauf, dass diese objektiv oder subjektiv erforderlich ist.[213] Wenn bereits eine solche Erforderlichkeit bestehe, liege eine Situation vor, vor welcher der Gesetzeber mit seinem in § 3 RDG statuiertem Verbot schützen wolle.[214] An einer objektiven Erforderlichkeit im Rahmen der aktuell angebotenen Dokumentengeneratoren sei nicht zu zweifeln.[215] Dies ergebe sich insbesondere durch einen Vergleich zur „klassischen Vertragsgestaltung".[216] So müsse es gleichgültig vor dem Schutzzweck des § 1 I 2 RDG und der technologieneutralen Ausgestaltung des RDG sein, ob die Vertragsgestaltung auf manuellem oder automatisiertem Weg erfolge.[217] Die vom Dokumentengenerator angetasteten Rechtsbereiche könnten selbst durch die einfache Ausgestaltung mit Frage und Antwort eine derartige Komplexität aufweisen, die eine rechtliche Prüfung bei Anwendung erfordere, die über das hinausgehe, was für die Erstellung der Textbausteine (beziehungsweise des Vertragsentwurfs) bereits durchgeführt wurde.[218] In der klassischen anwaltlichen (analogen) Rechtsberatung sei hier in diesem Schritt sodann erforderlich, das Problem zu erkennen und anzusprechen, was das Erfordernis einer rechtlichen Prüfung im Einzelfall bestätige.[219]

---

[212] *Timmermann*, Legal Tech-Anwendungen, S. 417.

[213] *Remmertz*, in: Hamm, Beck'sches Rechtsanwalts-Handbuch, § 64 Rn. 60, 53; *Krenzler*, BRAK-Mitt. 2020, 119 (122); *Wessels*, MMR 2020, 56 (60); *Wettlaufer* MMR 2018, 55 (56 f.); *Rack*, CB Sonderbeilage 1/2021, 1 (11 f.); *Timmermann/Hundertmark*, RDi 2021, 269 (274); *Steinrötter/Warmuth*, in: Hoeren/Sieber/Holznagel, Handbuch Multimedia-Recht, Teil 30 Rn. 19.

[214] *Krenzler*, BRAK-Mitt. 2020, 119 (122); *Remmertz*, in: Hamm, Beck'sches Rechtsanwalts-Handbuch, § 64 Rn. 60.

[215] *Remmertz*, in: Hamm, Beck'sches Rechtsanwalts-Handbuch, § 64 Rn. 60; *Galetzka/Garlin/Partheymüller*, MMR 2021, 20 (24); *Rack*, CB Sonderbeilage 1/2021, 1 (5, 12).

[216] *Remmertz*, in: Hamm, Beck'sches Rechtsanwalts-Handbuch, § 64 Rn. 60.

[217] *Remmertz*, in: Hamm, Beck'sches Rechtsanwalts-Handbuch, § 64 Rn. 60.

[218] *Remmertz*, in: Hamm, Beck'sches Rechtsanwalts-Handbuch, § 64 Rn. 60; *Galetzka/Garlin/Partheymüller*, MMR 2021, 20 (24); *Rack*, CB Sonderbeilage 1/2021, 1 (5, 12).

[219] *Remmertz*, in: Hamm, Beck'sches Rechtsanwalts-Handbuch, § 64 Rn. 60.

A. Begriff der Rechtsberatung in regulatorischer Hinsicht

(4) Anwendung der Ergebnisse

Wie bereits im Prüfungspunkt der konkret fremden Angelegenheit festgestellt werden konnte, kann mangels einer Tätigkeit in einer *konkreten* Angelegenheit nicht auf den Zeitpunkt der Programmierung des Systems abgestellt werden, weshalb der ersten Unteransicht der zweiten Ansicht bereits nach hier vertretener Ansicht nicht gefolgt werden kann.[220] Wie ausgeführt wurde, ist auf den Zeitpunkt der Interaktion mit dem Kunden (Rechtsuchenden) abzustellen.[221] Fernerhin ist nun zu prüfen, ob zu diesem Zeitpunkt eine rechtliche Prüfung des Einzelfalls durchgeführt wird, beziehungsweise ein Erfordernis einer rechtlichen Prüfung des Einzelfalls besteht.

(a) Definition der rechtlichen Prüfung des Einzelfalls

Zunächst muss der Begriff der rechtlichen Prüfung geklärt werden. Wie bereits dargestellt, liegt nach Ansicht der Rechtsprechung eine rechtliche Prüfung des Einzelfalls in jeder Subsumtion, die über eine bloß schematische Anwendung von Rechtsnormen ohne weitere rechtliche Prüfung hinausgehe.[222] Jedoch sei es unerheblich, ob es sich um eine juristisch komplexe oder einfache Frage handle.[223] Fraglich ist, ob diese Definition mithilfe der klassischen Auslegungsmethoden gewonnen werden und tatsächlich zur Definition der rechtlichen Prüfung des Einzelfalls eingesetzt werden kann.

Allein aus dem Gesetzeswortlaut, welcher den Begriff der rechtlichen Prüfung des Einzelfalls nicht näher ausführt, können keine Rückschlüsse über diese Definition geführt werden.[224]

Die Begründung des Regierungsentwurfs zum RDG sah zunächst eine *besondere* rechtliche Prüfung vor und verlangte, dass diese über die bloße Anwendung von Rechtsnormen auf einen Sachverhalt hinausgehen müsse, womit alle Lebensvorgänge ausschieden, die keine rechtliche Prüfung erforderlich machten, da sie nach Inhalt, Formen und Rechtsfolgen jedermann derart vertraut seien, dass sie nicht als rechtliche Lebensvorgänge empfunden würden.[225] Die Subsumtion unter juristische Begriffe und Tatbestände dürfe nicht

---

[220] Vgl. hierzu oben unter 2. Teil A. II. 1. a) bb) (3).
[221] Vgl. hierzu oben unter 2. Teil A. II. 1. a) bb) (3).
[222] BGH GRUR 2016, 820 Rn. 43; BGH NJW 2016, 3441 Rn. 23; s. hierzu oben unter 2. Teil A. II. 1. a) cc).
[223] BGH GRUR 2016, 820 Rn. 43; BGH NJW 2016, 3441 Rn. 23; s. hierzu oben unter 2. Teil A. II. 1. a) cc).
[224] A.A. BGH GRUR 2016, 820 Rn. 44, die Aussage bezieht sich jedoch nur darauf, dass es keiner *besonderen* rechtlichen Prüfung des Einzelfalls bedarf.
[225] BT-Drs. 16/3655, S. 46; *Römermann*, in: BeckOK RDG, § 2 Rn. 32.

für juristische Laien so selbstverständlich sein, dass die Rechtsanwendung kein besonderes rechtliches Wissen voraussetzt.[226] Daher müssten Tätigkeiten über die bloß schematische Anwendung des Rechts hinausgehen.[227]

In der Beschlussempfehlung zum RDG hieß es sodann, „dass § 2 I RDG jede rechtliche Tätigkeit erfassen soll, die über die bloße Anwendung von Rechtsnormen auf einen Sachverhalt hinausgeht, ohne dass es einer besonderen Prüfungstiefe bedarf".[228] Um klar hervorzuheben, dass es im Rahmen von § 2 I RDG nur um die Abgrenzung von bloßer Rechtsanwendung zu juristischer Rechtsprüfung und nicht um die Unterscheidung von „einfachem" und „schwierigem" Rechtsrat geht, hielt der Rechtsausschuss die Streichung des Wortes „besondere" für geboten".[229] Dennoch sollte hierdurch nur eine Klarstellung geschaffen werden, dass an das Tatbestandsmerkmal der rechtlichen Prüfung nicht zu hohe Anforderungen gestellt werden dürfen.[230] Eine wesentliche Änderung sollte der Entwurf jedoch nicht erfahren.[231]

Sinn und Zweck der Norm, den sachlichen Anwendungsbereich des RDG zu definieren und so den Schutzzweck des Gesetzes (den Rechtsuchenden vor unqualifiziertem Rechtsrat zu schützen, vgl. § 1 I 2 RDG) auf die relevante Tätigkeit zu erstrecken,[232] sprechen ebenfalls dafür, nicht jede Tätigkeit im rechtlichen Bereich in den Verbotsbereich des RDG fallen zu lassen.[233] Vielmehr soll der Rechtsuchende nur vor solchen Dienstleistungen geschützt werden, die ein gewisses Maß an substanzieller rechtlicher Prüfung beinhalten, die über eine bloße Rechtsanwendung hinausgehen,[234] sodass sie nach Inhalt, Formen und Rechtsfolgen nicht mehr jedermann derart vertraut sind und so als rechtliche Lebensvorgänge empfunden werden.[235] Erst in einem derartigen Fall muss der Rechtsuchende vor unqualifiziertem Rechtsrat geschützt werden.[236] Dies gebieten auch die Grundrechte des Dienstleisters, insbesondere die Berufsfreiheit aus Art. 12 I GG.[237] Denn ein Eingriff ist erst

---

[226] BT-Drs. 16/3655, S. 46.
[227] BT-Drs. 16/3655, S. 46.
[228] BT-Drs. 16/6634, S. 51.
[229] BT-Drs. 16/6634, S. 51.
[230] *Deckenbrock/Henssler*, in: Deckenbrock/Henssler, RDG, § 2 Rn. 6.
[231] BSG NJW 2014, 493 Rn. 32; BT-Drs. 16/6634, S. 51.
[232] Vgl. BSG NJW 2014, 493 Rn. 32; *Deckenbrock*, in: Deckenbrock/Henssler, RDG, § 1 Rn. 14.
[233] So auch bereits BVerfG NJW 1998, 3481 (3482); *Henssler*, in: Deckenbrock/ Henssler, RDG, Einleitung Rn. 11.
[234] BSG NJW 2014, 493 Rn. 32; BVerfG NJW 2002, 1190 (1192).
[235] BT-Drs. 16/3655, S. 46; *Römermann*, in: BeckOK RDG, § 2 Rn. 32.
[236] BSG NJW 2014, 493 Rn. 32.
[237] BVerfG NJW 1998, 3481 (3481); BVerfG NJW 2002, 1190 (1190); BVerfG NJW-RR 2004, 1570 (1570).

A. Begriff der Rechtsberatung in regulatorischer Hinsicht

dann gerechtfertigt, wenn ausreichende Gründe des Gemeinwohls, hier der Schutz der Rechtsuchenden vor unqualifiziertem Rechtsrat, betroffen sind.[238] Wie bereits festgestellt, bedarf es hierfür jedoch ein gewisses Maß an substanzieller Rechtsprüfung, die sich nicht auf die bloße Anwendung des Rechts beschränken.[239]

Auch die Systematik der Norm spricht dafür, dass nicht jede Tätigkeit im rechtlichen Bereich dem Verbot des RDG zu unterwerfen ist. So ist § 2 RDG im Zusammenhang mit § 5 RDG zu betrachten.[240] Dieser stellt eine Erlaubnis vom Verbot des § 3 RDG für solche Rechtsdienstleistungen dar, die als bloße Nebenleistungen zum Berufs- oder Tätigkeitsbild gehören.[241] § 2 RDG kommt mithin die Aufgabe zu, den sachlichen Anwendungsbereich des Verbots mit Erlaubnisvorbehalt des RDG zu definieren, nicht jedoch sämtliche Tätigkeiten im rechtlichen Bereich dem Verbot zu unterwerfen und die Eingrenzung auf erlaubte Tätigkeiten erst § 5 RDG zu überlassen.[242]

Mithin kann die Definition der rechtlichen Prüfung als jede Subsumtion, die über eine bloß schematische Anwendung von Rechtsnormen ohne weitere rechtliche Prüfung hinausgeht, durch die klassischen Auslegungsmethoden ermittelt und auch übernommen werden. Als Hilfsüberlegung kann weiterhin die folgende Formulierung angestellt werden: Tätigkeiten im rechtlichen Bereich, die jedoch keine rechtliche Prüfung erforderlich machen, da sie nach Inhalt, Formen und Rechtsfolgen jedermann derart vertraut sind, sodass sie nicht als rechtliche Lebensvorgänge empfunden werden, scheiden hingegen aus.[243] Zwar hat, wie bereits angesprochen, der Bundestag die Erforderlichkeit einer „besonderen" rechtlichen Prüfung nicht übernommen, weshalb nicht sämtliche Ausführungen der Begründung des Regierungsentwurfs uneingeschränkt übernommen werden können, jedoch sollte lediglich verhindert werden, dass zu hohe Anforderungen an die rechtliche Prüfung des Einzelfalls gestellt werden (s.o.). Aus der zuvor erfolgten Eingrenzung folgen jedoch keine hohen Anforderungen, die auf eine *besondere* rechtliche Prüfung verweisen, vielmehr grenzt sie die Beantwortung alltäglicher Fragen aus, die aufgrund ihres starken Alltagsbezugs nicht als genuin rechtliche Vorgänge

---

[238] BVerfG NJW 1998, 3481 (3482).
[239] BVerfG NJW 1998, 3481 (3482); vgl. BVerfG NJW 2002, 1190 (1192); BT-Drs. 16/3655, S. 1.
[240] BT-Drs. 16/3655, S. 37.
[241] *Deckenbrock/Henssler*, in: Deckenbrock/Henssler, RDG, § 5 Rn. 1; *Hirtz/Radunski*, in: BeckOK RDG, § 5 Rn. 3; *Johnigk*, in: Gaier/Wolf/Göcken, RDG, § 5 Rn. 1.
[242] BT-Drs. 16/3655, S. 37 f.
[243] So auch OLG Köln NJW 2020, 2734 Rn. 27, die jedoch nicht ausdrücklich darauf eingehen, dass der Passus als Hilfsüberlegung benutzt werden kann; vgl. BVerfG NJW 2004, 672 (673); *Remmertz/Krenzler*, in: Krenzler/Remmertz, RDG, § 2 Rn. 27.

verstanden werden.[244] Sie dient daher der Abgrenzung von bloßer Rechtsanwendung zu juristischer Rechtsprüfung, welche in der Beschlussempfehlung gefordert wird (s. o.).

(b) Anwendung der Definition

Nun muss entschieden werden, ob die infrage stehende Tätigkeit im Rahmen des Betriebs des Dokumentengenerators eine rechtliche Prüfung vollzieht, folglich eine Subsumtion vornimmt, die über eine bloß schematische Anwendung von Rechtsnormen ohne weitere rechtliche Prüfung hinausgeht.[245] Die Begründung des Regierungsentwurfs nennt als Fälle einer fehlenden Erforderlichkeit einer rechtlichen Prüfung etwa die bloße Stellvertretung beim Abschluss eines Standardvertrags oder die Vertragskündigung durch formularmäßige Erklärungen.[246] Aufgrund der hohen Komplexität, insbesondere der Dokumentengeneratoren für Vertragstexte, erscheint eine bloß schematische Anwendung von Rechtsnormen ohne weitere rechtliche Prüfung grundsätzlich eher fernliegend.[247] Zwar wird es jeweils im Einzelfall[248] auch solche Dokumentengeneratoren geben, die derart einfache Standarddokumente wie Kündigungen erstellen.[249] Jedoch ist zu beachten, dass unter die hier vorgestellten Generatoren nur solche fallen, die auf einem Expertensystem beruhen und für die es erforderlich ist, verschiedene Textbausteine zusammenzustellen, was vermuten lässt, dass in den überwiegenden Fällen eine Komplexität besteht, die nach Inhalt, Formen und Rechtsfolgen nicht jedermann derart vertraut sein sollte, dass sie als rechtliche Lebensvorgänge empfunden würden.[250]

Dennoch muss der Sachverhalt, welcher der rechtlichen Prüfung und damit der Subsumtion zugrunde liegt, der Einzelfall des Dienstleistungsempfängers sein, was sich bereits aus dem Wortlaut der Norm ergibt.[251] Bei dieser Anwendung des Dokumentengenerators durch den Kunden liegt jedoch keine recht-

---

[244] BT-Drs. 16/3655, S. 46; *Römermann*, in: BeckOK RDG, § 2 Rn. 32.

[245] S. hierzu oben unter 2. Teil A. II. 1. a) cc).

[246] BT-Drs. 16/3655, S. 46.

[247] LG Köln MMR 2020, 56 Rn. 27; *Degen/Krahmer*, GRUR-Prax 2016, 363 (364); *Remmertz*, in: Hamm, Beck'sches Rechtsanwalts-Handbuch, § 64 Rn. 60; *Galetzka/Garlin/Partheymüller*, MMR 2021, 20 (24); *Rack*, CB Sonderbeilage 1/2021, 1 (12).

[248] Auch die Begründung des Regierungsentwurfs sieht vor, dass die Anwendung im Einzelfall zu erfolgen hat, vgl. BT-Drs. 16/3655, S. 37 f.

[249] Für ein Ausschluss aus dem Anwendungsbereich auch *Leßner*, DSRITB 2019, 231 (237); vgl. auch BT-Drs. 16/3655, S. 46.

[250] S. hierzu oben unter 2. Teil A. II. 1. a) cc) (4) (a).

[251] BT-Drs. 16/3655, S. 47.

A. Begriff der Rechtsberatung in regulatorischer Hinsicht

liche Prüfung (Subsumtion) des *Einzelfalls* vor.[252] Denn für die konkrete Subsumtion des Einzelfalls ist hierbei in Übereinstimmung mit der allgemeinen Rechtstheorie die Unterordnung des konkreten Sachverhalts unter einen Rechtssatz, sodass sämtliche Kriterien des Einzelfalls berücksichtigt und im Ergebnis Anklang finden können, erforderlich.[253] Legt man dieses Verständnis zugrunde, hat dies zur Folge, dass jede abstrakte Rechtsnorm, die Anwendung für eine Vielzahl von Sachverhalten entfaltet, auf den konkreten Sachverhalt und mithin unter Berücksichtigung der Eventualitäten des Einzelfalls angewendet werden muss.[254] Zwar vollzieht das System eine Anwendung der Eingaben des Nutzers (des Sachverhalts) unter zuvor einprogrammierte Tatbestände von Normen,[255] kann jedoch von einem zuvor manuell einprogrammierten Ergebnis im Einzelfall nicht abweichen; so fehlt ihm doch das „juristische Gespür" dafür, dass im Einzelfall ein anderes Ergebnis geboten sein kann, als das, was ursprünglich vom Programmierer für diesen (abstrakten) Fall gedacht war.[256] Daher bietet es sich an, nicht etwa das Merkmal der rechtlichen Prüfung abstrakt für sich genommen abzulehnen, da eine rechtliche Prüfung des vom Programmierer konstruierten Falls vorgenommen wird, sondern vielmehr eine rechtliche Prüfung *des Einzelfalls* zu verneinen.[257] Hierfür spricht auch gerade die Begründung des Regierungsentwurfs, wenn sie eine „allgemein gehaltene, auf den *nicht überprüften Angaben* des Nachfragenden beruhende Rechtsauskunft an eine interessierte Einzelperson" für keine Rechtsdienstleistung in diesem Sinne hält.[258]

Zwar könnte man hiergegen einwenden, dass sodann jede Prüfung eines Rechtsanwalts in einem „Standardfall" keine rechtliche Prüfung des Einzel-

---

[252] *Wessels*, MMR 2020, 56 (60).
[253] *Groh*, in: Weber, Rechtswörterbuch, Subsumtion; *Bäcker*, JuS 2019, 321 (324); *Mann*, Einführung in die juristische Arbeitstechnik, 3. Teil Rn. 208, 248; *Bitter/Rauhut*, JuS 2009, 289 (291 f.); *Timmermann/Gelbrich*, NJW 2022, 25 (25).
[254] *Bäcker*, JuS 2019, 321 (324); *Mann*, Einführung in die juristische Arbeitstechnik, 3. Teil Rn. 208, 248; *Bitter/Rauhut*, JuS 2009, 289 (291 f.).
[255] *Timmermann*, Legal Tech-Anwendungen, S. 77, beschreibt diesen Vorgang als kausale Subsumtion.
[256] *Hartung*, RDi 2023, 209 (209 f.); *Grupp*, in: Hartung/Bues/Halbleib, Legal Tech, Rn. 1116 f.; *Hartung*, in: Riehm/Dörr, Digitalisierung des Zivilverfahrens, § 10 Rn. 27; vgl. auch *Kraetzig/Krawietz*, RDi 2022, 145 (149); *Kaplan*, Künstliche Intelligenz, S. 89, verweist darauf, dass „Computerprogramme [...] es für sich genommen nicht mit unserem Menschenverstand und dem das Denken betreffenden Gespür aufnehmen [können]"; *Hähnchen/Schrader/Weiler/Wischmeyer*, JuS 2020, 625 (630), nennen als Grenze der Automatisierung unter anderem das Judiz.
[257] So im Ergebnis auch *Weberstaedt*, AnwBl 2016, 535 (537); *Kraetzig/Krawietz*, RDi 2022, 145 (149); *Deckenbrock/Henssler*, in: Deckenbrock/Henssler, RDG, § 2 Rn. 54a.
[258] BT-Drs. 16/3655, S. 47; so auch *Kraetzig/Krawietz*, RDi 2022, 145 (149).

falls darstellen würde, da hier ebenfalls nur ein vergleichbar determiniertes Anwenden von Rechtsnormen vorliege, jedoch ist dieser Fall gerade entscheidend anders gelegen. Der Rechtsdienstleister (in diesem Beispiel der Rechtsanwalt) prüft vielmehr zusätzlich, ob Umstände des Sachverhalts vorliegen, die diesen „Standardfall" zu einem atypischen Fall machen können.[259] Auch kann und wird dieser gegebenenfalls durch ein Nachfragen die Angaben des Rechtsuchenden hinterfragen und überprüfen.[260] Hierin liegt gerade die weitere rechtliche Prüfung des *Einzelfalls*, zu der Expertensysteme nicht in der Lage sind.[261]

Weiterhin führt auch nicht etwa die Option, dass der Kunde das Rechtsdokument (etwa einen Vertrag) durch alternative Vorschläge konkretisieren und damit für seine Bedürfnisse anpassen kann, dazu, eine rechtliche Prüfung des Einzelfalls (sprich eine Subsumtion des Einzelfalls) annehmen zu können.[262] So wäre es erforderlich, dass die Subsumtion durch den die Tätigkeit erbringenden Dokumentengenerator und nicht etwa durch den Anwender des Systems mittels Konkretisierung des eigenen Dokuments durchgeführt wird, nachdem dieser die abstrakten Ausführungen des Anbieters gelesen und sich daraufhin gegebenenfalls für eine Alternative entschieden hat.[263] Der Dokumentengenerator vollzieht somit keine rechtliche Prüfung des *Einzelfalls*.

(c) Erforderlichkeit der rechtlichen Prüfung des Einzelfalls

Fraglich ist jedoch, ob nicht im Einklang mit der letzten Ansicht lediglich darauf abzustellen ist, ob eine rechtliche Prüfung im Einzelfall *erforderlich* ist, nicht hingegen, ob das System tatsächlich eine rechtliche Prüfung des *Einzelfalls* durchführen muss, was, wie eben dargestellt, nicht möglich erscheint.

Hierfür könnte zunächst der klare Wortlaut der Norm „sobald sie eine rechtliche Prüfung des Einzelfalls *erfordert*" sprechen, der nicht etwa wie „sobald eine rechtliche Prüfung des Einzelfalls erfolgt" ausgestaltet ist. Weiterhin lässt sich im Einklang mit der dritten Ansicht argumentieren, dass nach Sinn und Zweck bereits dann das Verbot des § 3 RDG eingreifen sollte, wenn im konkreten Sachverhalt eine rechtliche Prüfung des Einzelfalls erforderlich wird,

---

[259] Vgl. so auch zutreffend BGH NJW-RR 2016, 1056 Rn. 51; vgl. auch *Remmertz*, in: Hamm, Beck'sches Rechtsanwalts-Handbuch, § 64 Rn. 60.
[260] Vgl. BT-Drs. 16/3655, S. 47.
[261] Vgl. *Remmertz*, in: Hamm, Beck'sches Rechtsanwalts-Handbuch, § 64 Rn. 60.
[262] *Deckenbrock/Henssler*, in: Deckenbrock/Henssler, RDG, § 2 Rn. 33; *Timmermann/Hundertmark*, RDi 2021, 269 (273).
[263] *Deckenbrock/Henssler*, in: Deckenbrock/Henssler, RDG, § 2 Rn. 33; *Timmermann/Hundertmark*, RDi 2021, 269 (273).

A. Begriff der Rechtsberatung in regulatorischer Hinsicht

nicht hingegen erst dann, wenn im Einzelfall eine derartige rechtliche Prüfung erfolgt. Hiergegen spricht jedoch die Beschlussempfehlung des Bundestags zum RDG, welche ausführt, dass § 2 I RDG „jede rechtliche Tätigkeit erfassen soll, die über die bloße Anwendung von Rechtsnormen auf einen Sachverhalt hinausgeht"[264]. Hierdurch könnte deutlich werden, dass im Rahmen der Tätigkeit tatsächlich eine derartige Subsumtion durchgeführt werden muss.[265] Auch der BGH geht davon aus, dass der Begriff der Rechtsdienstleistung „jede konkrete Subsumtion eines Sachverhalts unter die maßgeblichen rechtlichen Bestimmungen, die über eine bloß schematische Anwendung von Rechtsnormen ohne weitere rechtliche Prüfung hinausgeht" erfasst.[266] Weiterhin verlangen sowohl BSG als auch BVerwG, dass „jedenfalls ein gewisses Maß an substanzieller Prüfung vorgenommen wird",[267] was ebenfalls dafür spricht, eine konkrete Subsumtion für erforderlich zu halten. Zwar spricht der Regierungsentwurf noch davon, dass die rechtliche Prüfung „entweder objektiv nämlich nach der maßgeblichen Verkehrsanschauung, oder subjektiv, also aufgrund eines vom Rechtsuchenden zum Ausdruck gebrachten Wunsches, Bestandteil der Dienstleistung sein" muss,[268] was dafür sprechen könnte, dass eine Subsumtion nur objektiv oder subjektiv geschuldet sein muss, nicht jedoch tatsächlich durchzuführen ist, um eine Rechtsdienstleistung darzustellen. Dennoch spricht die Auslegungen des BGH für die Erforderlichkeit einer tatsächlich durchgeführten rechtlichen Prüfung. Auch kann man den Gesetzeswortlaut „sobald sie eine rechtliche Prüfung des Einzelfalls erfordert" so auslegen, dass es tatsächlich einer rechtlichen Prüfung bedarf, denn so erfordert (im Sinne eines zwingenden Erfordernisses beziehungsweise als Synonym für „verlangt") die Tätigkeit ebenfalls eine rechtliche Prüfung des Einzelfalls.

Trotzdem sollte nicht missachtet werden, dass der Bundestag auch Bezug zum vorherigen Regierungsentwurf nahm und die Streichung der Begriffe „Verkehrsanschauung" und „Erwartung der Rechtsuchenden"[269] damit begründete, dass eine derartige Straffung der Norm notwendig sei und zu keiner inhaltlichen Änderung führe, da die Gerichte auch ohne diese Ausgestaltung weiterhin auf die Verkehrsauffassung und zusätzlich soweit nötig auf die Er-

---

[264] BT-Drs. 16/6634, S. 51.
[265] Vgl. *Römermann*, in: BeckOK RDG, § 2 Rn. 33; *Römermann*, NJW 2014, 1777 (1779); *Römermann*, NJW 2008, 1249 (1251).
[266] BGH NJW-RR 2016, 1056 Rn. 43.
[267] BSG NJW 2014, 493 Rn. 32; BSG Urt. v. 5.3.2014, B 12 R 7/12 R Rn. 15; BVerwG NVwZ-RR 2016, 394 Rn. 24.
[268] BT-Drs. 16/3655, S. 46.
[269] Vgl. zum alten Wortlaut BT-Drs. 16/6634, S. 5: „Rechtsdienstleistung ist jede Tätigkeit in konkreten fremden Angelegenheiten, sobald sie *nach der Verkehrsanschauung oder der erkennbaren Erwartung des Rechtsuchenden* eine *besondere* rechtliche Prüfung des Einzelfalls erfordert".

wartung des Rechtsuchenden abstellen werden.²⁷⁰ Einem derartigen Bezugnehmen auf die Verkehrsanschauung und die Erwartungen des Rechtsuchenden begrifflich immanent ist ein Blick von außen auf die Rechtsdienstleistung, ob diese abstrakt die Durchführung einer Subsumtion (entweder objektiv oder subjektiv) erfordert; irrelevant ist es hingegen, ob es tatsächlich einer solchen Rechtsdienstleistung bedarf.²⁷¹ Wenn tatsächlich eine Subsumtion durchgeführt werden müsste, wäre insbesondere das zwingende Abstellen auf die „Erwartung des Rechtsuchenden" irrelevant, da es hier lediglich auf die *Erwartung* ankommt, dass eine Subsumtion durchgeführt wird, nicht dass tatsächlich eine Subsumtion erbracht werden muss.²⁷² Mithin scheitert die Annahme einer Rechtsdienstleistung nicht zwingend am Tatbestandsmerkmal des Erfordernisses einer rechtlichen Prüfung des Einzelfalls, obwohl eine tatsächliche Subsumtion im Einzelfall²⁷³ abzulehnen ist. Aus diesem Grund muss sich gefragt werden, ob nach der Verkehrsanschauung (objektiv) oder der erkennbaren Erwartung des Rechtsuchenden (subjektiv) eine rechtliche Prüfung des Einzelfalls erforderlich ist.

(d) Objektive Erforderlichkeit der rechtlichen Prüfung des Einzelfalls

Doch wie lässt sich zunächst der Begriff der Verkehrsanschauung definieren: Ist dieser derart zu verstehen, dass sich objektiv, also aus Sicht eines wissenden Betrachters, gefragt werden muss, ob das konkrete Angebot des Dienstleisters eine Subsumtion aufgrund der Lösung des rechtlichen Problems erbringen können müsste oder aus Sicht eines Querschnitts von tatsächlichen Rechtsuchenden zu beurteilen ist, ob das Angebot eine Subsumtion vollbringen soll. In der Literatur wird hierbei zumeist darauf abgestellt, ob die angebotene Dienstleistung, mithin die Lösung des rechtlichen Problems, objektiv eine rechtliche Prüfung des Einzelfalls erfordert, folglich die konkrete Dienst-

---

²⁷⁰ BT-Drs. 16/6634, S. 51; vgl. auch OLG Köln NJW 2020, 2734 Rn. 44; LG Köln MMR 2020, 56 Rn. 28.
²⁷¹ A.A. *Deckenbrock/Henssler*, in: Deckenbrock/Henssler, RDG, § 2 Rn. 36, die die objektive Komponente nur bejahen, wenn objektiv eine rechtliche Prüfung erforderlich ist und auch erfolgt, jedoch ohne weitere Ausführungen, warum diese Subsumtion tatsächlich erfolgen muss.
²⁷² Im Ergebnis so auch *Remmertz*, in: Hamm, Beck'sches Rechtsanwalts-Handbuch, § 64 Rn. 60, 53; *Krenzler*, BRAK-Mitt. 2020, 119 (122); *Wessels*, MMR 2020, 56 (60); *Wettlaufer*, MMR 2018, 55 (56 f.); *Fries*, ZRP 2018, 161 (163); *Timmermann*, Legal Tech-Anwendungen, S. 417.
²⁷³ Timmermann würde hier von einer normativen Subsumtion sprechen, nicht jedoch soll hierunter die nach der Begriffsjurisprudenz erforderliche (kausale) Subsumtion fallen, die lediglich nach einem zuvor definierbarem Wenn-Dann Muster abläuft, vgl. *Timmermann*, Legal Tech-Anwendungen, S. 79.

A. Begriff der Rechtsberatung in regulatorischer Hinsicht

leistung „Dokumentengenerator" eine solche rechtliche Prüfung objektiv erbringen können müsste.[274] Dem soll sich angeschlossen werden.

Objektiv, mithin aus Sicht eines objektiven Betrachters, erscheint dies fraglich; das Angebot von Dokumentengeneratoren ist gerade so aufgebaut, dass durch Eingaben des Kunden in das Expertensystem ein zuvor determiniertes Ergebnis ausgegeben wird.[275] Um zum zuvor bereits bestimmten Ergebnis gelangen zu können, ist im jeweiligen Kundeneinzelfall gerade keine rechtliche Prüfung des Einzelfalls in Form einer Subsumtion mehr nötig, da dem objektiven Betrachter bekannt ist, dass das System eine derartige Subsumtion, die Abweichungen im Einzelfall zulassen kann, nicht vornimmt.[276] Dies lässt sich mit einem Vergleich zum vorher festgestellten Ergebnis belegen, dass Expertensysteme gerade keine Subsumtion des Einzelfalls vollbringen können. Denn wenn das System objektiv nicht fähig ist, einen derartigen Schritt zu gehen, kann ein objektiver Betrachter, der versteht, wie das System (zumindest in seinen Grundzügen) aufgebaut ist, eine rechtliche Prüfung des Einzelfalls für die Beantwortung seines rechtlichen Problems nicht für erforderlich halten. Nach hier vertretener Ansicht laufen daher die beiden Überlegungen gleich, sodass objektiv sowohl eine rechtliche Prüfung als auch eine solche des Einzelfalls durchgeführt werden können muss.[277]

(e) Subjektive Erforderlichkeit der rechtlichen Prüfung des Einzelfalls

Fraglich ist jedoch, ob dieses Ergebnis auch subjektiv den Erwartungen des Kunden entspricht. Ein Kunde, der sich mit dem Wunsch, ein Rechtsdokument erstellt zu bekommen, an einen kommerziellen Dienstleister wendet, der solche Dokumente erstellt, und der Kunde damit die Aufgabe, selbst ein solches Dokument zu erstellen, aus seiner eigenen Hand gibt, stellt sich darauf ein, ein qualitativ hochwertiges und juristisch richtiges Dokument zu erhal-

---

[274] *Römermann*, in: BeckOK RDG, § 2 Rn. 43; *Deckenbrock/Henssler*, in: Deckenbrock/Henssler, RDG, § 2 Rn. 36; *Remmertz*, in: Hamm, Beck'sches Rechtsanwalts-Handbuch, § 64 Rn. 53; das LG Köln geht hingegen gemäß dem Wortlaut des Regierungsentwurfs von einem durchschnittlichen Verkehrskreis, mithin einem Querschnitt von Kunden aus. Dem soll jedoch nicht gefolgt werden, so wird nicht ersichtlich worin der Unterschied zum zweiten Merkmal, den Erwartungen des Rechtsuchenden liegen soll, weshalb eine derartige Auslegung abzulehnen ist. Diesem Verständnis liegen auch die Wertungen des OLG Köln NJW 2021, 2734 Rn. 44 ff. zugrunde; *Kraetzig/Krawietz*, RDi 2022, 145 (150), stellen hingegen auf die Sicht eines vernünftigen externen Betrachters ab, differenzieren jedoch nicht ausdrücklich zwischen objektiv/subjektiv im Rahmen ihrer Bewertung.
[275] S. o. unter 1. Teil C. I.
[276] So auch OLG Köln NJW 2021, 2734 Rn. 45.
[277] Vgl. so auch im Ergebnis BT-Drs. 16/3655, S. 48.

ten.[278] Könnte der Rechtsuchende das Dokument auf seine inhaltliche Richtigkeit und Vollständigkeit überprüfen, bedürfte er eines solchen Dienstleisters gerade nicht. Folglich ist es für ihn in vielen Fällen schlicht ausgeschlossen, das Dokument auf diese inhaltlichen Kriterien zu überprüfen. Aus diesem Grund kann gerade nicht davon ausgegangen werden, dass es für den Kunden erkennbar sei, dass die Qualität und inhaltliche Richtigkeit des Ergebnisses von der Sinnhaftigkeit und Stimmigkeit seiner eigenen Angaben abhingen.[279] Vielmehr wird er sich darauf verlassen, dass die Fragen derart formuliert sind, dass jeder juristisch ungebildete Rechtsuchende diese Fragen richtig beantworten kann, um ein juristisch richtiges Dokument zu erhalten und mithin der Dienstleister die für ihn erforderliche rechtliche Prüfung vornimmt.[280] Auch Timmermann verweist darauf, dass dem juristischen Laien der Unterschied zwischen Begriffs- und Wertungsjurisprudenz nicht klar sein wird, was zur Folge hat, dass er gerade nicht die juristischen Grenzen eines deterministischen Expertensystems erkennen kann.[281] Eine derartige subjektive Erwartung der Kunden kann jedoch, auch nach hier vertretener Ansicht, nicht uneingeschränkt gelten.[282] Weist der Anbieter in expliziter und für jeden Kunden verständlicher Form darauf hin, dass das Ergebnis auf einem deterministischen Prozess beruht, damit bereits vorbestimmt ist und nicht auf jeden Einzelfall des Kunden eingehen kann, und akzeptiert der Kunde dies etwa im Gegenzug für eine komfortable und einfache Handhabung oder eine besondere kostengünstige Ausgestaltung, kann nicht mehr davon ausgegangen werden, dass eine rechtliche Prüfung des Einzelfalls vom Kunden erwartet wird.[283] In diesem Punkt

---

[278] So auch *Fries*, ZRP 2018, 161 (163 f.), der speziell darauf hinweist, dass der Kunde „von deutschlandweiten Marktführern eine weit höhere Qualität als […] beim berühmten Feld-, Wald- und Wiesenanwalt" erwartet; auf das Risiko weisen auch *Galetzka/Garling/Partheymüller*, MMR 2021, 20 (24) hin; a.A. OLG Köln NJW 2020, 2734 Rn. 46.

[279] Mit ähnlicher Argumentation so auch die Revision zum BGH, vgl. BGH NJW 2021, 3125 Rn. 39, was den BGH jedoch im Ergebnis nicht überzeugen konnte; vgl. auch LG Köln MMR 2020, 56 Rn. 28; *Remmertz*, BRAK-Mitt. 2017, 55 (60); *Jungk*, in: Remmertz, Legal Tech-Strategien für Rechtsanwälte, 1. Auflage 2020, § 5 Rn. 38; *Zimmermann*, AnwBl Online 2019, 815 (817).

[280] Mit ähnlicher Argumentation so auch die Revision zum BGH, vgl. BGH NJW 2021, 3125 Rn. 39, was den BGH jedoch im Ergebnis nicht überzeugen konnte; vgl. auch LG Köln MMR 2020, 56 Rn. 28; *Remmertz*, BRAK-Mitt. 2017, 55 (60); *Jungk*, in: Remmertz, Legal Tech-Strategien für Rechtsanwälte, 1. Auflage 2020, § 5 Rn. 38; *Zimmermann*, AnwBl Online 2019, 815 (817).

[281] *Timmermann*, Legal Tech-Anwendungen, S. 450.

[282] Für eine Einschränkung plädierend, *Singer*, RDi 2022, 53 (58 f.); *Timmermann/Hundertmark*, RDi 2021, 269 (273 f.).

[283] So im Ergebnis auch *Singer*, RDi 2022, 53 (58); a.A. *Galetzka/Garling/Partheymüller*, MMR 2021, 20 (24 f.), die das subjektive Merkmal aufgrund der Komplexität der technischen Lösungen nicht für geeignet halten.

ist dem BGH beizupflichten, dass es sodann nicht mehr ersichtlich ist, warum man dies nicht zulassen sollte, obwohl sich der Kunde explizit für eine derartige Lösung entschieden hat. Ein bloß abstrakter Verweis, dass keine Rechtsdienstleistung nach § 2 I RDG erbracht wird, beziehungsweise eine derartige Leistung keinen Rechtsanwalt ersetzt, reicht jedoch gerade hierfür nicht aus.[284] So wird für den juristischen Laien gerade nicht ersichtlich, worin hierbei der Unterschied zu der klassischen Tätigkeit des Rechtsanwalts besteht.[285]

(f) Übertragung der subjektiven Erforderlichkeit auf die Erforderlichkeit der Einzelfallprüfung

Dennoch darf nicht missachtet werden, dass nach dem Wortlaut der Begründung des Regierungsentwurfs die erkennbaren Erwartungen des Rechtsuchenden grundsätzlich nur zur Annahme einer rechtlichen Prüfung, welche im vorliegenden Fall bejaht werden konnte, jedoch nicht zur Überwindung des Erfordernisses einer Einzelfallprüfung dienen sollen.[286] Eine derartige Anwendung gebietet aber gerade Sinn und Zweck, die erkennbaren Erwartungen des Rechtsuchenden mit einzubeziehen, was insbesondere der Wille des Gesetzgebers war.[287] So kann es keinen Unterschied machen, ob sich der Rechtsuchende darauf verlassen hat, dass sein Anliegen einer rechtlichen Prüfung unterzogen wird oder darauf, dass die durchgeführte rechtliche Prüfung des Anbieters auch für den von ihm geschilderten Fall tatsächliche Anwendung entfaltet. Vielmehr ist er im zweiten Fall sogar schutzbedürftiger, da er nicht wie etwa im ersten Fall erkennen kann, dass es sich lediglich um eine bloße Rechtsanwendung ohne weitere Prüftiefe handelt. So wird ihm ohne entsprechende Information suggeriert, dass die vorliegende rechtliche Prüfung für seinen Fall auch tatsächlich anwendbar ist.[288] Im Zweifel wird er dies mangels juristischer Kenntnisse darüber, ob ein Umstand eine Abweichung für dieses Ergebnis begründet, auch nicht erkennen können.

Für dieses Ergebnis könnte auch der Schutzzweck von § 1 I 2 RDG sprechen.[289] Hierzu heißt es in der Norm, dass das RDG dazu dient, die Recht-

---

[284] So zutreffend auch *Fries*, ZRP 2018, 161 (163 f.); *Lobinger*, LTZ 2023, 187 (192); vgl. *Singer*, RDi 2022, 53 (57).
[285] So zutreffend auch *Fries*, ZRP 2018, 161 (163 f.); *Lobinger*, LTZ 2023, 187 (192); vgl. *Singer*, RDi 2022, 53 (57).
[286] BT-Drs. 16/3655, S. 48.
[287] S. hierzu oben unter 2. Teil A. II. 1. a) cc) (4) (c).
[288] Auf die Gefahr hinweisend *Galetzka/Garling/Partheymüller*, MMR 2021, 20 (24); *Deckenbrock*, DB 2020, 1563 (1563).
[289] So etwa im Ergebnis *Remmertz*, in: Hamm, Rechtsanwalts-Handbuch, § 64 Rn. 60, der für die Anwendbarkeit des § 2 I RDG allgemein den Schutzzweck heranzieht; *Fries*, ZRP 2018, 161 (163).

suchenden, den Rechtsverkehr und die Rechtsordnung vor unqualifizierten Rechtsdienstleistungen zu schützen. Zwar entschied der BGH, dass für den Rechtsuchenden „ohne weiteres erkennbar [sei], dass das erzielte Ergebnis von der Qualität der Bausteine und den im Programm vorgegebenen logischen Verknüpfungen einerseits sowie von der Richtigkeit, Sinnhaftigkeit und Stimmigkeit seiner eigenen Angaben andererseits abhänge",[290] was gegen eine Einbeziehung des Schutzzwecks des § 1 I 2 RDG sprechen würde, da der Kunde in diesem Fall nicht schutzbedürftig sei. Jedoch kann dies nach der eben ausgeführten Argumentation nicht ausnahmslos übernommen werden.

Nach hier vertretener Ansicht stellt sich ein Kunde, der sich mit dem Wunsch, ein Rechtsdokument erstellt zu bekommen, an einen kommerziellen Dienstleister wendet, und damit die Aufgabe, selbst ein solches Dokument zu erstellen, aus seiner eigenen Hand gibt, darauf ein, ein qualitativ hochwertiges und dogmatisch richtiges Dokument zu erhalten (s. o.). So kann gerade nicht jeder Rechtsuchende alle Risiken abschätzen, die damit verbunden sind, dass er seine rechtlichen Belange „in die Hände" eines Dokumentengenerators beziehungsweise des Anbieters legt, und damit womöglich entscheidende Details eines Sachverhalts, die zu einer anderen Bewertung hätten führen können, übergangen werden.[291] Der Rechtsuchende soll jedoch gerade durch das RDG davor geschützt werden, Rechtsnachteile zu erleiden beziehungsweise Rechtspositionen zu verlieren.[292] Mithin spricht grundsätzlich nach hier vertretener Ansicht der Schutzzweck des RDG, unter anderem den Rechtsuchenden vor gegebenenfalls unqualifizierten Rechtsdienstleistungen zu schützen, für eine grundsätzliche Einbeziehung von Dokumentengeneratoren in den Schutzbereich des RDG.[293]

Hiergegen spricht auch nicht, dass die Tätigkeit des Dokumentengenerators nicht als Rechtsdienstleistung eingeordnet werden könne, weshalb der Schutzzweck hierfür nicht gelte, da die Verwendung dieses Argument gerade zirkulär wäre.[294] So würde nach dieser Ansicht erst eine Einbeziehung in den Anwendungsbereich des RDG dazu führen, dass mit dem Schutz der Rechtsuchenden

---

[290] BGH NJW 2021, 3125 Rn. 38.
[291] So auch *Fries*, ZRP 2018, 161 (163); vgl. *Singer*, RDi 2022, 53 (57); vgl. auch BT-Drs. 16/3655, S. 45.
[292] *Deckenbrock*, in: Deckenbrock/Henssler, RDG, § 1 Rn. 6; *Römermann*, in: BeckOK RDG, § 1 Rn. 18; *Overkamp/Overkamp*, in: Henssler/Prütting, RDG, § 1 Rn. 12; *Remmertz*, in: Hamm, Beck'sches Rechtsanwalts-Handbuch, § 64 Rn. 60.
[293] Der Begriff unqualifiziert darf hier nicht zwingend mit qualitativ schlecht gleichgesetzt werden, so kann auch ein juristisch qualitativ sehr hochwertiges Produkt nicht jeden Einzelfall erfassen, beziehungsweise bestimmte Rechtskenntnisse beim Kunden voraussetzen, die dieser gegebenenfalls nicht besitzt, was zu einer falschen Anwendung beziehungsweise zu einem falschen Ergebnis führen kann.
[294] So aber OLG Köln NJW 2020, 2734 Rn. 41.

aus § 1 I 2 RDG argumentiert werden kann, nicht jedoch bestünde umgekehrt die Möglichkeit, den Schutzzweck des RDG als Argument für eine Einbeziehung zu verwenden. Dem ist jedoch zu widersprechen. So kann das RDG den Rechtsuchenden nur schützen und damit seinen Schutzzweck erfüllen, wenn der Schutzzweck auch als Argument für eine Eröffnung des RDG und damit das Vorliegen einer Rechtsdienstleistung genutzt werden kann, da die Beschränkungen des RDG nur so Anwendung finden. Da wie eben beschrieben eine Gefahr für den Rechtsuchenden besteht, sollte mithin auch der Schutz des RDG aus § 1 I 2 RDG hierfür gelten, was dazu führt, auch die Tätigkeit des Betreibers von Dokumentengeneratoren als Rechtsdienstleistung im Sinne des § 2 I RDG anzusehen.

b) Anwaltliche Anbieter von Dokumentengeneratoren

Diesen nichtanwaltlichen Anbietern von Dokumentengeneratoren stehen die anwaltlichen Anbieter derartiger Systeme gegenüber.[295] Bei der Einordnung, ob eine Rechtsdienstleistung vorliegt oder nicht, ergeben sich keine Besonderheiten zu dem eben festgestellten Ergebnis, sodass eine Rechtsdienstleistung im Sinne des § 2 I RDG vorliegen kann, wenn eine rechtliche Prüfung des *Einzelfalls* subjektiv erforderlich ist.[296]

2. Informationssuche durch Information Retrieval

Beim Information Retrieval können einzelne relevante Dokumente aus einer großen unüberschaubaren Menge an Dokumenten herausgefiltert und aufgefunden werden.[297] Fraglich ist, ob diese Aktivität als Tätigkeit in einer konkreten fremden Angelegenheit, die eine rechtliche Prüfung des Einzelfalls erfordert, anzusehen ist, § 2 I RDG.

a) Tätigkeit

Nach hier vertretener Ansicht ist im Rahmen der Tätigkeit auf die konkrete Anwendung des Systems abzustellen.[298] Fraglich ist, wer eine Tätigkeit er-

---

[295] *Jungk*, in: Remmertz, Legal Tech-Strategien für Rechtsanwälte, 1. Auflage 2020, § 5 Rn. 36; *Schmittmann*, in: Hoeren/Sieber/Holznagel, Handbuch Multimedia-Recht, Teil 9 Rn. 186, der auf das Urteil SG München, BeckRS 2019, 18244, verweist; vgl. auch *Rühl*, in: Kaulartz/Braegelmann, Rechtshandbuch Artificial Intelligence und Machine Learning, Kap. 14.1 Rn. 5; s.o. unter 1. Teil C. IV. 1. b) aa).
[296] S.o. unter 2. Teil A. II. 1. a).
[297] S.o. unter 1. Teil C. II. 1.
[298] S.o. unter 2. Teil A. II. 1. a) aa) (6).

bringt, beziehungsweise wem eine mögliche Tätigkeit des Systems zugerechnet werden kann, wenn das System nicht deterministisch (beispielsweise bei den eben erwähnten Dokumentengeneratoren) vorgeht.

Hierbei könnte zunächst bei zumeist benutzten Systemen des überwachten Lernens zu unterscheiden sein, wer das System antrainiert hat. Wurde die Trainingsphase durch den Anbieter durchgeführt, könnte es sein, dass sich keine Unterschiede zum vorherigen Fall des Dokumentengenerators ergäben, mit der Konsequenz, dass eine Tätigkeit der Software vorliegt, die dem Anbieter zugerechnet wird. Wurde das System hingegen durch den Anwender selbst mit Trainingsdaten antrainiert, kommt entweder (i) eine Tätigkeit mit Zurechnung zum Anbieter oder (ii) eine Tätigkeit mit Zurechnung zum Nutzer oder (iii) mit Zurechnung zu Beiden in Betracht. Im Gegensatz zum vorher beschriebenen Dokumentengenerator handelt es sich hierbei nicht um ein deterministisches System, mit der Folge, dass der Entwickler gerade nicht jede Entscheidung selbst getroffen und programmiert hat.[299] Vielmehr entwickelt das System selbst ein auf Statistik und Wahrscheinlichkeitsrechnung beruhendes Modell, mit welchem es versucht, neue Aufgaben zu lösen.[300]

aa) Tätigkeit der Software

Eine Rechtsdienstleistung setzt voraus, dass die relevante Aktivität, die als eine solche Tätigkeit eingeordnet werden soll, einem irgendwie gearteten Rechtssubjekt zugerechnet werden kann.[301] Wie bereits oben festgestellt, liegt die relevante Handlung in der Interaktion mit dem Rechtsuchenden, sodass eine Tätigkeit der Software vorliegt, die jedoch im Anschluss einer natürlichen Person zugerechnet werden muss.[302]

bb) Zurechnung zum Anbieter

Nun muss in einem nächsten Schritt bestimmt werden, wem die Tätigkeit der Software zuzurechnen ist. Zur Auswahl stehen, wie bereits erwähnt, der eigentliche Anbieter der Software, der Nutzer, der das System mit Trainingsdaten antrainiert hat oder beide zusammen. Hierbei sollte darauf abgestellt werden, wer genau das System im Einzelfall einsetzt. Hat der Anbieter lediglich die Systemlandschaft zur Verfügung gestellt, ist seine Tätigkeit mit dem Zurverfügungstellen der Software beendet, sodass der Benutzer das System

---

[299] S. o. unter 1. Teil B. II. 4.
[300] S. o. unter 1. Teil B. II. 4. c).
[301] S. o. unter 2. Teil A. II. 1. a) aa) (6).
[302] Zur Zurechnung an den Anbieter des Systems s. unter 2. Teil A. II. 1. a) aa) (6); s. zur relevanten Handlung oben unter 2. Teil A. II. 1. a) bb) (3).

antrainiert und daraufhin die Suchen mit diesem Gerät durchführt. Nicht mehr der Anbieter, sondern allein der Nutzer nutzt die Software daher als Werkzeug. Anders ist es hingegen zu beurteilen, wenn das System vollständig antrainiert übergeben wurde und der Anbieter daher die Suchfunktion als Funktion seiner Software anbietet und schuldet. Hier setzt vielmehr der Anbieter die Software als Werkzeug ein, um eigene vertragliche Verpflichtungen dem Nutzer gegenüber zu erfüllen. Mithin kann sowohl eine Zurechnung einer Tätigkeit zum Nutzer als auch zum Anbieter erfolgen, je nachdem, wer das System antrainiert hat.

cc) Besonderheiten durch sonstige technische Ausgestaltungen der Software

Weiterhin ist eine gemischte Aufteilung derart denkbar, dass das System sowohl bezüglich bestimmter Aspekte vortrainiert wurde, als auch darüber hinaus noch durch den Anwender durch weitere Trainings ergänzt werden kann.[303] Hierbei könnte man zunächst einzeln unterscheiden, welche Funktion von wem antrainiert wurde und dieser Person so die Tätigkeit der Software zurechnen. Dies erscheint jedoch wenig praktikabel und bei einer steigenden Anzahl von unterschiedlichen Trainings auch sehr schwer durchführbar. Jedoch wäre es unbillig, wenn der Nutzer der Software die Ausgabe und damit das Ergebnis durch eigene Ergänzungen verändert hat, diese Tätigkeit dennoch dem Anbieter der Software zuzurechnen. Vielmehr sollte in diesem Fall der Ergänzung der Software, die zu einem anderen Ergebnis führt, darauf abzustellen sein, dass eine solche Ausgabe allein dem Anwender der Software zugerechnet werden soll. Liegt keine Änderung der ursprünglichen Ausgabe vor, so erfolgt eine Zurechnung zum Anbieter.

Zudem sind Systeme zu unterscheiden, die Verfahren des unüberwachten Lernens einsetzen und damit gerade nicht anhand von annotierten Daten vortrainiert wurden.[304] Auch hier muss beachtet werden, dass die Tätigkeit der Software zum einen auf der Programmierung des Anbieters und zum anderen auf den vom Kunden zur Verfügung gestellten Daten beruht. Dennoch ist kein Unterschied sowohl zum vortrainierten Modell als auch zu den Dokumentengeneratoren zu sehen. Die Anwendung der Software auf die Daten ist nicht anders als die Eingabe des Sachverhalts durch den Nutzer im Rahmen eines Dokumentengenerators beziehungsweise die Anwendung des vortrainierten Systems auf neue Dokumente anzusehen, weshalb von einer alleinigen Tätigkeit des Anbieters auszugehen ist. Zwar wird das Modell des Systems mithilfe der Daten des Nutzers erstellt, dennoch wird dieses weder geändert noch etwa

---

[303] S. o. unter 1. Teil C. II. 1. 4. a) aa).
[304] S. o. unter 1. Teil C. II. 1.

durch zusätzliche Trainings erweitert. Das System wird lediglich auf die „Datenmenge" angewendet. Der Nutzer kann nur durch die ausgewählten Dateien bestimmen, wie sich das Modell des Systems zusammensetzt. Dies wird er jedoch vor dem Hintergrund, dass er die Menge an Daten erst durch das System systematisieren (etwa durch Kategorisierung) lassen will, nicht bewusst steuern können. Mithin liegt eine Tätigkeit des Anbieters vor.

Weiterhin können diese Systeme noch mit Elementen des aktiven Lernens ausgestaltet sein.[305] Diese zeichnen sich dadurch aus, dass das System aus dem Feedback des Nutzers Schlüsse zieht und daraufhin das ursprünglich erstellte Modell anpasst.[306] Hierbei ist vor allem an den Fall des bereits antrainierten Systems zu denken, bei welchem die Tätigkeit der Software ausschließlich dem Anbieter zugerechnet wurde. Die Anpassung der Software geschieht jedoch aufgrund des (wiederholten) Feedbacks des Nutzers.[307] Daher erscheint es nur logisch für Fälle, in denen das Nutzerfeedback zu einer Änderung der Antwort des Systems führen konnte oder geführt hat, dem Nutzer diese Tätigkeit zuzurechnen. Darauf hinzuweisen ist, dass dies in der praktischen Anwendung und damit bei der Benutzung zu großen Unsicherheiten führen kann. Daher ist anzuraten, das Feedback genaustens zu dokumentieren und etwa nur durch fachlich geschultes Personal in das System einzuarbeiten, nicht jedoch unmittelbar durch die Nutzer.

b) Konkret fremde Angelegenheit und rechtliche Prüfung des Einzelfalls

Die Tätigkeiten, mit Ausnahme von vollständig untrainierten und erweiterbaren Systemen, erfolgen aus den bereits oben ausgeführten Gründen auch in konkret fremder Angelegenheit.[308]

Bei vollkommen selbst antrainierten Systemen liegt darüber hinaus schon keine fremde Tätigkeit vor, da die Tätigkeit vollständig dem Nutzer zugerechnet wird und daher im eigenen wirtschaftlichen Interesse erfolgt.[309] Bei einer doppelten Zurechnung im Fall der Erweiterung der Software erfolgt nur die

---

[305] S.o. unter 1. Teil C. II. 1.

[306] S.o. unter 1. Teil C. II. 1. sowie zur eingesetzten Technik unter 1. Teil B. II. 4. e).

[307] S.o. unter 1. Teil B. II. 4. e).

[308] S.o. unter 2. Teil A. II. a) bb); vgl. auch *Hoch*, AcP 219 (2019), 646 (667), jedoch zur unternehmensinternen Nutzung eines Systems, das durch Rechtsanwälte oder andere juristisch qualifizierte Personen dem Unternehmen zur Verfügung gestellt wurde.

[309] Vgl. a.A. *Timmermann*, Legal Tech-Anwendungen, S. 453, der von einer fremden Tätigkeit ausgeht, aber eine rechtliche Prüfung des Einzelfalls ablehnt, jedoch zu Expertensystemen ohne vorkodierte Inhalte. Hierin ist dennoch gerade eine vergleichbare Situation zu sehen.

dem Anbieter zugerechnete Tätigkeit, mithin eine solche, bei der Eingaben des Nutzers keine Änderungen am Ergebnis herbeigeführt haben, in fremder Angelegenheit. Auf Seiten des Nutzers liegt in den übrigen Fällen eine Tätigkeit in eigener Angelegenheit vor.

Weiterhin müsste jedoch eine rechtliche Prüfung des Einzelfalls erforderlich sein. Eine derartige Prüfung muss entweder objektiv oder subjektiv erforderlich sein, wobei eine objektive Erforderlichkeit nur vorliegen kann, wenn auch tatsächlich eine rechtliche Prüfung des Einzelfalls durch das System vorgenommen werden kann.[310] Dies ist hier abzulehnen. Bei Einsätzen der Software im Rahmen des Information Retrievals geht es lediglich um das Auffinden relevanter Informationen in einer großen, unüberschaubaren Menge von Dokumenten und das anschließende Sortieren nach einer gewissen Relevanz. Hierbei handelt es sich lediglich um das Herstellen bestimmter möglicher Verbindungen zwischen einer Suchanfrage und einem Dokument in einer Datenbank, ohne eine rechtliche Prüfung in Form einer Subsumtion erforderlich zu machen.[311] Vielmehr handelt es sich um den der Subsumtion vorgelagerten Schritt des Auffindens von relevanten Informationen zur Sachverhaltsaufklärung oder bestimmter Urteile oder sonstiger Rechtsdokumente, um in einem weiteren Schritt überhaupt erst eine rechtliche Prüfung durchführen zu können.[312] Diesen Schritt wird das System jedoch gerade nicht erfüllen, hierzu ist es weder in der Lage, noch soll es überhaupt diesen Schritt erbringen. Daher ist eine rechtliche Prüfung des Einzelfalls weder objektiv noch subjektiv erforderlich.

3. Informationssuche durch Dokumentenanalyse

Sowohl auf die vorherigen Ausführungen zum Tatbestandsmerkmal der Tätigkeit als auch auf die Ausführungen zur konkret fremden Angelegenheit kann Bezug genommen werden.[313]

---

[310] S. o. unter 2. Teil A. II. 1. a) cc) (4).

[311] *Timmermann*, Legal Tech-Anwendungen, S. 430; *Yuan*, in: Riehm/Dörr, Digitalisierung und Zivilverfahren, § 7 Rn. 44; *Blunk*, in: Chibanguza/Kuß/Steege, Künstliche Intelligenz, § 8 H. Rn. 24; *Holthausen/Schmid*, in: Chibanguza/Kuß/Steege, Künstliche Intelligenz, § 8 G. Rn. 25; *Plath*, in: Ettinger/Jaques, Beck'sches Handbuch Unternehmenskauf im Mittelstand, C. Rn. 156.

[312] *Timmermann*, Legal Tech-Anwendungen, S. 430; *Yuan*, in: Riehm/Dörr, Digitalisierung und Zivilverfahren, § 7 Rn. 44; *Blunk*, in: Chibanguza/Kuß/Steege, Künstliche Intelligenz, § 8 H. Rn. 24; *Holthausen/Schmid*, in: Chibanguza/Kuß/Steege, Künstliche Intelligenz, § 8 G. Rn. 25; *Plath*, in: Ettinger/Jaques, Beck'sches Handbuch Unternehmenskauf im Mittelstand, C. Rn. 156.

[313] S. o. unter 2. Teil A. II. 2. a), zum Tatbestandsmerkmal der Tätigkeit, s. o. unter 2. Teil A. II. 2. b), zum Tatbestandsmerkmal der konkret fremden Angelegenheit.

Lediglich im Rahmen der Erforderlichkeit einer rechtlichen Prüfung des Einzelfalls ergeben sich Unterschiede. Nach hier vertretener Ansicht erfasst die Dokumentenanalyse auch solche Schritte, die eine irgendwie geartete juristische Wertung des betrachteten Dokuments durchführen.[314] Dies könnte zunächst für die Erforderlichkeit einer rechtlichen Prüfung des Einzelfalls sprechen. Zu berücksichtigen ist jedoch die geringe Prüftiefe derartiger Dokumente bei der Dokumentenanalyse.

In der Dokumentenanalyse werden lediglich bestimmte wiederkehrende Formulierungen von beispielsweise Kündigungsklauseln, Klauseln über bestimmte Fristen, Rechtswahlklauseln, persönliche Daten, wettbewerbswidrige Inhalte usw. aufgefunden und herausgefiltert.[315] Eine Prüfung dieser Klauseln auf ihre Rechtmäßigkeit findet hingegen nicht statt.[316]

Nach hier vertretener Ansicht kommt es darauf an, ob eine rechtliche Prüfung des Einzelfalls entweder objektiv oder subjektiv erforderlich ist, wobei eine objektive Erforderlichkeit nur vorliegen kann, wenn auch tatsächlich eine rechtliche Prüfung des Einzelfalls durch das System vorgenommen werden kann.[317] Wie bereits dargestellt, liegt sowohl nach hier vertretener Ansicht als auch nach der Entscheidung der Rechtsprechung eine rechtliche Prüfung des Einzelfalls in jeder Subsumtion, die über eine bloß schematische Anwendung von Rechtsnormen ohne weitere rechtliche Prüfung hinausgeht.[318] Jedoch ist es unerheblich, ob es sich um eine juristisch komplexe oder einfache Frage handelt.[319] Tätigkeiten im rechtlichen Bereich, die aber keine rechtliche Prüfung erforderlich machen, da sie nach Inhalt, Formen und Rechtsfolgen jedermann derart vertraut seien, dass sie nicht als rechtliche Lebensvorgänge empfunden würden, scheiden hingegen aus.[320] Hierbei muss eine Einzelfallprüfung angestellt werden.[321]

---

[314] S. o. unter 1. Teil C. II. 3. a).
[315] S. o. unter 1. Teil C. II. 4. a) aa), bb).
[316] S. o. unter 1. Teil C. II. 4. a) aa), 1. Teil C. II. 4. c).
[317] S. o. unter 2. Teil A. II. 1. a) cc) (4).
[318] BGH GRUR 2016, 820 Rn. 43; das Merkmal der „schematischen Anwendung von Rechtsnormen" ablehnend *Fries*, ZRP 2018, 161 (163); s. o. unter 2. Teil A. II. 1. a) cc).
[319] BGH GRUR 2016, 820 Rn. 43.
[320] S. o. unter 2. Teil A. II. 1. a) cc) (4) (a).
[321] S. o. unter 2. Teil A. II. 1. a) cc).

A. Begriff der Rechtsberatung in regulatorischer Hinsicht

a) Erkennung des Vertragstyps, Kündigungsklauseln, Rechtswahlklauseln und andere ausgewählte Beispiele der Vertragsanalyse

Bereits die Einordnung eines Vertrags zu einem bestimmten Vertragstyp kann rege Diskussionen in der Rechtswissenschaft auslösen, wie sich am Beispiel des Leasingvertrags eindrücklich gezeigt hat.[322] Zwar wird die Einordnung eines Vertragstyps in den allermeisten Fällen eine juristisch nicht allzu komplexe Aufgabe darstellen, allerdings kommt es gerade hierauf nicht an.[323] Die Einordnung eines Vertrags unter die Vertragstypen des BGB oder unter die durch die Rechtsprechung und Literatur geschaffenen neuen Vertragstypen wird den Bürger in seinem Alltag gerade nicht derart tangieren, dass er diesen Vorgang nicht als rechtlichen Lebensvorgang empfinden würde. Eine Ausnahme wird demgegenüber für Kaufverträge über Gegenstände des alltäglichen Lebens aufgrund ihrer Bedeutung für jedermann gelten. So wird eine Einordnung dieses Vertragstyps typischerweise von jedermann als natürlicher, nicht juristischer Lebensvorgang angesehen. Das Gleiche wird für die Erkennung eines Wohnraummietvertrags gelten. Zu beachten ist, dass es in diesem Rahmen nicht etwa auf die Erkennung von Rechtmäßigkeit oder sich aus den Verträgen ableitende Rechte ankommt; ausschließlich ist hier das Erkennen des Vertragstyps relevant.[324]

Auch das bloße Erkennen von Kündigungsklauseln betrifft unzählige Bürger, von der Kündigung des Fitnessstudios bis hin zur Kündigung der Wohnung, derart, dass dieser Vorgang als nicht juristischer Lebensvorgang empfunden wird, ohne eine rechtliche Prüfung erforderlich zu machen.[325] Darüber hinaus stellt das Auffinden einer Kündigungsklausel bereits keine Unterordnung eines Sachverhalts unter eine Rechtsnorm, mithin eine rechtliche Prüfung in Form einer Subsumtion, dar.[326] So gilt es zu beachten, dass im vorliegenden Fall nur vom Auffinden einer Kündigungsklausel die Rede ist. Das System prüft nicht, ob ein vertraglicher oder gesetzlicher Kündigungsgrund vorliegt oder vertraglich von gesetzlichen Vorschriften abgewichen wurde.

---

[322] *Borzutzki-Pasing*, in: Hannemann/Wiegner, Münchener Anwaltshandbuch Mietrecht, § 6 Rn. 23; *Greiner*, NJW 2012, 961 (961 f.); *Omlor*, in: Ellenberger/Bunte, Bankrechts-Handbuch, § 80 Rn. 31.
[323] S. o. unter 2. Teil A. II. 1. a) cc).
[324] S. o. unter 1. Teil C. II. 4. a) aa).
[325] Vgl. insoweit auch BT-Drs. 16/3655, S. 46.
[326] Vgl. die Smartlaw Entscheidung des OLG Köln NJW 2020, 2734 Rn. 38 zu Expertensystemen; so stellt sogar die Kündigung als solche keine Rechtsdienstleistung dar, wenn diese mittels „formularmäßiger Erklärungen" ausgeübt wird, BT-Drs. 16/3655, S. 46. Ein solcher Fall liegt insbesondere dann vor, wenn keine Kündigungsgründe zu prüfen sind, OLG Düsseldorf NJW-RR 2004, 489 (490); *Deckenbrock/Henssler*, in: Deckenbrock/Henssler, RDG, § 2 Rn. 57.

Dieser Vorgang hingegen würde eine rechtliche Prüfung erforderlich machen.[327] Ohne eine derartige Tätigkeit liegt keine objektive Erforderlichkeit einer rechtlichen Prüfung vor.

Auch das Erkennen einer Rechtswahlklausel stellt eine juristisch einfache Aufgabe dar, worauf es jedoch wie gezeigt nicht ankommt. Jedoch liegt auch hier keine Subsumtion als Einordnung eines Sachverhalts unter eine Rechtsnorm vor. Das bloße Auffinden einer solchen Klausel erfordert keine Subsumtion unter eine zuvor nicht bereits festgelegte Rechtsnorm, wie zum Beispiel bei der Einordnung des Vertragstyps. Mit dem bloßen Erkennen einer Rechtswahlklausel ist noch keine rechtliche Prüfung in Form einer Subsumtion verbunden, weshalb dieser rechtliche Vorgang eine rechtliche Prüfung nicht objektiv erforderlich macht.[328]

Zwar kann die Bestimmung des Vertragspartners im Einzelfall juristisch vertiefte Kompetenzen abverlangen, beispielsweise im Fall des Vertrags zugunsten Dritter, in welchem gegebenenfalls Unklarheiten darüber bestehen kann, wer als Vertragspartner einzustufen ist.[329] Normalerweise wird dies aber für den Bürger als alltägliche Situation einzuordnen sein, die keine rechtliche Prüfung des Einzelfalls erforderlich macht. Eine Ausnahme könnte zwar für den Fall bestehen, wenn eine Prüfung erfolgt, ob überhaupt ein Rechtsbindungswille im Einzelfall und damit überhaupt ein Vertrag besteht. Derartige Prüfungen wird das System jedoch typischerweise nicht vornehmen.[330]

Weiterhin erkennen Vertragsanalyse-Softwares üblicherweise sogenannte Change-of-Control Klauseln.[331] Hierbei handelt es sich um die Einräumung bestimmter Gestaltungsrechte für den Fall einer Änderung der Inhaber- oder Kontrollstruktur des Vertragspartners.[332] Hierbei geht es zumeist um die Einräumung von Kündigungsrechten.[333] Auch in diesem Rahmen kann lediglich die relevante Klausel aufgefunden werden, die bei einer derartigen Änderung der Inhaber- oder Kontrollstruktur gegebenenfalls eingreift. Eine Prüfung etwa, ob ein solcher Grund für das Bestehen des Gestaltungsrechts auch tat-

---

[327] Vgl. etwa BGH NJW 2012, 1589 Rn. 20.

[328] Vgl. die Smartlaw Entscheidung des OLG Köln NJW 2020, 2734 Rn. 38 zu Expertensystemen.

[329] Vgl. *Looschelders*, Schuldrecht Allgemeiner Teil, § 51 Rn. 1 ff.

[330] Typischerweise wird das System die Präambel des Vertrags oder den Punkt Parteien im Vertrag analysieren und die darin explizit bezeichneten Parteien extrahieren.

[331] S. o. unter 1. Teil C. II. 4. a) aa).

[332] *Disput*, NZM 2008, 305 (305); *Wentrup*, in: Hoffmann-Becking, Münchener Handbuch des Gesellschaftsrechts, Band 4, § 21 Rn. 84 f.; *Teichmann*, in: Kästle/Svernlöv, Legal Due Diligence in International M&A Transactions, § 14 Rn. 104; *Nolte*, in: Meyer-Sparenberg/Jäckle, Beck'sches M&A-Handbuch, § 63 Rn. 131; *Kremer/Heukamp*, in: Seibt, Beck'sches Formularbuch Mergers & Acquisitions, I. 6.1 g).

[333] *Längsfeld*, NZI 2014, 734 (735); *Römermann/Praß*, NWB 2013, 2644 (2646).

A. Begriff der Rechtsberatung in regulatorischer Hinsicht

sächlich vorliegt, kann hingegen nicht durchgeführt werden, weshalb objektiv schon keine rechtliche Prüfung im Sinne der Norm erforderlich sein kann.

Für die Bejahung der objektiven Erforderlichkeit scheitert die Tätigkeit, soweit man die zuvor genannten Aktivitäten überhaupt als über das hinausgehend einordnen kann, was von jedermann als nicht rechtlichen Lebensvorgang bezeichnet wird, auch hier am Merkmal der objektiven Erforderlichkeit der rechtlichen Prüfung des *Einzelfalls*.[334] Das Erkennen bestimmter Vertragsklauseln und sonstiger Bestandteile eines Vertrags geschieht durch das überwachte maschinelle Lernen nach einem vorherigen Prozess des Trainings.[335] Klauseln oder sonstige Vertragsbestandteile, die zu stark vom antrainierten Modell abweichen, können durch das System nicht erkannt werden, auch wenn aus dem Inhalt der Klausel (oder sonstigem Vertragsbestandteil) deren Inhalt für einen menschlichen (juristisch gebildeten) Betrachter klar erschlossen und zugeordnet werden kann.[336] Vielmehr gilt es zu verstehen, dass das System lediglich die Syntax und nicht die Semantik der Sprache verarbeiten kann.[337] Daher kann auch dieses System die Besonderheiten des Einzelfalls, welche sich aus bestimmten, für das System atypischen Merkmalen ergeben, nicht erkennen.[338] Somit kann auch hier keine rechtliche Prüfung des *Einzelfalls* vorgenommen werden, weshalb eine solche auch nicht objektiv erforderlich sein kann.

Weiterhin könnte eine subjektive Erforderlichkeit einer rechtlichen Prüfung des Einzelfalls bestehen, mithin das Ergebnis den subjektiven Erwartungen des Kunden widersprechen.[339] Kunden solcher Systeme sind gewöhnlich Rechtsabteilungen von Unternehmen und Kanzleien sowie gegebenenfalls sonstige juristisch vorgebildete Personen (etwa Anwälte); typischerweise richten sich solche Programme nicht an den üblicherweise juristisch ungebildeten Endverbraucher.[340] Derartige Kunden werden in der Regel wissen, dass auf-

---

[334] A.A. für den Einsatz von (echter) KI, *Dulle/Galetzka/Partheymüller*, DSRITB 2017, 625 (631 f.), die ihre Ansicht insbesondere mit dem Verbraucherschutz begründen. Ein gleiches Ergebnis lässt sich jedoch nach hier vertretener Ansicht besser mit der subjektiven Erforderlichkeit einer rechtlichen Prüfung des Einzelfalls begründen; *Weberstaedt*, AnwBl 2016, 535 (537); *Remmertz*, in: Hamm, Beck'sches Rechtsanwalts-Handbuch, § 64 Rn. 63.
[335] S.o. unter 1. Teil C. II. 4. b), speziell zur eingesetzten Technik bei der Dokumentenanalyse, s.o. unter 1. Teil B. II. 4. c), allgemein zum überwachten maschinellen Lernen.
[336] Vgl. *Bues*, in: Hartung/Bues/Halbleib, Legal Tech, Rn. 1186, 1189.
[337] S.o. unter 1. Teil B. I. 2. a).
[338] Vgl. *Bues*, in: Hartung/Bues/Halbleib, Legal Tech, Rn. 1186, 1189.
[339] S.o. unter 2. Teil A. II. 1. a) cc) (4) (e), (f).
[340] Vgl. *Fries*, in: Kaulartz/Braegelmann, Rechtshandbuch Artificial Intelligence und Machine Learning, Kap. 15.1 Rn. 6; *Reinemann*, in: Remmertz, Legal Tech-Strategien für Rechtsanwälte, 1. Auflage 2020, § 1 Rn. 28 ff.

grund der Vielschichtigkeit der deutschen und insbesondere der juristischen Sprache nicht sämtliche Vertragsbestandteile durch ein System erkannt werden können und daher keine Prüfung des Einzelfalls vorgenommen wird, die auch die Einordnung atypischer Fälle zwingend umfasst.

Eine Änderung dieses Ergebnisses könnte jedoch durch etwaige Werbeversprechen, dass höhere Erfolgsquoten durch das System im Vergleich zu menschlichen Bearbeitern erzielt werden, notwendig werden.[341] Jedoch kann auch dieser Umstand zu keinem anderen Ergebnis führen. Solange keins der Versprechen für sich in Anspruch nimmt, 100 Prozent der gesuchten Vertragselemente aufgefunden zu haben,[342] kann der Kunde nicht davon ausgehen, dass das System jeden Umstand eines Einzelfalls berücksichtigen kann. Vielmehr wird und kann das System je nach Umfang und Qualität der Trainingsdaten nur einen (Groß-)Teil der relevanten Passagen entdecken, was dem Kunden auch in diesem Fall bewusst sein wird. Mithin ist keine Erforderlichkeit der rechtlichen Prüfung des Einzelfalls, weder in objektiver noch subjektiver Hinsicht, gegeben.

b) Erkennung von personenbezogenen Daten, wettbewerbswidrigen Inhalten und andere ausgewählte Beispiele der Dokumentenanalyse

Auch das Herausfiltern von personenbezogenen Daten kann durch spezielle Software erfolgen und wird beispielsweise zur Schwärzung von Dokumenten eingesetzt.[343] Hierbei wird der Bürger zwar eine gewisse Vorstellung davon haben, was personenbezogene Daten[344] sind, jedoch kann auch dies im Ein-

---

[341] Vgl. beispielsweise für KIRA, *Krause/Hecker*, in: Hartung/Bues/Halbleib, Legal Tech, Rn. 333, die nach eigener Erfahrung von einer Genauigkeit von über 90 Prozent sprechen, die eines menschlichen Bearbeiters jedoch nur mit 60–70 % einschätzen. Jedoch muss beachtet werden, dass es sich hierbei um ein vollständig selbst antrainiertes System handelt und die Qualität des Ausgangs entscheidend von der Menge und Qualität der Trainingsdaten abhängt, weshalb hieraus keine allgemeine Aussage gezogen werden kann; vgl. auch *Grossmann/Cormack*, Richmond Journal of Law and Technology (2011), 17(3): 1 (1 ff.).
[342] Ein solches Versprechen konnte nach eigener Recherche auch nicht aufgefunden werden.
[343] S. o. unter 1. Teil C. II. 4. a) aa).
[344] Gemäß Art. 4 Nr. 1 DS-GVO sind dies „alle Informationen, die sich auf eine identifizierte oder identifizierbare natürliche Person (im Folgenden ‚betroffene Person') beziehen; als identifizierbar wird eine natürliche Person angesehen, die direkt oder indirekt, insbesondere mittels Zuordnung zu einer Kennung wie einem Namen, zu einer Kennnummer, zu Standortdaten, zu einer Online-Kennung oder zu einem oder mehreren besonderen Merkmalen, die Ausdruck der physischen, physiologischen, genetischen, psychischen, wirtschaftlichen, kulturellen oder sozialen Identität dieser natürlichen Person sind, identifiziert werden kann".

A. Begriff der Rechtsberatung in regulatorischer Hinsicht

zelfall über das hinausgehen, was jedermann derart vertraut ist, dass dieser Vorgang nicht als rechtlicher Lebensvorgang empfunden würde.[345]

Auch beim Aufspüren von wettbewerbswidrigen Inhalten besteht eine objektive Erforderlichkeit einer rechtlichen Prüfung. So wird dem Bürger schon gar nicht bewusst sein, welche Angaben in internen Dokumenten als wettbewerbsrechtlich relevant anzusehen sind, zumindest wird es ihm nicht derartig vertraut sein, dass die Prüfung schon nicht als ein rechtlicher Lebensvorgang empfunden wird.

Das Auffinden und Herausfiltern von Fristen sowohl in der Vertragsanalyse als auch in der sonstigen Dokumentenanalyse stellt hingegen keine rechtliche Prüfung und damit keine objektive Erforderlichkeit einer solchen Prüfung dar. So findet schon keine Subsumtion unter die einschlägigen Normen statt. Weiterhin kann die Zusammenfassung von (juristischen) Dokumenten mangels eines Subsumtionsvorgangs nicht als rechtliche Prüfung angesehen werden.

Als letzter hier zu betrachtender Anwendungsfall soll das Herausfiltern von Argumenten und Argumentationsstrukturen untersucht werden. Auch in diesem Fall liegt jedoch keine rechtliche Prüfung mangels Subsumtion des Sachverhalts unter eine Rechtsnorm vor. So ist das Herausfiltern von Argumenten und Argumentationsstrukturen schon keine genuin rechtliche Tätigkeit.[346]

Die Ausführungen zur rechtlichen Prüfung des *Einzelfalls* im Rahmen der Vertragsanalyse können auch hier übertragen werden, weshalb ebenfalls keine Rechtsdienstleistung im Sinne des § 2 I RDG vorliegt.[347]

4. Predictive Analytics

Wie bereits erwähnt, werden in diesem Rahmen Systeme zur Vorhersage eines bestimmten menschlichen Verhaltens im rechtlichen Bereich oder eines bestimmten rechtlichen Ausgangs als Predictive Analytics verstanden.[348] Hierbei ließen sich sowohl Aktivitäten im Bereich der Vorhersage von Gerichtsentscheidungen, Gesetzesentwürfen als auch im Bereich der Prozess-

---

[345] Vgl. für die Weite des Begriffs der personenbezogenen Daten etwa *Ernst*, in: Paal/Pauly, DS-GVO, Art. 4 Rn. 3 ff.; *Schild*, in: BeckOK DS-GVO, Art. 4 Rn. 3 ff.; *Klabunde*, in: Ehmann/Selmayr, DS-GVO, Art. 4 Rn. 7, 15; *Gola*, in: Gola/Heckmann, DS-GVO, Art. 4 Rn. 6; *Karg*, in: Simitis/Hornung/Spiecker, DS-GVO, Art. 4 Nr. 1 Rn. 3.
[346] Vgl. für weitere Informationen etwa *Lawrence/Reed*, Computational Linguistics (2019), 45(4): 765 (765 ff.); *Mochales/Moens*, Artificial Intelligence and Law, (2011) 19: 1 (1 ff.).
[347] S.o. unter 2. Teil A. II. 3. a).
[348] S.o. unter 1. Teil C. III.

finanzierung feststellen.³⁴⁹ Da es sich bei Anbietern zur Vorhersage von Gerichtsentscheidungen und von Gesetzesentwürfen ausschließlich um Anbieter aus den USA handelt und Gegenstand nicht deutsches Recht ist, findet das RDG gemäß § 1 II RDG bereits keine Anwendung.³⁵⁰ Bei den Systemen zur Vorhersage von Gerichtsentscheidungen und von Gesetzesentwürfen handelt es sich zumeist um vortrainierte Systeme, deren Dienstleistung sich gerade aufgrund der ständigen Aktualisierung nicht im bloßen Verkauf der Grundsoftware mit eigenem durch den Anwender durchgeführtem Training erschöpft,³⁵¹ weshalb ebenfalls eine Tätigkeit in konkret fremder Angelegenheit vorliegt.³⁵²

Weiterhin kann ungeachtet des fehlenden Anwendungsbereichs gefragt werden, ob eine rechtliche Prüfung des Einzelfalls vorliegt. Hierbei ist jeder Fall einzeln zu betrachten.³⁵³ Systeme zur Vorhersage von Gerichtsentscheidungen untersuchen Metadaten der rechtlichen Entscheidungen, wie zum Beispiel die Namen der zuständigen Richter, der beteiligten Anwaltskanzleien und Rechtsanwälte sowie die Natur und den Wert der Streitgegenstände.³⁵⁴ Hierbei werden Korrelationen zwischen den einzelnen Daten zum Ausgang des Verfahrens gebildet und das so gewonnene Muster auf den aktuellen Fall angewendet.³⁵⁵ Dabei ist die rechtliche Prüfung von Normen vollkommen irrelevant, weshalb keine objektive Erforderlichkeit einer rechtlichen Prüfung besteht. Auch bei Systemen zur Vorhersage des Ausgangs von neuen Gesetzgebungsverfahren werden Daten über die Kongressmitglieder, wie beispielsweise biographische Informationen und Zugehörigkeiten zu bestimmten Ausschüssen sowie das frühere Abstimmverhalten, analysiert.³⁵⁶ Hierbei besteht keinerlei Platz für eine rechtliche Prüfung in Form einer Subsumtion.

Die Tätigkeit der Prozessfinanzierung Iubel erfolgt hingegen schon nicht in fremder Angelegenheit; eine gegebenenfalls durch KI betriebene rechtliche Prüfung erfolgt einzig im eigenen wirtschaftlichen Interesse zur Begrenzung des wirtschaftlichen Risikos bei Ausgabe einer Prozessfinanzierung und daher nicht in fremder Angelegenheit.³⁵⁷ Dies gilt ebenfalls für Anbieter des Consu-

---

349 S. o. unter 1. Teil C. III.
350 S. o. unter 2. Teil A. I. 2. b) bb).
351 Vgl. etwa https://lexmachina.com (zuletzt aufgerufen am: 28.02.2025); https://www.govtrack.us (zuletzt aufgerufen am: 28.02.2025).
352 S. o. unter 2. Teil A. II. 2. a) aa), bb), cc), zum Tatbestandsmerkmal der Tätigkeit und unter 2. Teil A. II. 2. b), zur konkret fremden Angelegenheit.
353 S. o. unter 2. Teil A. II. 1. a) cc).
354 S. o. unter 1. Teil C. III.
355 S. o. unter 1. Teil C. III.
356 S. o. unter 1. Teil C. III.
357 Vgl. AG Berlin Wedding BeckRS 2020, 88 Rn. 8; *Remmertz*, in: Hamm, Beck'sches Rechtsanwalts-Handbuch, § 64 Rn. 34 für den Erwerb von Forderungen;

mer Claims Purchasing, die gleichfalls im eigenen wirtschaftlichen Interesse handeln, weshalb bereits aus diesem Grund eine Rechtsdienstleistung ausscheidet.[358]

5. Juristische Expertensysteme

Ein weiterer Bereich, der unter dem Gesichtspunkt der Rechtsdienstleistung nach dem RDG untersucht werden muss, sind juristische Expertensysteme. Diesbezüglich sollte aus Sicht des RDG zunächst zwischen bloßen Online-Rechnern (wie etwa einem Mietpreisrechner oder einem Anspruchsrechner für Fluggastrechte) und den klassischen juristischen Expertensystemen, die eine tatsächliche Rechtsfrage in Form eines Rechtsrats oder einer Handlungsempfehlung beantworten sollen und nicht lediglich eine zuvor programmierte Rechnung (wie etwa zur Berechnung des Mietpreises nach dem Mietpreisspiegel) durchführen, unterschieden werden. Der Unterschied besteht hierbei im Ergebnis der Dienstleistung. Wird als Arbeitsergebnis lediglich die Anspruchshöhe ausgegeben, wobei der Fokus auf der Berechnung eines gegebenenfalls bestehenden Anspruchs liegt, handelt es sich um ein System, das im Folgenden als sogenannter Online-Rechner bezeichnet wird.[359] Betrifft das Arbeitsergebnis hingegen eine Handlungsempfehlung oder einen Rechtsrat, wird es im Folgenden als klassisches Expertensystem bezeichnet.

a) Online-Rechner zur summarischen Prüfung des Anspruchs durch Anbieter mit Inkassolizenz

Online-Rechner werden zumeist von sogenannten Inkasso-Dienstleistern, das heißt Dienstleistern, die über eine Inkassolizenz nach § 10 I 1 Nr. 1 RDG verfügen, auf ihrer eigenen Internetseite angeboten, um dem Nutzer eine erste Bewertung liefern zu können, ob eine gegebenenfalls hierauf folgende Durchsetzung durch den Inkassodienstleister Erfolg versprechen wird.[360] Ob diese

---

Deckenbrock/Henssler, in: Deckenbrock/Henssler, RDG, § 2 Rn. 29; *Deckenbrock*, AnwBl Online 2020, 178 (184); *Greger*, AnwBl 2017, 932 (934).

[358] Vgl. LG Frankfurt a.M. BeckRS 2022, 38158 Rn. 26; *Remmertz*, in: Hamm, Beck'sches Rechtsanwalts-Handbuch, § 64 Rn. 34 für den Erwerb von Forderungen; *Römermann*, in: BeckOK RDG, § 2 Rn. 95; *Quarch/Neumann*, LTZ 2023, 96 (98); *Quarch/Engelhardt*, LTZ 2022, 38 (39); *Geissler*, LTZ 2022, 12 (13 f.); *Skupin*, RDi 2023, 93 (97).

[359] Den Begriff des Online-Rechners etwa benutzen, LG Berlin MMR 2019, 180 Rn. 28; *Günther/Grupe*, MMR 2020, 145 (149); *Rott*, in: Blocher/Heckmann/Zech, DGRI Jahrbuch 2016, Rn. 14; *Jäschke*, CR 2020, R4 (R4).

[360] S. o. unter 1. Teil C. IV. 1. b) bb) (2).

Tätigkeit eine Rechtsdienstleistung nach § 2 I RDG darstellt oder sogar nach § 2 II RDG zu behandeln ist, ist umstritten.[361]

aa) Online-Rechner als Rechtsdienstleistungen im Sinne des § 2 I RDG

Zum einen wird vertreten, dass bereits Online-Rechner, wie zum Beispiel Mietpreisrechner, die typischerweise auf der Website von Inkassodienstleistern zur Verfügung gestellt werden, eine rechtliche Prüfung des Einzelfalls erbringen, weshalb § 2 I RDG erfüllt sei.[362] So sei für die Ausgabe des Online-Rechners (wie etwa die Angabe der zulässigen Höchstmiete) eine Subsumtion des individuellen Sachverhalts des Kunden (Rechtsuchenden) unter die streitgegenständlichen Normen erforderlich.[363] Aus diesem Grund handle es sich gerade nicht um ein bloßes computergestütztes Rechenwerkzeug.[364] Weiterhin komme es für die Einordnung als Rechtsdienstleistung im Sinne des § 2 I RDG nur inhaltlich darauf an, ob eine Tätigkeit in einer konkret fremden Angelegenheit vorliege, die eine rechtliche Prüfung des Einzelfalls erfordere, nicht hingegen, ob die Tätigkeit „zeitintensiv und schwierig" sei, weshalb sogar eine solche Einordnung unschädlich wäre.[365]

bb) Keine rechtliche Prüfung im Einzelfall

Im Gegensatz zur vorherigen Ansicht wird zum anderen vertreten, dass durch den Online-Rechner keine rechtliche Prüfung des Einzelfalls vorgenommen wird, weshalb der Tatbestand des § 2 I RDG nicht erfüllt sei.[366] So erschöpfe sich die Leistung des Online-Rechners darin, reale Sachverhaltsinformationen des Rechtsuchenden standardisiert über entsprechende Eingabefelder auf der Website des Inkassodienstleisters abzufragen und mithilfe einer Datenbank sowie einfachen Berechnungen die Höhe eines potenziellen Anspruchs auszugeben.[367] In einem solchen Abgleich von Eingabe und Daten-

---

[361] LG Berlin BeckRS 2018, 19885 Rn. 26; *Remmertz*, in: Hamm, Beck'sches Rechtsanwalts-Handbuch, § 64 Rn. 55; *Remmertz*, in: Remmertz, Legal Tech-Strategien für Rechtsanwälte, 1. Auflage 2020, § 3 Rn. 8; *Rott*, VuR 2018, 443 (445); *Krenzler*, BRAK-Mitt. 2020, 119 (123).

[362] LG Berlin BeckRS 2018, 19885 Rn. 26; *Schüller*, in: BeckOK BGB, § 556g Rn. 9.

[363] LG Berlin BeckRS 2018, 19885 Rn. 27.

[364] LG Berlin BeckRS 2018, 19885 Rn. 27.

[365] LG Berlin BeckRS 2018, 19885 Rn. 27; LG Berlin BeckRS 2018, 16848 Rn. 6.

[366] LG Berlin NJW 2018, 2898 Rn. 26; *Remmertz*, in: Hamm, Beck'sches Rechtsanwalts-Handbuch, § 64 Rn. 55; *Remmertz*, in: Remmertz, Legal Tech-Strategien für Rechtsanwälte, 1. Auflage 2020, § 3 Rn. 8; *Rott*, VuR 2018, 443 (445).

[367] LG Berlin NJW 2018, 2898 Rn. 26.

A. Begriff der Rechtsberatung in regulatorischer Hinsicht

bank liege keine Subsumtion, die, wie vom BGH gefordert, über eine bloße Anwendung von Rechtsnormen hinausgehe, weshalb keine rechtliche Prüfung des Einzelfalls vorliegen könne.[368]

cc) Anwendung und Zwischenergebnis

Zunächst sind zur Entscheidung des hier geführten Streits zwei verschiedene Fragen zu unterscheiden. Zum einen muss gefragt werden, ob es bei Inkassodienstleistern einer einheitlichen Betrachtung all ihrer Tätigkeiten, mit der Folge, dass auch die Anwendung des Online-Rechners insgesamt zur Rechtsdienstleistung nach § 2 II RDG gehört, bedarf. Zum anderen bedarf es der Klärung, ob für den Fall, dass eine derartige einheitliche Betrachtung abgelehnt wird, eine Rechtsdienstleistung nach § 2 I RDG vorliegt.

Der BGH entschied hierzu, dass eine einheitliche Betrachtung aller Tätigkeiten des Inkassodienstleisters vorgenommen werden muss, sodass es wegen der Vorschrift des § 2 II RDG nicht darauf ankomme, ob der Betrieb eines solchen Online-Rechners eine Rechtsdienstleistung nach § 2 I RDG darstellen könne.[369] Vielmehr sei auch der gesamte Betrieb des Online-Rechners Teil der Rechtsdienstleistung des Inkassodienstleisters nach § 2 II RDG.[370] Eine derartige Betrachtung sei aufgrund von Sinn und Zweck des § 2 II RDG „Beweisschwierigkeiten und Umgehungsgeschäfte aus Verbraucherschutzgründen zu verhindern" geboten.[371] So habe der Gesetzgeber bei der Schaffung der Norm die Tätigkeit des Inkassodienstleisters umfassend, „unabhängig von einer Rechtsprüfung", vom Erlaubnisvorbehalt des RDG erfassen wollen.[372]

Der Prozess derartiger Inkassodienstleister lässt sich grundsätzlich in zwei Teile, die nicht zwingend kombiniert vorliegen müssen, aufteilen.[373] Zum einen ist die Benutzung des Online-Rechners und zum anderen die mögliche Beauftragung und Tätigkeit des Inkassodienstleisters zur Geltendmachung der Forderung zu unterscheiden.[374] Das Ausfüllen der Maske des Online-Rechners

---

[368] *Rott*, VuR 2018, 443 (443); LG Berlin NJW 2018, 2898 Rn. 27.
[369] BGH NJW 2020, 208 Rn. 148.
[370] BGH NJW 2020, 208 Rn. 148; hierbei verweist der BGH gleichzeitig darauf, dass die Bejahung einer Subsumtion (als Tatbestandsmerkmal des § 2 I RDG) im Rahmen derartiger Online-Rechner „eher fernliegend" sei.
[371] BGH NJW 2020, 208 Rn. 149.
[372] BGH NJW 2020, 208 Rn. 149; BT-Drs. 16/3655, S. 35 f.
[373] BGH NJW 2020, 208 Rn. 15; LG Berlin BeckRS 19885 Rn. 26, 31; vgl. *Rott*, VuR 2018, 443 (445).
[374] Diesen Zweischritt deutlich ansprechend, die Beklagte in BGH NJW 2020, 208 Rn. 15; vgl. für diese Unterscheidung auch LG Berlin BeckRS 19885 Rn. 26, 31; so auch BGH NJW 2020, 208 zur Sachverhaltsaufnahme: „Nach Durchführung der Berechnung besteht für den Anwender weiter die Möglichkeit, die Kl. […] mit der außer-

erfolgt unverbindlich ohne vertragliche Verpflichtungen.³⁷⁵ Erst nach der Prüfung des möglichen Anspruchs besteht die frei wählbare Option einer Beauftragung.³⁷⁶ Wie bereits festgestellt, muss für die Beurteilung, ob und wenn ja, worin eine Tätigkeit gesehen werden kann, auf jede einzelne trennbare Aktivität abgestellt werden.³⁷⁷ Aufgrund dieses Zweischritts des Inkassoprozesses könnte es, wie es von den ersten beiden Ansichten durchgeführt wird, erforderlich sein, eine losgelöste Betrachtung des Online-Rechners von der darauffolgenden Inkassotätigkeit durchzuführen.³⁷⁸

Da jedoch alle Tätigkeiten einzeln von einem Inkassodienstleister erbracht werden, könnte jedoch insgesamt für die gesamte Aktivität eine Überlagerung des § 2 II RDG vorliegen.³⁷⁹ Dies könnte sich insbesondere durch den neuen durch das Gesetz zur Förderung verbrauchergerechter Angebote im Rechtsdienstleistungsmarkt in § 2 II 1 RDG eingefügten Passus begründen lassen. Hiernach ist insbesondere die auf die Einziehung bezogene rechtliche Prüfung und Beratung Teil der Inkassodienstleistung. Auch die Begründung des Regierungsentwurfs spricht davon, dass beispielsweise ein eingesetzter Mietpreisrechner unter die Inkassodienstleistung fällt, wenn er unmittelbar zur Geltendmachung „auf eine bestimmte [...] Forderung bezogen war".³⁸⁰ Weitergehende Tätigkeiten sollen explizit nicht unter den Begriff der Inkassodienstleistung gefasst werden, „wenn sie sich nicht auf die Einziehung der im konkreten Fall gegenständlichen Forderung beziehen".³⁸¹ Zwar sind hiermit höchstwahrscheinlich die zusätzlichen vom BGH als „Hilfsmaßnahmen" bezeichneten Aktivitäten, wie etwa „die Aufforderung in dem Rügeschreiben, künftig nicht mehr die als überhöht gerügte Miete zu verlangen und die (möglicherweise erfolgte) Rechtsberatung zur zukünftigen Mietzahlung unter Vorbehalt", gemeint, jedoch wird allgemein deutlich, dass sich die Aktivität „auf die Einziehung der im konkreten Fall gegenständlichen Forderung beziehen" muss. Dies ist jedoch nur dann der Fall, wenn der Inkassodienstleister auch später

---

gerichtlichen Durchsetzung von Forderungen [...] zu beauftragen"; diese Wertung liegt auch der ersten und zweiten Ansicht zugrunde, wenn sie eine losgelöste Einordnung des Online-Rechners unter § 2 I RDG durchführen. Eine Betrachtung der einzelnen Tätigkeiten durchführend etwa *Rott*, VuR 2018, 443 (445).

³⁷⁵ BGH NJW 2020, 208 Rn. 151; *Milker*, in: Küstner/Louven, Plattform-Governance und Recht, Kap. IX Rn. 26.

³⁷⁶ BGH NJW 2020, 208 Rn. 151; *Milker*, in: Küstner/Louven, Plattform-Governance und Recht, Kap. IX Rn. 26.

³⁷⁷ S. o. unter 2. Teil A. II. 1. a) aa) (6).

³⁷⁸ S. o. unter 2. Teil A. II. 5. a) aa), bb); dies ergibt sich daraus, dass sich ansonsten eine Einordnung ausschließlich nach § 2 II RDG richten und sich der Streit um eine Subsumtion unter § 2 I RDG erübrigen würde, vgl. BGH NJW 2020, 208 Rn. 148.

³⁷⁹ So etwa der BGH NJW 2020, 208 Rn. 148.

³⁸⁰ BT-Drs 19/27673, S. 39.

³⁸¹ BT-Drs 19/27673, S. 39.

mit der Eintreibung der Forderung beauftragt wird. Ist dies nicht der Fall, liegt keine Tätigkeit vor, die unter die Inkassodienstleistung nach § 2 II 1 RDG subsumiert werden kann, weshalb auf § 2 I RDG zurückgegriffen werden muss. Auch die vom BGH vorgebrachten Argumente sprechen nicht gegen diese Lösung.[382] In seiner Urteilsbegründung verweist der BGH auf die Begründung des Regierungsentwurfs,[383] welcher darauf hinweist, dass diese Argumente für den Fall gelten sollen, dass eine wirtschaftlich fremde Forderung eingezogen wird.[384] Mithin ist eine Trennung danach vorzunehmen, ob eine spätere Beauftragung des Inkassodienstleisters erfolgt ist oder nicht.

(1) Tätigkeit bei darauffolgender Beauftragung

Damit der Online-Rechner des Dienstleisters gemäß § 2 II 1 RDG eine Rechtsdienstleistung darstellen kann, muss der Anbieter überhaupt eine Inkassodienstleistung anbieten.[385] Gemäß § 2 II 1 RDG ist eine Rechtsdienstleistung im Sinne einer Inkassodienstleistung jede „Einziehung fremder oder zum Zweck der Einziehung auf fremde Rechnung abgetretene Forderungen, wenn die Forderungseinziehung als eigenständiges Geschäft betrieben wird [...]".

Damit ist zunächst zwischen der Einziehung fremder Forderungen (Inkassovollmacht/Inkassoermächtigung) und der Einziehung von abgetretenen Forderungen, die zum Zweck der Einziehung auf fremde Rechnung abgetreten wurden (Inkassozession), zu unterscheiden.[386]

Wurde keine Abtretung der in Rede stehenden Forderung vereinbart, sodass der ursprüngliche Forderungsinhaber auch weiterhin Inhaber der Forderung bleibt und der Dienstleister ausschließlich zur (außergerichtlichen) Geltendmachung der Forderung beauftragt wurde, liegt eine Einziehung einer fremden Forderung vor.[387] Sowohl verbleibt die formale Forderungsinhaberschaft als auch das wirtschaftliche Risiko beim ursprünglichen Gläubiger der Forderung.[388]

---

[382] Vgl. BGH NJW 2020, 208 Rn. 137.
[383] BGH NJW 2020, 208 Rn. 137.
[384] BT-Drs. 16/3655, S. 35 f.
[385] BGH NJW 2020, 208 Rn. 150.
[386] *Johnigk*, in: Gaier/Wolf/Göcken, RDG, § 2 Rn. 58; *Römermann*, in: BeckOK RDG, § 2 Rn. 92 ff.; *Deckenbrock/Henssler*, in: Deckenbrock/Henssler, RDG, § 2 Rn. 71 f.
[387] *Johnigk*, in: Gaier/Wolf/Göcken, RDG, § 2 Rn. 58; *Overkamp/Overkamp*, in: Henssler/Prütting, RDG, § 2 Rn. 52; *Brox/Walker*, Besonderes Schuldrecht, § 7 Rn. 61; *Wellenhofer*, Sachenrecht, § 14 Rn. 59; *Wilhelmi*, in: BeckOGK BGB, § 453 Rn. 982.
[388] BT-Drs. 16/3655, S. 48; *Overkamp/Overkamp*, in: Henssler/Prütting, RDG, § 2 Rn. 52.

Bei der Inkassozession ist hingegen zwischen der nicht von § 2 II RDG erfassten Einziehung eigener Forderungen und der unter § 2 II RDG fallenden Einziehung der abgetretenen Forderung auf fremde Rechnung zu differenzieren.[389] Wird eine Einziehung auf eigene Rechnung vereinbart, findet eine endgültige Übertragung der Forderung auf den Zessionar statt, sodass dieser das Ausfallrisiko (auch wirtschaftliches Risiko oder Delkredererisiko genannt) trägt.[390] Dies ist insbesondere dann der Fall, wenn eine Vollrechtsübertragung im Rahmen eines Forderungskaufs vereinbart wird, sodass das wirtschaftliche Risiko ausschließlich den Zessionar trifft (echtes Factoring), weshalb von vornherein keine Inkassodienstleistung nach § 2 II RDG angenommen werden kann.[391]

Bei zum Zweck der Einziehung auf fremde Rechnung abgetretenen Forderungen (Inkassozession) wechselt nun hingegen die formale Forderungsinhaberschaft vom Zedenten zum Zessionar, das wirtschaftliche Risiko verbleibt jedoch beim Zedenten, da der Inkassodienstleister lediglich zur Geltendmachung der abgetretenen Forderung beauftragt wird.[392]

Inkassodienstleister, die KI-Anwendungen verwenden, lassen sich hierbei üblicherweise im Rahmen der Inkassozession die Forderung ihrer Kunden abtreten.[393] So wird der Inkassodienstleister zwar nach einer erfolgten Abtretung typischerweise formaler Inhaber der Forderung; da der Kunde jedoch die Summe der geltend gemachten Forderung nur im Erfolgsfall abzüglich der Vergütung des Dienstleisters erhält, trägt dieser nach wie vor das Ausfallrisiko, weshalb die Einziehung auf fremde Rechnung erfolgt.[394] Auch schließen sich damit die Vereinbarung erfolgsbezogener Vergütung und die Fremdheit der Forderung nicht aus, da der Zedent (Kunde) weiterhin an der wirtschaftlichen Geltendmachung der Forderung interessiert ist und sich sein Interesse nicht in der vorherigen Auskehr eines Entgelts für einen Forderungskauf er-

---

[389] BT-Drs. 16/3655, S. 37 f.; *Römermann*, in: BeckOK RDG, § 2 Rn. 94; *Deckenbrock/Henssler*, in: Deckenbrock/Henssler, RDG, § 2 Rn. 72.

[390] BT-Drs. 16/3655, S. 37 f.; *Deckenbrock/Henssler*, in: Deckenbrock/Henssler, RDG, § 2 Rn. 75; *Römermann*, in: BeckOK RDG, § 2 Rn. 95; *Overkamp/Overkamp*, in: Henssler/Prütting, RDG, § 2 Rn. 54.

[391] *Johnigk*, in: Gaier/Wolf/Göcken, RDG, § 2 Rn. 58; BT-Drs. 16/3655, S. 36; *Deckenbrock/Henssler*, in: Deckenbrock/Henssler, RDG, § 2 Rn. 75; *Römermann*, in: BeckOK RDG, § 2 Rn. 95; *Overkamp/Overkamp*, in: Henssler/Prütting, RDG, § 2 Rn. 54.

[392] BT-Drs. 16/3655, S. 48; *Johnigk*, in: Gaier/Wolf/Göcken, RDG, § 2 Rn. 58; *Römermann*, in: BeckOK RDG, § 2 Rn. 93.

[393] S. o. unter 2. Teil A. II. 5. a) und unter 1. Teil C. IV. 1. b) bb) (2).

[394] BGH NJW 2020, 208 Rn. 149; BGH NJW 2013, 59 Rn. 16; *Lieder*, in: BeckOGK BGB, § 398 Rn. 273; *Morell*, WM 2019, 1822 (1823); *Römermann*, in: BeckOK RDG, § 2 Rn. 93.

A. Begriff der Rechtsberatung in regulatorischer Hinsicht

schöpft.[395] Dies kann bereits aus einem Umkehrschluss aus der neu eingeführten expliziten Regelung des Erfolgshonorars von Inkassodienstleistern in § 13e I RDG i. V. m. § 4a I RVG entnommen werden.[396]

Weiterhin müsste die Einziehung als ein eigenständiges Geschäft betrieben werden, § 2 II RDG. Dies ist dann der Fall, „wenn die Forderungseinziehung in einer ständigen hauptberuflichen oder nebenberuflichen Inkassotätigkeit oder außerhalb einer solchen nicht lediglich als Nebenleistung im Zusammenhang mit einer anderen beruflichen Tätigkeit erfolgt".[397] In diesem Rahmen könnte die (außergerichtliche) Geltendmachung der Ansprüche[398] eine bloß zusätzliche Leistung zur rechtsberatenden Tätigkeit darstellen und so als Nebenleistung anzusehen sein.[399] Die rechtliche Prüfung des Anspruchs zur Ermittlung der Erfolgsaussichten, die Mitteilung gegenüber dem Gläubiger als potenziellem Kunden des Unternehmens sowie die Äußerungen von Rechtsansichten gegenüber dem Schuldner zur Geltendmachung des Anspruchs, sollen die Beauftragung und eine spätere ordnungsgemäße Geltendmachung des Anspruchs gerade erst ermöglichen.[400] So muss es dem Inkassodienstleister auch zustehen, die Geltendmachung gegenüber dem Schuldner auf rechtliche Argumente zu stützen.[401] Die Geltendmachung des Anspruchs ist somit nach der Verkehrsauffassung weiterhin als Haupttätigkeit und nicht lediglich als Nebenleistung anzusehen.[402] Dies zeigt auch der in § 2 II RDG neu eingefügte Hs. „einschließlich der auf die Einziehung bezogenen rechtlichen Prüfung und Beratung".[403] Weitere Ausführungen zum

---

[395] *Deckenbrock/Henssler*, in: Deckenbrock/Henssler, RDG, § 2 Rn. 87a, 84; BT-Drs. 19/27673, S. 15; vgl. auch BGH NJW 2020, 208 Rn. 176.

[396] *Köhler*, in: Köhler/Bornkamm/Feddersen, UWG, § 3a Rn. 1.127.

[397] BGH NJW 2020, 208 Rn. 106; BGH NJW 2013, 59 Rn. 21 f.; BT-Drs. 16/3655, S. 49; *Römermann*, in: BeckOK RDG, § 2 Rn. 98; *Deckenbrock/Henssler*, in: Deckenbrock/Henssler, RDG, § 2 Rn. 89; *Overkamp/Overkamp*, in: Henssler/Prütting, RDG, § 2 Rn. 58.

[398] Die Tätigkeit der außergerichtlichen Geltendmachung von Forderungen entsprach der ursprünglichen Vorstellung des Gesetzgebers zum Zeitpunkt der Schaffung der Norm von Inkassodienstleistern, BT-Drs. 19/27673, S. 1, 16.

[399] So etwa noch das LG Berlin BeckRS 2018, 19885 Rn. 29.

[400] BGH NJW 2020, 208 Rn. 161 f.; LG Berlin MMR 2019, 180 Rn. 24; vgl. auch BVerfG NJW-RR 2004, 1570 (1571), das darauf hinweist, dass eine effektive Inkassotätigkeit gerade voraussetzt, dass dem zahlungsunwilligen Schuldner auch der Rechtsgrund für die Forderung genannt wird. Dem zustimmend auch LG Berlin NJW 2018, 2898 Rn. 37.

[401] BGH NJW 2020, 208 Rn. 161; BVerfG NJW-RR 2004, 1570 (1571).

[402] BGH NJW 2020, 208 Rn. 106, 161 f.; LG Berlin MMR 2019, 180 Rn. 23 f.

[403] BT-Drs. 19/27673, S. 20; s. u. zum Umfang der Inkassolizenz aus § 10 I 1 Nr. 1 RDG, s. u. unter 2. Teil B. I. 1.

Umfang der Inkassodienstleistungsbefugnis werden im Rahmen des § 10 I 1 Nr. 1 RDG geführt.[404]

(2) Tätigkeit bei fehlender Beauftragung

Für die Möglichkeit der Anwendung des § 2 I RDG ist neben einer Tätigkeit in einer konkret fremden Angelegenheit eine rechtliche Prüfung im Einzelfall erforderlich, welche über eine bloß schematische Anwendung von Rechtsnormen ohne weitere rechtliche Prüfung hinausgeht.[405] Eine derartige Tätigkeit in einer konkret fremden Angelegenheit ist im Einklang mit den zu Dokumentengeneratoren erfolgten Argumenten in der Anwendung des Rechners durch den Benutzer zu sehen, wobei die konkrete Anwendung der Software dem Anbieter zurechenbar ist.[406]

Nach hier vertretener Ansicht kommt es darauf an, ob eine rechtliche Prüfung des Einzelfalls entweder objektiv oder subjektiv erforderlich ist, wobei eine objektive Erforderlichkeit nur vorliegen kann, wenn auch tatsächlich eine rechtliche Prüfung des Einzelfalls durch das System vorgenommen werden kann.[407] Wie bereits dargestellt, liegt sowohl nach hier vertretener Ansicht als auch nach der Entscheidung der Rechtsprechung eine rechtliche Prüfung des Einzelfalls in jeder Subsumtion, die über eine bloß schematische Anwendung von Rechtsnormen ohne weitere rechtliche Prüfung hinausgeht.[408] Jedoch ist es unerheblich, ob es sich um eine juristisch komplexe oder einfache Frage handelt.[409] Tätigkeiten im rechtlichen Bereich, die jedoch keine rechtliche Prüfung erforderlich machen, da sie nach Inhalt, Formen und Rechtsfolgen jedermann derart vertraut sind, dass sie nicht als rechtliche Lebensvorgänge empfunden würden, scheiden hingegen aus.[410]

Bei den angebotenen Rechnern handelt es sich, wie bereits erläutert, zumeist um Systeme zur Feststellung von bestimmten Ansprüchen und deren Höhe, typischerweise für Verbraucher. Der Erfolg dieser Modelle[411] zeigt ge-

---

[404] S. hierzu unten unter 2. Teil B. I. 1.

[405] BGH NJW 2016, 1056 Rn. 43 f.; LG Berlin BeckRS 2018, 19885 Rn. 26; s. o. unter 2. Teil A. II. 1. a) cc).

[406] S. o. unter 2. Teil A. II. 1. a) aa) (6), zum Tatbestandsmerkmal der Tätigkeit, s. o. unter 2. Teil A. II. 1. a) bb) (3), zum Tatbestandsmerkmal der konkret fremden Angelegenheit.

[407] S. o. unter 2. Teil A. II. 1. a) cc) (4) (d).

[408] BGH GRUR 2016, 820 Rn. 43; das Merkmal der „schematischen Anwendung von Rechtsnormen" ablehnend *Fries*, ZRP 2018, 161 (163); s. o. unter 2. Teil A. II. 1. a) cc).

[409] BGH GRUR 2016, 820 Rn. 43; s. o. unter 2. Teil A. II. 1. a) cc).

[410] S. o. unter 2. Teil A. II. 1. a) cc) (4) (a).

[411] Vgl. BT-Drs. 19/27673, S. 15; vgl. auch *Remmertz*, in: Hamm, Beck'sches Rechtsanwalts-Handbuch, § 64 Rn. 17 ff.

A. Begriff der Rechtsberatung in regulatorischer Hinsicht

rade, dass vielen Verbrauchern die Untersuchung, ob ein derartiger Anspruch besteht, nach Inhalt, Formen und Rechtsfolgen nicht derart vertraut ist, dass dieser nicht als rechtlicher Lebensvorgang eingestuft wird. Vielmehr benötigt dieser Vorgang eine Subsumtion unter die in Rede stehenden Normen, die grundsätzlich über eine einfache schematische Anwendung von Rechtsnormen ohne weitere rechtliche Prüfung hinausgeht.[412] Dies stellt auch nicht nur ein bloßes Rechenwerkzeug dar, da es insbesondere darum geht, ob ein Anspruch nach einer bestimmten Rechtsnorm besteht und wenn ja, in welcher Höhe.[413] Die Berechnung der Anspruchshöhe kann dabei nicht losgelöst betrachtet werden, sondern ist gerade ein Teil des Anspruchs.[414] Somit wird eine rechtliche Prüfung vollzogen. Weiterhin müsste jedoch entweder eine rechtliche Prüfung auch des Einzelfalls objektiv oder subjektiv erforderlich sein.[415] Eine objektive Erforderlichkeit der rechtlichen Prüfung des Einzelfalls scheidet bereits aufgrund der fehlenden Kompetenz zur Abweichung des Expertensystems für Einzelfälle, die abweichend vom ursprünglich vorgesehenen und einprogrammierten Fall zu behandeln sind, aus.[416] Weiterhin könnte eine subjektive Erforderlichkeit der rechtlichen Prüfung des *Einzelfalls* bestehen. Problematisch könnte jedoch sein, dass auf den zur Verfügung stehenden Internetseiten zumeist angegeben wird, dass es sich lediglich um eine summarische Prüfung handelt und/oder dass nach erfolgter Beauftragung ein Anwalt den Anspruch und gegebenenfalls dessen Höhe überprüft.[417] Die verwendete Ausführung, dass es sich lediglich um eine summarische Prüfung handelt, verhindert eine Abweichung aufgrund einer subjektiven Erforderlichkeit der rechtlichen Prüfung des *Einzelfalls*, da hierdurch gerade vermittelt wird, dass die Besonderheiten des individuellen Sachverhalts nicht berücksichtigt werden konnten. Schwieriger zu beurteilen ist hingegen der Hinweis, dass die Erforderlichkeit besteht, dass im Anschluss ein Vertragsanwalt die Ergebnisse überprüft, da hieraus nicht zwingend ersichtlich wird, dass keine rechtliche Prüfung des Einzelfalls vorgenommen wurde. Vielmehr könnte dieser Schritt auch ausschließlich aus Haftungsgründen durchgeführt werden, nachdem (aus Sicht des Rechtsuchenden) eine rechtliche Prüfung des Einzelfalls vorgenom-

---

[412] LG Berlin BeckRS 2018, 19885 Rn. 26; *Schüller*, in: BeckOK BGB, § 556g Rn. 9; kritisch, jedoch im Ergebnis offen, *Galetzka/Garling/Partheymüller*, MMR 2021, 20 (24); a.A. etwa *Weberstaedt*, AnwBl 2016, 535 (536); BGH NJW 2020, 208 Rn. 148; *Remmertz*, in: Hamm, Beck'sches Rechtsanwalts-Handbuch, § 64 Rn. 55; *Remmertz*, in: Remmertz, Legal Tech-Strategien für Rechtsanwälte, 1. Auflage 2020, § 3 Rn. 8; *Rott*, VuR 2018, 443 (445).
[413] So auch LG Berlin BeckRS 2018, 19885 Rn. 27.
[414] Vgl. etwa für die Mietpreisbremse *Rott*, VuR 2018, 443 (443 f.).
[415] S. o. unter 2. Teil A. II. 1. a) cc) (3).
[416] S. o. unter 2. Teil A. II. 1. a) cc) (4) (d).
[417] LG Berlin NJW 2018, 2898 Rn. 26; *Günther/Grupe*, MMR 2020, 145 (145); *Degen/Krahmer*, GRUR-Prax 2016, 363 (364).

men wurde.[418] Mithin ist allein die Ausführung, dass das Ergebnis von einem Vertragsanwalt überprüft wird, nicht ausreichend. Dies kann jedoch dadurch verhindert werden, dass entweder darauf hingewiesen wird, dass das ausgegebene Ergebnis nur das einer summarischen Prüfung darstellte, oder dass der Vertragsanwalt beauftragt wird, da keine rechtliche Prüfung des Einzelfalls durchgeführt wurde.[419]

Besteht hingegen eine derartige Ausführung nicht und vermitteln die Fragen und möglichen Antworten dem Rechtsuchenden, beispielsweise aufgrund der Menge an Fragen, den Eindruck, dass tatsächlich eine rechtliche Prüfung des Einzelfalls vorgenommen wird, besteht nach hier vertretener Ansicht eine subjektive Erforderlichkeit einer rechtlichen Prüfung des *Einzelfalls*.[420] Hierfür spricht auch gerade der Schutzzweck des § 1 I 2 RDG, den Rechtsuchenden zu schützen, da er gegebenenfalls durch ein unrichtiges Ergebnis des Rechners davon abgehalten werden könnte, seine Ansprüche selbst oder durch einen Dritten geltend zu machen.[421]

b) Online-Rechner zur summarischen Prüfung des Anspruchs durch Anbieter ohne Inkassolizenz

Weiterhin sind Anbieter zu nennen, die nicht im Bereich der Inkassodienstleistungen tätig sind und mithin über keine derartige Inkassolizenz verfügen. In diesem Bereich anzusiedeln ist zunächst der Sektor des Consumer Claims Purchasing (Forderungskauf), die bei ihrer Prüfung der Erfolgsaussichten auf Expertensysteme abstellen.[422] Dies ergibt sich bereits daraus, dass der Forderungskauf keine von § 2 II RDG erfasste Rechtsdienstleistung darstellt,[423] weshalb nun im Anschluss geprüft werden muss, ob eine Rechtsdienstleistung nach § 2 I RDG vorliegt.[424] Hierbei kann auf die Ausführungen im Rahmen des Predictive Analytics und die hier eingeordneten Modelle des Consumer Claims Purchasing verwiesen werden, was regelmäßig zur Folge haben wird, dass auch keine Rechtsdienstleistung nach § 2 I RDG angenommen werden kann, da bereits keine fremde Angelegenheit vorliegt.[425]

---

[418] Vgl. *Timmermann*, Legal Tech-Anwendungen, S. 147, zu Ausführungen der Seite digitaler-anwalt.de; vgl. auch *Breuning*, in: Ebers, StichwortKommentar Legal Tech, Haftung des Legal Tech-Unternehmers ggü. Kunden, Kap. 37 Rn. 19.
[419] Vgl. hierzu bereits oben unter 2. Teil A. II. 1. a) cc) (4) (e), (f).
[420] S. o. unter 2. Teil A. II. 1. a) cc) (4) (e).
[421] Vgl. BT-Drs. 19/27673, S. 23.
[422] Vgl. BT-Drs. 16/3655, S. 36; *Quarch/Neumann*, LTZ 2023, 96 (98); *Quarch/Engelhardt*, LTZ 2022, 38 (39); *Geissler*, LTZ 2022, 12 (13 f.); *Skupin*, RDi 2023, 93 (97).
[423] S. o. unter 2. Teil A. II. 5. a) cc) (1).
[424] S. o. unter 2. Teil A. II. 5. a) cc) (2).
[425] S. o. unter 2. Teil A. II. 4.

A. Begriff der Rechtsberatung in regulatorischer Hinsicht 159

Weiterhin sind solche Online-Rechner zu unterscheiden, die zur bloßen Information von bestimmten Verbraucherkreisen dienen, indem ausgewählte Angaben eines Sachverhalts ausgewertet werden. Hierunter fallen insbesondere die Mietpreisrechner der einzelnen Städte.[426] Betrachtet man jedoch derartige Anwendungen, fällt schnell auf, dass nicht etwa ausgegeben wird, ob die eigene Miete zu hoch ist und ein Anspruch (höchstwahrscheinlich) besteht oder nicht.[427] Vielmehr handelt es sich hierbei tatsächlich im Unterschied zu den vorher genannten Rechnern lediglich um ein Rechenwerkzeug, das keine Subsumtion erbringt.[428] Diesen Schritt der Subsumtion muss der Anwender hingegen selbst treffen, wenn er aus der angezeigten Zahl abliest, ob er nun zu viel zahlt und wenn ja, ob und wie er dieses Geld zurückverlangen kann. Da dieser Schritt jedem Benutzer zwangsläufig klar ist, liegt auch keine subjektive Erforderlichkeit einer rechtlichen Prüfung vor. Weiterhin wird aufgrund des lediglich abstrakt informierenden Charakters schon keine konkrete Angelegenheit vorliegen.[429] Mithin ist in derartigen Fällen bereits eine Rechtsdienstleistung nach § 2 I RDG abzulehnen.

c) Klassische vorprogrammierte juristische Expertensysteme zur Beantwortung von Rechtsfragen durch Anbieter ohne eine Inkassolizenz

Klassische vorprogrammierte Expertensysteme gehen über die bloße Berechnung von Ansprüchen hinaus und dienen zur Beantwortung konkreter Rechtsfragen und zur Ausgabe von Handlungsanweisungen.[430] In diese Kategorie einzuordnen ist beispielsweise der bereits erwähnte ContractorCheck.[431] Ein weiterer Anwendungsbereich ist das Tool auf der Seite digitaler-anwalt.de, welches dazu dient, rechtliche Ersteinschätzungen abzugeben.[432]

---

[426] Vgl. etwa der Mietpreisrechner der Stadt Jena, https://mietspiegel.jena.de/2021/ (zuletzt aufgerufen am: 28.02.2025).
[427] https://mietspiegel.jena.de/2021/ (zuletzt aufgerufen am: 28.02.2025).
[428] So etwa der BGH NJW 2020, 208 Rn. 148, jedoch zu Mietpreisrechnern allgemein; auch *Remmertz*, in: Hamm, Beck'sches Rechtsanwalts-Handbuch, § 64 Rn. 55, der eine Rechtsdienstleistung ablehnt, „wenn lediglich in standardisierter Form tatsächliche Informationen über die wertbildenden Kriterien einer Wohnung abgefragt werden"; *Remmertz*, in: Remmertz, Legal Tech-Strategien für Rechtsanwälte, 1. Auflage 2020, § 3 Rn. 8; *Rott*, VuR 2018, 443 (445).
[429] S. o. unter 2. Teil A. II. 1. a) bb) (3).
[430] S. o. unter 2. Teil A. II. 5.
[431] S. o. unter 1. Teil C. IV. 1. b) aa).
[432] *Timmermann*, Legal Tech-Anwendungen, S. 147, der diese Tools als Entscheidungshilfesysteme bezeichnet.

Bezüglich der Tätigkeit in einer konkret fremden Angelegenheit kann nach oben verwiesen werden.[433] Außerdem müsste eine rechtliche Prüfung des Einzelfalls durchgeführt werden. Da die in diesem Rahmen zu beantwortenden Fragen regelmäßig über das hinausgehen werden, was jedermann derart vertraut ist, dass keine rechtliche Prüfung erforderlich wäre,[434] liegt bereits eine rechtliche Prüfung und damit die objektive Erforderlichkeit einer solchen vor. Darüber hinaus müsste eine rechtliche Prüfung des *Einzelfalls* vorgenommen werden und damit objektiv erforderlich sein. Dies muss jedoch auch hier aufgrund der technischen Grenzen verneint werden.[435] Eine derartige rechtliche Prüfung des *Einzelfalls* könnte jedoch subjektiv erforderlich sein. Auch hier müssen insbesondere die konkreten Umstände des Einzelfalls beachtet werden, weshalb eine einheitliche Aussage nicht getroffen werden kann.[436] Für den Fall, dass aufgrund der Vielzahl der Fragen, der Vielzahl der verschiedenen Antwortkombinationen,[437] der Einsatz bestimmter Gewichtungskomponenten[438] oder sonst durch Aussagen des Anbieters der Eindruck vermittelt wird, dass tatsächlich eine rechtliche Prüfung des Einzelfalls durchgeführt werde, könnte eine subjektive Erforderlichkeit einer rechtlichen Prüfung des *Einzelfalls* grundsätzlich vorliegen.[439] In den beiden oben genannten Anwendungen ist eine derartige Erforderlichkeit hingegen ausgeschlossen. So wird beispielsweise auf der Seite digitaler-anwalt.de der folgende Hinweis gegeben:

> „Kein Fall gleicht dem anderen, daher kann lediglich eine Vorabansicht – ohne anwaltliche Haftung [...] im Rahmen der Abfragebäume gegeben werden. Bitte beachten Sie zudem stets, dass Sie als Nutzer für die von Ihnen gemachten Angaben selbst verantwortlich sind. Das System kann Ihre Angaben insbesondere nicht auf Richtigkeit, Vollständigkeit oder Widerspruchsfreiheit prüfen. [...] Zur Behandlung Ihres Einzelfalls sollten Sie einen Rechtsanwalt aufsuchen, der Sie dann für den Einzelfall konkret berät".[440]

Die hier dargestellten Ausführungen verweisen explizit darauf, dass der jeweilige Einzelfall nicht überprüft werden kann, sondern dies durch einen Anwalt geschehen muss, was insbesondere verhindert, dass eine subjektive Er-

---

[433] Vgl. so auch *Hoch*, AcP 219 (2019), 646 (667), für die unternehmensinterne Nutzung eines vorprogrammierten Expertensystems.

[434] Dies zeigt sich sehr eindrücklich an der Menge an Kombinationen, die der ContractorCheck verarbeiten kann, s. o. unter 1. Teil C. IV. 1. b) aa).

[435] S. o. unter 2. Teil A. II. 1. a) cc) (4) (d).

[436] S. o. unter 2. Teil A. II. 1. a) cc).

[437] Vgl. *Scheicht/Fiedler*, in: Hartung/Bues/Halbleib, Legal Tech, Rn. 435.

[438] *Scheicht/Fiedler*, in: Hartung/Bues/Halbleib, Legal Tech, Rn. 432, 437.

[439] S. o. unter 2. Teil A. II. 1. a) cc) (4) (e).

[440] Die Original-Seite konnte nicht aufgerufen werden, weshalb die Ausführungen aus *Timmermann*, Legal Tech-Anwendungen, S. 147 übernommen wurden.

A. Begriff der Rechtsberatung in regulatorischer Hinsicht

forderlichkeit der rechtlichen Prüfung des *Einzelfalls* bestehen kann. Die Seite des ContractorChecks enthält vergleichbare Ausführungen.[441]

Weiterhin in diesem Bereich anzusprechen sind die Anbieter der oben vorgestellten Vermittlungs- und Finanzierungsmodelle, die ihren Partneranwälten Expertensysteme zur Ersteinschätzung des vermittelten Falls zur Verfügung stellen.[442] Hierbei sind insbesondere zwei Sphären zu unterscheiden, zum einen die Vermittlung und Finanzierung der Partneranwälte als Leistung gegenüber dem Kunden und zum anderen die Erlaubnis zur Nutzung der an die Partneranwälte lizensierten Software als Leistung an diese Partneranwälte.[443] Die Übernahme der Finanzierung stellt keine Rechtsdienstleistung nach § 2 I RDG dar.[444] Zwar werden zunächst die Erfolgsaussichten vor einer Übernahme der Kosten geprüft, hierbei handelt es sich jedoch um eine Tätigkeit, die im eigenen wirtschaftlichen Interesse erfolgt.[445] Auch die Vermittlung stellt keine Rechtsdienstleistung dar.[446] Es ist nicht ersichtlich, worin eine solche Rechtsdienstleistung überhaupt bestehen könnte.[447] Zuletzt könnte eine Rechtsdienstleistung im Ablaufen der Software gesehen werden, die dem Rechtsanwalt zur Verfügung gestellt wird. Auch hier kann bereits objektiv keine rechtliche Prüfung des *Einzelfalls* vorliegen.[448] Eine subjektive Erforderlichkeit scheitert ebenfalls bereits daran, dass der Fall dem Partneranwalt gerade weitergeleitet wird, damit dieser den Fall und auch die Ausgabe des Systems auf ihre Richtigkeit hin überprüfen und das zuvor getroffene Ergebnis im Einzelfall korrigieren kann.[449] Dies schließt eine subjektive Erforderlichkeit der rechtlichen Prüfung des Einzelfalls aus. Damit ist in dieser Konstellation eine Rechtsdienstleistung abzulehnen.

---

[441] https://decision-apps.nortonrosefulbright.com/app/nrf-contractorcheck (zuletzt aufgerufen am: 28.02.2025).
[442] S. o. unter 1. Teil C. IV. 1. bb) (4).
[443] *Deckenbrock*, AnwBl Online 2020, 178 (184).
[444] *Deckenbrock*, AnwBl Online 2020, 178 (184); so im Ergebnis auch *Remmertz*, in: Hamm, Beck'sches Rechtsanwalts-Handbuch, § 64 Rn. 36; s. o. 2. Teil A. II. 4.
[445] *Deckenbrock*, AnwBl Online 2020, 178 (184); so im Ergebnis auch *Remmertz*, in: Hamm, Beck'sches Rechtsanwalts-Handbuch, § 64 Rn. 36; s. o. 2. Teil A. II. 4.
[446] *Deckenbrock*, AnwBl Online 2020, 178 (185); so im Ergebnis auch *Remmertz*, in: Hamm, Beck'sches Rechtsanwalts-Handbuch, § 64 Rn. 36.
[447] *Deckenbrock*, AnwBl Online 2020, 178 (185); so im Ergebnis auch *Remmertz*, in: Hamm, Beck'sches Rechtsanwalts-Handbuch, § 64 Rn. 36.
[448] So auch *Deckenbrock*, AnwBl Online 2020, 178 (184); s. o. 2. Teil A. II. 1. a) cc) (4) (d).
[449] S. o. unter 2. Teil A. II. 5. a) cc) (2).

d) Tools zum Erstellen juristischer Expertensysteme

Werden hingegen Tools zum Erstellen juristischer Expertensysteme angeboten, liegt keine Rechtsdienstleistung vor, da lediglich technische Werkzeuge für die geistige Tätigkeit des Nutzers zur Verfügung gestellt werden.[450] Zwar kann man davon ausgehen, dass sie in einer konkret fremden Angelegenheit tätig werden, jedoch ist eine rechtliche Prüfung des Einzelfalls weder objektiv noch subjektiv, nach den Erwartungen des Anwenders, ersichtlich.[451]

6. Legal Robots

Im Rahmen der Legal Robots muss nun zwischen zwei bereits oben dargestellten Modellen unterschieden werden. Zum einen sind daher die Inkassomodelle von Flightright und Flug-Verspaetet und zum anderen die Vermittlungsmodelle von Primelegal AI zu nennen.[452] Bezüglich der Inkassomodelle kann auf die vorherigen Ausführungen Bezug genommen werden, mit der Folge, dass eine Rechtsdienstleistung nach § 2 II RDG anzunehmen ist, soweit eine anschließende Beauftragung erfolgt sowie bei fehlender Beauftragung nach § 2 I RDG.[453] Bezüglich der Vermittlungsmodelle kann ebenfalls auf die Ausführungen zu den vorher genannten Vermittlungsmodellen verwiesen werden, was zur Folge hat, dass wiederum keine Rechtsdienstleistung nach § 2 I RDG vorliegt.[454]

7. Chatbots

Zuletzt in diesem Kapitel rechtlich einzuordnen sind solche Anwendungen, die nach dem hier vertretenen Verständnis als Chatbots bezeichnet wurden. Auch hier kommt eine Rechtsdienstleistung nach § 2 I RDG in Betracht. Von vornherein nicht in diesen Anwendungsbereich fallen die Chatbots DoNotPay und LISA, da sie ausschließlich aus den USA (DoNotPay) und Großbritannien (LISA) heraus erbracht werden und auch nicht deutsches Recht zum Gegenstand haben (vgl. § 1 II RDG).[455]

---

[450] *Timmermann*, Legal Tech-Anwendungen, S. 453.
[451] Vgl. so im Ergebnis auch *Timmermann*, Legal Tech-Anwendungen, S. 453.
[452] S. o. unter 1. Teil C. IV. 2. a) aa), bb).
[453] S. o. unter 2. Teil A. II. 5. a) cc) (1), für den Fall der darauffolgenden Beauftragung, s. o. unter 2. Teil A. II. 5. a) cc) (2), für den Fall einer fehlenden späteren Beauftragung. Da jedoch Systeme des überwachten maschinellen Lernens zum Einsatz kommen, ist ebenfalls auf die Ausführungen 2. Teil A. II. 3. zu verweisen.
[454] S. o. unter 2. Teil A. II. 5. b).
[455] S. o. unter 2. Teil A. I. 2. b) bb); https://donotpay.com/learn/privacy-policy/, 10. International Transfer (zuletzt aufgerufen am: 28.02.2025); https://robotlawyerlisa.com (zuletzt aufgerufen am: 28.02.2025).

A. Begriff der Rechtsberatung in regulatorischer Hinsicht

Zunächst müsste eine Tätigkeit in konkret fremden Angelegenheiten vorliegen, § 2 I RDG. Bezüglich der Tätigkeit von Chatbots, die mithilfe von maschinellem Lernen arbeiten, ergeben sich im Ergebnis keine Unterschiede zu sonstigen Systemen, die Verfahren des maschinellen Lernens einsetzen.[456] Zwar wird beispielsweise im Fall von ChatGPT neben dem überwachten Lernen auch das sogenannte verstärkende Lernen eingesetzt,[457] dennoch werden die Parameter, insbesondere der Belohnung des Systems in der Phase der Erlernung des Modells, durch den Anbieter der Software und nicht etwa durch den Nutzer gesetzt,[458] weshalb eine Tätigkeit der Software auch in diesem Rahmen dem Anbieter zugerechnet werden kann.[459] Auch im Hinblick auf die Tätigkeit in konkret fremder Angelegenheit ergibt sich dann kein Unterschied, wenn der Nutzer in das freie Textfeld seinen eigenen konkreten Fall beschreibt (beispielsweise: „Mein Nachbar hat seine Garage über meine Grundstücksgrenze in Deutschland gebaut. Wie kann ich nach deutschem Recht gegen meinen Nachbarn vorgehen?"), da so eine Tätigkeit in einer konkret fremden Angelegenheit vorliegt.[460] Anders hingegen ist der Fall zu behandeln, wenn der Anwender seinen Fall ausschließlich abstrakt erfragt (beispielsweise: „Wie kann eine Person nach deutschem Recht vorgehen, wenn sein Nachbar seine Garage über die Grundstücksgrenze gebaut hat?"). Eine derartige abstrakte Befassung mit einer rechtlichen Fragestellung stellt bereits keine Tätigkeit in einer konkreten Angelegenheit dar.[461]

Für Chatbots, die Expertensysteme einsetzen, kann hinsichtlich der Tätigkeit in konkret fremder Angelegenheit vollständig auf die Ausführungen zu juristischen Expertensystemen verwiesen werden.[462]

Weiterhin müsste eine rechtliche Prüfung des Einzelfalls erforderlich sein. Eine derartige Erforderlichkeit kann zum einen sowohl objektiv als auch zum anderen subjektiv bestimmt werden.[463] Hierbei ist insbesondere hinsichtlich der eingesetzten Technik zu unterscheiden. Wird wie im Fall von RATISBOT

---

[456] So im Ergebnis auch *Lobinger*, LTZ 2023, 187 (191 f.).
[457] S. o. unter 1. Teil C. IV. 2. b).
[458] S. o. unter 1. Teil B. II. 4. d), allgemein zum verstärkenden Lernen.
[459] So im Ergebnis auch *Remmertz*, LTZ 2023, 75 (82 f.); *Lobinger*, LTZ 2023, 187 (191 f.); vgl. auch zur allgemeinen Zurechnung von lernfähigen Systemen BGH GRUR 2013, 751 Rn. 17.
[460] So im Ergebnis auch *Hartung*, RDi 2023, 209 (215); *Nickl*, MMR 2023, 328 (331); *Ebers*, in: Ebers/Quarch, Rechtshandbuch ChatGPT, § 13 Rn. 54.
[461] Vgl. BT-Drs. 16/3655, S. 47; vgl. *Deckenbrock/Henssler*, in: Deckenbrock/Henssler, RDG, § 2 Rn. 32.
[462] S. o. unter 2. Teil A. II. 1. a) aa) (6), zum Tatbestandsmerkmal der Tätigkeit, s. o. unter 2. Teil A. II. 1. a) bb) (3), zum Tatbestandsmerkmal der konkret fremden Angelegenheit.
[463] S. o. unter 2. Teil A. II. 1. a) cc) (4) (c).

lediglich ein Expertensystem eingesetzt, ergibt sich objektiv keine Besonderheit zu den oben genannten Fällen juristischer Expertensysteme, mit der Folge, dass zwar eine rechtliche Prüfung vorgenommen werden und daher objektiv erforderlich sein kann, nicht jedoch objektiv eine solche des *Einzelfalls*.[464]

Hinsichtlich des Einsatzes von Verfahren des maschinellen Lernens ergeben sich im Ergebnis gleichfalls keine Besonderheiten zu den oben bereits genannten Fällen der Verwendung von überwachtem Lernen. Da das System bei der Beantwortung einiger Rechtsfragen über das hinausgeht, was nach Inhalt, Form oder Rechtsfolgen keine rechtliche Prüfung erfordern lässt,[465] ist zwar ebenfalls eine rechtliche Prüfung anzunehmen, jedoch besteht auch hier objektiv keine rechtliche Prüfung des Einzelfalls.[466] Zwar unterscheidet sich die Technik einiger Tools dadurch, dass neben dem überwachten Lernen auch das verstärkende Lernen eingesetzt wird, dies hat jedoch nicht zur Folge, dass in dem jeweiligen Einzelfall ein dem Modell bisher gänzlich unbekannter Sonderfall erkannt und anders behandelt werden kann. So unterscheidet sich nur der Weg, wie ein derartiges Modell durch das System erlernt wird (im folgenden Fall das sogenannte „Trial and Error Prinzip" im Gegensatz zum Erlernen des Modells mittels annotierter Daten). Hingegen differiert nicht die Folge, dass in bestimmten Situationen ein anderes, vollkommen neues und nicht in den Trainingsdaten irgendwie begründetes Ergebnis, aus denen etwa eine Antwort generiert werden kann, im Einzelfall geboten ist, sodass auch keine objektive Erforderlichkeit einer rechtlichen Prüfung des Einzelfalls vorliegt.[467]

Abschließend könnte dennoch eine rechtliche Prüfung des Einzelfalls subjektiv erforderlich sein.[468] Dies ergibt sich nach den erkennbaren Erwartungen des Rechtsuchenden, wobei insbesondere der jeweilige Einzelfall entscheidend ist.[469] Im Fall von RATISBOT könnte eine subjektive Erforderlichkeit ausgeschlossen sein, da auf der Webseite die folgende Ausführung am Anfang einer

---

[464] A.A. hinsichtlich der rechtlichen Prüfung *Remmertz*, in: Hamm, Beck'sches Rechtsanwalts-Handbuch, § 64 Rn. 57; *Leeb*, Digitalisierung, Legal Technology und Innovation, S. 258 f.; s. o. unter 2. Teil A. II. 1. a) cc) (4) (d).

[465] Vgl. etwa *Johannisbauer*, MMR-Aktuell 2023, 455537.

[466] So auch generell für KI Dienstleistungen *Römermann*, NJW 2020, 2678 (2682); a.A. wohl OLG Köln MMR 2020, 618 Rn. 104 f.; *Leeb*, RDi 2020, 57 (58 f.); *Fries*, in: Kaulartz/Braegelmann, Rechtshandbuch Artificial Intelligence und Machine Learning, Kap. 15.1 Rn. 19; *Remmertz*, in: Hamm, Beck'sches Rechtsanwalts-Handbuch, § 64 Rn. 63, jedoch alle, ohne eine konkrete Einordnung der technischen Systeme unter den Tatbestand vorzunehmen; s. o. unter 2. Teil A. II. 3. a).

[467] A.A. *Remmertz*, LTZ 2023, 75 (83), der eine objektive Erforderlichkeit annimmt.

[468] S. o. unter 2. Teil A. II. 1. a) cc) (4) (e).

[469] S. o. unter 2. Teil A. II. 1. a) cc) (4) (e).

A. Begriff der Rechtsberatung in regulatorischer Hinsicht

jeden Interaktion ausgeführt wird: „Unser Chatbot wurde sorgfältig erstellt und überprüft. Er ersetzt allerdings keine Rechtsberatung und bietet keine rechtliche Gewähr dafür, dass rechtliche Ansprüche bestehen. Für eine kostenlose Beratung kontaktieren Sie unsere Rechtsanwälte unter info@ratis.de".[470] Zwar wird durch die Ausführungen deutlich, dass auf das Ergebnis nicht in jedem Fall vertraut werden kann und für eine vollständige Beratung ein Anwalt hinzugezogen werden soll. Jedoch kann der Nutzer nicht erkennen, woraus dieses gegebenenfalls existierende Defizit der Rechtsberatung im Einzelfall besteht. So wird nicht darauf hingewiesen, dass aufgrund der Erstellung des Systems keine rechtliche Prüfung des Einzelfalls vorgenommen werden kann und Umstände, die im Sachverhalt des Nutzers begründet sind, zu einem anderen Ergebnis führen können. Mithin ist eine rechtliche Prüfung des *Einzelfalls* subjektiv erforderlich, weshalb eine Rechtsdienstleistung im Sinne des § 2 I RDG anzunehmen ist.[471]

Zu einem ähnlichen Schluss kommt die rechtliche Einschätzung zum Chatbot ChatGPT. Je echter und damit menschlicher die Interaktion mit dem Chatbot wirkt, desto höher ist das aufgebaute Vertrauen zu dem System.[472] Darüber hinaus kann ChatGPT eine Vielzahl von Fragen aus unterschiedlichsten Bereichen beantworten, was insbesondere dem einen oder anderen Nutzer den Eindruck vermitteln kann, dass das System über ähnliche oder sogar höhere Kompetenzen als die eines Menschen, im konkreten Fall als die eines Anwalts, verfügt. Daher besteht ein besonderes Interesse vor dem Hintergrund des § 1 I 2 RDG, den Rechtsuchenden vor unqualifizierten Rechtsdienstleistungen zu schützen, weshalb ausdrückliche Informationen erforderlich sind, dass keine rechtliche Prüfung des Einzelfalls vorliegen kann. Allgemeine Ausführungen, dass bestimmte Aussagen falsch sein können, dass Ereignisse nach 2021 gegebenenfalls nicht berücksichtigt werden oder dass in bestimmten Konstellationen gegebenenfalls ein Anwalt hinzugezogen werden sollte,[473] reichen hierfür nicht aus, da hieraus nicht ausdrücklich ersichtlich wird, ob eine rechtliche Prüfung des Einzelfalls vorgenommen wird und eventuell bestehende Defizite aus einem anderen Umstand vorliegen. Vielmehr bedarf es

---

[470] *Timmermann*, Legal Tech-Anwendungen, S. 150.
[471] Im Ergebnis jedoch ohne nähere Begründung so auch *Hartung*, in: Hartung/Bues/Halbleib, Legal Tech, Rn. 1044; mit ähnlicher Begründung jedoch eine objektive Erforderlichkeit der rechtlichen Prüfung des Einzelfalls annehmend auch *Remmertz*, LTZ 2023, 75 (83); *Remmertz*, BRAK-Mitteilungen 5–6/2024, 260 (266); so auch *Ebers*, in: Ebers/Quarch, Rechtshandbuch ChatGPT, § 13 Rn. 59 f.
[472] *Hartung*, in: Hartung/Bues/Halbleib, Legal Tech, Rn. 1043; *Löbinger*, LTZ 2023, 187 (191); *Heetkamp*, in: Ebers, StichwortKommentar Legal Tech, Haftung des Rechtsanwalts gegenüber Mandanten, Rn. 15; zum Vertrauen in LLMs allgemein *Neuhaus*, VersR 2023, 1401 (1404).
[473] Aussagen aus eigener Recherche beim Einsatz von ChatGPT. Hierbei wurden Fragen zum einen zum privaten Baurecht, zum anderen zur Unfallflucht gestellt.

des konkreten Hinweises, dass durch die Anwendung keine derartige rechtliche Prüfung des Einzelfalls vorgenommen werden kann. Zwar geriert sich ChatGPT nicht als Rechtsdienstleister, weshalb auch vertreten werden kann, dass ein Rechtsuchender auf eine derartig allgemeine Aussage eines so breit aufgestellten Systems nicht vertrauen kann und wird.[474] Dennoch schützt das RDG jeden Rechtsuchenden (vgl. § 1 I 2 RDG), auch solche, die auf eine derart hohe Kompetenz des Systems zur Beantwortung juristischer Fragen vertrauen, weshalb eine Aufklärung hierüber dennoch für erforderlich zu halten ist.[475]

III. Zwischenergebnis

In diesem Kapitel konnte festgestellt werden, dass, wenn man den Begriff der Rechtsberatung regulatorisch einordnen will, auf den Begriff der Rechtsdienstleistung aus § 2 RDG zurückgegriffen werden kann. Es wurde herausgearbeitet, dass auch Software eine Tätigkeit im Rahmen des § 2 I RDG erbringen kann, die jedoch im Anschluss einer Rechtspersönlichkeit zugeordnet werden muss, wobei sich die Zuordnung bei der Benutzung der unterschiedlichen Techniken unterscheiden kann. Bezüglich des Merkmals der rechtlichen Prüfung des Einzelfalls wurde festgestellt, dass es keiner tatsächlichen rechtlichen Prüfung des Einzelfalls, sondern lediglich der objektiven oder subjektiven Erforderlichkeit einer rechtlichen Prüfung des Einzelfalls bedarf. Im Rahmen der objektiven Erforderlichkeit gilt es zu beachten, dass diese schon nicht objektiv erforderlich sein kann, wenn das System objektiv keine rechtliche Prüfung des Einzelfalls durchführen kann. Keine der Systeme war hierbei, selbst bei einer juristischen Prüftiefe, in der Lage, objektiv eine rechtliche Prüfung des *Einzelfalls* durchzuführen, weshalb es an einer objektiven Erforderlichkeit einer rechtlichen Prüfung des Einzelfalls fehlte. Eine solche rechtliche Prüfung des Einzelfalls war hingegen subjektiv bei Dokumentengeneratoren, juristischen Expertensystemen (Online-Rechner und klassische juristische Expertensysteme), Legal Robots und Chatbots möglich. Im Rahmen von Inkassodienstleistern wurde eine Rechtsdienstleistung nach § 2 II RDG in der gesamten Tätigkeit (einschließlich der Benutzung von Dokumentengenerato-

---

[474] Vgl. *Hartung*, RDi 2023, 209 (216); hiergegen lässt sich etwa das aktuelle Beispiel eines Anwalts anführen, der seine Recherche mittels ChatGPT durchführte, bei welcher das System kurzerhand Präzedenzfälle erfand und der Anwalt hierauf ohne weitere Recherche vertraute, Redaktion beck-aktuell, becklink 2027226; *Bohannon*, Lawyer Used ChatGPT In Court, https://www.forbes.com/sites/mollybohannon/2023/06/08/lawyer-used-chatgpt-in-court-and-cited-fake-cases-a-judge-is-considering-sanctions/ (zuletzt aufgerufen am: 28.02.2025).

[475] So auch *Remmertz*, RDi 2023, 401 (406).

ren) gesehen, soweit eine Beauftragung des Inkassodienstleisters mit der Eintreibung der Forderung erfolgt ist.

B. Regulierungsrahmen für nichtanwaltliche Anbieter bei Nutzung von KI-Software zur Erbringung von Rechtsberatung

Da nun der Begriff der Rechtsberatung mithilfe des Begriffs der Rechtsdienstleistung im Sinne des § 2 RDG näher konkretisiert wurde, soll im Folgenden untersucht werden, welche weiteren regulatorischen Anforderungen an nichtanwaltliche Anbieter derartiger KI-Dienstleistungen zu stellen sind.

I. Regulierung durch das RDG

Zunächst ist in diesem Rahmen das RDG als Instrument zur Regulierung außergerichtlicher Rechtsdienstleistungen anzusprechen.[476] Bereits oben bestimmt wurde, welche Dienstleistungen als Rechtsdienstleistungen im Sinne des § 2 RDG, dem Regulierungsobjekt des RDG, anzusehen sind und welche nicht. Wie zuvor ausgeführt, sind derartige Rechtsdienstleistungen verboten (§ 3 RDG), wenn sie nicht ausdrücklich durch das RDG oder durch sonstige Gesetze erlaubt werden.[477] Klassischen KI-Dienstleistern steht hier lediglich die Erlaubnis zur Erbringung von Inkassodienstleistungen nach § 10 I 1 Nr. 1 RDG offen.[478] Auch erlaubt sind Rechtsdienstleistungen, die im Zusammenhang mit einer anderen Tätigkeit stehen, soweit sie als Nebenleistung zum Berufs- oder Tätigkeitsbild gehören, § 5 I 1 RDG, da sie vom RDG als erlaubnisfrei angesehen werden.[479] Weiterhin sind unentgeltliche Rechtsdienstleistungen unter den Voraussetzungen des § 6 II RDG erlaubt und daher erlaub-

---

[476] *Henssler*, in: Deckenbrock/Henssler, RDG, Einleitung Rn. 1, 30; *Remmertz*, in: Remmertz, Legal Tech-Strategien für Rechtsanwälte, 1. Auflage 2020, § 3 Rn. 5; *Hartung*, in: Chibanguza/Kuß/Steege, Künstliche Intelligenz, § 8 F. Rn. 12; *Remmertz*, in: Hamm, Beck'sches Rechtsanwalts-Handbuch, § 64 Rn. 1 ff.; *Hartung*, in: Hartung/Bues/Halbleib, Legal Tech, Rn. 1031; *Fries*, in: Kaulartz/Braegelmann, Rechtshandbuch Artficial Intelligence und Machine Learning, Kap. 15.1 Rn. 19 f.
[477] S. o. unter 2. Teil A. I.
[478] *Hartung*, in: Hartung/Bues/Halbleib, Legal Tech, S. 246; *Hartung*, in: Chibanguza/Kuß/Steege, Künstliche Intelligenz, § 8 F. Rn. 14; *Remmertz*, in: Hamm, Beck'sches Rechtsanwalts-Handbuch, § 64 Rn. 22, 29; *Remmertz*, in: Remmertz, Legal Tech-Strategien für Rechtsanwälte, 1. Auflage 2020, § 3 Rn. 5.
[479] *Henssler*, in: Deckenbrock/Henssler, RDG, § 10 Rn. 28; *Overkamp/Overkamp*, in: Henssler/Prütting, RDG, § 20 Rn. 15; *Seichter*, in: Deckenbrock/Henssler, RDG, § 3 Rn. 11; *Hartung*, in: Chibanguza/Kuß/Steege, Künstliche Intelligenz, § 8 F. Rn. 14.

nisfrei, § 6 I RDG.⁴⁸⁰ Nicht erlaubt sind hingegen Rechtsdienstleistungen, „die unmittelbaren Einfluss auf die Erfüllung einer anderen Leistungspflicht haben können, [...] wenn hierdurch die ordnungsgemäße Erbringung der Rechtsdienstleistung gefährdet wird", § 4 S. 1 RDG.

1. Erlaubnis zur Erbringung von Inkassodienstleistungen, § 10 I 1 Nr. 1 RDG

Nach § 10 I 1 Nr. 1 RDG dürfen natürliche und juristische Personen sowie Gesellschaften ohne Rechtspersönlichkeit, die bei der zuständigen Behörde registriert sind, aufgrund besonderer Sachkunde Rechtsdienstleistungen im Bereich der Inkassodienstleistungen nach § 2 II RDG erbringen.

a) Voraussetzungen zur Erlangung der Befugnis

Zur Erlangung der erwähnten Erlaubnis müssen verschiedene Voraussetzungen erfüllt sein. Zum einen muss eine persönliche Eignung und Zuverlässigkeit bestehen, welche beispielsweise dann fehlt, wenn „die Person in den letzten drei Jahren vor der Antragstellung wegen eines Verbrechens oder eines die Berufsausübung betreffenden Vergehens rechtskräftig verurteilt worden ist" oder unter anderem aus der Rechtsanwaltschaft ausgeschlossen wurde, § 12 I Nr. 1 lit. e RDG.⁴⁸¹ Weiterhin erfolgt durch § 12 I 1 Nr. 1 lit. d RDG und seinem Verweis auf § 7 S. 1 Nr. 1, 2, 6 BRAO eine teilweise Gleichstellung zur Versagung der Zulassung zur Rechtsanwaltschaft.⁴⁸²

Darüber hinaus verlangt § 12 I Nr. 2 RDG zum anderen eine „theoretische und praktische Sachkunde in den Bereichen oder den Teilbereichen des § 10 I [RDG], in denen die Rechtsdienstleistung erbracht werden sollen", wobei die theoretische Sachkunde durch Zeugnisse bei der zuständigen Behörde nachzuweisen ist, § 12 III 1 RDG. Einzelheiten werden durch die RDV geregelt, § 12 V RDG.⁴⁸³

---

⁴⁸⁰ *Henssler*, in: Deckenbrock/Henssler, RDG, § 10 Rn. 28; *Overkamp/Overkamp*, in: Henssler/Prütting, RDG, § 20 Rn. 15; *Seichter*, in: Deckenbrock/Henssler, RDG, § 3 Rn. 11; *Hartung*, in: Chibanguza/Kuß/Steege, Künstliche Intelligenz, § 8 F. Rn. 14.

⁴⁸¹ § 12 I Nr. 1 RDG nennt hierbei noch andere Regelbeispiele, die jedoch im Einzelnen nicht alle genannt werden sollen; *Siegmund*, in: Gaier/Wolf/Göcken, RDG, § 12 Rn. 23.

⁴⁸² *Günther*, in: BeckOK RDG, § 12 Rn. 89; vgl. auch *Dötsch*, in: Deckenbrock/Henssler, RDG, § 12 Rn. 42.

⁴⁸³ *Overkamp/Overkamp*, in: Henssler/Prütting, RDG, § 12 Rn. 45; *Günther*, in: BeckOK RDG, § 12 Rn. 141; *Dötsch*, in: Deckenbrock/Henssler, RDG, § 12 Rn. 136.

B. Regulierungsrahmen für nichtanwaltliche Anbieter

Hiernach kann die theoretische Sachkunde entweder durch einen Sachkundelehrgang oder etwa durch das erfolgreiche Ablegen des ersten juristischen Staatsexamens nachgewiesen werden, § 2 I 1, 2 RDV.[484] Hierbei muss der Sachkundelehrgang nach § 4 I 1 RDV „geeignet sein, alle nach § 11 Abs. 1 [...] des Rechtsdienstleistungsgesetzes für die jeweilige Registrierung erforderlichen Kenntnisse zu vermitteln". Derartige Kenntnisse des Rechts umfassen insbesondere solche auf den Gebieten „des Bürgerlichen Rechts, des Handels, Wertpapier- und Gesellschaftsrechts, des Zivilprozessrechts einschließlich des Zwangsvollstreckungs- und Insolvenzrechts sowie des Kostenrechts", § 11 I RDG. „Die Gesamtdauer des Lehrgangs muss [...] mindestens 120 Zeitstunden betragen", § 4 I 2 RDV. Hierbei müssen die Lehrgänge durch qualifizierte Lehrkräfte, wie etwa durch Richterinnen und Richter aus der mit dem jeweiligen Bereich vorrangig befassten Gerichtsbarkeit, durchgeführt werden, § 4 II RDV. Als bestanden gilt der Lehrgang erst nach erfolgreichem Ablegen mindestens einer schriftlichen Prüfung sowie einer mündlich zu absolvierenden Prüfung, § 4 III, IV RDV.

Weiterhin kann der Nachweis auch durch andere Zeugnisse erfolgen, insbesondere solche „einer deutschen Hochschule oder Fachhochschule über einen mindestens dreijährigen Hochschul- oder Fachhochschulstudiengang mit überwiegend rechtlichen Studieninhalten, wenn der Studiengang die nach § 11 Abs. 1 [...] des Rechtsdienstleistungsgesetzes erforderlichen Rechtskenntnisse vermittelt", § 2 I 3 RDV. „Insbesondere in Fällen, in denen bei Inkassodienstleistungen Tätigkeiten auf in § 11 Abs. 1 des Rechtsdienstleistungsgesetzes nicht genannten Rechtsgebieten erbracht werden sollen, kann die zuständige Behörde über den Sachkundelehrgang nach Satz 1 hinausgehende Nachweise der theoretischen Sachkunde wie die in den Sätzen 2 und 3 genannten Zeugnisse verlangen", § 2 I 4 RDV. Dies soll eine mögliche Diskrepanz der nachzuweisenden Sachkunde der Inkassodienstleister zur weiten Reichweite ihrer Befugnis verhindern.[485] Um der zuständigen Registrierungsbehörde die Grundlage für ihr Fordern derartiger Nachweise zu ermöglichen, müssen die geplanten Tätigkeiten sowie die Rechtsgebiete genannt werden, in denen die Tätigkeiten erbracht werden sollen, § 13 II 1, 2 Nr. 1 RDG.[486] Zusätzliche Nachweise werden insbesondere dann erforderlich, wenn die „Komplexität der vom Antragsteller angestrebten Tätigkeit in einem bestimmten Rechtsgebiet oder aufgrund der Erbringung bestimmter

---

[484] BT-Drs. 19/27673, S. 49; *Günther*, in: BeckOK RDG, § 12 Rn. 112; *Overkamp/Overkamp*, in: Henssler/Prütting, RDG, § 12 Rn. 31; *Dötsch*, in: Deckenbrock/Henssler, RDG, § 12 Rn. 101.

[485] *Engler*, RDi 2022, 101 (102); *Flory*, LTZ 2023, 10 (12); Kritik zur alten Rechtslage etwa *Fries*, NJW 2021, 2537 (2538); *Hartmann*, NZM 2019, 353 (358); zustimmend jedoch BGH NJW 2020, 208 Rn. 102 ff.; LG Berlin NZM 2018, 868 Rn. 12 f.

[486] *Engler*, RDi 2022, 101 (102 f.); *Flory*, LTZ 2023, 10 (12).

Nebenleistungen [der zuständigen Behörde] erforderlich" erscheinen.[487] Werden etwa Rechtsdienstleistungen erbracht, die eine besondere juristische Qualifikation erfordern, besteht die Möglichkeit, dass die Aufsichtsbehörden zum Nachweis der besonderen Sachkunde ein Zeugnis über das erfolgreiche Bestehen des ersten juristischen Staatsexamens oder eines Abschlusszeugnisses eines deutschen Hochschul- oder Fachhochschulstudiengangs mit einer überwiegenden Anzahl an rechtlichen Studieninhalten verlangen.[488] Hierbei steht es im pflichtgemäßem Ermessen der jeweiligen Behörden, welche Nachweise sie im Einzelfall verlangen.[489] Diese Intensivierung der Prüfung und das damit verbundene Erfordernis einer höheren Sachkunde soll so zu einem besseren Schutz vor unqualifiziertem Rechtsrat beitragen, wobei davon auszugehen ist, dass dies zu einer Verbesserung des Schutzniveaus führt.[490] Die „praktische Sachkunde setzt in der Regel eine mindestens zwei Jahre unter Anleitung erfolgte Berufsausübung oder praktische Berufsausbildung voraus. In der Regel müssen im Fall des § 10 Abs. 1 S. 1 Nr. 1 zumindest zwölf Monate [...] der Berufsausübung oder -ausbildung im Inland erfolgen", § 12 III 2, 3 RDG. Dies soll durch eine „fortlaufende, nachhaltige und einschlägige praktische Beschäftigung" in den für die spätere beantragte Tätigkeit einschlägigen Rechtsgebieten erfolgen.[491] Hierdurch soll bewirkt werden, dass theoretische Kenntnisse mit der bereichstypischen Praxis verbunden und angewandt werden können, sodass die praktische Erfahrung gerade in Bereichen erlangt werden muss, in denen die geplante Tätigkeit erbracht werden soll.[492] Um sicherzustellen, dass eine qualifizierte praktische Ausbildung möglich ist, muss diese durch eine ebenfalls qualifizierte Person erfolgen.[493] Dies ist insbesondere stets bei registrierten Personen, aber auch Volljuristen, Behörden- oder Abteilungsleitern und auch bei einer leitenden Tätigkeit in Unternehmen wie etwa Banken oder Versicherungen möglich.[494] „Die nach § 12 Abs. 3 Satz 2 des Rechtsdienstleistungsgesetzes erforderliche

---

[487] BT-Drs. 19/27673, S. 49; *Engler*, RDi 2022, 101 (104); *Tolksdorf*, ZIP 2021, 2049 (2057).
[488] BT-Drs. 19/27673, S. 49.
[489] BT-Drs. 19/27673, S. 49.
[490] BT-Drs. 19/27673, S. 22; vgl. *Engler*, RDi 2022, 101 (104); vgl. *Tolksdorf*, ZIP 2021, 2049 (2057).
[491] BT-Drs. 16/3655, S. 69; *Engler*, RDi 2022, 101 (105).
[492] *Günther*, in: BeckOK RDG, § 12 Rn. 118; *Flory*, LTZ 2023, 10 (12); *Engler*, RDi 2022, 101 (105); *Dötsch*, in: Deckenbrock/Henssler, RDG, § 12 Rn. 104; BVerwGE 59, 138 (140 f.).
[493] BT-Drs. 16/3655, S. 69; *Dötsch*, in: Deckenbrock/Henssler, RDG, § 12 Rn. 106; *Günther*, in: BeckOK RDG, § 12 Rn. 120 f.
[494] BT-Drs. 16/3655, S. 69; *Dötsch*, in: Deckenbrock/Henssler, RDG, § 12 Rn. 106; *Günther*, in: BeckOK RDG, § 12 Rn. 120 f.; *Siegmund*, in: Gaier/Wolf/Göcken, RDG, § 12 Rn. 41; VG München BeckRS 2013, 56069.

B. Regulierungsrahmen für nichtanwaltliche Anbieter

praktische Sachkunde wird in der Regel durch Arbeitszeugnisse und sonstige Zeugnisse über die bisherige praktische Tätigkeit der zu registrierenden Person in dem Bereich des Rechts nachgewiesen, für den eine Registrierung beantragt wird. Über die erforderliche praktische Sachkunde verfügt auch, wer die Befähigung zum Richteramt nach dem Deutschen Richtergesetz besitzt", § 3 I RVG, mithin sein rechtswissenschaftliches Studium mit der ersten Prüfung sowie den anschließenden Vorbereitungsdienst inklusive zweitem juristischen Staatsexamen erfolgreich abgeschlossen hat.[495]

Weiterhin bedarf es nach § 12 I Nr. 3 RDG einer „Berufshaftpflichtversicherung mit einer Mindestversicherungssumme von 250.000 EUR für jeden Versicherungsfall", wobei jedoch im Einzelfall, vor allem im Bereich der Forderungseinziehung, eine höhere Haftsumme nötig sein und per Auflage angeordnet werden kann.[496] Die Haftsumme orientiert sich hierbei an der für Anwälte geltenden Mindestversicherungssumme aus § 51 IV 1 BRAO.[497] Darüber hinaus muss die Berufshaftpflichtversicherung „bei einem im Inland zum Geschäftsbetrieb befugten Versicherungsunternehmer zu den nach Maßgabe des Versicherungsaufsichtsgesetzes eingereichten Allgemeinen Versicherungsbedingungen genommen werden", § 5 I 1 RDV. „Der Versicherungsvertrag muss Deckung für die sich aus der beruflichen Tätigkeit der registrierten Person ergebenden Haftpflichtgefahren für Vermögensschäden gewähren und sich auch auf solche Vermögensschäden erstrecken, für die die registrierte Person nach § 278 oder § 831 des Bürgerlichen Gesetzbuchs einzustehen hat", § 5 I 2 RDV, sowie Versicherungsschutz für jede einzelne Pflichtverletzung gewähren, § 5 II 1 Hs. 1 RDV.[498] Eine Einschränkung kann in den Grenzen des § 5 III, IV RDV erfolgen.[499]

---

[495] Vgl. § 5 I DRiG; *Dötsch*, in: Deckenbrock/Henssler, RDG, § 12 Rn. 107; *Siegmund*, in: Gaier/Wolf/Göcken, RDG, § 12 Rn. 40; *Overkamp/Overkamp*, in: Henssler/Prütting, RDG, § 12 Rn. 37.

[496] BT-Drs. 16/3655, S. 68; *Overkamp/Overkamp*, in: Henssler/Prütting, RDG, § 12 Rn. 42; *Siegmund*, in: Gaier/Wolf/Göcken, RDG, § 12 Rn. 50; *Günther*, in: BeckOK RDG, § 12 Rn. 126; *Dötsch*, in: Deckenbrock/Henssler, RDG, § 12 Rn. 119.

[497] BT-Drs. 16/3655, S. 68; *Overkamp/Overkamp*, in: Henssler/Prütting, RDG, § 12 Rn. 42; *Siegmund*, in: Gaier/Wolf/Göcken, RDG, § 12 Rn. 49; *Günther*, in: BeckOK RDG, § 12 Rn. 125; *Dötsch*, in: Deckenbrock/Henssler, RDG, § 12 Rn. 119.

[498] Vgl. insoweit für nähere Ausführungen *Dötsch*, in: Deckenbrock/Henssler, RDV, § 5 Rn. 72, 57 ff.; *Günther*, in: BeckOK RDV, § 5 Rn. 2 ff.

[499] *Günther*, in: BeckOK RDV, § 5 Rn. 5, 6; *Dötsch*, in: Deckenbrock/Henssler, RDV, § 5 Rn. 72, 110.

b) Verfahren zur Erlangung der Befugnis

In § 13 RDG i. V. m. § 6 RDV wird der Verlauf des behördlichen Registrierungsverfahrens beschrieben. Wichtig ist hier insbesondere, dass im Rahmen der Beantragung einer Erlaubnis nach § 10 I 1 Nr. 1 RDG eine inhaltliche Darstellung der beabsichtigten Tätigkeit aufzuführen ist, welche insbesondere Ausführungen dazu enthalten muss, auf welchem Rechtsgebiet die Tätigkeit erbracht werden soll und ob und gegebenenfalls welche weiteren Tätigkeiten als Nebenleistung erbracht werden sollen, um der Behörde die Prüfung der Voraussetzungen der § 10 I 1 Nr. 1, § 12 I Nr. 2 und § 5 I RDG zu ermöglichen, § 13 II RDG (vgl. auch § 6 I 2 Hs. 1 RDV).[500] Wird im Nachhinein eine weitere Tätigkeit oder eine Verlagerung in einen anderen Tätigkeitsbereich angestrebt, muss dies der Behörde wiederum in Textform mitgeteilt werden, § 13 V 1 RDG. Im Rahmen des § 10 I 1 Nr. 1 RDG zur Registrierung fähig sind natürliche Personen, juristische Personen sowie Gesellschaften ohne Rechtspersönlichkeit (vgl. § 11 II Nr. 1 InsO).[501]

c) Umfang der Inkassodienstleistungsbefugnis im Hinblick auf die dargestellten KI-Inkassodienstleister

Nachdem nun die Voraussetzungen sowie das Verfahren zur Erlangung der Inkassodienstleistungsbefugnis aufgezeigt wurden, soll sich im Anschluss der wichtigen Frage des Umfangs der Inkassodienstleistungsbefugnis, mithin der Frage, welche Tätigkeiten von der Befugnis zur Erbringung von Inkassodienstleistungen nach § 2 II RDG umfasst werden und welche nicht, gewidmet werden.[502] Hierbei ist auch auf das Gesetz zur Förderung verbrauchergerechter Angebote im Rechtsdienstleistungsmarkt einzugehen, welches am 1.10.2021 in Kraft getreten ist.[503] Die inhaltliche Reichweite der Befugnis wird insbesondere nach § 2 II RDG bestimmt, da § 10 I 1 Nr. 1 RDG ausschließlich Inkassodienstleistungen nach § 2 II RDG erlaubt und selbst keine weiteren inhaltlichen Anforderungen an den Umfang der Befugnis stellt.[504]

---

[500] BT-Drs. 16/3655, S. 71.

[501] *Rillig*, in: Deckenbrock/Henssler, RDG, § 10 Rn. 7, 10.

[502] Vgl. für eine umfassende Zusammenstellung *Biallaß*, in: Ory/Weth, jurisPK-ERV, Band 1, Kap. 8 Rn. 213 ff., vgl. auch *Skupin*, RDi 2023, 93 (93 ff.); *Skupin*, RDi 2022, 63 (64 ff.).

[503] BGBl I 2021, S. 3419; BT-Drs. 19/27673, S. 12, 50, unter Art. 9 des Gesetzes zur Förderung verbrauchergerechter Angebote im Rechtsdienstleistungsmarkt; vgl. *Rillig*, in: Deckenbrock/Henssler, RDG, § 10 Rn. 45e.

[504] Vgl. *Günther*, in: BeckOK RDG, § 10 Rn. 43; *Lemke/Schmidt*, in: Krenzler, RDG, § 10 Rn. 19.

aa) Entscheidungen des BGH zum Umfang der Inkassodienstleistungsbefugnis unter Berücksichtigung der Rechtsprechung des BVerfG zu Inkassodienstleistungen

(1) „LexFox" Entscheidung(en) des BGH

Im vom BGH entschiedenen Fall des Inkassodienstleisters LexFox GmbH und ihrer zur Verfügung gestellten Website „weniger-miete.de", ging es maßgeblich um einen vom Dienstleister zur Verfügung gestellten Mietpreisrechner in Form eines Online-Rechners,[505] zusätzliche Tätigkeiten zur Geltendmachung von möglicherweise zu viel gezahlter Miete sowie sonstige in die Zukunft gerichtete Aussagen des Rechtsdienstleisters.[506] Dies umfasste sowohl die Aufforderung des Vermieters, zukünftig ausschließlich die zulässige Miete zu fordern als auch eine mögliche Beratung, dass eine zu hohe Miete ausschließlich unter Vorbehalt gezahlt werden sollte.[507]

Nach Entscheidung des BGH seien (i) die umfassende rechtliche Prüfung des Anspruchs (Online-Rechner und anschließende Prüfung), (ii) die Abgabe von Erklärungen sowie (iii) die Äußerungen von Rechtsansichten (noch) von der Inkassodienstleistungsbefugnis nach § 10 I 1 Nr. 1 RDG erfasst.[508] Weiterhin fielen sowohl (iv) Tätigkeiten, die die Forderungen erst zum Entstehen bringen sollen, als auch (v) Beratungstätigkeiten zu von der Gegenseite bestrittenen Forderungen und (vi) die gegebenenfalls folgende gerichtliche Geltendmachung der Forderung als eigenes Recht unter Einschaltung von Vertragsanwälten (noch) unter die Befugnis.[509] Auch der Umstand, dass (vii) die Inkassotätigkeit des Dienstleisters mit einer erfolgsabhängigen Vergütung verbunden wird, vermöge nicht dazu zu führen, dass die Inkassodienstleistungsbefugnis überschritten sei.[510]

Bei der Bewertung, ob eine Tätigkeit im Rahmen der Inkassodienstleistungsbefugnis erfolge, müsse die vom Gesetzgeber mit der Schaffung des RDG verfolgte Zielsetzung, eine „an den Gesichtspunkten der Deregulierung und Liberalisierung ausgerichtete Neugestaltung des Rechts der außergericht-

---

[505] S. allgemein zu Online-Rechner oben unter 2. Teil A. II. 5. a) aa).
[506] BGH NJW 2020, 208 (209 f.).
[507] BGH NJW 2020, 208 (209 f.).
[508] BGH NJW 2020, 208 Rn. 110; BGH NJW-RR 2020, 779 Rn. 52 ff.; bestätigt zuletzt von BGH MMR 2023, 502 Rn. 10; zustimmend *Rillig*, in: Deckenbrock/Henssler, § 10 Rn. 33; so auch bereits *Henssler*, NJW 2019, 545 (546).
[509] BGH NJW 2020, 208 Rn. 157 f., 225 ff.; BGH NJW-RR 2020, 779 Rn. 51; BGH BeckRS 2020, 11014 Rn. 48; zustimmend *Deckenbrock/Henssler*, in: Deckenbrock/Henssler, RDG, § 2 Rn. 95b; *Rillig*, in: Deckenbrock/Henssler, RDG, § 10 Rn. 41a.
[510] BGH NJW 2020, 208 Rn. 183 ff.

lichen Rechtsdienstleistungen" umzusetzen, beachtet werden.[511] Hierbei sei ebenfalls die Rechtsprechung des BVerfG sowie der von der EU-Kommission aufgegriffene Aspekte der Deregulierung des Dienstleistungsverkehrs von Bedeutung, denen der Gesetzgeber Rechnung tragen wolle.[512] Jede Beurteilung müsse im Einzelfall erfolgen, den Schutzzweck des § 1 I 2 RDG berücksichtigen und die Grundrechte der Beteiligten beachten.[513] So sei auf Seiten des Inkassodienstleisters die Berufsausübungsfreiheit des Art. 12 I GG, die Eigentumsgarantie des Kunden (Rechtsuchenden) aus Art. 14 I GG sowie der Vertrauensschutz zu beachten und den „Veränderungen der Lebenswirklichkeit Rechnung zu tragen".[514] So liege dem RDG nach seiner Entstehungsgeschichte und seiner vom Gesetzgeber bezweckten Zielvorstellung eine Auslegung der Inkassodienstleistung (und damit einhergehend der Inkassodienstleistungsbefugnis) zugrunde, die nicht „zu eng" erfolgen dürfe und ausdrücklich entwicklungsoffen für neue Berufsbilder sein müsse.[515]

Vor dem Hintergrund dieser Prämissen sei dem Inkassodienstleister eine umfassende rechtliche Anspruchsprüfung sowie eine diesbezügliche rechtsberatende Tätigkeit gegenüber dem Kunden (Rechtsuchenden) gestattet.[516] Ein Verbot derartiger Tätigkeiten gegenüber den Kunden durch die Inkassodienstleister stelle eine unverhältnismäßige Einschränkung der Berufsfreiheit der Inkassodienstleister aus Art. 12 I GG dar.[517] Nur durch die Erfassung der Rechtsberatung von der Inkassodienstleistungsbefugnis unterliege die gesamte Tätigkeit von Inkassodienstleistern dem Erlaubnisvorbehalt und so dem Schutzzweck des RDG, was anders nicht zu rechtfertigen sei.[518] Unter anderem seien für die Erlangung der Inkassodienstleistungsbefugnis eine genügende theoretische und praktische Sachkunde und damit vertiefte juristische Kenntnisse in unterschiedlichen rechtlichen Bereichen erforderlich.[519] So sei es nicht zu rechtfertigen, die erlaubte Tätigkeit von Inkassodienstleistern auf

---

[511] BGH NJW 2020, 208 Rn. 99.

[512] BGH NJW 2020, 208 Rn. 99.

[513] BGH NJW 2020, 208 Rn. 110, 133; vgl. zustimmend auch *Rillig*, in: Deckenbrock/Henssler, RDG, § 10 Rn. 45m.

[514] BGH NJW 2020, 208 Rn. 110, mit Verweis auf BVerfG NJW 2002, 1190 (1192); BVerfG NJW 2017, 217 Rn. 268, 372.

[515] BGH NJW 2020, 208 Rn. 114, 132f.

[516] BGH NJW 2020, 208 Rn. 116, 118, mit Verweis auf BVerfG NJW 2002, 1190 (1191).

[517] BGH NJW 2020, 208 Rn. 117, mit Verweis auf BVerfG NJW 2002, 1190 (1191).

[518] BGH NJW 2020, 208 Rn. 120, mit Verweis auf BVerfG NJW 2002, 1190 (1191); so auch zustimmend LG Berlin NJW 2018, 2898 Rn. 20, 35.

[519] BGH NJW 2020, 208 Rn. 119, mit Verweis auf BVerfG NJW 2002, 1190 (1191), s.o. unter 2. Teil B. I. 1. a) zum Umfang der theoretischen und praktischen Sachkunde.

die „Besorgung von Wirtschaftsangelegenheiten" und damit auf „kaufmännische (Hilfs-)Tätigkeiten" (etwa simple Mahn- und Beitreibungstätigkeiten) zu beschränken.[520]

Auch könne ein Verbot derartiger Tätigkeiten weder mit dem Schutz von Rechtsuchenden noch mit der Funktionsfähigkeit und dem Schutz der Rechtspflege begründet werden.[521] So könne nicht davon ausgegangen werden, dass die Kunden (Rechtsuchenden) durch die Tätigkeiten des Inkassodienstleisters Forderungen aufgegeben hätten, vielmehr führten die Aufklärung über den möglichen Bestand sowie die späteren Handlungen des Inkassodienstleisters erst dazu, dass der Versuch einer Durchsetzung unternommen werde, der so nie durchgeführt worden wäre.[522] Gerade hierin würde ein völliger Rechtsverlust bestehen.[523] Weiterhin führe eine ordnungsgemäße Prüfung und eine Bewertung der Erfolgsaussichten gerade nicht zu einer Belastung der Rechtspflege, weshalb keine Beeinträchtigung der Funktionsfähigkeit der Rechtspflege vorliege.[524] Auch verfügten Inkassodienstleister durch ihre Ausbildung über eine ausreichende Sachkunde, weshalb es keines Schutzes der Rechtspflege vor Personen ohne solche Sachkunde bedürfe.[525]

Auch die Äußerungen von Rechtsansichten gegenüber dem Einwendungen erhebenden Schuldner seien von der Inkassodienstleistungsbefugnis erfasst.[526] Diene die Inkassodienstleistungsbefugnis nicht auch gerade dazu, im Außenverhältnis rechtliche Argumente dem Schuldner zu entgegnen, so wäre diese abermals auf nahezu reine kaufmännische Tätigkeit beschränkt.[527] Für eine derartige Eintreibung bedürfte es sodann zwingend der Hilfe eines Rechtsanwalts, dem jedoch nach dem ausdrücklichen Willen des Gesetzgebers nicht die alleinige Erlaubnis zur außergerichtlichen Einziehung fremder Forderungen obliege.[528]

Maßnahmen der Anspruchsabwehr, wie etwa die Beratung zur Abwehr einer Kündigung, einer vorherigen Mieterhöhung oder auch zur Vornahme von

---

[520] BGH NJW 2020, 208 Rn. 120, mit Verweis auf BVerfG NJW 2002, 1190 (1191).
[521] BGH NJW 2020, 208 Rn. 121, mit Verweis auf BVerfG NJW 2002, 1190 (1191).
[522] BGH NJW 2020, 208 Rn. 122, mit Verweis auf BVerfG NJW 2002, 1190 (1191).
[523] BGH NJW 2020, 208 Rn. 122, mit Verweis auf BVerfG NJW 2002, 1190 (1191).
[524] BGH NJW 2020, 208 Rn. 123, mit Verweis auf BVerfG NJW 2002, 1190 (1191 f.).
[525] BGH NJW 2020, 208 Rn. 124, mit Verweis auf BVerfG NJW 2002, 1190 (1192).
[526] BGH NJW 2020, 208 Rn. 129, mit Verweis auf BVerfG NJW-RR 2004, 1570 (1571).
[527] BGH NJW 2020, 208 Rn. 130, mit Verweis auf BVerfG NJW-RR 2004, 1570 (1571).
[528] BGH NJW 2020, 208 Rn. 130, mit Verweis auf BVerfG NJW-RR 2004, 1570 (1571).

Schönheitsreparaturen, sieht der BGH hingegen als generell nicht mehr von der Inkassodienstleistungsbefugnis erfasst an, da sie bereits nicht mehr auf die Forderungseinziehung gerichtet sind, sondern ausschließlich der Abwehr von Ansprüchen dienen.[529] Daher seien auch Rechtsberatungen, die über den Bereich der Forderungseinziehung hinausgehen, nicht mehr von der Befugnis erfasst.[530] Dies ergebe sich daraus, dass die nachzuweisende Sachkunde auf die Forderungseinziehung und damit verbundene Tätigkeiten beschränkt sei und nicht etwa zu sonstigen Rechtsberatungen befähige.[531]

Nicht unter die unzulässige Anspruchsabwehr und damit (noch) von der Inkassodienstleistungsbefugnis erfasst, fielen hingegen (viii) die Aufforderungen des Inkassodienstleisters an den Vermieter, in Zukunft nicht mehr als die zulässige Miete zu verlangen und (ix) die Aufforderung, anschließende Mietzahlungen nur unter Vorbehalt zu zahlen.[532] Dies ergebe sich aus dem Umstand, dass derartige Tätigkeiten in engem Zusammenhang mit der Eintreibung der ursprünglichen Forderung (im vom BGH entschiedenen Fall, die Rückzahlung der zu viel gezahlten Miete) stünden.[533] Auch die gegebenenfalls erfolgte rechtliche Beratung, weiterhin die Miete, jedoch nun unter Vorbehalt zu zahlen, stelle eine von der Inkassodienstleistungsbefugnis erfasste Hilfstätigkeit dar.[534]

(2) „Air-Deal"- und „financial-right"-Entscheidung des BGH

Im Rahmen zweier weiterer Urteile[535] entschied der BGH, dass sowohl (x) das Sammelklage-Inkasso, das heißt die gebündelte gerichtliche Durchsetzung von abgetretenen Ansprüchen[536] als auch (xi) rechtliche Tätigkeiten, die in

---

[529] BGH NJW-RR 2022, 376 Rn. 30; BGH NJW 2020, 208 Rn. 219.

[530] BGH NJW 2020, 208 Rn. 219.

[531] BGH NJW 2020, 208 Rn. 219.

[532] BGH NJW 2020, 208 Rn. 162, 163; BGH NJW-RR 2022, 376 Rn. 28 ff.; BGH BeckRS 2022, 23835 Rn. 29; BGH Versäumnisurteil v. 30.3.2022, VIII ZR 358/20 Rn. 27 ff.; BGH Versäumnisurteil v. 30.3.2022, VIII ZR 256/21 Rn. 30 ff.

[533] BGH NJW 2020, 208 Rn. 162.

[534] BGH NJW 2020, 208 Rn. 163.

[535] Zwar wurde in diesem Rahmen nicht angesprochen, ob zur Bearbeitung der Fälle KI-basierte Software eingesetzt wurde, dennoch sollen diese Urteile im Folgenden Beachtung finden, da sowohl die Anspruchsbündelung als auch Tätigkeiten außerhalb des Rahmens von § 11 I RDG für Anbieter von KI-Software Relevanz aufweisen, vgl. BT-Drs. 19/27673, S. 53; zur fehlenden Ausführung der eingesetzten Technik *Biallaß*, in: Ory/Weth, jurisPK-ERV, Band 1, Kap. 8 Rn. 255.

[536] BGH NJW 2021, 3046 Rn. 12 ff.; BGH NJW 2022, 3350 Rn. 11 ff., a.A. zuvor LG München I AnwBl Online 2020, 284 (295 ff.); LG Hannover NZKart 2020, 398 Rn. 151; LG Hannover NZKart 2021, 195 Rn. 274 ff.; LG Augsburg BeckRS 2020, 30625 Rn. 23 ff.; LG Ravensburg BeckRS 2020, 37580 Rn. 42.

einem nicht in § 11 I RDG genannten Rechtsgebiet erbracht werden, von der Inkassodienstleistungsbefugnis des § 10 I 1 RDG erfasst sind.[537] Ein derartiger Ausschluss des Sammelklage-Inkassos könne nicht mit dem Schutzzzweck des § 1 I 2 RDG und der Berufsausübungsfreiheit aus Art. 12 I GG des Inkassodienstleisters gerechtfertigt werden.[538] So sei eine Gefährdung des Rechtsuchenden ausgeschlossen.[539] Dies ergebe sich bereits daraus, dass der Inkassodienstleister, der selbst über die für die Registrierung nach § 10 I 1 Nr. 1 RDG erforderliche Sachkunde zwangsläufig verfüge, zwingend für die gerichtliche Durchsetzung einen Rechtsanwalt gemäß § 78 I beziehungsweise § 79 I 2 ZPO einschalten müsse.[540] Hierdurch sei ausgeschlossen, dass der Rechtsuchende vor Rechtsnachteilen und einem etwaigen Verlust von Rechtspositionen geschützt werden müsse, die aus unqualifizierten Rechtsdienstleistungen entstehen könnten.[541] Darüber hinaus steigere die Bündelung gleichgelagerter Ansprüche und das damit verbundene wirtschaftliche Interesse des Dienstleisters die intensivere Befassung, was auch zu einer höheren Qualität der Beratung führen würde.[542]

Weiterhin sei keine Einschränkung aufgrund des Schutzes des Rechtsverkehrs gerechtfertigt.[543] Dieser sei nur betroffen, wenn durch die Tätigkeit des Rechtsdienstleisters andere Dritte, wie insbesondere der Anspruchsgegner, Drittschuldner, Behörden oder Gerichte, betroffen seien.[544] Gerichte würden vor unsachgemäßer Prozessführung durch die zwingende Einschaltung eines Rechtsanwalts geschützt.[545] Der erleichterte „Zugang zum Recht" und die damit verbundenen höheren Verfahrenszahlen könnten ebenfalls keinen Eingriff in Art. 12 I GG rechtfertigen.[546] Auch der Anspruchsgegner sei nicht vor derartigen Modellen zu schützen, da nicht etwa in erheblichem Umfang unberechtigte Klageverfahren eingeleitet würden.[547]

Auch erfordere der Schutz der Rechtsordnung keine derartige Einschränkung, da einerseits Inkassodienstleister aufgrund ihrer nach § 11 I RDG nachzuweisenden Sachkunde nicht als unqualifizierte Personen angesehen werden

---

[537] BGH NJW 2022, 3350 Rn. 24 ff.
[538] BGH NJW 2021, 3046 Rn. 22.
[539] BGH NJW 2021, 3046 Rn. 26.
[540] BGH NJW 2021, 3046 Rn. 26 f.
[541] BGH NJW 2021, 3046 Rn. 26.
[542] BGH NJW 2021, 3046 Rn. 29.
[543] BGH NJW 2021, 3046 Rn. 31.
[544] BGH NJW 2021, 3046 Rn. 31.
[545] BGH NJW 2021, 3046 Rn. 32.
[546] BGH NJW 2021, 3046 Rn. 33.
[547] BGH NJW 2021, 3046 Rn. 34.

könnten.[548] Andererseits seien bei einer gerichtlichen Durchsetzung durch den zwingenden Einsatz eines Anwalts und des Gerichts weitere qualifizierte Personen am Verfahren beteiligt.[549]

Dass auch rechtliche Tätigkeiten erbracht werden könnten, die nicht in § 11 I RDG genannt werden, ergebe sich unter anderem aus einem Umkehrschluss zu §§ 13 II, 12 V RDG, § 2 I 4 RDV.[550] Da die Behörde für Tätigkeiten, die in anderen als bereits in § 11 I RDG genannten Rechtsgebieten erbracht werden, theoretische Nachweise verlangen könne, bedeute dies, dass auch derartige Tätigkeiten grundsätzlich vom Umfang der Inkassodienstleistungsbefugnis erfasst seien.[551] Weiterhin sei ein derartiger Eingriff in Art. 12 I GG auch in diesem Rahmen weder aufgrund des Schutzes des Rechtsuchenden, des Rechtsverkehrs noch der Rechtsordnung gerechtfertigt.[552] Der Rechtsuchende sei nicht gefährdet, da der Inkassodienstleister zwingend über eine Sachkunde verfüge, die ihn zum Einziehen von Forderungen berechtige.[553] Verstärkt werde dies durch die zwingende Beteiligung eines Anwalts, soweit eine gerichtliche Durchsetzung angestrebt werde.[554] Darüber hinausgehende Kenntnisse, die etwa nicht in einem Sachkundelehrgang vermittelt wurden, muss sich dieser, genau wie ein Anwalt, der zu einer Materie berät, die er weder im Rahmen der ersten noch der zweiten juristischen Staatsprüfung kennengelernt hat, aneignen.[555] Zwar vermittle ein derartiger Sachkundelehrgang nicht die gleichen Kenntnisse wie die eines ersten und zweiten Staatsexamens, dafür sei jedoch auch der Bereich, in dem Rechtsdienstleistungen erbracht werden könnten, deutlich kleiner, da diese auf den Bereich der Eintreibung von Forderungen beschränkt seien.[556] Auch der Rechtsverkehr sowie die Rechtsordnung seien nicht gefährdet.[557]

(3) Zwischenergebnis

Zusammenfassend lässt sich feststellen, dass der BGH ein sehr weites Verständnis vom Begriff der Inkassodienstleistungsbefugnis vertritt, was er in

---

[548] BGH NJW 2021, 3046 Rn. 35 ff.
[549] BGH NJW 2021, 3046 Rn. 35 ff.
[550] BGH NJW 2022, 3350 Rn. 30.
[551] BGH NJW 2022, 3350 Rn. 30.
[552] BGH NJW 2022, 3350 Rn. 32.
[553] BGH NJW 2022, 3350 Rn. 34.
[554] BGH NJW 2022, 3350 Rn. 33.
[555] BGH NJW 2022, 3350 Rn. 35.
[556] BGH NJW 2022, 3350 Rn. 34.
[557] BGH NJW 2022, 3350 Rn. 36 ff.; für die Begründung kann auf die argumentativ gleichen Ausführungen des BGH in NJW 2021, 3046 Rn. 31 ff. verwiesen werden.

B. Regulierungsrahmen für nichtanwaltliche Anbieter

mehreren Entscheidungen bestätigte.[558] So sieht der BGH die umfassende rechtliche Prüfung der geltend zu machenden Forderung, die Äußerungen von Rechtsansichten, auch wenn diese in die Zukunft gerichtet sind und sich nicht unmittelbar auf die geltend gemachte Forderung beziehen, Beratungstätigkeiten zu bestrittenen Forderungen sowie eine gegebenenfalls erforderlich werdende gerichtliche Geltendmachung unter Einschaltung eines Anwalts, die Vereinbarung einer erfolgsabhängigen Vergütung und die Abgabe von Erklärungen an den Schuldner, einschließlich solcher Tätigkeiten, die die Forderung erst zur Entstehung bringen, als von der Inkassodienstleistungsbefugnis gedeckt an.[559] Auch die gebündelte Durchsetzung gleichgelagerter Ansprüche im Rahmen des sogenannten Sammelklage-Inkassos sowie Beratungstätigkeiten auf anderen als den in § 11 I RDG genannten Bereichen seien von der Befugnis umfasst.[560]

bb) Ansicht des Gesetzgebers zum Umfang der Inkassodienstleistungsbefugnis

Dieser Auslegung der Inkassodienstleistungsbefugnis schloss sich der Gesetzgeber bei der Schaffung des Gesetzes zur Förderung verbrauchergerechter Angebote im Rechtsdienstleistungsmarkt teilweise an.[561] Entscheidend sei insbesondere, was nun durch den neuen Wortlaut des § 2 II 2 RDG Anklang im RDG gefunden hat, dass nur solche Tätigkeiten erfasst seien, die sich auf die Einziehung der konkreten Forderung konzentrieren.[562] Nicht mehr unter die Inkassodienstleistung fielen hingegen solche Tätigkeiten, die zwar in einem inhaltlichen Zusammenhang zur Forderungseinziehung stehen, sich jedoch nicht genuin auf die konkret beauftragte Forderungseinziehung beziehen.[563] Nach diesem Verständnis seien insbesondere die vorherige und nachträgliche rechtliche Beratung bezüglich der Forderung sowie Äußerungen an die Gegenseite, einschließlich solcher, die die Forderung erst zum Entstehen bringen sollen, soweit diese auf die unmittelbar geltend gemachte Forderung bezogen sind, von der Inkassodienstleistungsbefugnis erfasst.[564] Auch die Vereinbarung von Erfolgshonoraren und die Übernahme der Prozessfinanzierung falle unter die Befugnis, da sie unmittelbar verbunden mit der Durchset-

---

[558] S. wie eben ausgeführt unter 2. Teil B. I. 1. c) aa) (1), (2).
[559] S. o. unter 2. Teil B. I. 1. c) aa) (1).
[560] S. o. unter 2. Teil B. I. 1. c) aa) (2).
[561] BT-Drs. 19/27673, S. 39.
[562] BT-Drs. 19/27673, S. 39.
[563] BT-Drs. 19/27673, S. 39.
[564] BT-Drs. 19/27673, S. 39.

zung der Forderung seien.[565] Weiterhin kein Hindernis stelle eine Tätigkeit dar, die, soweit eine außergerichtliche Durchsetzung nicht möglich erscheine, auch vor Gericht die Forderung geltend mache oder sogar auf eine gerichtliche Geltendmachung gerichtet sei, da sich ein Schuldner ansonsten durch ein beharrliches Verweigern der Eintreibung entziehen könne.[566] Daher folge auch keine Begrenzung auf unstreitige Forderungen.[567]

Die Beauftragung eines Rechtsanwalts sowie eines Prozessfinanzierers fielen jedoch nicht mehr unter die Inkassodienstleistungsbefugnis, soweit hierin überhaupt eine Rechtsdienstleistung zu sehen sei, weshalb sich ihre Zulässigkeit nach § 5 I RDG zu richten habe.[568] Ein solcher Verweis auf § 5 I RDG erfolgt, da Tätigkeiten, die nicht mehr unter die Inkassodienstleistungsbefugnis nach § 10 I 1 Nr. 1 RDG fallen, jedoch eine Rechtsdienstleistung nach § 2 I RDG darstellen, nur noch nach § 5 I RDG zulässig sein können, um nicht dem Verbot des § 3 RDG zu unterfallen.[569] Dies gilt jedoch nur dann, wenn die Vermittlung eines Anwalts oder der Einsatz eines Prozessfinanzierers eine Rechtsdienstleistung im Sinne des § 2 I RDG darstellt. Dies konnte bereits oben verneint werden,[570] weshalb nach hier vertretener Ansicht keine Prüfung des § 5 I RDG in diesen spezifischen Fällen vorgenommen werden muss.

Weiterhin sind nach Ansicht des Gesetzgebers auch derartige Beratungen auf nicht von § 11 I RDG genannten Rechtsgebieten von der Inkassodienstleistungsbefugnis erfasst.[571] Dies ergibt sich insbesondere daraus, dass die Gesetzesbegründung etwa für Beratungen im Versicherungs- oder Sozialrecht, Rechtsgebiete, die nicht in § 11 I RDG enthalten sind, gegebenenfalls den Nachweis über besondere juristische Qualifikationen für erforderlich hält.[572] Dies lässt jedoch den Umkehrschluss zu, dass eine derartige forderungsbezogene Rechtsberatung von der Inkassodienstleistungsbefugnis erfasst ist, der Inhaber der Befugnis jedoch eine derartige Sachkunde nachweisen muss.[573] Auch hat sich der Gesetzgeber ausdrücklich dagegen entschieden, bestimmte Materien etwa aufgrund einer zu hohen Komplexität pauschal aus dem Anwendungsbereich der Erlaubnis zu nehmen.[574]

---

[565] Vgl. BT-Drs. 19/27673, S. 17, die auf die diesbezüglichen Ausführungen der BGH Entscheidung NJW 2020, 208 verweist.
[566] BT-Drs. 19/27673, S. 21; *Petrasincu/Unseld*, RDi 2021, 361 (365).
[567] BT-Drs. 19/27673, S. 21.
[568] BT-Drs. 19/27673, S. 21.
[569] Vgl. BT-Drs. 16/3655, S. 51.
[570] S. o. unter 2. Teil A. II. 4. und 2. Teil A. II. 5. c).
[571] BGH NJW 2022, 3350 Rn. 30.
[572] BT-Drs. 19/27673, S. 49; *Heinze*, NZKart 2022, 193 (194 f.).
[573] BGH NJW 2022, 3350 Rn. 30.
[574] BT-Drs. 19/27673, S. 62; *Heinze*, NZKart, 2022, 193 (194 f.).

Nicht mehr von der Inkassodienstleistungsbefugnis erfasst sei insbesondere die in die Zukunft gerichtete Rechtsberatung, wie etwa die Aufforderung an den Vermieter, in Zukunft nicht mehr als die zulässige Miete zu verlangen, sowie eine Beratung des Kunden, die zu hohe Miete nur unter Vorbehalt zu zahlen.[575] Eine derartige Rechtsdienstleistung richte sich (da sie zumeist eine Rechtsdienstleistung nach § 2 I RDG darstellen wird) sodann nach § 5 I RDG.[576]

cc) Stellungnahme und Zwischenergebnis

Insbesondere der Streit um den Umfang der Inkassodienstleistungsbefugnis beschäftigte die Literatur und auch vermehrt die Rechtsprechung,[577] weshalb die erfolgte (gewisse) Klarstellung durch den Gesetzgeber sehr zu begrüßen ist.[578] Namentlich die Ergänzung in § 2 II 1 RDG, dass auch die auf die Einziehung bezogene rechtliche Prüfung und Beratung als Inkassodienstleistung zu werten sind, trägt hierzu wesentlich bei.[579]

Insgesamt spricht sich der Gesetzgeber für eine restriktivere Auslegung des Begriffs der Inkassodienstleistung im Gegensatz zur weiten Auslegung des BGH aus, verweist jedoch darauf, dass über § 5 I RDG weiterhin eine Offenheit für weitere Entwicklungen gewährleistet ist.[580] Wie gezeigt werden konnte, stimmt der Gesetzgeber in weiten Teilen jedoch der mehrfach durch den BGH bestätigten Rechtsprechung zu und nahm lediglich Ausnahmen für die vom BGH angesprochenen „Hilfsmaßnahmen", wie insbesondere in die Zukunft gerichtete Rechtsberatungen, vor.[581]

Hingegen lässt sich der Gesetzesbegründung keine eindeutige Aussage darüber, ob das Sammelklage-Inkasso von § 10 I 1 RDG erfasst ist, entnehmen. Zwar verweist die Gesetzesbegründung zum jetzigen § 13b I Nr. 3 lit. d RDG darauf, dass in einem derartigen Fall der Verbraucher über die Folgen der Anspruchsbündelung aufgeklärt werden muss,[582] was den Umkehrschluss erlaubt, dass eine derartige Anspruchsbündelung für den Inkassodienstleister

---

[575] BT-Drs. 19/27673, S. 39.
[576] BT-Drs. 19/27673, S. 39.
[577] S. o. unter 2. Teil B. I. 1. c) aa) (1), (2).
[578] BT-Drs. 19/27673, S. 61; *Lempke*, RDi 2021, 224 (228 f.), lehnt hingegen die Konkretisierung mit der Begründung ab, dass durch die Gesetzesänderung keine wirkliche Konkretisierung erfolgt sei; so auch *Remmertz*, BRAK-Mitt. 2021, 288 (289).
[579] BT-Drs. 19/27673, S. 61.
[580] BT-Drs. 19/27673, S. 20 f.; *Leeb/Hotz*, ZUM 2021, 379 (381).
[581] BT-Drs. 19/27673, S. 39.
[582] BT-Drs. 19/27673, S. 23.

ausdrücklich zulässig ist.⁵⁸³ Dennoch kann hieraus nicht entnommen werden, ob diese Tätigkeit unter die Inkassodienstleistungsbefugnis nach § 10 I 1 Nr. 1 RDG fällt oder lediglich nach § 5 I RDG als Nebenleistung erlaubt ist. Da die Anspruchsbündelung jedoch gerade dazu dient, die Ansprüche (wirtschaftlich sinnvoll) durchzusetzen und damit direkt auf die Durchsetzung der jeweiligen konkreten Ansprüche gerichtet ist, sollte sie auch nach Ansicht des Gesetzgebers von der Inkassodienstleistungsbefugnis erfasst sein.⁵⁸⁴ Gegenteilige Angaben lassen sich der Gesetzesbegründung nicht entnehmen. Weiterhin verweist der Gesetzgeber auch erneut ausdrücklich darauf, dass Inkassodienstleister Forderungen auch gerichtlich geltend machen können und daher nicht ausschließlich auf den außergerichtlichen Bereich beschränkt sind.⁵⁸⁵ Dies folgt zum einen daraus, dass sich der Schuldner ansonsten durch schlichtes Weigern vor unliebsamen Forderungen bewahren könnte und zum anderen daraus, dass sich das RDG lediglich auf außergerichtliche Aktivitäten bezieht, sodass es für den Umfang der Inkassodienstleistung nicht auf eine mögliche gerichtliche Geltendmachung ankommen kann.⁵⁸⁶ Dies ist vielmehr Regelungsmaterie der ZPO.⁵⁸⁷

Weiterhin nicht von der Inkassodienstleistungsbefugnis erfasst sind die Tätigkeiten der Anspruchsabwehr, die bereits der BGH nicht mehr unter die Inkassodienstleistungsbefugnis gezählt hat, wie beispielsweise die Kündigungsabwehr, die Abwehr eines Verlangens zur Mieterhöhung oder etwa die Abwehr der Aufforderung, Schönheitsreparaturen zu leisten.⁵⁸⁸ Derartige Tätigkeiten richten sich sodann ebenfalls nach § 5 I RDG.⁵⁸⁹

d) Informationspflichten für Inkassodienstleister

Neben der Konkretisierung des Umfangs der Inkassodienstleistungsbefugnis wurden zuvor durch das „Gesetz zur Verbesserung des Verbraucherschutzes im Inkassorecht und zur Änderung weiterer Vorschriften" auch besondere, nun in den §§ 13a ff. RDG geregelte, Informationspflichten für den Nutzer der Rechtsberatung geschaffen und durch das „Gesetz zur Förderung verbrauchergerechter Angebote im Rechtsdienstleistungsmarkt" ergänzt.⁵⁹⁰ Durch die

---

583 Vgl. *Günther*, in: BeckOK RDG, § 13b Rn. 15, der jedoch nicht auf den hier getroffenen Umkehrschluss eingeht.
584 S. o. unter 2. Teil B. I. 1. c) aa) (2).
585 BT-Drs. 19/27673, S. 61.
586 BT-Drs. 19/27673, S. 61; *Petrasincu/Unseld*, RDi 2021, 361 (366).
587 BT-Drs. 19/27673, S. 61; *Petrasincu/Unseld*, RDi 2021, 361 (366).
588 *Deckenbrock*, LMK 2022, 815402; s. o. unter 2. Teil B. I. 1. c) aa) (1).
589 *Deckenbrock*, LMK 2022, 815402; s. hierzu unten unter 2. Teil B. I. 2.
590 BGBl I 2020, S. 3320; BGBl I 2021, S. 3416; BT-Drs. 19/30495, S. 16 f.

B. Regulierungsrahmen für nichtanwaltliche Anbieter 183

dem Nutzer so zur Verfügung gestellten Informationen soll es diesem ermöglicht werden, eine „bewusste selbstständige Entscheidung" treffen zu können.[591]

§ 13a RDG enthält hierbei Darlegungs- und Informationspflichten bei der Geltendmachung einer Forderung gegenüber Privatpersonen.[592] Da es sich diesbezüglich jedoch um keine Vorschrift handelt, die auf die Qualität der Rechtsberatung zum Kunden Einfluss nimmt, soll hierauf nicht weiter eingegangen werden.[593] Dies gilt ebenfalls für § 13c RDG, welcher darüber hinaus Ausführungen zur Ausgestaltung von Vergütungsvereinbarungen für Inkasso- und Rechtsdienstleistungen in einem ausländischen Recht enthält.[594]

§ 13b RDG beinhaltet vorvertragliche Darlegungs- und Informationspflichten, speziell für Verbraucher im Sinne des § 13 BGB, die der Inkassodienstleister diesen in klarer und verständlicher Weise zur Verfügung stellen muss.[595] Wird ein Erfolgshonorar vereinbart, muss der Inkassodienstleister darauf hinweisen, auf welchem anderen Weg die Forderung durchgesetzt werden kann, insbesondere für den Fall, dass dieser es dem Verbraucher im Erfolgsfall ermöglicht, die geltend gemachte Forderung in voller Höhe zu realisieren, § 13b I Nr. 1 RDG. Hierdurch soll der Verbraucher sich über die Nachteile des Modells eines Erfolgshonorars bewusst werden und durch die über die Informationspflicht erlangte Kenntnis der Bemessungsgrundlage in der Lage sein, eine eigene Entscheidung unter Berücksichtigung der Vor- und Nachteile treffen zu können.[596] Andere Möglichkeiten sind etwa die Beauftragung eines Rechtsanwalts, durch welchen im Fall des Obsiegens über den Schuldner eine volle Auskehr der Anspruchssumme erfolgt, sowie die Möglichkeit einer Musterfeststellungsklage nach § 608 ZPO.[597]

Wird ein Prozessfinanzierer eingeschaltet, muss der Inkassodienstleister hierauf sowie über die mit ihm getroffenen Vereinbarungen hinweisen, § 13b I Nr. 2 RDG. Da eine dritte Partei als Prozessfinanzierer eingeschaltet wird, die selbst eigene wirtschaftliche Interessen vertritt, soll der Verbraucher darüber in Kenntnis gesetzt werden, welche Rechte der Prozessfinanzierer gegenüber

---

[591] *Rillig*, in: Deckenbrock/Henssler, RDG, § 10 Rn. 46v; BT-Drs. 19/27673, S. 45 f.
[592] *Günther*, in: BeckOK RDG, § 13a Rn. 2, 5; *Jäckle*, VuR 2023, 123 (123), der darauf verweist, dass für Inkassoanwälte sodann der mit identischem Wortlaut erlassene § 43d BRAO gilt; *Flory*, LTZ 2023, 10 (12 f.); *Steinert*, ZRI 2022, 761 (765).
[593] S. für eine ausführlichere Darstellung etwa *Dötsch*, in: Deckenbrock/Henssler, RDG, § 13a nF Rn. 1 ff.; *Steinert*, ZRI 2022, 761 (765).
[594] Nähere Ausführungen etwa *Günther*, in: BeckOK RDG, § 13c Rn. 1 ff.
[595] *Biallaß*, in: Ory/Weth, jurisPK-ERV, Band 1, Kap. 8 Rn. 261; *Günther*, in: BeckOK RDG, § 13b Rn. 2; *Remmertz*, BRAK-Mitt. 2021, 288 (290 f.); *Skupin*, GRUR-Prax 2021, 368 (368 f.); *Flory*, LTZ 2023, 10 (13); *Ring*, NJ 2021, 525 (530).
[596] BT-Drs. 19/27673, S. 44; *Günther*, in: BeckOK RDG, § 13b Rn. 8.
[597] *Günther*, in: BeckOK RDG, § 13b Rn. 9.

dem Inkassodienstleister besitzt, um so eine eigene Entscheidung darüber treffen zu können, ob sein Verfahren durch eine dritte Partei finanziert werden soll oder nicht.[598]

Ist der Dienstleister darüber hinaus auch berechtigt, einen Vergleich mit dem Schuldner zu schließen, muss er dem Verbraucher einen Hinweis mit dem Inhalt des § 13b I Nr. 3 RDG geben, um über die rechtlichen und wirtschaftlichen Voraussetzungen sowie über derartige Folgen aufzuklären, damit der Verbraucher auch über die wirtschaftlichen Folgen und Risiken einer mitunter durchgeführten Anspruchsbündelung informiert wird.[599]

Insbesondere ist für Inkassodienstleister, die KI-Tools zur Bearbeitung ihrer Fälle einsetzen, relevant, dass diese eine Begründung in Textform mit den wesentlichen Gründen für eine Ablehnung des Ersuchens des Verbrauchers abgeben müssen, in der sie auch angeben müssen, ob eine rechtliche Prüfung der Forderung stattgefunden hat und ob diese ganz oder teilweise automatisiert vorgenommen wurde, § 13b II 1, 2 RDG.[600] Weiterhin hat der Dienstleister darauf hinzuweisen, dass trotz seiner Ablehnung des Angebots des Verbrauchers, andere Möglichkeiten der Durchsetzung der Forderung möglich sein können, § 13b II 3 RDG.[601] Hierdurch soll hervorgehoben werden, dass es sich bei der Prüfung der Forderung nicht um eine umfassende rechtliche Prüfung über das Vorliegen aller Tatbestandsvoraussetzungen oder deren Durchsetzbarkeit handeln muss.[602] Vielmehr können andere Umstände ausschlaggebend sein, etwa wenn eine Durchsetzung aus wirtschaftlichen Gründen keinen Sinn ergibt, die zur Verfügung gestellte Eingabemaske nicht alle Umstände des Einzelfalls berücksichtigt oder schlicht Fehler bei der Eingabe durch den Nutzer gemacht werden.[603]

Zusammenfassend lässt sich feststellen, dass der Gesetzgeber nun ein ausführliches Informationsmodell geschaffen hat, das den Verbraucher über einige wesentliche Faktoren informiert, die er benötigt, um eine eigene fundierte Entscheidung treffen zu können, was wesentlich für die Brauchbarkeit des Ergebnisses und damit für die Qualität der Dienstleistung für den Verbraucher von Vorteil ist.[604]

---

[598] BT-Drs. 19/27673, S. 23; *Günther*, in: BeckOK RDG, § 13b Rn. 10.

[599] BT-Drs. 19/27673, S. 23; *Flory*, LTZ 2023, 10 (13).

[600] BT-Drs. 19/27673, S. 23, 48; *Günther*, in: BeckOK RDG, § 13b Rn. 18; *Günther*, MMR 2021, 764 (768).

[601] *Günther*, in: BeckOK RDG, § 13b Rn. 17; *Günther*, MMR 2021, 764 (768); *Flory*, LTZ 2023, 10 (13).

[602] BT-Drs. 19/27673, S. 23; *Günther*, in: BeckOK RDG, § 13b Rn. 18; *Flory*, LTZ 2023, 10 (13).

[603] BT-Drs. 19/27673, S. 23; *Günther*, in: BeckOK RDG, § 13b Rn. 18.

[604] Zum Begriff des neu geschaffenen Informationsmodells BT-Drs. 19/9527, S. 3; *Remmertz*, ZRP 2019, 139 (140); *Stadler*, VuR 2021, 123 (126); *Steinrötter/Warmuth*,

2. Erbringung von Rechtsdienstleistungen im Zusammenhang mit einer anderen Tätigkeit, § 5 RDG

Nach § 5 I 1 RDG sind Rechtsdienstleistungen im Zusammenhang mit einer anderen Tätigkeit erlaubt, „wenn sie als Nebenleistung zum Berufs- oder Tätigkeitsbild gehören". „Ob eine Nebenleistung vorliegt, ist nach ihrem Inhalt, Umfang und sachlichen Zusammenhang mit der Haupttätigkeit unter Berücksichtigung der Rechtskenntnisse zu beurteilen, die für die Haupttätigkeit erforderlich sind", § 5 I 2 RDG.

Dies wird insbesondere in zwei aufgezeigten Fällen relevant. Zum einen sind allgemein Rechtsdienstleistungen nach § 2 I RDG zu betrachten, die ohne eine Erlaubnis nach § 10 RDG erbracht werden. Zum anderen wird dies für Rechtsdienstleistungen nach § 2 I RDG bedeutsam, die neben einer Tätigkeit nach § 2 II RDG erbracht werden, da sie nicht von der Erlaubnis zur Erbringung von Inkassodienstleistungen nach § 10 I 1 Nr. 1 RDG umfasst sind.

Damit § 5 I 1 RDG einschlägig ist, muss (i) eine Rechtsdienstleistung (ii) im Zusammenhang mit einer anderen Tätigkeit stehen und (iii) insgesamt als Nebenleistung zu einer anderen beruflichen Tätigkeit anzusehen sein.[605]

Alle Dienstleistungen, die bereits als Rechtsdienstleistungen im Sinne von § 2 I RDG eingeordnet wurden, stehen jedoch nicht im Zusammenhang mit einer anderen Tätigkeit. Das Tatbestandsmerkmal „im Zusammenhang mit einer anderen Tätigkeit" setzt vielmehr voraus, dass mindestens zwei Tätigkeiten vorliegen.[606] Bei den hier betrachteten Rechtsdienstleistungen wird schon keine weitere Tätigkeit neben der Rechtsdienstleistung erbracht, die in einem Zusammenhang mit dieser steht. Zwar vollbringt der Dienstleister in den vorher genannten Fällen noch weitere Tätigkeiten, wie etwa die Programmierung der Software und das Anbieten dieser Software,[607] für das Tatbestandsmerkmal des Zusammenhangs ist jedoch eine objektive Anknüpfung an die im Einzelfall geschuldete Haupttätigkeit zu fordern.[608] Weder das Pro-

---

in: Hoeren/Sieber/Holznagel, Handbuch Multimedia-Recht, Teil 30 Rn. 33; *Skupin*, GRUR-Prax 2020, 581 (581).

[605] *Deckenbrock/Henssler*, in: Deckenbrock/Henssler, RDG, § 5 Rn. 27, 29; *Radunski*, in: BeckOK RDG, § 5 Rn. 9, 20, 26.

[606] *Radunski*, in: BeckOK RDG, § 5 Rn. 23; *Deckenbrock/Henssler*, in: Deckenbrock/Henssler, RDG, § 5 Rn. 27.

[607] Vgl. etwa 2. Teil A. II. 1. a) aa) (6).

[608] *Radunski*, in: BeckOK RDG, § 5 Rn. 21; *Overkamp/Overkamp*, in: Henssler/Prütting, RDG, § 5 Rn. 13; *Weth*, in: Henssler/Prütting, RBerG, 2. Auflage 2004, § 5 Rn. 3; *Deckenbrock/Henssler*, in: Deckenbrock/Henssler, RDG, § 5 Rn. 35; BT-Drs. 16/3655, S. 54.

grammieren noch das Anbieten wird bei Vertragsschlüssen mit den Dienstleistern Teil der Leistungspflicht sein, vielmehr ist ausschließlich die Erbringung der Rechtsdienstleistung geschuldet. Darüber hinaus wird man diese im Vorfeld erbrachten Tätigkeiten schon nicht als Hauptleistung ansehen können.[609] Vielmehr prägt die rechtsberatende Tätigkeit die Dienstleistung.[610]

Aus diesem Grund liegt für den Fall der bloßen Benutzung eines Online-Rechners, ohne dass hieraus eine Beauftragung des Inkassodienstleisters folgt,[611] ebenfalls keine Nebenleistung vor, die im Zusammenhang mit einer anderen Tätigkeit, hier der Inkassodienstleistung (vgl. § 5 I 3 RDG), steht. Wie bereits festgestellt, ist eine objektive Anknüpfung an eine bestehende Haupttätigkeit erforderlich, die hierbei in der möglicherweise später erbrachten Inkassodienstleistung liegen könnte. Eine solche Beauftragung erfolgt jedoch gerade nicht,[612] weshalb schon keine derartige Haupttätigkeit geschuldet ist.[613] Dies führt jedoch auch nicht zu einem willkürlichen Ergebnis, das man ansonsten korrigieren müsste. Zwar erscheint es im ersten Moment unbillig, dass man den Betrieb eines derartigen Online-Rechners nur dann betreiben darf, wenn sich der Kunde entscheidet, den Dienstleister zu beauftragen, was der Dienstleister jedoch gerade nicht in seiner Hand hat. Zu beachten ist indes, dass es dem Dienstleister nach hier vertretener Ansicht selbst obliegt, ob die angebotene Dienstleistung eine Rechtsdienstleistung darstellt oder nicht; so kann er diesem Ergebnis durch eine ausreichende Information des Benutzers entgehen.[614]

Zuletzt anzusprechen sind die übrigen Rechtsdienstleistungen nach § 2 I RDG, die neben einer Tätigkeit nach § 2 II RDG erbracht werden, da sie nicht von der Erlaubnis zur Erbringung von Inkassodienstleistungen nach § 10 I 1 Nr. 1 RDG umfasst sind. Wie bereits angesprochen, verweist die Begründung des Gesetzes zur Förderung verbrauchergerechter Angebote im Rechtsdienstleistungsmarkt darauf, dass sowohl die Aufforderung des Inkassodienstleisters an den Vermieter, nicht mehr die ursprüngliche zu hohe Miete zu verlangen,

---

[609] Vgl. *Radunski*, in: BeckOK RDG, § 5 Rn. 27.

[610] Vgl. BT-Drs. 16/3655, S. 52.

[611] In derartigen Konstellationen (etwa im Fall eines Mietpreisrechners) kann nach hier vertretener Ansicht eine Rechtsdienstleistung nach § 2 I RDG vorliegen, s. o. unter 2. Teil A. II. 5. a) cc) (2).

[612] Liegt eine solche Beauftragung hingegen doch vor, so fällt diese Tätigkeit insgesamt unter die Inkassodienstleistung nach § 2 II 1 RDG, welche sodann von § 10 I 1 Nr. 1 RDG gedeckt ist (s. o. unter 2. Teil A. II. 5. a) cc) (1)), weshalb sich diese Frage in diesem Fall nicht stellt.

[613] Vgl. *Radunski*, in: BeckOK RDG, § 5 Rn. 21, die darauf hinweisen, dass eine objektive Anknüpfung gerade an die *konkret geschuldete* Haupttätigkeit erforderlich ist.

[614] S. o. unter 2. Teil A. II. 1. a) cc) (4) (e), (f).

B. Regulierungsrahmen für nichtanwaltliche Anbieter

als auch die Beratung des Kunden dahingehend, die zu hohe Miete unter Vorbehalt zu zahlen, am Maßstab des § 5 I RDG zu messen sind.[615]

Zumindest bei der Beratung des Kunden hinsichtlich der Vorbehaltszahlung handelt es sich um eine Rechtsdienstleistung im Sinne von § 2 I RDG. Diese Beratung stellt auch eine andere Tätigkeit als die eigentliche Forderungseintreibung dar. Die nachfolgende Beratung müsste darüber hinaus als Nebenleistung angesehen werden.[616] „Ob eine Nebenleistung vorliegt, ist nach ihrem Inhalt, Umfang und sachlichen Zusammenhang mit der Haupttätigkeit unter Berücksichtigung der Rechtskenntnisse zu beurteilen, die für die Haupttätigkeit erforderlich sind", § 5 I 2 RDG.

Für die Merkmale des Umfangs und des Inhalts ist es entscheidend, dass die Nebentätigkeit objektiv nach dem Inhalt des Vertrags eine Nebenleistung darstellt, wobei jedoch neben dem zeitlichen Umfang der Leistung auch die Schwierigkeit und Komplexität für die Einordnung relevant sind.[617] Entscheidend ist es daher, ob die geschuldete Tätigkeit entweder die umfassende Ausbildung eines Rechtsanwalts oder seine besondere Stellung und die damit verbundenen Pflichten, wie etwa die Verschwiegenheitspflicht, erfordert, oder ob gerade eine derartige umfassende Rechtsdienstleistung nicht erforderlich ist.[618] Weder der zeitliche Umfang noch die Schwierigkeit und Komplexität einer Beratung, die erhöhte Miete nur unter Vorbehalt zu zahlen, um so einen theoretisch möglichen Ausschluss nach § 814 BGB zu verhindern und dennoch einer Zahlungsverzugskündigung des Vermieters entgegenzutreten,[619] erfordern die Ausbildung oder Stellung eines Rechtsanwalts, weshalb Umfang und Inhalt für eine Nebentätigkeit sprechen.[620]

Weiterhin muss ein sachlicher Zusammenhang zwischen Haupt- und Nebentätigkeit bestehen.[621] Hierfür ist eine „innere, inhaltliche Verbindung" zur

---

[615] S.o. unter 2. Teil B. I. 1. c) bb).
[616] S.o. unter 2. Teil B. I. 2.
[617] *Radunski*, in: BeckOK RDG, § 5 Rn. 34, 38; *Deckenbrock/Henssler*, in: Deckenbrock/Henssler, RDG, § 5 Rn. 32; *Johnigk*, in: Gaier/Wolf/Göcken, § 5 Rn. 20; BT-Drs. 16/3655, S. 54.
[618] BT-Drs. 16/3655, S. 54; *Johnigk*, in: Gaier/Wolf/Göcken, § 5 Rn. 20; *Deckenbrock/Henssler*, in: Deckenbrock/Henssler, RDG, § 5 Rn. 33.
[619] Vgl. BGH NJW 2020, 208 Rn. 163; im konkreten Fall ist nach § 556g I 4 BGB, die Anwendung des § 814 BGB sowieso ausgeschlossen, *Fleindl*, in: BeckOGK BGB, § 556g Rn. 154.
[620] Vgl. für den geringen juristischen Prüfungsaufwand etwa BGH NJW 2012, 2882 Rn. 20; AG Berlin-Schöneberg BeckRS 2014, 13924; *Fleindl*, in: BeckOGK BGB, § 556g Rn. 154.
[621] BT-Drs. 16/3655, S. 54; *Deckenbrock/Henssler*, in: Deckenbrock/Henssler, RDG, § 5 Rn. 35; *Radunski*, in: BeckOK RDG, § 5 Rn. 20 f.; *Overkamp/Overkamp*, in: Henssler/Prütting, RDG, § 5 Rn. 13.

Haupttätigkeit erforderlich.[622] Nicht zwingend ist jedoch, dass die Hauptleistung von der Nebenleistung derart abhängig ist, dass diese ohne die Nebenleistung nicht ordnungsgemäß erbracht werden kann.[623] Auch bei einer nachfolgenden Nebenleistung kann ein sachlicher Zusammenhang bestehen, soweit diese „zum Ablauf oder zur Abwicklung der Haupttätigkeit gehört".[624] Im vorher genannten Fall war und ist es Ziel des Inkassodienstleisters und auch das seiner Kunden, dass die Miete auf das gesetzliche Maß beschränkt wird.[625] Führt nun das Zahlen der herabgesetzten Miete dazu, dass der Vermieter eine (unberechtigte) Zahlungsverzugskündigung ausspricht und sich der Mieter so gezwungenermaßen veranlasst fühlt, seine Wohnung räumen zu müssen, erscheinen die vorherigen Dienstleistungen des Inkassodienstleisters als nicht mehr hilfreich, vor allem, wenn sich der ehemalige Mieter nun eine neue (möglicherweise wieder überteuerte) Wohnung auf einem angespannten Wohnungsmarkt suchen müsste. Daher sollte die genannte Beratung gerade zur Abwicklung der Haupttätigkeit gehören, damit die Haupttätigkeit, und zwar die Herabsetzung der Miete einer *bestimmten* Wohnung, nicht im Nachhinein als für den Mieter weniger brauchbar erscheint, da er sich nun eine neue Wohnung suchen muss, für die er gegebenenfalls wieder einen Inkassodienstleister zur Herabsetzung der Miete beauftragen müsste. Mithin besteht auch ein sachlicher Zusammenhang.

Weiterhin sind die Rechtskenntnisse zu beachten, die für die Haupttätigkeit erforderlich sind, § 5 I 2 RDG. Hierbei gilt der Grundsatz, dass je mehr Rechtskenntnisse für die Haupttätigkeit erforderlich sind, desto weiter sind die Kompetenzen des Dienstleisters im Bereich der Nebenleistungen anzusehen.[626] Der Inkassodienstleister ist zur umfassenden rechtlichen Beratung in Bezug auf die Forderungseinziehung berechtigt, weshalb auch diesbezügliche Rechtskenntnisse erforderlich sind, die bei Inkassodienstleistern grundsätzlich vorliegen.[627] Aufgrund dieser umfassenden Kompetenz zur Erbringung rechtlicher Beratungen und der geringeren juristischen Komplexität der hier fraglichen Rechtsberatung, sprechen auch die Rechtskenntnisse, die für die

---

[622] BT-Drs. 16/3655, S. 54; *Deckenbrock/Henssler*, in: Deckenbrock/Henssler, RDG, § 5 Rn. 35; *Overkamp/Overkamp*, in: Henssler/Prütting, RDG, § 5 Rn. 13.

[623] BT-Drs. 16/3655, S. 54; *Deckenbrock/Henssler*, in: Deckenbrock/Henssler, RDG, § 5 Rn. 35; *Overkamp/Overkamp*, in: Henssler/Prütting, RDG, § 5 Rn. 13.

[624] BGH GRUR 2011, 539 Rn. 37; BGH NJW 2012, 539 Rn. 37; BGH NJW 2012, 1589 Rn. 23; BSG NJW 2014, 493 Rn. 45; BT-Drs. 16/3655, S. 52; *Deckenbrock/ Henssler*, in: Deckenbrock/Henssler, RDG, § 5 Rn. 37.

[625] S. o. unter 2. Teil B. I. 1. c) aa) (1).

[626] *Deckenbrock/Henssler*, in: Deckenbrock/Henssler, RDG, § 5 Rn. 40, 42; BT-Drs. 16/3655, S. 45; vgl. auch *Johnigk*, in: Gaier/Wolf/Göcken, RDG, § 5 Rn. 21; *Overkamp/Overkamp*, in: Henssler/Prütting, RDG, § 5 Rn. 14.

[627] S. o. unter 2. Teil B. I. 1. c) aa) (1).

Haupttätigkeit erforderlich sind, nicht gegen die Einordnung als Nebenleistung im Prüfungsrahmen des § 5 I 2 RDG. Damit konnte festgestellt werden, dass die rechtliche Beratung zur Zahlung unter Vorbehalt als Nebenleistung eingeordnet werden kann.

Die Nebenleistung müsste weiterhin zum Berufs- oder Tätigkeitsbild gehören, § 5 I 1 RDG. Da § 5 RDG explizit entwicklungsoffen ausgestaltet ist, soll dieser jedoch auch die Entwicklung und Erweiterung neuer Berufsbilder gewährleisten.[628] Hierbei ist zu fordern, dass sich die angebotene Rechtsdienstleistung in die angebotene Tätigkeit einpasst und nicht gesondert angeboten wird.[629] Das Berufsbild des Legal-Tech-Inkassos stellt eine relativ neue Erscheinung dar, bei welchem aufgrund der Vielfalt an unterschiedlichen Modellen noch kein klassisches, gleichgelagertes Berufs- oder Tätigkeitsbild vorhanden ist.[630] Wie bereits durch den sachlichen Zusammenhang dargestellt, fügt sich die Dienstleistung in die Haupttätigkeit ein und verstärkt so die Brauchbarkeit der Hauptleistung (s. o.). Mithin gehört die Nebenleistung auch zum Berufs- oder Tätigkeitsbild des Anbieters.

Die Nebenleistung müsste im Zusammenhang mit einer anderen Tätigkeit stehen. Der sachliche Zusammenhang zwischen Haupt- und Nebentätigkeit wurde bereits dargestellt, weshalb auf die dortigen Ausführungen zu verweisen ist (s. o.).

3. Erbringung unentgeltlicher Rechtsdienstleistungen, § 6 RDG

Weiterhin sind unentgeltliche Rechtsdienstleistungen erlaubt, „die nicht im Zusammenhang mit einer entgeltlichen Tätigkeit stehen", § 6 I RDG. Werden derartige Rechtsdienstleistungen „außerhalb familiärer, nachbarschaftlicher oder ähnlich enger persönlicher Beziehungen" erbracht, muss sichergestellt sein, „dass die Rechtsdienstleistung durch eine Person erbracht wird, der die entgeltliche Erbringung dieser Rechtsdienstleistung erlaubt ist, durch eine Person mit Befähigung zum Richteramt oder unter Anleitung einer solchen Person erfolgt", § 6 II 1 RDG.

Bei den vorgestellten Dienstleistern ist grundsätzlich nicht davon auszugehen, dass diese Leistungen unentgeltlich angeboten werden. Eine Ausnahme stellt jedoch ChatGPT dar, welcher zumindest am Anfang kostenlos nach ei-

---

[628] *Deckenbrock/Henssler*, in: Deckenbrock/Henssler, RDG, § 5 Rn. 27; *Radunski*, in: BeckOK RDG, § 5 Rn. 55.
[629] BGH NJW 2012, 1589 Rn. 30; *Deckenbrock/Henssler*, in: Deckenbrock/Henssler, RDG, § 5 Rn. 27.
[630] BT-Drs. 19/27673, S. 1, 13.

ner erfolgten Anmeldung genutzt werden konnte.[631] Von einer Entgeltlichkeit ist immer dann auszugehen, wenn nach dem beiderseitigen Parteiwillen eine Gegenleistung für die erbrachte Tätigkeit geschuldet wird.[632] Dabei stellt bereits jeder vermögenswerte Vorteil eine Gegenleistung dar.[633] ChatGPT sammelt die von seinen Nutzern eingegebenen Daten (Fragen, Antworten, Reaktionen), um seine eigene Datenbasis zu erweitern sowie zur Qualitätskontrolle der Konversationen durch die hierfür zuständigen Personen.[634] Derartige Daten können besonders im Zeitalter des „Bezahlens mit Daten" als vermögenswerte Vorteile angesehen werden.[635] Mithin erbringt auch ChatGPT Rechtsdienstleistungen gegen Entgelt (und damit nicht unentgeltlich), weshalb eine Erlaubnis nach § 6 RDG nicht in Betracht kommt.[636] Zusätzlich bietet OpenAI eine mit Kosten verbundene Version ihrer Software ChatGPT an,[637] bei der sich die eben diskutierte Frage schon nicht stellt.

Auch ist an die Mietpreisrechner der einzelnen Städte zu denken, die gänzlich unentgeltlich zur Verfügung gestellt werden, da für diese Leistung gerade keine Gegenleistung verlangt wird, soweit diese eine Rechtsdienstleistung im Sinne des § 2 I RDG darstellen.[638] Dabei gilt es zu beachten, dass derartige Rechtsdienstleistungen nach § 6 II 1 RDG insbesondere durch Volljuristen oder unter Anleitung dieser erbracht werden müssen.[639] Problematisch könnte sein, dass die relevante Tätigkeit nach hier vertretener Ansicht durch das Expertensystem erbracht wird.[640] Eine derartige Tätigkeit ist dem Volljuristen jedoch ebenso wie den sonstigen Dienstleistern zuzurechnen, wenn sich dieser

---

[631] *Hartung*, RDi 2023, 209 (210); vgl. auch https://chat.openai.com (zuletzt aufgerufen am: 28.02.2025).

[632] *Dux-Wenzel*, in: Deckenbrock/Henssler, RDG, § 6 Rn. 12; *Schmidt*, in: Krenzler, RDG, § 6 Rn. 15.

[633] BT-Drs. 16/3655, S. 57; *Dux-Wenzel*, in: Deckenbrock/Henssler, RDG, § 6 Rn. 12.

[634] https://help.openai.com/en/articles/7730893-data-controls-faq (zuletzt aufgerufen am: 28.02.2025), zumindest insoweit, wie Chat History und Model Training nicht manuell ausgeschaltet werden; *Remmertz*, RDi 2023, 401 (407).

[635] Vgl. insbesondere Wertung des § 327 III BGB zu personenbezogenen Daten; *Pech*, GRUR-Prax 2021, 509 (509f.); *Schneider/Conrad*, K&R 2022, 225 (225); *Paschke*, in: Heckmann/Paschke, jurisPK-Internetrecht, Kap. 4.2 Rn. 293.

[636] So auch *Remmertz*, RDi 2023, 401 (407).

[637] *Hartung*, RDi 2023, 209 (210); https://help.openai.com/en/articles/6950777-what-is-chatgpt-plus (zuletzt aufgerufen am: 28.02.2025).

[638] Beispielsweise der Stadt Jena https://mietspiegel.jena.de/2021/ (zuletzt aufgerufen am: 28.02.2025), bei der jedoch eine Rechtsdienstleistung im Sinne des § 2 I RDG abgelehnt wurde, s.o. unter 2. Teil A. II. 5. b); *Dux-Wenzel*, in: Deckenbrock/Henssler, RDG, § 6 Rn. 64.

[639] *Dux-Wenzel*, in: Deckenbrock/Henssler, RDG, § 6 Rn. 40; *Overkamp/Overkamp*, in: Henssler/Prütting, RDG, § 6 Rn. 10.

[640] S.o. unter 2. Teil A. II. 5. c).

des Systems bedient. Von einem „bedienen" kann hier im Vergleich zu den vorher genannten Zurechnungen[641] jedoch nur dann ausgegangen werden, wenn der hierfür zuständige Volljurist entweder das Expertensystem vollständig erstellt, alle Kriterien hierfür selbst ausgewählt oder er das von einer anderen Person programmierte System zumindest bewusst und billigend auf der Internetseite einbauen lassen hat. Eine willkürliche Zurechnung zu einem Volljuristen, der keinerlei Verbindung zu dem Expertensystem hat, kann hingegen nicht erfolgen.

4. Rechtsdienstleistungen durch Behörden, § 8 RDG

Erlaubt sind weiterhin Rechtsdienstleistungen, die Behörden im Rahmen ihres Aufgaben- und Zuständigkeitsbereichs erbringen, § 8 I Nr. 2 RDG. Zu denken ist hier wiederum insbesondere an Mietpreisrechner der einzelnen Städte.[642] Die allgemeine mietrechtliche Beratung gehört indes nicht zum Aufgaben- und Zuständigkeitsbereich der einzelnen Behörden, weshalb § 8 RDG nicht einschlägig ist.[643]

5. Verbot von Rechtsdienstleistungen bei Unvereinbarkeit mit einer anderen Leistungspflicht, § 4 RDG

Eine weitere Einschränkung zur Erbringung von Rechtsdienstleistungen und damit auch Inkassodienstleistungen stellt § 4 S. 1 RDG auf.[644] Hiernach sind all jene Rechtsdienstleistungen unzulässig, die mit einer anderen Leistungspflicht des Rechtsdienstleisters unvereinbar sind.[645] Dies ist immer dann der Fall, „wenn die rechtliche Prüfung und Bewertung eines Sachverhalts im Rahmen einer rechtsberatenden Tätigkeit unmittelbaren Einfluss auf eine andere, bereits bestehende Leistungspflicht des Dienstleistenden haben kann, insbesondere, wenn durch die Ausführung einer rechtsbesorgenden Tätigkeit eine eigene Leistungspflicht inhaltlich beeinflusst werden kann".[646] Hieraus

---

[641] Vgl. hierzu etwa 2. Teil A. II. 1. a) aa) (6); 2. Teil A. II. 2. a) bb), cc).
[642] Beispielsweise der Stadt Jena https://mietspiegel.jena.de/2021/ (zuletzt aufgerufen am: 28.02.2025).
[643] Vgl. *Dux-Wenzel*, in: Deckenbrock/Henssler, RDG, § 8 Rn. 24, 30.
[644] BGH NJW 2020, 208 Rn. 189; BT-Drs. 16/3655, S. 39, 51; *Grunewald*, in: BeckOK RDG, § 4 Rn. 3; *Deckenbrock*, in: Deckenbrock/Henssler, § 4 Rn. 1; *Steinrötter/Warmuth*, in: Hoeren/Sieber/Holznagel, Handbuch Multimedia-Recht, Teil 30 Rn. 27.
[645] BT-Drs. 16/3655, S. 39; *Deckenbrock*, in: Deckenbrock/Henssler, RDG, § 4 Rn. 1; *Steinrötter/Warmuth*, in: Hoeren/Sieber/Holznagel, Handbuch Multimedia-Recht, Teil 30 Rn. 27.
[646] BT-Drs. 16/3655, S. 39.

ergibt sich jedoch keine generelle Unvereinbarkeit bei möglicherweise bestehenden Interessenkollisionen, vielmehr besteht eine solche nur dann, „wenn die Rechtsdienstleistung unmittelbar gestaltenden Einfluss auf den Inhalt der bereits begründeten Hauptleistungspflicht des Leistenden haben kann".[647] Gerade hierdurch muss „die ordnungsgemäße, das heißt objektive, frei von eigenen Interessen erfolgende Erfüllung der Rechtsdienstleistungspflicht gefährdet sein".[648] Hierzu führt der Gesetzgeber als Beispiel Rechtsdienstleistungen durch Rechtsschutzversicherer an, bei denen das wirtschaftliche Interesse des Rechtsschutzversicherers zumeist gebieten wird, kostspielige Rechtsverfahren zu verhindern, was wiederum der eigentlichen sich aus dem Versicherungsvertrag ergebenden Pflicht widersprechen würde.[649]

Für Rechtsdienstleister, die KI-Lösungen auf dem Markt anbieten, werden im Hinblick auf eine Unvereinbarkeit mit einer anderen Leistungspflicht im Sinne des § 4 S. 1 RDG insbesondere (i) die erfolgsbezogene Vergütung und Kostenfreihaltung, (ii) die Einschaltung eines Prozessfinanzierers, (iii) die Erlaubnis zum Abschluss von Vergleichen sowie (iv) die gebündelte Anspruchsdurchsetzung relevant.[650]

a) Erfolgsbezogene Vergütung und Kostenfreihaltung

Nach Entscheidung des BGH ist in der erfolgsbezogenen Vergütung und der damit verbundenen Kostenfreihaltung kein Verstoß gegen § 4 RDG a.F. (nunmehr § 4 S. 1 RDG) zu sehen.[651] Dies ergebe sich bereits daraus, dass die Kostenfreihaltung Teil der Pflicht zur Eintreibung der Forderung sei und daher schon keine andere Leistungspflicht darstelle.[652] Darüber hinaus setze § 4 RDG a.F. voraus, „dass die Rechtsdienstleistung einen unmittelbar gestaltenden Einfluss auf eine andere, bereits bestehende (Haupt-)Leistungspflicht des Dienstleistenden haben kann".[653] Dies liege jedoch zumindest für die Freihaltung der Kosten einer möglichen Beauftragung eines Rechtsanwalts

---

[647] BT-Drs. 17/3655, S. 51.
[648] BGH NJW 2020, 208 Rn. 195; BGH NJW 2013, 1870 Rn. 12; BT-Drs. 17/3655, S. 51.
[649] BT-Drs. 17/3655, S. 51.
[650] BGH NJW 2020, 208 Rn. 187 ff.; BGH NJW 2021, 3046 Rn. 58 ff.; *Deckenbrock*, in: Deckenbrock/Henssler, § 4 Rn. 28a ff.; *Steinrötter/Warmuth*, in: Hoeren/Sieber/Holznagel, Handbuch Multimedia-Recht, Teil 30 Rn. 27 ff.
[651] BGH NJW 2020, 208 Rn. 199; BGH NJW 2021, 3046 Rn. 48; dem zustimmend etwa *Deckenbrock*, in: Deckenbrock/Henssler, RDG, § 4 Rn. 28a; zuvor auch schon *Römermann*, NJW 2019, 551 (555); *Hartung*, BB 2017, 2825 (2827); *Fries*, ZRP 2018, 161 (164 f.); *Stadler*, WuW 2018, 189 (192); *Tolksdorf*, ZIP 2019, 1401 (1409 f.).
[652] BGH NJW 2020, 208 Rn. 202; BGH NJW 2021, 3046 Rn. 48.
[653] BGH NJW 2020, 208 Rn. 200.

und die Kosten eines anschließenden Verfahrens nicht vor, da im vorliegend entschiedenen Fall der Inkassodienstleister laut seiner AGB nicht zur Kostenübernahme verpflichtet sei, weshalb eine andere Leistungspflicht zum Zeitpunkt der Inkassodienstleistung noch nicht bestehe.[654]

Ungeachtet der vorherstehenden Argumente könne eine Interessenkollision auch nicht daraus abgeleitet werden, dass Inkassodienstleister eine besonders kritische Prüfung der Erfolgsaussichten durchführen würden, um eine Kostenübernahme zu verhindern.[655] So sei nicht zu erkennen, dass bei der dem Inkassodienstleister erlaubten umfassenden Prüfung und anschließenden Beratung des Kunden den Interessen oder der Geltendmachung von etwaigen Ansprüchen des Mieters zuwider gehandelt werde.[656]

Für eine grundsätzliche Zulässigkeit von erfolgsbezogenen Vergütungen und einer Kostenfreihaltung spricht bereits die neue Regelung des § 13b I Nr. 1 RDG.[657] Sollte ein Erfolgshonorar generell gegen § 4 S. 1 RDG verstoßen, so wäre eine Regelung über Informationspflichten beim Einsatz von Erfolgshonoraren sinnlos.[658] Auch § 13c III RDG stellt eine Pflicht für einen Mindestinhalt für Vergütungsvereinbarungen für Inkassodienstleistungen und Rechtsdienstleistungen in einem ausländischen Recht auf, was voraussetzt, dass derartige Vergütungsmodelle überhaupt zulässig sind.[659] Mithin ist der Entscheidung des BGH zuzustimmen.

b) Einschaltung eines Prozessfinanzierers

Die Einschaltung eines Prozessfinanzierers führt laut BGH ebenfalls nicht zu einer Interessenkollision nach § 4 RDG a. F.[660] Eine Interessenkollision könne immer dann verneint werden, wenn die Pflicht des Inkassodienstleisters zur ordnungsgemäßen Durchsetzung der Forderungen seiner Kunden mit seiner Pflicht zum gewinnbringendsten Vorgehen gegenüber dem Prozessfinanzierer kollidiere und dem Prozessfinanzierer bezüglich der Anspruchsdurchsetzung nur „theoretische oder unbedeutende Einflussmöglichkeiten"

---

[654] BGH NJW 2020, 208 Rn. 201.
[655] BGH NJW 2020, 208 Rn. 204.
[656] BGH NJW 2020, 208 Rn. 204.
[657] So auch *Deckenbrock*, in: Deckenbrock/Henssler, RDG, § 4 Rn. 29b.
[658] *Deckenbrock*, in: Deckenbrock/Henssler, RDG, § 4 Rn. 29b.
[659] *Deckenbrock*, in: Deckenbrock/Henssler, RDG, § 4 Rn. 29b.
[660] BGH NJW 2022, 3350 Rn. 54; dem zustimmend etwa *Steinrötter/Warmuth*, in: Hoeren/Sieber/Holznagel, Handbuch Multimedia-Recht, Teil 30 B. Rn. 28; *Stadler*, RDi 2021, 513 (516); *Deckenbrock*, in: Deckenbrock/Henssler, RDG, § 4 Rn. 28b; a.A. etwa *Henssler*, NJW 2019, 545 (550f.); *Prütting*, ZIP 2020, 1434 (1440f.).

zustünden.⁶⁶¹ Ebendies konnte im vom BGH entschiedenen Fall bejaht werden.⁶⁶² Dies folge daraus, dass der Prozessfinanzierer bei einem Obsiegen des Inkassodienstleisters in erster Instanz zwingend die Kosten einer etwaigen Berufung oder Revision zu tragen habe.⁶⁶³ Lediglich im Fall eines Unterliegens in erster Instanz stehe dem Finanzierer nach eigener Prüfung der Erfolgsaussichten frei, die Finanzierung der nächsten Instanz zu verweigern.⁶⁶⁴ Auch für den Fall, dass der Inkassodienstleister einen Vergleich mit dem/den Beklagten schlösse, müsse er den Prozessfinanzierer lediglich informieren, ohne dass seine Entscheidung vom Einverständnis des Finanzierers abhänge.⁶⁶⁵ Daher komme der Entscheidungsmacht des Prozessfinanzierers nur eine geringe Bedeutung zu, sodass keine Interessenkollision im Sinne des § 4 RDG a. F. bestehe.⁶⁶⁶

Auch der Gesetzgeber teilt diese Entscheidung, indem er mit dem neuen S. 2 des § 4 RDG n. F. verdeutlicht, dass eine solche Gefährdung nicht schon deshalb anzunehmen ist, wenn aufgrund eines Vertrags mit einem Prozessfinanzierer Berichtspflichten gegenüber dem Prozessfinanzierer bestehen.⁶⁶⁷ Zwar verweist der Gesetzgeber darauf, dass durchaus Gefahren durch die Beteiligung einer dritten Partei als Prozessfinanzierer entstehen können, wenn der Dienstleister die finanziellen Interessen des Prozessfinanzierers über diejenigen seiner Kunden stellt, wogegen § 4 RDG schützen soll.⁶⁶⁸ Dennoch sollen von § 4 S. 1 RDG solche Fälle nicht erfasst sein, in denen sich die Tätigkeit der Prozessfinanzierung auf die bloß passive Bereitstellung der Finanzierung beschränkt und der Inkassodienstleister den Prozessfinanzierer lediglich durch Informationen auf den aktuellen Stand bringt, damit dieser gegebenenfalls Rechte gegenüber dem Inkassodienstleister geltend machen kann.⁶⁶⁹ Gehen die Rechte des Prozessfinanzierers hingegen über das eben beschriebene bloß passive Finanzieren hinaus, liegt dennoch kein Verstoß gegen § 4 S. 1 RDG vor, wenn dem Prozessfinanzierer lediglich theoretische oder unbe-

---

⁶⁶¹ BGH NJW 2022, 3350 Rn. 57.
⁶⁶² BGH NJW 2022, 3350 Rn. 58.
⁶⁶³ BGH NJW 2022, 3350 Rn. 58.
⁶⁶⁴ BGH NJW 2022, 3350 Rn. 58.
⁶⁶⁵ BGH NJW 2022, 3350 Rn. 58.
⁶⁶⁶ BGH NJW 2022, 3350 Rn. 57.
⁶⁶⁷ So auch BGH NJW 2022, 3350 Rn. 58.
⁶⁶⁸ BT-Drs. 19/27673, S. 19; so auch *Deckenbrock*, in: Deckenbrock/Henssler, RDG, § 4 Rn. 28b.
⁶⁶⁹ BT-Drs. 19/27673, S. 40; *Grunewald*, in: BeckOK RDG, § 4 Rn. 33; *Fries*, ZRP 2018, 161 (164); *Morell*, JZ 2019, 809 (810); *Hartung*, BB 2017, 2825 (2827); a.A. *Greger*, MDR 2018, 897 (900); *Prütting*, ZIP 2020, 1434 (1440f.); *Henssler*, NJW 2019, 545 (548).

deutende Einflussmöglichkeiten zustehen.[670] Derartige Gefahren werden durch die in § 13b RDG enthaltenen Informationspflichten ausgeglichen.[671] Im vom BGH entschiedenen Fall ging die Entscheidungskompetenz des Rechtsdienstleisters bei einem Unterliegen in erster Instanz, seine Finanzierung der nächsten Instanz zu verweigern, jedoch über das bloß passive Finanzieren hinaus, weshalb § 4 S. 1 RDG weiterhin Anwendung findet.[672] Allein der Umstand, dass Prozessfinanzierer ihre eigenen wirtschaftlichen Interessen verfolgen, führt jedoch noch nicht dazu, dass eine Interessenkollision besteht.[673] In Fällen, in denen ein Gleichlauf aller Interessen, mithin der Interessen des Prozessfinanzierers, des Inkassodienstleisters und des Kunden besteht, ist eine Interessenkollision nach der Entscheidung des Gesetzgebers fernliegend.[674]

Für den Fall, dass der Inkassodienstleister in erster Instanz unterlegen ist und eine eigene Prognose keine (ausreichenden) Erfolgsaussichten für eine Berufung oder Revision ergeben, sodass er seine Finanzierung verweigert, wird der Inkassodienstleister, der eine Kostenfreihaltung gegenüber dem Kunden übernommen hat und nur im Erfolgsfall beteiligt wird,[675] ebenfalls kein Interesse an der weiteren Verfolgung haben. Daher besteht ein Interessengleichlauf zwischen diesen beiden Parteien. Der Kunde hingegen wird aufgrund der Kostenfreihaltung weiterhin das Interesse an einer weiteren Verfolgung haben, was für eine Interessenkollision sprechen könnte.[676] Hiergegen spricht jedoch, dass sich der Kunde bewusst für eine Kostenfreihaltung und Prozessfinanzierung in Kenntnis aller relevanten Umstände (vgl. § 13b RDG) entschieden hat, da dieser Umstand für ihn als vorteilhaft empfunden wurde.[677] So steht es ihm offen, ohne Prozesskostenrisiko zu klagen und im Erfolgsfall einen Teil seiner Forderung ausgezahlt zu bekommen.[678] Nun wäre es unbillig, den Prozessfinanzierer in allen Fällen zu einer Finanzierung zu verpflichten, selbst wenn dieser eine Durchsetzung für nicht erfolgversprechend hält. Dieses Argument wird durch den prinzipiellen Interessengleichlauf aller drei Parteien an einer möglichst hohen Befriedigung aller Forderun-

---

[670] BT-Drs. 19/27673, S. 40; *Petrasincu/Unseld*, RDi 2021, 361 (368f.); *Hartung*, AnwBl 2021, 152 (157f.).

[671] BT-Drs. 19/27673, S. 40; *Petrasincu/Unseld*, RDi 2021, 361 (368f.); *Hartung*, AnwBl 2021, 152 (157f.).

[672] Vgl. BGH NJW 2022, 3350 Rn. 57.

[673] BT-Drs. 19/27673, S. 40.

[674] BT-Drs. 19/27673, S. 40.

[675] *Deckenbrock*, in: Deckenbrock/Henssler, RDG, § 4 Rn. 28b.

[676] Vgl. BGH NJW 2021, 3046 Rn. 59.

[677] Vgl. *Breunig*, in: Ebers, StichwortKommentar Legal Tech, Inkassodienstleistungen, Rn. 29.

[678] S. o. unter 1. Teil C. IV. 1. b) bb) (2).

gen bestätigt.[679] Auch soll die vom BGH angestellte Gesamtbetrachtung nicht aus dem Blick verloren werden, wonach der Prozessfinanzierer lediglich im Fall des Obliegens in erster Instanz über die weitere Finanzierung entscheiden kann, was für eine unbedeutendere Einflussmöglichkeit spricht (s.o.). Dem Ergebnis des BGH, eine Interessenkollision abzulehnen, ist daher im Ergebnis auch nach aktueller Gesetzeslage zuzustimmen.

c) Erlaubnis zum Abschluss von Vergleichen

Nach der Entscheidung des BGH besteht auch in der Erlaubnis, einen Vergleich abzuschließen, keine Interessenkollision.[680] Der Einwand, der Inkassodienstleister sei, um etwa eine Klageabweisung oder eine weitere gegebenenfalls kostspielige Prozessführung zu verhindern, geneigt, einen für den Kunden ungünstigen Vergleich abzuschließen, vermöge nicht zu überzeugen.[681] Vielmehr verhindere der Gleichlauf der beiderseitigen Interessen am Erfolg, der Kunde an der Durchsetzung seiner Forderung und der Inkassodienstleister an der Auszahlung seines Honorars, dass eine Interessenkollision bestehe.[682]

Weiterhin ergebe sich keine Interessenkollision, wenn der Dienstleister dazu berechtigt ist, widerruflich einen Vergleich zu schließen, auch wenn im Fall des Widerrufs der Kunde zum Ersatz des dem Dienstleister entgangenen Lohns verpflichtet ist oder der Dienstleister unwiderruflich Vergleiche abschließen darf.[683] Zwar könnten vor allem in der gebündelten Anspruchsdurchsetzung und damit dem Abschluss eines „Gesamtvergleichs", da hier die für den Dienstleister entstehenden Kosten besser verteilt werden und so im Einzelfall geringer ausfallen könnten, die Interessen des Dienstleisters mit denen des Kunden beziehungsweise einzelner Kunden differieren.[684] Dies bedeute jedoch nicht, dass der Dienstleister derartige Interessen auch durch-

---

[679] BGH NJW 2022, 3350 Rn. 55.
[680] BGH NJW 2020, 208 Rn. 205; BGH BeckRS 2022, 20036 Rn. 60; dem zustimmend *Grunewald*, in: BeckOK RDG, § 4 Rn. 29; *Deckenbrock*, in: Deckenbrock/Henssler, RDG, § 4 Rn. 28e f.; *Stadler*, JZ 2020, 321 (325).
[681] BGH NJW 2020, 208 Rn. 205.
[682] BGH NJW 2020, 208 Rn. 206, 196.
[683] BGH NJW 2022, 3350 Rn. 60; BGH NJW 2021, 3046 Rn. 58.
[684] BGH NJW 2021, 3046 Rn. 62; *Engler*, AnwBl Online 2020, 513 (516); *Stadler*, JZ 2020, 321 (325 f.); a.A. *Deckenbrock*, in: Deckenbrock/Henssler, RDG, § 4 Rn. 28g, hält aber ein Abwenden des Verstoßes dann für möglich, wenn sich der Inkassodienstleister im Rahmen des Gesamtvergleichs dazu verpflichtet eine Zusammenfassung nur von gleichartigen Forderungen durchzuführen „und beim Vergleichsschluss nach entscheidungserheblichen Merkmalen zu differenzieren".

setzen dürfe, wenn sich dieser nicht schadensersatzpflichtig machen wolle, sodass kein relevanter Interessenkonflikt bestehe.[685]

Für die grundsätzliche Anerkennung der Möglichkeit, einen Vergleich für den Kunden zu schließen, spricht ebenfalls die Existenz des neuen § 13b I Nr. 3 RDG.[686] Hiernach wird der Inkassodienstleister verpflichtet, darüber zu informieren, (i) ob der Vergleichsschluss der vorherigen Zustimmung des Verbrauchers bedarf oder ob und unter welchen Voraussetzungen er von ihm widerrufen werden kann, (ii) wie sich die Ablehnung oder der Widerruf eines Vergleichsschlusses durch den Verbraucher auf die Vergütung des Inkassodienstleisters und das weitere Verfahren auswirkt, (iii) wie sich ein Vergleichsschluss auf die Vergütung des Inkassodienstleisters auswirkt und (iv) welche Auswirkungen es auf einen Vergleichsschluss haben kann, wenn Forderungen mehrerer Personen zum Gegenstand eines Vergleichs gemacht werden sollen, sofern dies beabsichtigt ist. Hierdurch wird nicht nur anerkannt, dass der Dienstleister überhaupt einen Vergleich abschließen darf, sondern auch, dass es möglich sein muss, dass dieser widerruflich oder sogar unwiderruflich geschlossen wird (vgl. (i)), und dass im Fall des Widerrufs durch den Kunden (Verbraucher) ein Ersatz des entgangenen Lohns oder der Kosten fällig werden kann (vgl. (ii)).[687] Daher ist dem BGH zuzustimmen, dass kein Verstoß gegen § 4 S. 1 RDG vorliegt.[688]

d) Gebündelte Durchsetzung von Forderungen (Sammelklage-Inkasso)

Auch beim Sammelklage-Inkasso liegt grundsätzlich nach Entscheidung des BGH kein Verstoß gegen § 4 RDG a.F. vor.[689] Zwar bestehe in der Verpflichtung gegenüber allen anderen Kunden zur bestmöglichen Durchsetzung der Forderung eine andere Leistungspflicht, jedoch sei hierin kein Interessenkonflikt zu sehen, den § 4 RDG a.F. zu verhindern versuche.[690] Selbst wenn die gebündelte gerichtliche Geltendmachung nur zu einer anteiligen Befriedigung führe, liege keine Interessenkollision vor.[691] Vielmehr seien die Interes-

---

[685] BGH NJW 2021, 3046 Rn. 62; *Engler*, AnwBl Online 2020, 513 (516); *Stadler*, JZ 2020, 321 (325 f.); a.A. *Deckenbrock*, in: Deckenbrock/Henssler, RDG, § 4 Rn. 28g.
[686] *Deckenbrock*, in: Deckenbrock/Henssler, RDG, § 4 Rn. 29b; *Flory*, LTZ 2023, 10 (13).
[687] Vgl. *Breunig*, in: Ebers, StichwortKommentar Legal Tech, Inkassodienstleistungen, Rn. 30, 33.
[688] So im Ergebnis auch *Deckenbrock*, in: Deckenbrock/Henssler, RDG, § 4 Rn. 28c ff., 29b.
[689] BGH NJW 2021, 3046 Rn. 49; BGH NJW 2022, 3350 Rn. 50; dem zustimmend *Petrasincu/Unseld*, NJW 2022, 1200 (1203); *Morell*, JZ 2019, 809 (810 f.).
[690] BGH NJW 2021, 3046 Rn. 50 f.; BGH NJW 2022, 3350 Rn. 50.
[691] BGH NJW 2021, 3046 Rn. 55; BGH NJW 2022, 3350 Rn. 51.

sen aller Parteien, der Auftraggeber und des Inkassodienstleisters darauf gerichtet, die höchstmögliche Befriedigung aller Forderungen durchzusetzen und zu erhalten, sodass alle Interessen als gleichgerichtet anzusehen seien.[692] Zwar bestehe immer die Möglichkeit, dass die einzelnen Kunden durch eine individuelle gerichtliche Durchsetzung einen höheren Anteil ihrer Forderung geltend machen hätten können, ein derartiges Risiko würde jedoch durch die den Kunden begünstigenden Vorteile der gebündelten Anspruchsdurchsetzung, wie etwa die erhebliche Steigerung der Verhandlungsposition, ausgeglichen.[693]

Für dieses Ergebnis kann wiederum § 13b I 1 Nr. 3 lit. d RDG angeführt werden.[694] Wie bereits erwähnt, muss der Inkassodienstleister hiernach darauf hinweisen, welche Auswirkungen es auf einen Vergleichsschluss haben kann, wenn Forderungen mehrerer Personen zum Gegenstand eines Vergleichs gemacht werden sollen. Der Dienstleister hat so darauf hinzuweisen, dass eine gebündelte Geltendmachung dazu führen kann, dass ein individueller Vergleich aufgrund von möglicherweise bestehenden höheren Erfolgsaussichten höher hätte ausfallen können, da bei einer gebündelten Durchsetzung auch Ansprüche mit einer geringeren Erfolgsaussicht enthalten sein könnten.[695] Allein dieser Umstand kann daher keinen Verstoß gegen § 4 RDG rechtfertigen.[696]

6. Zwischenergebnis

Es konnte gezeigt werden, dass KI-Dienstleister, soweit sie eine Rechtsdienstleistung im Sinne des § 2 RDG anbieten, nur auf die Erlaubnis zur Erbringung von Inkassodienstleistungen aus § 10 I 1 Nr. 1 RDG zurückgreifen können, sofern sie ihre Dienstleistungen nicht gänzlich kostenlos anbieten. Die Inkassodienstleistungsbefugnis umfasst nach hier vertretener Ansicht sowie der Entscheidung des BGH und des Gesetzgebers eine Vielzahl an rechtlichen Aktivitäten, soweit diese sich auf die Einziehung der konkreten Forderung beziehen. Jedoch gilt es zu beachten, dass der Gesetzgeber eine restriktivere Interpretation des § 10 I 1 Nr. 1 RDG statuiert hat, dem sich angeschlossen wurde. Eine Offenheit für Entwicklung wird sodann über eine Anwendung des § 5 I RDG gewährleistet. Abschließend konnte festgestellt werden, dass

---

[692] BGH NJW 2021, 3046 Rn. 55; BGH NJW 2022, 3350 Rn. 51.
[693] BGH NJW 2021, 3046 Rn. 55; BGH NJW 2022, 3350 Rn. 51; a.A. wohl *Deckenbrock*, in: Deckenbrock/Henssler, RDG, § 4 Rn. 28g.
[694] *Petrasincu/Unseld*, RDi 2021, 361 (367); *Hartung*, AnwBl 2021, 152 (158).
[695] BT-Drs. 19/27673, S. 47.
[696] BT-Drs. 19/27673, S. 47.

die typischerweise erbrachten Dienstleistungen der Anbieter nicht generell zu einem Verstoß von § 4 S. 1 RDG führen.

II. Regulierung durch das UWG

Ein weiteres wichtiges Regulierungsinstrument stellt das Gesetz gegen den unlauteren Wettbewerb (UWG) dar.[697] Das UWG „dient dem Schutz der Mitbewerber, der Verbraucher sowie der sonstigen Marktteilnehmer vor unlauteren geschäftlichen Handlungen", § 1 I 1 UWG.

Im Rahmen der Regulierung von Rechtsdienstleistern, die KI-Software einsetzen, werden insbesondere zwei Problemkreise relevant.[698] Zum einen umfasst dies den Verstoß gegen eine gesetzliche Vorschrift, die auch dazu bestimmt ist, im Interesse der Marktteilnehmer das Marktverhalten zu regeln, §§ 3 I, 3a UWG.[699] Zum anderen müssen Tätigkeiten untersucht werden, die als irreführende geschäftliche Handlungen einzuordnen sind, §§ 5, 5a UWG.[700]

1. Gesetzesverstoß, §§ 3 I, 3a UWG

Nach § 3 I UWG sind unlautere geschäftliche Handlungen unzulässig. „Unlauter handelt, wer einer gesetzlichen Vorschrift zuwiderhandelt, die auch dazu bestimmt ist, im Interesse der Marktteilnehmer das Marktverhalten zu regeln, und der Verstoß geeignet ist, die Interessen von Verbrauchern, sonstigen Marktteilnehmern oder Mitbewerbern spürbar zu beeinträchtigen", § 3a UWG.

Als Marktverhaltensregelung ist insbesondere die Verbotsnorm des § 3 RDG anerkannt.[701] Wird so eine Rechtsdienstleistung erbracht, die entweder

---

[697] *Beurskens*, LTZ 2022, 207 (207); *Seichter*, in: Deckenbrock/Henssler, RDG, § 3 Rn. 59 ff.; *Hartung*, in: Chibanguza/Kuß/Steege, Künstliche Intelligenz, § 8 F. Rn. 29; *Steinrötter/Warmuth*, in: Hoeren/Sieber/Holznagel, Handbuch Multimedia-Recht, Teil 30 B. Rn. 45 f.

[698] *Beurskens*, LTZ 2022, 207 (207); *Günther/Gruppe*, MMR 2020, 145 (145); *Gräbig*, MMR 2019, 180 (182); *Seichter*, in: Deckenbrock/Henssler, RDG, § 3 Rn. 59 ff.

[699] *Beurskens*, LTZ 2022, 207 (207); *Günther/Gruppe*, MMR 2020, 145 (145); *Gräbig*, MMR 2019, 180 (182); *Seichter*, in: Deckenbrock/Henssler, RDG, § 3 Rn. 59 ff.

[700] *Beurskens*, LTZ 2022, 207 (207); *Günther/Gruppe*, MMR 2020, 145 (145); *Gräbig*, MMR 2019, 180 (182); *Seichter*, in: Deckenbrock/Henssler, RDG, § 3 Rn. 59 ff.

[701] BGH NJW 2021, 3125 Rn. 15; BGH NJW 2016, 3441 Rn. 15; BGH WRP 2016, 1232 Rn. 18 – Rechtsberatung durch Entwicklungsingenieur; BGH WRP 2012, 461 Rn. 18 – Kreditkontrolle; BGH GRUR 2012, 79 Rn. 12 – Rechtsberatung durch Einzelhandelsverband; BGH WRP 2011, 742 Rn. 25 – Rechtsberatung durch Lebens-

gänzlich ohne Erlaubnis erfolgt oder nicht (mehr) von einer Erlaubnisnorm umfasst ist, liegt ein Verstoß gegen eine Marktverhaltensregelung im Sinne des § 3a UWG vor.[702] Der Begriff der Zuwiderhandlung setzt neben dem Erfordernis einer geschäftlichen Handlung und der Verwirklichung des Tatbestandes der Marktverhaltensregelung (hier § 3 RDG) keine weiteren subjektiven Anforderungen, wenn die Marktverhaltensregelung dies nicht erfordert.[703] Eine derartige subjektive Komponente verlangt § 3 RDG nicht.[704] Eine geschäftliche Handlung nach § 2 Nr. 2 UWG liegt unproblematisch bei allen Dienstleistern vor, die vom Verbot des § 3 RDG erfasst sind.[705]

Dieser Verstoß müsste weiterhin im Sinne einer objektiven Wahrscheinlichkeit geeignet sein, „die Interessen von Verbrauchern, sonstigen Marktteilnehmern oder Mitbewerbern spürbar zu beeinträchtigen", § 3a UWG.[706] Hierbei ist wiederum eine Prüfung des Einzelfalls anhand des Schutzzwecks der in Frage stehenden Marktverhaltensregelung geboten.[707] Einerseits wird argumentiert, dass bereits keine Beeinträchtigung der Interessen von Marktteilnehmern, Mitbewerbern und Verbrauchern vorliege, da gegen § 3 RDG verstoßende (KI-)Dienstleistungen eher nützlich als schadend seien.[708] Insbesondere könnten so Mandanten gewonnen werden, die sonst keinen Zutritt zum Rechtsberatungsmarkt gefunden hätten.[709] Andererseits wird argumen-

---

mittelchemiker; OLG Köln MMR 2020, 618 Rn. 101; LG Köln MMR 2020, 56 Rn. 13; *Götting/Hetmank*, in: Fezer/Büscher/Obergfell, UWG, § 3a Rn. 99; *v. Jagow*, in: Harte-Bavendamm/Henning-Bodewig, UWG, § 3a Rn. 107; *Köhler*, in: Köhler/Bornkamm/Feddersen, UWG, § 3a Rn. 1.118; *Schaffert*, in: MüKo UWG, § 3a Rn. 126.

[702] BGH WRP 2011, 742 Rn. 20 – Rechtsberatung durch Lebensmittelchemiker; *Götting/Hetmank*, in: Fezer/Büscher/Obergfell, UWG, § 3a Rn. 99; *Köhler*, in: Köhler/Bornkamm/Feddersen, UWG, § 3a Rn. 1.118.

[703] BGH GRUR 2005, 778 (779) – Atemtest; OLG Stuttgart WRP 2005, 919 (920); *Ohly*, in: Ohly/Sosnitza, UWG, § 3a Rn. 26 ff.; *Köhler*, in: Köhler/Bornkamm/Feddersen, UWG, § 3a Rn. 1.87; *Götting/Hetmank*, in: Fezer/Büscher/Obergfell, UWG, § 3a Rn. 166; *Schaffert*, in: MüKo UWG, § 3a Rn. 101, 102, 105.

[704] Eine subjektive Komponente verlangt in diesem Rahmen sodann § 20 RDG (Bußgeldvorschrift), der entweder Vorsatz oder fahrlässiges Handeln voraussetzt, *Overkamp/Overkamp*, in: Henssler/Prütting, RDG, § 20 Rn. 5 f., 28.

[705] LG Berlin MMR 2019, 180 Rn. 18; *Seichter*, in: Deckenbrock/Henssler, RDG, § 3 Rn. 60; *Wolf*, in: Gaier/Wolf/Göcken, RDG, § 3 Rn. 33.

[706] OLG Hamburg GRUR-RR 2017, 65 Rn. 94; OLG Hamm MMR 2012, 29 (30); *Köhler*, in: Köhler/Bornkamm/Feddersen, UWG, § 3a Rn. 1.99, 1.118; *Schaffert*, in: MüKo UWG, § 3a Rn. 126; *Niebel/Kerl*, in: BeckOK UWG, § 3a Rn. 37.

[707] BGH GRUR 2008, 186 Rn. 26 – Telefonaktion; *Schaffert*, in: MüKo UWG, § 3a Rn. 108; *Köhler*, in: Köhler/Bornkamm/Feddersen, UWG, § 3a Rn. 1.97, 1.104; *Niebel/Kerl*, in: BeckOK UWG, § 3a Rn. 37.

[708] LG Berlin MMR 2019, 180 Rn. 19.

[709] LG Berlin MMR 2019, 180 Rn. 19; LG Berlin MMR 2018, 844 Rn. 28; *Kilian*, NJW 2017, 3043 (3049); so auch BT-Drs. 19/27673, S. 13 f., die auf eine Befragung

B. Regulierungsrahmen für nichtanwaltliche Anbieter

tiert, dass der Verstoß gegen § 3 RDG geeignet sei, eine spürbare Beeinträchtigung der Interessen von Verbrauchern, sonstigen Marktteilnehmern und Mitbewerbern auszulösen.[710] Durch die Anforderungen an die persönliche und sachliche Eignung stelle das RDG Voraussetzungen auf, die gewichtige Interessen des rechtsuchenden Bürgers schützen würden.[711]

Das RDG bezweckt nach § 1 I 2 RDG explizit, den Rechtsuchenden vor unqualifizierten Rechtsdienstleistungen zu schützen.[712]

Auch die Interessen der sonstigen Marktteilnehmer und Mitbewerber, die sich entweder an das Verbot des § 3 RDG halten und so gar keine Rechtsdienstleistungen anbieten oder nur im durch das RDG erlaubten Maß (wie etwa unter der Inkassodienstleistungsbefugnis nach erfolgtem Nachweis der persönlichen und sachlichen Voraussetzungen), sind durch einen Dienstleister, der gegen § 3 RDG verstößt, spürbar beeinträchtigt.[713] Aufgrund dieses hohen Rangs der zur Verletzung geeigneten Interessen und der Gefahr einer Nachahmung durch Konkurrenten ist von einer Verletzung auszugehen, die geeignet ist, die Interessen der Betroffenen spürbar zu beeinträchtigen.[714]

Mithin ist zuzustimmen, dass bei einem Verstoß gegen § 3 RDG auch davon auszugehen ist, dass gegen §§ 3 I, 3a UWG verstoßen wird.

---

des Instituts für Demoskopie Allensbach verweist, welche insbesondere feststellte, dass Rechtsuchende im Durchschnitt erst bei einem Streitwert von 1840 EUR den gerichtlichen Rechtsweg bestreiten sowie 25% der Befragten zwar in den letzten 5 Jahren ein Bedürfnis an rechtlichem Beistand gehabt hätten, sich jedoch bewusst gegen dieses Bedürfnis entschieden haben.

[710] *Seichter*, in: Deckenbrock/Henssler, RDG, § 3 Rn. 62; so im Ergebnis ohne Begründung auch LG Köln MMR 2020, 56 Rn. 13; *Overkamp/Overkamp*, in: Henssler/Prütting, RDG, § 3 Rn. 21.

[711] *Seichter*, in: Deckenbrock/Henssler, RDG, § 3 Rn. 62; so im Ergebnis ohne Begründung auch LG Köln MMR 2020, 56 Rn. 13; *Overkamp/Overkamp*, in: Henssler/Prütting, RDG, § 3 Rn. 21.

[712] Vgl. *Götting/Hetmank*, in: Fezer/Büscher/Obergfell, UWG, § 3a Rn. 99; s. o. unter 2. Teil A. I. 1.

[713] Vgl. *Seichter*, in: Deckenbrock/Henssler, RDG, § 3 Rn. 62.

[714] BGH GRUR 2003, 886 (889) – Erbenermittler; BGH GRUR 2004, 253 (254) – Rechtsberatung durch Automobilclub; OLG Brandenburg GRUR-RR 2019, 159 Rn. 28; OLG Hamburg GRUR-RR 2017, 65 Rn. 98; *Köhler*, in: Köhler/Bornkamm/Feddersen, UWG, § 3a Rn. 1.118.

2. Irreführende geschäftliche Handlungen, §§ 5, 5a UWG

Weiterhin relevant für Anbieter von KI-Dienstleistungen (auch unabhängig davon, ob eine Rechtsdienstleistung vorliegt)[715] ist die Beachtung von §§ 5, 5a UWG.[716] Nach § 5 I UWG handelt unlauter, „wer eine irreführende geschäftliche Handlung vornimmt, die geeignet ist, den Verbraucher oder sonstigen Marktteilnehmer zu einer geschäftlichen Entscheidung zu veranlassen, die er andernfalls nicht getroffen hätte".

Hierbei ist eine geschäftliche Handlung irreführend, wenn sie unwahre oder sonstige zur Täuschung geeignete Angaben über bestimmte Umstände enthält, die in den Nr. 1–7 beispielhaft aufgezählt werden.[717] Diese unlauteren Handlungen sind im Ergebnis wiederum nach § 3 I UWG unzulässig.[718]

a) Irreführung durch vergleichende Aussagen über die eigene Dienstleistung

Zunächst anzusprechen sind Aussagen der Dienstleister, bei denen die eigene Leistung mit anderen Leistungen verglichen wird.[719] Prominentes Beispiel ist etwa die Aussage, dass Leistung in „Anwaltsqualität" oder sogar besser als die eines Anwalts erbracht wird.[720] Problematisch ist hier regelmäßig ein möglicher Verstoß gegen § 5 I, II Nr. 1 UWG.[721]

Hierfür müsste zunächst eine Angabe vorliegen, § 5 II UWG. Bei Angaben handelt es sich um Tatsachenbehauptungen, welche sich durch ihre inhaltliche Nachprüfbarkeit auszeichnen sowie Meinungsäußerungen, soweit sie einen objektiv nachprüfbaren Tatsachenkern beinhalten.[722] Bei der Qualität der

---

[715] Liegt eine nach § 3 RDG erlaubnispflichtige Rechtsdienstleistung vor, verfügt der Dienstleister jedoch nicht über eine solche, liegt bereits eine irreführende geschäftliche Handlung nach § 5 II Nr. 3 UWG (n.F.) vor, wenn der Dienstleister mit einer Leistung wirbt, die er aufgrund von § 3 RDG gar nicht erst erbringen dürfte, LG Köln MMR 2020, 56 Rn. 31 f.; *Seichter*, in: Deckenbrock/Henssler, RDG, § 3 Rn. 63.

[716] Vgl. etwa LG Köln MMR 2020, 56 Rn. 31 ff.; *Beurskens*, LTZ 2022, 207 (207).

[717] *Jänich*, Lauterkeitsrecht, S. 156; *Sosnitza*, in: Ohly/Sosnitza, UWG, § 5 Rn. 239.

[718] *Peifer/Obergfell*, in: Fezer/Büscher/Obergfell, UWG, § 5 Rn. 466.

[719] LG Köln MMR 2020, 56 Rn. 28; *Beurskens*, LTZ 2022, 207 (208); *Fries*, in: Linardatos, Rechtshandbuch Robo Advice, § 16 Rn. 30 f.

[720] BGH zur Werbung mit dem „besten Netz", GRUR 2019, 631 Rn. 72 ff. – Das beste Netz; LG Köln MMR 2020, 56 Rn. 28; *Beurskens*, LTZ 2022, 207 (208); *Fries*, in: Linardatos, Rechtshandbuch Robo Advice, § 16 Rn. 30 f.

[721] *Fries*, in: Linardatos, Rechtshandbuch Robo Advice, § 16 Rn. 30 f.

[722] BGH GRUR 2019, 754 Rn. 25 – Prämiensparverträge; BGH GRUR 1992, 66 (67) – Königl. – Bayerische Weisse; BGH NJW 1996, 1131 (1133) – Polizeichef; OLG Köln GRUR 1983, 135 (136); *Peifer/Obergfell*, in: Fezer/Büscher/Obergfell, UWG,

Rechtsberatung handelt es sich gerade nicht (nur) um „subjektive Geschmacksfragen"[723], vielmehr ist die Qualität einer solchen Rechtsberatung durchaus messbar,[724] wie etwa anhand von Vertretbarkeit (juristische Richtigkeit), Vollständigkeit (sowohl auf juristischer als auch auf tatsächlicher Sachverhaltsebene), Verständlichkeit, Struktur usw., weshalb von einer Tatsachenbehauptung auszugehen ist.[725] Diese Angabe müsste zur Täuschung (einer der in Nr. 1–7 genannten Umstände) geeignet sein. Maßgeblich hierfür ist die Verkehrsauffassung.[726] Werbungen, die derartige Ausführungen wie „besser als die von Anwälten" und „Dienstleistungen in Anwaltsqualität" enthalten, richten sich typischerweise an private Verbraucher.[727] § 5 II Nr. 1 UWG bezieht sich dabei auf die wesentlichen Merkmale der Dienstleistung selbst.[728] Hier ist die Qualität der Dienstleistung relevant, welche als Merkmal der Dienstleistung einzuordnen ist.[729] Ein derartiger (aufmerksamer und verständiger) Verbraucher[730] wird jedoch nicht erkennen können, worauf sich der erwähnte Qualitätsunterschied bezieht, vielmehr wird er davon ausgehen, dass die Dienstleistung in allen relevanten Punkten qualitativ der eines Anwalts entspricht oder dieser sogar qualitativ überlegen ist.[731] Zwar kann es durchaus sein, dass der Dienstleister aufgrund seiner möglicherweise bestehenden Erfahrung in diesem speziellen Rechtsgebiet (wie etwa dem Mietrecht oder

---

§ 5 Rn. 182; *Ruess*, in: MüKo UWG, § 5 Rn. 153 f., 155; *Sosnitza*, in: Ohly/Sosnitza, UWG, § 5 Rn. 94, 96.

[723] BGH GRUR 1997, 227 (228) – Aussehen mit Brille; *Beurskens*, LTZ 2022, 207 (208).

[724] *Beurskens*, LTZ 2022, 207 (208).

[725] *Beurskens*, LTZ 2022, 207 (208); für *Rechtsbehauptungen* so auch *Sosnitza*, in: Ohly/Sosnitza, UWG, § 5 Rn. 92.

[726] BGH GRUR 2016, 521 Rn. 10 – Durchgestrichener Preis II; BGH GRUR 1973, 534 (535) – Mehrwert II; BGH GRUR 1955, 37 (40) – Cupresa; *Günther/Grupe*, MMR 2020, 145 (145); *Sosnitza*, in: Ohly/Sosnitza, UWG, § 5 Rn. 122; *Peifer/Obergfell*, in: Fezer/Büscher/Obergfell, UWG, § 5 Rn. 207; *Ruess*, in: MüKo UWG, § 5 Rn. 161.

[727] *Steinrötter/Warmuth*, in: Hoeren/Sieber/Holznagel, Handbuch Multimedia-Recht, Teil 30 Rn. 10; *Hähnchen/Schrader/Weiler/Wischmeyer*, JuS 2020, 625 (631); *Rillig*, in: Deckenbrock/Henssler, § 10 Rn. 45d.

[728] *Helm/Sonntag/Burger*, in: Gloy/Loschelder/Danckwerts, Handbuch des Wettbewerbsrechts, § 59 Rn. 474; *Bornkamm/Feddersen*, in: Köhler/Bornkamm/Feddersen, UWG, § 5 Rn. 2.1.

[729] *Weidert*, in: Harte-Bavendamm/Henning-Bodewig, UWG, § 5 Rn. 465; *Helm/Sonntag/Burger*, in: Gloy/Loschelder/Danckwerts, Handbuch des Wettbewerbsrechts, § 59 Rn. 474; *Bornkamm/Feddersen*, in: Köhler/Bornkamm/Feddersen, UWG, § 5 Rn. 2.58, 2.7, 2.8; vgl. auch BGH GRUR 2017, 418 Rn. 19 – Optiker Qualität.

[730] *Günther/Gruppe*, MMR 2020, 145 (145); BVerfG NJW 2004, 2656 (2658).

[731] *Beurskens*, LTZ 2022, 207 (208); vgl. auch BGH GRUR 2017, 418 Rn. 19 – Optiker Qualität; vgl. auch *Bornkamm/Feddersen*, in: Köhler/Bornkamm/Feddersen, UWG, § 5 Rn. 2.8.

Fluggastrecht usw.) oder einer bestimmten Verfahrenssituation (etwa die Anspruchshäufung) eine bessere Rechtsberatung liefern kann als ein Anwalt, der in einem derartigen Rechtsgebiet oder einer derartigen Verfahrenssituation noch nie beraten hat.[732] Eine derart allgemeine Aussage wird jedoch zumeist nicht zutreffen.[733] So ist nicht ersichtlich, warum derartige (oft auf regelbasierten Systemen beruhende) Anwendungen bessere oder gleich gute Dienstleistungen erbringen können, obwohl sie nicht in der Lage sind, alle konkreten Umstände des Einzelfalls zu berücksichtigen.[734] Dies ist (eigentlich) auch gerade nicht das Ziel derartiger Anbieter; vielmehr sollen einfache und schnelle Lösungen gefunden werden, zumeist für Kunden, die den Weg zum Anwalt nicht gegangen wären.[735] Daher erscheint es unbillig, einen derartigen Vergleich zu ziehen, weshalb von einer Irreführung über die Qualität der Dienstleistung auszugehen ist.[736] Da die Qualität der Rechtsberatung ein entscheidender Parameter für die Entscheidung ist, ob eine derartige Rechtsdienstleistung in Anspruch genommen wird und sich der Dienstleister hier mit einer qualitativ hochwertigen Einzelfalllösung vergleichbar (oder besser) als die eines Anwalts schmückt, ist von einer Relevanz für die Entscheidung des Verbrauchers auszugehen, die geeignet ist, die geschäftliche Entscheidung des Verbrauchers zu beeinflussen.

Weiterhin problematisch können Aussagen von Dienstleistern sein, die Ausführungen enthalten, dass die eigene Leistung schneller und günstiger als etwa die von (beliebigen) Anwälten sei, soweit nicht etwa der Nachweis geführt werden kann, dass dies im Vergleich zu allen Anwälten zutrifft.[737] Hierin könnte wiederum eine Irreführung im Sinne des § 5 II Nr. 1 UWG gesehen werden.[738] Nach § 5 II Nr. 1 UWG darf zum einen nicht über die Vorteile der Dienstleistung getäuscht und zum anderen dürfen keine falschen Aussagen getätigt werden. Dass eine Dienstleistung als schneller und günstiger angeboten wird, stellt einen Vorteil eben dieser Dienstleistung dar. Diese allgemeine Aussage trifft jedoch nicht, wie etwa von der Aussage zu vermuten

---

[732] *Fries*, ZRP 2018, 161 (165), für Dokumentengeneratoren.

[733] *Beurskens*, LTZ 2022, 207 (208).

[734] Vgl. hierzu oben unter 2. Teil A. II. 1. a) cc) (4) (b).

[735] Hinzuweisen ist auch auf den oben ausgeführten Vergleich zischen der Rechtsberatung des Anwalts als Maßanzug und der Rechtsberatung der Inkassodienstleister als Anzug von der Stange (s. o. unter 2. Teil A. I. 2. b) cc)).

[736] Vgl. *Beurskens*, LTZ 2022, 207 (208).

[737] *Beurskens*, LTZ 2022, 207 (208); vgl. etwa die Werbung von Smartlaw in LG Köln BeckRS 2019, 23784 Rn. 3, 32; OLG Köln NJW 2020, 2734 Rn. 42; LG Bielefeld MMR 2018, 549 Rn. 83 ff.; *Timmermann/Hundertmark*, RDi 2021, 269 (273).

[738] *Beurskens*, LTZ 2022, 207 (208), der zusätzlich auf eine mögliche Verletzung nach § 5 II Nr. 3 UWG abstellt.

ist, für jeden Fall zu.⁷³⁹ So ist beispielsweise für Rechtsuchende mit einer (für den Fall eintretenden) Rechtsschutzversicherung und Personen, die einen Anspruch auf Prozesskostenhilfe haben, der Punkt „günstiger als ein Anwalt" falsch.⁷⁴⁰ Auch im Hinblick auf „schneller als ein Anwalt" ergeben sich Probleme, wenn die Bearbeitung nicht ausschließlich über ein juristisches Expertensystem oder sonstiges System automatisiert erfolgt, sondern etwa ein vermittelter Partneranwalt die darauf folgende Bearbeitung übernimmt, da dieser gegebenenfalls den Mandanten in gleichem Umfang mit in die Bearbeitung einbezieht wie im Fall der herkömmlichen Mandantenakquise.⁷⁴¹ Dies hat zur Folge, dass eine derartige, generelle Aussage falsch ist.⁷⁴²

b) Irreführende Aussagen über die Modalitäten
der Erbringung der Dienstleistung

Auch Aussagen über die Modalitäten der Erbringung, mithin die Art und Weise der Leistungserbringung⁷⁴³ der KI-betriebenen Dienstleistung, können zu einem unlauteren Verhalten nach § 5 UWG führen, das wiederum nach § 3 I UWG verboten ist.⁷⁴⁴ Auch hier ist § 5 II Nr. 1 UWG zu beachten, der Irreführungen über die Art der Dienstleistung, hier zumeist der Rechtsdienstleistung, verbietet.⁷⁴⁵ So liegt eine unzulässige Irreführung vor, wenn dem durchschnittlich informierten und verständigen Verbraucher der Eindruck vermittelt wird, dass der Dienstleister selbst unter Zuhilfenahme von KI-Tools die rechtliche Dienstleistung erbringt, wohingegen die individuelle Prüfung und damit der Großteil der Arbeit durch Partneranwälte vollzogen wird.⁷⁴⁶ Hierdurch wird den durch den erleichterten Zugang zum Recht gewonnenen Kunden eine gewisse Richtigkeit der Rechenprogramme⁷⁴⁷, etwa zur Über-

---

⁷³⁹ LG Bielefeld MMR 2018, 549 Rn. 85.
⁷⁴⁰ LG Bielefeld MMR 2018, 549 Rn. 85.
⁷⁴¹ LG Bielefeld MMR 2018, 549 Rn. 86.
⁷⁴² LG Bielefeld MMR 2018, 549 Rn. 86.
⁷⁴³ *Pfeifer/Obergfell*, in: Fezer/Büscher/Obergfell, UWG, § 5 Rn. 301; *Beurskens*, LTZ 2022, 207 (208).
⁷⁴⁴ LG Bielefeld MMR 2018, 549 Rn. 72; *Beurskens*, LTZ 2022, 207 (209); *Remmertz*, in: Hamm, Beck'sches Rechtsanwalts-Handbuch, § 64 Rn. 35; *Günther/Grupe*, MMR 2020, 145 (147); *Remmertz*, in: Remmertz, Legal Tech-Strategien für Rechtsanwälte, 1. Auflage 2020, § 3 Rn. 11.
⁷⁴⁵ OLG Hamburg GRUR-RR 2017, 65 Rn. 45; LG Bielefeld MMR 2018, 549 Rn. 72.
⁷⁴⁶ LG Bielefeld MMR 2018, 549 Rn. 72.
⁷⁴⁷ Vgl. hier etwa die oben erwähnten Online-Rechner unter 1. Teil C. IV. 1. b) bb) (2), (3), (4) sowie die regulatorische Einordnung unter den Begriff der Rechtsdienstleistung 2. Teil A. II. 5. a).

prüfung der Höhe eines möglichen Anspruchs, suggeriert, obwohl vielmehr ein Partneranwalt individuell den konkreten Sachverhalt überprüft.[748]

Ebenso liegt eine verbotene Irreführung im umgekehrten Fall vor, wenn dem durchschnittlich informierten und verständigen Verbraucher der Eindruck vermittelt wird, dass seine Rechtsberatung durch oder zumindest unter Anleitung eines Rechtsanwalts erfolgt, die rechtliche Dienstleistung jedoch ausschließlich automatisiert durchgeführt wird.[749] Hierdurch entsteht die Erwartung, dass die rechtliche Beratung auf sämtliche Umstände des Einzelfalls eingehen kann und so für den konkreten Sachverhalt des Rechtsuchenden nutzbar ist, was jedoch durch eine automatisierte Prüfung gerade nicht zwingend möglich ist.[750] Auch entsteht sodann der Eindruck, dass der Sachverhalt vollständig erfasst wurde, da ein Anwalt bei unvollständigen Sachverhaltsinformationen soweit erforderlich Rücksprache mit dem Mandanten gehalten hätte.[751]

Auch die Verwendung von „Buzz-Words" kann zu rechtlichen Problemen im Bereich des § 5 UWG führen.[752] So ist nach § 5 II Nr. 1 UWG eine Irreführung auch über das Verfahren der Erbringung der Dienstleistung verboten. Dies umfasst Informationen über die einzelnen Schritte, wie die Dienstleistung erbracht wird.[753] Werden nun Begriffe wie etwa AI, KI, datengetriebene Modelle oder etwa Big Data verwendet, ist stets der Eindruck beim angesprochenen Verkehrskreis zu beachten.[754] Beispielsweise werden vom durchschnittlich informierten und verständigen Verbraucher unter den eben erwähnten Begriffen vielmehr Systeme verstanden, die über selbstlernende (komplexe) Algorithmen verfügen, die über das einfache Zusammenfügen von Bausteinen unter Anwendung von bestimmten zuvor definierten Regeln (Expertensystemen) hinausgehen.[755] Dies gilt auch, wenn diese gerade von einigen Vertretern ebenfalls als KI/AI angesehen werden oder aufgrund von (großen) Datenmengen, die in Datenbanken gespeichert werden, betrieben werden.[756] Werden jedoch gerade derartige Expertensysteme eingesetzt, liegt eine unzulässige Irreführung vor.[757]

---

[748] LG Bielefeld MMR 2018, 549 Rn. 72.

[749] *Beurskens*, LTZ 2022, 207 (210).

[750] S. o. für regelbasierte Systeme unter 2. Teil A. II. 1. a) cc) (4) (b), für nicht-regelbasierte Systeme 2. Teil A. II. 2. b); vgl. auch *Timmermann/Hundertmark*, RDi 2021, 269 (274), jedoch mit anderem Ergebnis.

[751] S.u. zur anwaltlichen Pflicht zur Sachverhaltsaufklärung unter Einsatz von automatisierten Systemen unter 2. Teil C. I. 1. b) aa).

[752] *Beurskens*, LTZ 2022, 207 (210).

[753] *Beurskens*, LTZ 2022, 207 (210).

[754] Vgl. zu den Begriffen KI und AI *Beurskens*, LTZ 2022, 207 (210).

[755] Vgl. ebenfalls zu den Begriffen KI und AI *Beurskens*, LTZ 2022, 207 (210).

[756] Vgl. ebenfalls zu den Begriffen KI und AI *Beurskens*, LTZ 2022, 207 (210).

Eine solche Irreführung besteht daher insbesondere auch in Fällen von Dienstleistungen, die sowohl Verfahren einsetzen, die vom relevanten Verbraucherkreis als KI/AI/datengetriebenes Modell angesehen werden (beispielsweise Verfahren des überwachten maschinellen Lernens) als auch Verfahren, die von diesen nicht als KI/AI/datengetriebene Modelle eingeordnet werden (Expertensysteme), wenn sich aus den Angaben des Dienstleisters nicht ergibt, welche Schritte von welchem Verfahren übernommen werden, sondern nur generell mit KI/AI usw. geworben wird. Hieraus kann der Verbraucher nicht entnehmen, welche Schritte und wieviel der Dienstleistung insgesamt von Verfahren übernommen werden, die er als KI/AI usw. einordnet.

c) Unlautere Handlung durch Vorenthaltung wesentlicher Informationen der Dienstleistung

Weiterhin handelt unlauter, „wer einen Verbraucher oder sonstigen Marktteilnehmer irreführt, indem er ihm eine wesentliche Information vorenthält, die der Verbraucher oder der sonstige Marktteilnehmer nach den jeweiligen Umständen benötigt, um eine informierte geschäftliche Entscheidung zu treffen, und deren Vorenthalten dazu geeignet ist, den Verbraucher oder den sonstigen Marktteilnehmer zu einer geschäftlichen Entscheidung zu veranlassen, die er andernfalls nicht getroffen hätte", § 5a I UWG.

So muss bei einer Kommunikation mit einem (juristischen) Chatbot insbesondere angegeben werden, dass keine Interaktion mit einem Menschen, sondern vielmehr eine solche mit einer technischen Einrichtung stattfindet.[758] Dies ergibt sich bereits daraus, dass der Umstand, dass die Rechtsdienstleistung nicht von einem Menschen (Juristen) mitsamt all seinen juristischen Fähigkeiten bearbeitet wird, sondern vielmehr durch eine Software, eine wesentliche Information für den Rechtsuchenden darstellen wird, sodass § 5a II Nr. 1 UWG erfüllt ist.[759]

---

[757] Im Ergebnis so auch *Beurskens*, LTZ 2022, 207 (210), der jedoch auf einen Verstoß von § 5 II Nr. 2 UWG abstellt.
[758] *Beurskens*, LTZ 2022, 207 (211); Informationspflicht nur für § 5a VI UWG bejahend *Köbrich/Froitzheim*, WRP 2017, 1188 (1190); *Lorenz*, K&R 2019, 1 (5); *Leeb/Schmidt-Kessel*, in: Kaulartz/Braegelmann, Rechtshandbuch Artificial Inteligence und Machine Learning, Kap. 10 Rn. 52.
[759] *Beurskens*, LTZ 2022, 207 (211).

III. Exkurs: Regulierung durch das BGB

Auch das BGB kann (zumindest mittelbar) zur Regulierung von KI-Dienstleistungen für eine Gewährleistung einer ordnungsgemäßen Rechtsberatung herangezogen werden. Dies wird insbesondere (auch) durch die §§ 327 ff. BGB sichergestellt.[760]

1. Anwendungsbereich der §§ 327 ff. BGB

Anwendung finden die §§ 327 ff. BGB auf Verbraucherverträge, die die „Bereitstellung digitaler Inhalte oder digitaler Dienstleistungen durch den Unternehmer gegen Zahlung eines Preises zum Gegenstand haben", § 327 I 1 BGB. Verbraucherverträge werden definiert als Verträge zwischen einem Unternehmer im Sinne des § 14 BGB und einem Verbraucher im Sinne des § 13 BGB, § 310 III BGB.[761] In Frage kommen daher insbesondere nur Anwendungen der juristischen Expertensysteme (inklusive Online-Rechnern), Dokumenten- und Vertragsgeneratoren, Legal Robots und Chatbots, die sich direkt an Verbraucher richten.[762] Weiterhin müsste Inhalt des Vertrags entweder die entgeltliche Bereitstellung digitaler Inhalte oder digitaler Dienstleistungen sein. Von einer Entgeltlichkeit der Dienstleistungen ist grundsätzlich auszugehen.[763] Ausnahmsweise werden einzelne Dienstleistungen, etwa der Chatbot ChatGPT, auf den ersten Blick kostenlos angeboten.[764] Derartige Dienstleistungen fallen jedoch auch nach § 327 III BGB in den Anwendungsbereich, wenn der Verbraucher dem Dienstleister als Surrogat personenbezogene Daten im Sinne des Art. 4 Nr. 1 DS-GVO zur Verfügung stellt und der Dienstleister diese Daten nicht ausschließlich zur Erfüllung seiner vertraglichen Pflichten

---

[760] Zur Anwendbarkeit vgl. *Spindler*, MMR 2021, 451 (451); *Ebers*, LTZ 2022, 4 (8); *Pech*, GRUR-Prax 2021, 509 (509); *Schneider*, ITRB 2021, 182 (186); BT-Drs. 19/27653, S. 42; *Metzger*, in: MüKo BGB, § 327 Rn. 22; zwar sind die §§ 327 ff. BGB grundsätzlich als Haftungssystem ausgestaltet, durch die Aufbürdung von bestimmten Pflichten, wirken bestimmte Normen jedoch auch mittelbar zum Schutz des Rechtsuchenden, da grundsätzlich davon auszugehen ist, dass sich die Unternehmen an die gesetzlichen Anforderungen halten werden. Weiterhin ist darauf hinzuweisen, dass noch weitere Pflichten aus dem BGB relevant werden können, die jedoch für diese Arbeit nicht relevant erscheinen. Hierbei ist insbesondere auf die möglicherweise bestehenden Pflichten aus § 312j hinzuweisen, LG Berlin BeckRS 2022, 12182; *Fries*, RDi 2022, 533 (534 f.); zur allgemeinen Haftung von Legal Tech-Unternehmen gegenüber ihren Kunden, s. *Breuning*, in: Ebers, StichwortKommentar Legal Tech, Kap. 37 Rn. 1 ff.

[761] Vgl. hierzu nur BT-Drs. 19/27653, S. 38.

[762] S. o. unter 1. Teil C. I., 1. Teil C. IV. 1. b) aa), bb), 1. Teil C. IV. 2. a), b).

[763] S. o. unter 2. Teil B. I. 3.

[764] S. o. unter 2. Teil B. I. 3.

B. Regulierungsrahmen für nichtanwaltliche Anbieter

oder zur Einhaltung gesetzlicher Verpflichtungen benötigt.[765] Da die Interaktionen (Fragen und Antworten) mit dem Chatbot gespeichert und analysiert werden und das Portal nur über eine vorherige Anmeldung unter anderem mit einem Klarnamen erfolgt,[766] werden personenbezogene Daten gespeichert.[767] Diese Daten werden im Anschluss zu Analysezwecken zur Verbesserung und Qualitätskontrolle ausgewertet, weshalb sie nicht ausschließlich zur Erfüllung vertraglicher Pflichten erhoben werden. Mithin führt die (vermeintlich) fehlende Entgeltlichkeit nicht zu einem Anwendungsausschluss für derartige Systeme.

Digitale Dienstleistungen sind weiterhin insbesondere solche, „die dem Verbraucher die Erstellung, die Verarbeitung oder die Speicherung von Daten in digitaler Form oder den Zugang zu solchen Daten ermöglichen", § 327 II 2 Nr. 1 BGB. Daten sind hierbei als maschinenlesbare codierte Informationen zu definieren.[768] Da sich das Angebot zwingend an Verbraucher richten muss, beschränkt sich der Anwendungsbereich, wie bereits erwähnt, auf juristische Expertensysteme,[769] Vertrags- und Dokumentengeneratoren, Legal Robots und Chatbots. Allen Anwendungen gemein ist, dass das Ergebnis des Systems stets ein generierter Text ist, entweder in Form eines Dokuments oder einer Antwort auf eine gestellte Frage, der über ein technisches Gerät (Computer, Smartphone usw.) angezeigt werden kann. Mithin handelt es sich hierbei grundsätzlich um die Erstellung von Daten in digitaler Form.[770] Eine digitale Dienstleistung im Sinne des § 327 II 2 BGB liegt jedoch nicht im-

---

[765] *Pech*, GRUR-Prax 2021, 509 (509f.); *Prütting/Wegen/Weinreich*, in: Prütting/Wegen/Weinreich, BGB, § 327 Rn. 8.

[766] S.o. unter 2. Teil B. I. 3.

[767] *Metzger*, in: MüKo BGB, § 327 Rn. 15; *Brink/Eckhardt*, ZD 2015, 205 (211); *Aßmus*, in: Jandt/Steidle, Datenschutz im Internet, 1. Auflage 2018, B. III. Rn. 211; *Kühling/Schildbach*, NJW 2020, 1545 (1548).

[768] *Bernzen/Specht-Riemenschneider*, in: Erman BGB, § 327 Rn. 16; *Gansmeier/Kochendörfer*, ZfPW 2022, 1 (5); *Metzger*, in: MüKo BGB, § 327 Rn. 7.

[769] In den meisten Fällen richten sich diese an Verbraucher, können jedoch auch im Einzelfall etwa zu Compliance-Zwecken oder sonstigen Zwecken im B2B Kontext eingesetzt werden (s.o. unter 1. Teil C. IV. 1. b) aa)). Werden juristische Expertensystemen unternehmensintern zu Schulungszwecken eingesetzt, fehlt es schon an der Entgeltlichkeit. Ebenfalls an einer Entgeltlichkeit scheitert es bei der bloßen Inanspruchnahme von Online-Rechnern ohne darauffolgende Beauftragung des Inkassodienstleisters. Hierbei ist jedoch fraglich, ob in dieser Konstellation überhaupt schon ein Vertrag geschlossen wurde, was jedoch aufgrund der gewichtigen Interessen des Verbrauchers und der diesbezüglichen Erkennbarkeit durch den Unternehmer durchaus angenommen werden kann.

[770] Vgl. im Ergebnis, jedoch ohne auf die einzelnen Varianten des § 327 II 2 Nr. 1 BGB einzugehen *Spindler*, MMR 2021, 451 (451); *Ebers*, LTZ 2022, 4 (8); *Pech*, GRUR-Prax 2021, 509 (509); *Schneider*, ITRB 2021, 182 (186); BT-Drs. 19/27653, S. 42.

mer schon dann vor, wenn der Dienstleister zur Verwirklichung seiner vertraglichen Pflichten digitale Hilfsmittel einsetzt.[771] Vielmehr darf nicht etwa Hauptgegenstand des Vertrags die persönliche Erbringung der (freiberuflichen, etwa juristischen) Dienstleistung des Unternehmers sein, § 327 VI Nr. 1 BGB.[772] Ebers[773] nutzt hierbei überzeugend für die Abgrenzung zur digitalen Dienstleistung den Begriff der *menschlichen Leistung* des Unternehmers in Abgrenzung zur Automatisierung.[774] Bei Vertrags- und Dokumentengeneratoren sowie bei juristischen Expertensystemen und Chatbots, die sich direkt mit einem finalen Ergebnis an den Endverbraucher richten, liegt eine Automatisierung und keine persönliche (menschliche) Erbringung vor.[775] Zwar gilt der Ausschluss „unabhängig davon, ob der Unternehmer digitale Formen oder Mittel einsetzt, um das Ergebnis der Dienstleistung zu generieren", was dafür sprechen könnte, derartige juristische Dienstleistungen auszuschließen. Jedoch ist zu beachten, dass bei den eben erwähnten Dienstleistungen die rechtliche Tätigkeit von der Software erbracht und diese Tätigkeit dem Dienstleister nur zugerechnet wird.[776] Der Wortlaut setzt jedoch vielmehr voraus, dass der Unternehmer derartige Systeme (unterstützend) einsetzt, weshalb an der Abgrenzung mittels einer menschlichen Leistungserbringung festzuhalten ist.

Problematisch sind hingegen Fälle, in denen kein finales Ergebnis, sondern nur ein Zwischenschritt automatisiert bearbeitet wird.[777] Dies ist insbesondere bei Inkassomodellen durch das Abfragen des Sachverhalts und die (vorläufige) Abgabe einer Rechtsauffassung über das Bestehen und gegebenenfalls die Höhe eines möglichen Anspruchs durch den Online-Rechner der Fall.[778] Hierbei werden entweder Angestellte des Unternehmens oder, sollte eine ge-

---

[771] *Wendehorst*, NJW 2021, 2913 (2914); *Ebers*, LTZ 2022, 4 (8).

[772] RL (EU) 2019/779, Erwägungsgrund 27; *Ebers*, LTZ 2022, 4 (8); *Fries*, in: BeckOGK BGB, § 327 Rn. 31; *Metzger*, in: MüKo BGB, § 327 Rn. 22; *Kaesling*, in: jurisPK-BGB, § 327 Rn. 31.

[773] *Ebers*, LTZ 2022, 4 (9).

[774] Der Begriff der *menschlichen Leistung* ist den sonstigen Ausführungen immanent, wird soweit ersichtlich jedoch nicht benutzt, RL (EU) 2019/779, Erwägungsgrund 27; *Fries*, in: BeckOGK BGB, § 327 Rn. 31; *Wendland/Soritz*, in: BeckOK BGB, § 327 Rn. 48; *Kaesling*, in: jurisPK-BGB, § 327 Rn. 31; *Metzger*, in: MüKo BGB, § 327 Rn. 22; *Pech*, GRUR-Prax 2021, 509 (509), verwendet den Begriff der *analogen Dienstleistung* und nennt die E-Mail des Anwalts als Beispiel.

[775] *Metzger*, in: MüKo BGB, § 327 Rn. 22, der seinerseits auf BT-Drs. 19/27653, S. 42 verweist; *Ebers*, in: Ebers, StichwortKommentar Legal-Tech, Regulierung (EU), Verbraucherrecht, Rn. 46.

[776] S. o. unter 2. Teil A. II. 1. a) aa) (6); 2. Teil A. II. 2. a) aa), bb), cc).

[777] *Ebers*, LTZ 2022, 4 (9); *Fries*, in: BeckOGK BGB, § 327 Rn. 32; BT-Drs. 19/27653, S. 42.

[778] S. o. unter 1. Teil C. IV. 1. b) bb) (2).

richtliche Durchsetzung notwendig werden, ein Vertragsanwalt mit der auf dem Ergebnis des Online-Rechners aufbauenden manuellen rechtlichen Prüfung und Durchsetzung der Forderung beauftragt, sodass nur der erste Zwischenschritt automatisiert erfolgt.[779] Liegt kein Fall einer vollständig automatisierten Rechtsdurchsetzung vor, was spätestens bei der gerichtlichen Durchsetzung seine Grenzen finden wird, so ist in der Gesamtdienstleistung keine digitale Dienstleistung im Sinne des § 327 II 2 BGB zu sehen.[780] Das Gleiche gilt ebenfalls für die Legal Robots, die den Sachverhalt vom Rechtsuchenden erfassen und diesen sowie eine rechtliche Ersteinschätzung an den im Anschluss beauftragten Anwalt weiterleiten.[781] Liegen derartige „Mischformen" von gleichzeitiger automatisierter und persönlicher (menschlicher) Erbringung der Dienstleistung vor, ist der Paketvertrag nach § 327a I 1 BGB einschlägig, sodass sich der Anwendungsbereich der §§ 327 ff. BGB ausschließlich auf den digitalen und damit automatisierten Teil der Dienstleistung erstreckt, § 327a I 2 BGB.[782]

2. Aktualisierungspflicht des § 327f BGB

In diesem Rahmen lediglich anzusprechen ist die Aktualisierungspflicht des § 327f BGB. Die Besonderheit der Norm liegt darin, dass der Unternehmer sicherzustellen hat, „dass dem Verbraucher während des maßgeblichen Zeitraums Aktualisierungen, die für den Erhalt der Vertragsmäßigkeit des digitalen Produkts erforderlich sind, bereitgestellt werden und der Verbraucher über diese Aktualisierungen informiert wird", § 327f I 1 BGB. Relevant wird dies insbesondere dann, wenn die Aktualisierungspflicht auch die rechtlichen (inhaltlichen) Ausführungen und die dem zugrundeliegenden rechtlichen Einschätzungen umfasst, die sich beispielsweise bei einer Änderung der Gesetzeslage, der Verwaltungspraxis oder der höchstrichterlichen Rechtsprechung ergeben und die dazu führen, dass die bisherige rechtliche Dienstleistung etwa in Form eines Vertragsentwurfs oder einer Handlungsempfehlung nicht mehr oder nicht mehr in gleichem Maße wie zuvor nutzbar ist. Kurz zusammengefasst muss sich gefragt werden, ob der Unternehmer bei einer solchen Änderung verpflichtet ist, sicherzustellen, dass dem Verbraucher eine Aktua-

---

[779] S. o. unter 1. Teil C. IV. 1. b) bb) (2).
[780] *Ebers*, LTZ 2022, 4 (9) formuliert diese Aussage positiv, indem er darauf verweist, dass bei einer vollständig automatisierten Form der Online-Beratung und Rechtsdurchsetzung eine digitale Dienstleistung im Sinne des § 327 II 2 BGB vorliegt.
[781] S. o. unter 1. Teil C. IV. 2. a) bb).
[782] *Ebers*, LTZ 2022, 4 (9); *Prütting/Wegen/Weinreich*, in: Prütting/Wegen/Weinreich, BGB, § 327a Rn. 2; *Bernzen/Specht-Riemenschneider*, in: Erman BGB, § 327a Rn. 1; *Fries*, in: BeckOGK BGB, § 327a Rn. 5; *Wendland/Soritz*, in: BeckOK BGB, § 327a Rn. 4; *Metzger*, in: MüKo BGB, § 327a Rn. 1.

lisierung der rechtlichen Dienstleistung nachträglich zur Verfügung gestellt wird.

a) Erforderlichkeit zum Erhalt der Vertragsmäßigkeit

Bei § 327f I 1 BGB geht es maßgeblich darum, dass dem Verbraucher Aktualisierungen zur Verfügung zu stellen sind, „die für den Erhalt der Vertragsmäßigkeit des digitalen Produkts erforderlich sind". Auch inhaltliche Änderungen, wie beispielsweise die Überarbeitung (Löschung/Ergänzung) der einzelnen Regeln oder Textbausteine eines Vertragsgenerators oder eines juristischen Expertensystems (eines Legal Robots oder eines Chatbots), etwa aufgrund einer Änderung der Gesetzeslage oder höchstrichterlichen Rechtsprechung, fallen unter den weiten Begriff der Aktualisierung.[783] Hierbei wird es maßgeblich darauf ankommen, welche inhaltlichen Quellen der Programmierung beziehungsweise der Erstellung des Systems zugrunde gelegt wurden, um eine bestimmte juristische Aufgabe vertragsgemäß zu lösen. Derartige Quellen können etwa Urteile, formelle Gesetze, Rechtsverordnungen, Verwaltungsvorschriften, sonstige Rechtsetzungsakte, Stellungnahmen der Verwaltung sowie Literaturmeinungen oder ausschließlich selbst erstellte Ausführungen darstellen. Ebenfalls relevant ist die Gewichtung bestimmter Umstände, mithin, wie ausschlaggebend das Vorliegen oder Nichtvorliegen eines bestimmten Umstands für das Endergebnis ist.[784] Entscheidend für die Beurteilung ist daher jeweils das konkret überlassene digitale Produkt.[785] Zur Veranschaulichung dieser Unterscheidung soll ein dem Kunden überlassenes Expertensystem zur Abgrenzung eines Arbeitnehmers von einer selbstständigen Tätigkeit nach § 611a I BGB als hypothetisches Beispiel dienen.[786] So kann

---

[783] Vgl. *Metzger*, in: MüKo BGB, § 327 Rn. 3, der von „Aktualisierungen allgemeiner Art, etwa neue Versionen von [...] einzelnen Beiträgen" spricht; *Fries*, in: BeckOGK BGB, § 327f Rn. 11 definiert die Aktualisierung allgemeiner als eine „Änderung des digitalen Produkts mit dem Ziel einer Verbesserung gegenüber der bisherigen Version", worunter auch inhaltliche Änderungen fallen.

[784] S. oben unter 1. Teil B. II. 3. für die Gewichtung bestimmter Umstände bei Expertensystemen.

[785] Vgl. auch Erwägungsgrund 46 Digitale-Inhalte-RL zu § 327e BGB, auf den § 327f BGB über § 327d BGB hinsichtlich des Umfangs der Aktualisierungspflicht verweist; *Schulze*, in: Schulze/Dörner/Ebert, BGB, § 327e Rn. 24; *Wendland*, in: BeckOK BGB, § 327e Rn. 47; zum Verweis des § 327f BGB hinsichtlich des Umfangs der Aktualisierung auf § 327d, der seinerseits auf § 327e BGB verweist, *Fries*, in: BeckOGK BGB, § 327f Rn. 12; *Wendland*, in: BeckOK BGB, § 327f Rn. 7; *Metzger*, in: MüKo BGB, § 327f Rn. 5; *Schulze*, in: Schulze/Dörner/Ebert, BGB, § 327 Rn. 4; *Prütting/Wegen/Weinreich*, in: Prütting/Wegen/Weinreich, BGB, § 327f Rn. 5.

[786] Vgl. für dieses hypothetische Anwendungsbeispiel den ContractorCheck von Norton Rose Fullbright, der ebenfalls eine Unterscheidung zwischen Angestellten und

beispielsweise eine Änderung der Rechtsprechungspraxis zum einen dazu führen, dass neue rechtliche oder tatsächliche Aspekte für die Einordnung relevant werden, die zuvor nicht berücksichtigt wurden. Eine Änderung, etwa der Rechtsprechungspraxis, könnte jedoch auch zum anderen verursachen, dass einem bereits zuvor berücksichtigten Kriterium entweder mehr oder weniger Gewicht für die Beurteilung des Endergebnisses zukommt oder dieses sogar ganz außer Betracht zu lassen ist.

Was für den Erhalt der Vertragsmäßigkeit erforderlich ist, lässt sich wiederum nach § 327d BGB beurteilen, der seinerseits unter anderem auf § 327e BGB (Produktmängel) verweist.[787] Hierbei ist insbesondere eine Einzelfallprüfung vorzunehmen.[788] „Das digitale Produkt ist frei von Produktmängeln, wenn es zur maßgeblichen Zeit [...] den subjektiven Anforderungen oder den objektiven Anforderungen und den Anforderungen an die Integration entspricht", § 327e I 1 BGB. Dabei entspricht das digitale Produkt insbesondere den objektiven Anforderungen, „wenn es sich für die gewöhnliche Verwendung eignet", § 327 III 1 Nr. 1 BGB, oder „es eine Beschaffenheit [...] aufweist, die bei digitalen Produkten derselben Art üblich ist und die der Verbraucher unter Berücksichtigung der Art des digitalen Produkts erwarten kann", § 327 III 1 Nr. 2 BGB.

aa) Klassische juristische Expertensysteme und Chatbots

Klassische juristische Expertensysteme (ausgenommen Online-Rechner, auf die gesondert eingegangen wird)[789] und Chatbots könnten sich nicht für die gewöhnliche Verwendung eignen, wenn inhaltliche Änderungen wie Gesetzesänderungen oder Änderungen der Rechtsprechung zu einem anderen juristischen Ergebnis führen müssten, das System dies jedoch nicht berücksichtigt.

Selbstständigen vornehmen kann. Hierzu kommen ebenfalls Gewichtungen zum Einsatz, 1. Teil C. IV. 1. b) aa); s. zur Funktion des Systems 1. Teil B. II. 3.

[787] *Fries*, in: BeckOGK BGB, § 327f Rn. 12; *Wendland*, in: BeckOK BGB, § 327f Rn. 7; *Metzger*, in: MüKo BGB, § 327f Rn. 5; *Schulze*, in: Schulze/Dörner/Ebert, BGB, § 327 Rn. 4; *Prütting/Wegen/Weinreich*, in: Prütting/Wegen/Weinreich, BGB, § 327f Rn. 5; *Bernzen/Specht-Riemenschneider*, in: Erman BGB, § 327f Rn. 8; *Leithäuser*, RDi 2023, 274 (275); um einen Zirkelschluss zu vermeiden, erfasst der Verweis des § 327d BGB auf den § 327e BGB, nicht § 327 II 1 Nr. 3, III 1 Nr. 5 BGB, *Fries*, in: BeckOGK BGB, § 327f Rn. 12; *Bernzen/Specht-Riemenschneider*, in: Erman BGB, § 327f Rn. 8.

[788] Erwägungsgrund 46 Digitale-Inhalte-RL; *Schulze*, in: Schulze/Dörner/Ebert, BGB, § 327e Rn. 24; *Wendland*, in: BeckOK BGB, § 327e Rn. 47.

[789] S. hierzu unten unter 2. Teil B. III. 2. a) cc).

Die gewöhnliche Verwendung richtet sich hierbei nach der jeweils in Anspruch genomenen Dienstleistung und ist nach den vernünftigen Erwartungen eines Durchschnittskunden an diese Dienstleistung und die mit ihr verfolgten Zwecke zu bestimmen.[790] Bei juristischen Expertensystemen stellt die gewöhnliche Verwendung und damit der Zweck der Dienstleistung, die Einholung einer juristischen Einschätzung, um sich über die Rechtslage eines bestimmten juristischen Sachverhalts zu informieren und gegebenenfalls hierauf aufbauend seine eigenen Handlungen auszurichten, dar.[791] Ist diese juristische Einschätzung nun durch eine Gesetzesänderung hinfällig geworden, was vor allem dann der Fall sein wird, wenn (i) ein Verhalten nun als rechtswidrig einzuordnen ist oder umgekehrt, (ii) ein Anspruch nun besteht, jedoch fälschlicherweise als nicht bestehend ausgegeben wird oder umgekehrt,[792] ist eine ordnungsgemäße Information, die die Grundlage einer darauffolgenden Handlung des Rechtsuchenden darstellen soll, nicht möglich, weshalb sich das digitale Produkt nach dieser Änderung nicht mehr für die gewöhnliche Verwendung eignet.

Anders zu beurteilen sind hingegen die oben dargestellten Chatbots ChatGPT und RATISBOT. Beide Systeme weisen darauf hin, dass die Systeme keine Rechtsdienstleistung darstellen, beziehungsweise die Beratung eines Rechtsanwalts nicht ersetzen, sich einzelne Aussagen als falsch darstellen können und speziell im Fall von ChatGPT bestimmte Ereignisse nach 2021 keine Berücksichtigung mehr finden.[793] Aus diesem Grund kann Zweck der Dienstleistung aus Sicht eines vernünftigen Durchschnittskunden vielmehr nur das allgemeine Einholen von juristischen Informationen sein, was sich jedoch nicht dazu eignet, hierauf finale Entscheidungen aufzubauen.[794] Insbesondere im Fall von ChatGPT muss es jedem vernünftigen Durchschnittskunden durch die Aussage, dass Ereignisse nach 2021 keine Berücksichtigung finden, bewusst sein, dass hierunter eben auch Änderungen im juristischen Bereich erfasst sind. Dieses Ergebnis widerspricht auch gerade nicht dem getroffenen Ergebnis der subjektiven Erforderlichkeit der rechtlichen Prüfung

---

[790] *Fries*, in: BeckOGK BGB, § 327e Rn. 23; *Faust*, in: BeckOK BGB, § 434 Rn. 75; *Wendland*, in: BeckOK BGB, § 327e Rn. 41; *Metzger*, in: MüKo BGB, § 327e Rn. 28; BT-Drs. 19/27653, S. 56.

[791] S. o. unter 1. Teil C. IV. 1. a).

[792] Da die Möglichkeiten zur Erstellung juristischer Expertensysteme sowie die Fragen und Antworten von Chatbots mannigfaltig sind und sein werden, kann nicht abschließend aufgelistet werden, in welchen Punkten die Antworten durch etwaige Gesetzesänderungen überholt werden können.

[793] S. o. unter 2. Teil A. II. 7.

[794] Vgl. *Hartung*, RDi 2023, 209 (216), jedoch für die Beurteilung, ob eine Rechtsdienstleistung nach § 2 I RDG vorliegt. Entfallen derartige Aussagen hingegen gänzlich, ergibt sich kein Unterschied mehr zu den dargestellten juristischen Expertensystemen, weshalb auf die diesbezüglichen Ausführungen verwiesen werden kann.

des *Einzelfalls*.⁷⁹⁵ Dieser Befund beruhte maßgeblich darauf, dass beide Anwendungen keine Angabe darüber enthielten, dass keine rechtliche Prüfung des *Einzelfalls* stattfindet, sodass der Rechtsuchende nicht erkennen konnte, woraus sich das Defizit der Anwendung ergab. Von dieser entscheidenden Frage, ob eine Rechtsdienstleistung vorliegt, ist jedoch zu unterscheiden, ob derartige Aussagen von vernünftigen Durchschnittskunden als Grundlage ihres weiteren Handelns gemacht werden, was durch die zuvor erwähnten Aussagen wie, dass sich einzelne Aussagen als falsch erweisen können oder dieses Ergebnis gerade nicht die Beratung eines Rechtsanwalts ersetzen kann, auszuschließen ist.

Weiterhin könnte eine Beschaffenheit vorliegen, die bei digitalen Produkten derselben Art nicht üblich ist und die der Verbraucher nicht erwarten kann. Zum Begriff der Beschaffenheit des digitalen Produkts zählen alle Merkmale, die dem Produkt selbst anhaften oder sich aus seiner Beziehung zur Umwelt ergeben.⁷⁹⁶ Hierbei wird von § 327e III 1 Nr. 2 BGB unter anderem die Funktionalität als derartiges Merkmal des digitalen Produkts hervorgehoben, welche „die Fähigkeit [...] digitaler Dienstleistungen ihre Funktionen ihrem Zweck entsprechend zu erfüllen", beschreibt, Art. 2 Nr. 11 Digitale-Inhalte-RL. Zweck der zuvor erwähnten Produkte (juristische Expertensysteme) ist die Einholung einer ordnungsgemäßen Information zur rechtlichen Lage, um gegebenenfalls hierauf aufbauend weitere Schritte zu unternehmen.⁷⁹⁷ Gleichermaßen wird es bei (ordnungsgemäßen) digitalen Produkten der gleichen Art, allein damit derartige Dienstleistungen konkurrenzfähig gegenüber anderen Anbietern und eine (echte) Alternative gegenüber Rechtsanwälten darstellen können, auch üblich sein, aktuelle Gesetzesänderungen im Code ihrer Software zu berücksichtigen, was der Rechtsuchende (Verbraucher) auch erwarten können wird. Da, wie eben bereits erwähnt, bei den hier vorgestellten Chatbots der Zweck gerade nicht darin liegt, eine finale Entscheidung zu treffen, auf der eine weitere Handlung aufgebaut werden kann, ist bei einer Änderung der Gesetzeslage auch nicht die Funktionalität eingeschränkt.

Gleiches wird für beide Systeme bei einer Änderung oder Neuaufstellung etwa von Entscheidungen des BVerfG gelten, sowohl bei solchen, die Gesetzeskraft entfalten,⁷⁹⁸ als auch bei Entscheidungen des BGH oder anderer oberster Bundesgerichte, die faktische Bindungswirkungen für die unteren

---

⁷⁹⁵ S. o. unter 2. Teil A. II. 7.
⁷⁹⁶ BT-Drs. 19/27653, S. 54; *Fries*, in: BeckOGK BGB, § 327e Rn. 10; *Metzger*, in: MüKo BGB, § 327e Rn. 32.
⁷⁹⁷ S. o. unter 1. Teil C. IV. 1. a).
⁷⁹⁸ Dies gilt für bestimmte Entscheidungen des BVerfG, vgl. § 31 II BVerfGG; vgl. hierzu etwa *Sturm*, JURA 2018, 682 (682 f.); *von Ungern-Sternberg*, in: BeckOK BVerfGG, § 31 Rn. 45 ff.; *Lechner/Zuck*, in: Lechner/Zuck, BVerfGG, § 31 Rn. 36 ff.

Gerichte entfalten werden und damit insbesondere in der Praxis berücksichtigt werden sollten.[799] Auch wenn eine klare Änderung der Rechtsprechung derart, dass die überwiegende Anzahl an Gerichten gleichgelagerte Fälle in einer gleichen Weise beurteilen, vorliegt, wird sich das juristische Expertensystem nicht mehr für die gewöhnliche Verwendung eignen und zusätzlich eine Beschaffenheit aufweisen, die bei digitalen Produkten derselben Art nicht üblich ist.

bb) Dokumenten- und Vertragsgeneratoren

Schwieriger zu beurteilen sind hingegen Dokumenten- und Vertragsgeneratoren. Die gewöhnliche Verwendung derartiger Systeme liegt in der Erstellung der Dokumente, um diese anschließend für den eigenen Gebrauch nutzen zu können.[800] Hierbei wird es dem Rechtsuchenden entscheidend darauf ankommen, dass das juristische Dokument den gesetzlichen Anforderungen (die gegebenenfalls durch die Rechtsprechung ausgeformt wurden) entspricht, beziehungsweise dass der erstellte Vertrag Grundlage für einen wirksamen Vertragsschluss zwischen den Parteien werden kann. Liegt nun eine Änderung der Anforderungen eines bestimmten juristischen Dokuments oder Vertrags durch eine gesetzliche Änderung oder eine Änderung der (relevanten) Rechtsprechung vor, so ist der Dokumenten- beziehungsweise Vertragsgenerator wie auch das Dokument als Ergebnis der Anwendung fehlerhaft, sodass sich das Dokument nicht mehr für die gewöhnliche Verwendung eignet. Weiterhin wird dies auch nicht bei (nicht fehlerhaften) Dienstleistungen derselben Art üblich sein.

cc) Online-Rechner und Legal Robots

Zuletzt anzusprechen sind die Online-Rechner und Legal Robots, die eine Ersteinschätzung an den Rechtsuchenden abgegeben und diese nach erfolgter Beauftragung im Anschluss an das Unternehmen oder einen Vertragsanwalt weiterleiten. In diesem Kontext nicht relevant ist die Ausgabe, dass kein Anspruch besteht, sodass der Rechtsdienstleister gar nicht erst mit der Durchsetzung beauftragt werden kann, da hier bereits kein entgeltlicher Vertrag zwischen den Parteien geschlossen wurde, was jedoch Voraussetzung für die Anwendung der §§ 327 ff. BGB ist.[801] Auch sonst sind keine derartigen An-

---

[799] Siehe hierzu insbesondere die eigene Stellungnahme des BGH, Die Aufgaben des Bundesgerichtshofs, https://www.bundesgerichtshof.de/DE/DasGericht/Aufgaben/aufgaben_node.html (zuletzt aufgerufen am: 28.02.2025).

[800] S. o. unter 1. Teil C. I.

[801] Vgl. hierzu bereits oben unter 2. Teil B. III. 1.

wendungsbereiche ersichtlich, in denen nachträglich ein relevanter Mangel entsteht, der durch eine Aktualisierung behoben werden müsste.[802]

b) Zeitraum der Aktualisierungspflicht

Weiterhin ist der Zeitraum der Aktualisierungspflicht zu bestimmen. § 327f I 1 BGB stellt hierbei darauf ab, dass der Unternehmer sicherzustellen hat, dass dem Verbraucher während des *maßgeblichen Zeitraums* Aktualisierungen zur Verfügung zu stellen sind.

Dies ist bei einem Vertrag über die dauerhafte Bereitstellung, das heißt einem Vertrag über die fortlaufende Bereitstellung über einen bestimmten Zeitraum (§ 327e I 3 BGB), eben dieser Bereitstellungszeitraum, § 327f I 3 Nr. 1 BGB. Nach dem Ende des Bereitstellungszeitraums endet folglich auch die Pflicht zur (Sicherstellung der) Aktualisierung.[803] Einfach zu beurteilen ist dies bei Chatbots, die wie ChatGPT als monatliches Abo-Modell ausgestaltet sind.[804] Eine Aktualisierungspflicht besteht folgerichtig bis zum Auslaufen des Abonnements. Jedoch auch Systeme der Dokumenten- und Vertragsgeneratoren sind in diese Kategorie einzuordnen. Diese Systeme werden ebenso nur für einen bestimmten Zeitraum zur Verfügung gestellt, und zwar so lange, bis das fertige Dokument (der fertige Vertrag) erstellt wurde. Zwar wird das Dokument/der Vertrag zur dauerhaften Benutzung zur Verfügung gestellt, dieses Dokument ist jedoch nur das Ergebnis der digitalen Dienstleistung und nicht etwa die digitale Dienstleistung selbst. Mithin besteht in derartigen Fällen eine Aktualisierungspflicht lediglich im Zeitraum der Erstellung des Dokuments.

In allen anderen Fällen, insbesondere der einmaligen Bereitstellung,[805] ist der maßgebliche Zeitraum, der Zeitraum, den der Verbraucher aufgrund der

---

[802] BT-Drs. 19/27653, S. 42, ist zudem vielmehr zu entnehmen, dass in Anwendung des § 327 VI Nr. 1 BGB die §§ 327 ff. BGB nicht auf die Inhalte und Ergebnisse der Dienstleistung, sondern nur auf die Gewährleistung zur technischen Bereitstellung des digitalen Produkts anzuwenden sind, sofern es sich hierbei um vorgelagerte und ergänzende Dienstleistungen zu der unter § 327 VI Nr. 1 BGB fallenden (menschlichen) Dienstleistung handelt. Hiervon ist bei Online-Rechnern und Legal Robots auszugehen.
[803] *Metzger*, in: MüKo BGB, § 327f Rn. 9; *Staudenmayer*, in: Schulze/Staudenmayer, EU Digital Law, Digital Content Directive, Art. 8 Rn. 131.
[804] Soweit die kostenpflichtige Version gewählt wurde, vgl. oben unter 2. Teil B. I. 3.
[805] *Metzger*, in: MüKo BGB, § 327f Rn. 10; *Fries*, in: BeckOGK BGB, § 327f Rn. 18; *Wendland*, in: BeckOK BGB, § 327f Rn. 16; *Schulze*, in: Schulze/Dörner/Ebert, BGB, § 327f Rn. 8; *Prütting/Wegen/Weinreich*, in: Prütting/Wegen/Weinreich, BGB, § 327f Rn. 7; *Bernzen/Specht-Riemenschneider*, in: Erman BGB, § 327f Rn. 14.

Art und des Zwecks des digitalen Produkts und unter Berücksichtigung der Umstände und der Art des Vertrags erwarten kann, § 327f I 3 Nr. 2 BGB. Derartige einmalige Bereitstellungen liegen etwa typischerweise bei juristischen Expertensystemen vor, die dem Kunden als Software dauerhaft zur Verfügung gestellt werden. In einem weiteren Schritt muss nun geklärt werden, wie lange eine derartige Aktualisierungspflicht für die einzelnen Anbieter der juristischen Expertensysteme besteht.

Für eine längere Laufzeit einer Aktualisierungspflicht für Anbieter von juristischen Expertensystemen spricht grundsätzlich die Art und der Zweck von juristischen Expertensystemen, da sich der Verbraucher im Fall einer ausbleibenden Aktualisierung nicht mehr auf das Ergebnis verlassen kann.[806] Der Zweck, Gewissheit über einen rechtlichen Umstand zu erlangen, kann so nicht mehr verwirklicht werden. Für eine kürzere Dauer der Aktualisierungspflicht hingegen spricht, dass es dem Produkt aufgrund der sich ständig ändernden rechtlichen Materie,[807] die vom Produkt erfasst wird, immanent ist, dass sich diese über einen gewissen Zeitraum ändern wird.[808] Auch hier müssen jedoch im Einzelfall Unterscheidungen zwischen den einzelnen rechtlichen Materien getroffen werden; so ist das Sachenrecht deutlich weniger anfällig für Änderungen rechtlicher Natur als beispielsweise das Wettbewerbsrecht.[809]

Eine konkrete und abschließende, aber trotzdem verallgemeinernde Aussage lässt sich hierbei bezüglich der konkreten Dauer dennoch nicht treffen, da es wiederum auf die individuellen Umstände des Einzelfalls ankommt. So kann etwa die Vertriebsdauer des Produkts, die vorgesehene oder zu erwartende Nutzungsdauer, der konkrete Einsatzzweck des digitalen Produkts,[810] die übliche Supportdauer (sofern eine solche Supportfunktion besteht), wie

---

[806] Kriterium wird insbesondere genannt bei *Fries*, in: BeckOGK BGB, § 327f Rn. 19; *Sosnitza*, Festschrift Becker-Eberhard, 535 (546); *Metzger*, in: MüKo BGB, § 327f Rn. 12.

[807] Vgl. *Gelbrich/Timmermann*, NJOZ 2021, 1249 (1255).

[808] Kriterium der kurz- oder längerfristigen Verwendung genannt bei *Metzger*, in: MüKo BGB, § 327f Rn. 12; *Fries*, in: BeckOGK BGB, § 327f Rn. 19.

[809] Vgl. BT-Drs. 19/27653, S. 59, die als Beispiel für eine kürzere Bereitstellung etwa Steuerberatungssoftware nennt; *Gelbrich/Timmermann*, NJOZ 2021, 1249 (1255).

[810] In diesem Rahmen kann nicht jeder rechtliche Anwendungsbereich für juristische Expertensysteme vorhergesehen werden, der etwa durch eine zeitliche Begrenzung einer Norm ebenfalls nur sinnvoll zeitlich begrenzt angeboten werden könnte. Als abstraktes Beispiel ist etwa eine Norm zu nennen, die eine bestimmte Anmeldepflicht für bestimmte Veranstaltungen statuiert, wobei diese Pflicht nach zwei Jahren wegfallen soll. Der Zweck eines juristischen Expertensystems, das ausgeben kann, ob für eine geplante Veranstaltung eine derartige Anmeldepflicht besteht, endet ebenfalls nach Ablauf dieser zwei Jahre. *Metzger*, in: MüKo BGB, § 327f Rn. 11; *Staudenmayer*, in: Schulze/Staudenmayer, EU Digital Law, Digital Content Directive, Art. 8 Rn. 142,

lange das Produkt noch vertrieben wird oder wie gravierend die Folgen im Speziellen einer ausbleibenden Aktualisierung sein könnten,[811] für die Bewertung relevant sein.[812] Als Richtwert kann in Anlehnung an die steuerrechtliche Nutzungsdauer für Software, die ein Jahr beträgt, auch hierauf für die Bestimmung des Zeitraums abgestellt werden.[813]

c) Folgen der Aktualisierungspflicht

Besteht eine Aktualisierungspflicht, hat das Unternehmen sicherzustellen, dass der Verbraucher über diese Aktualisierung informiert wird, § 327f I 1 BGB. Hierbei sollten dem Verbraucher detaillierte Informationen in verständlicher Form, insbesondere über den Inhalt und mögliche Folgen einer fehlenden Aktualisierung, zur Verfügung gestellt werden.[814] In diesem Rahmen ist der Verbraucher sodann beispielsweise auf die gesetzliche Änderung oder die Änderung der Rechtsprechung in kurzer und auch für den juristischen Laien verständlicher Form hinzuweisen sowie darauf, dass eine derartige Änderung zu einer neuen juristischen Einschätzung des Arbeitsergebnisses führt. Dies kann etwa als Pop-Up beim Starten der Software oder mittels einer anderen Funktion der Software geschehen.[815] Dabei gilt, je gravierender die Auswirkungen und damit der Mangel selbst sind, desto schneller muss eine derartige Aktualisierung zur Verfügung gestellt werden.[816]

---

nennen als Beispiel eine App, die im Rahmen etwa eines Festivals oder Konzerts bereitgestellt wird.

[811] Auch dies kann nicht abstrakt beantwortet werden. So kann eine gesetzliche oder eine Änderung der Rechtsprechung gravierende Auswirkungen auf das Ergebnis der rechtlichen Einschätzung eines bestimmten Sachverhalts haben oder aber auch nur zu einer Änderung rein dogmatischer Natur führen, die auf das Ergebnis des juristischen Expertensystems nur geringe Auswirkungen hat. Sind hingegen keine Auswirkungen auf das Ergebnis anzunehmen, ist ein Produktmangel nach § 327e BGB bereits fraglich.

[812] *Fries*, in: BeckOGK BGB, § 327f Rn. 19; *Metzger*, in: MüKo BGB, § 327f Rn. 12 f.; *Sosnitza*, Festschrift Becker-Eberhard, 535 (546); *Reinking*, DAR 2021, 185 (190); *Heydn*, CR 2021, 709 (710 f.); *Hessel/Potel*, RDi 2022, 25 (27); BT-Drs. 19/27653, S. 59.

[813] *Hessel/Potel*, RDi 2022, 25 (27); vgl. auch BMF, Nutzungsdauer von Computerhardware und Software zur Dateneingabe und -verarbeitung, 22.02.2022, Rn. 1.

[814] *Fries*, in: BeckOGK BGB, § 327f Rn. 14; *Metzger*, in: MüKo BGB, § 327f Rn. 8; *Wendland*, in: BeckOK BGB, § 327f Rn. 11; *Schulze*, in: Schulze/Dörner/Ebert, BGB, § 327f Rn. 6.

[815] *Metzger*, in: MüKo BGB, § 327f Rn. 8; *Schulze*, in: Schulze/Dörner/Ebert, BGB, § 327f Rn. 6.

[816] *Metzger*, in: MüKo BGB, § 327f Rn. 8.

IV. Regulierung durch den EU-Gesetzgeber

Auch der EU-Gesetzgeber versucht immer weiter Daten und damit verbundene technologische Neuerungen zu regulieren, indem er zuletzt mit seiner neuen Datenstrategie neue Vorhaben, wie etwa den Data Governance[817] und Data Act[818] sowie die weiteren Digitalrechtsakte DMA,[819] DSA[820] und den AI-Act[821] (sowie Data Rooms), erschuf.[822] Für diese Untersuchung allein relevant ist der sogenannte AI-Act (auch KI-Verordnung), der allgemein KI-Anwendungen reguliert und nicht spezifisch auf eine Regulierung zur Gewährleistung einer ordnungsgemäßen Rechtsberatung ausgelegt ist.[823] Dennoch enthält dieser, wie sich zeigen wird, auch Verpflichtungen, die mittelbar zur regulatorischen Sicherung einer ordnungsgemäßen Rechtsberatung dienen können.

---

[817] Verordnung (EU) 2022/868 des Europäischen Parlaments und Rates vom 30. Mai 2022 über europäische Daten-Governance und zur Änderung der Verordnung (EU) 2018/1724 (Daten-Governance-Rechtsakt).

[818] Verordnung (EU) 2023/2854 des Europäischen Parlaments und Rates vom 13. Dezember 2023 über harmonisierte Vorschriften für einen fairen Datenzugang und eine faire Datennutzung sowie zur Änderung der Verordnung (EU) 2017/2394 und der Richtlinie (EU) 2020/1828 (Datenverordnung); Kommission, European data strategy, https://commission.europa.eu/strategy-and-policy/priorities-2019-2024/europe-fit-digital-age/european-data-strategy_en (zuletzt aufgerufen am: 28.02.2025).

[819] Verordnung (EU) 2022/1925 des Europäischen Parlaments und Rates vom 14. September 2022 über bestreitbare und faire Märkte im digitalen Sektor und zur Änderung der Richtlinien (EU) 2019/1937 und (EU) 2020/1828 (Gesetz über digitale Märkte).

[820] Verordnung (EU) 2022/2065 des Europäischen Parlaments und des Rates vom 19. Oktober 2022 über einen Binnenmarkt für digitale Dienste und zur Änderung der Richtlinie 2000/31/EG (Gesetz über digitale Dienste).

[821] Verordnung (EU) 2024/1689 des Europäischen Parlaments und Rates zur Festlegung harmonisierter Vorschriften für künstliche Intelligenz und zur Änderung der Verordnungen (EG) Nr. 300/2008, (EU) Nr. 167/2013, (EU) Nr. 168/2013, (EU) 2018/858, (EU) 2018/1139 und (EU) 2019/2144 sowie der Richtlinien 2014/90/EU, (EU) 2016/797 und (EU) 2020/1828 (Verordnung über künstliche Intelligenz).

[822] *Pfeifer/Helmke*, ZD-Aktuell 2023, 01125; *Botta*, ZfDR 2022, 391 (395 f.); Kommission, Europe's Digital Decade, https://digital-strategy.ec.europa.eu/en/policies/europes-digital-decade#tab_4 (zuletzt aufgerufen am: 28.02.2025).

[823] Vgl. *Engelmann/Brunotte/Lütkens*, RDi 2021, 317 (319); so auch *Birkholz*, Das Smartlaw-Paradoxon oder warum das RDG zur Regulierung von ChatGPT & Co. ungeeignet ist, https://legal-tech-verzeichnis.de/fachartikel/das-smartlaw-paradox-oder-warum-das-rdg-zur-regulierung-von-chatgpt-co-ungeeignet-ist/ (zuletzt aufgerufen am: 28.02.2025).

1. Anwendbarkeit der KI-Verordnung

Die Verordnung gilt nach Art. 2 I lit. a KI-Verordnung für „Anbieter, die in der Union KI-Systeme in Verkehr bringen oder in Betrieb nehmen oder KI-Modelle mit allgemeinem Verwendungszweck in Verkehr bringen, unabhängig davon, ob diese Anbieter in der Union oder in einem Drittland niedergelassen sind", für „Betreiber von KI-Systemen, die ihren Sitz in der Union haben oder in der Union befinden", Art. 2 I lit. b KI-Verordnung sowie nach lit. c für „Anbieter und Betreiber von KI-Systemen, die ihren Sitz in einem Drittland haben oder sich in einem Drittland befinden, wenn die vom KI-System hervorgebrachte Ausgabe in der Union verwendet wird".

Ein KI-System war dabei nach alter Definition des Kommissionsentwurfs[824] „eine Software, die mit einer oder mehreren der in Anhang I aufgeführten Techniken und Konzepte entwickelt worden ist und im Hinblick auf eine Reihe von Zielen, die vom Menschen festgelegt werden, Ergebnisse wie Inhalte, Vorhersagen, Empfehlungen oder Entscheidungen hervorbringen kann, die das Umfeld beeinflussen, mit dem sie interagieren", vgl. Art. 3 Nr. 1 KI-Verordnung (EU-Kommission). Alle der hier aufgeführten KI-Anwendungen, einschließlich einfacher Expertensysteme, wurden mit einer der in Anhang I aufgeführten Techniken entwickelt.[825] Weiterhin folgen alle Systeme einem zuvor durch den Menschen definierten Ziel, etwa die Abbildung eines Entscheidungswegs zur Ausgabe von Empfehlungen oder Handlungsanweisungen, das Herausfiltern bestimmter zuvor erlernter Strukturen, der Vorhersage bestimmter Entscheidungen usw.[826]

Nach neuer Definition ist ein KI-System „*ein maschinengestütztes System, das für einen in unterschiedlichem Grade autonomen Betrieb ausgelegt ist und das nach seiner Betriebsaufnahme anpassungsfähig sein kann und das aus den erhaltenen Eingaben für explizite oder implizite Ziele ableitet, wie Ausgaben* wie etwa Vorhersagen, *Inhalte,* Empfehlungen oder Entscheidungen *erstellt werden,* die das *physische oder virtuelle* Umfeld beeinflussen *können*", Art. 3 I Nr. 1 der KI-Verordnung. Auf eine explizite Auflistung von Techniken, die von der Verordnung erfasst sein sollen, wurde verzichtet.[827]

---

[824] Kommission, COM(2021) 206 final, vom 21.04.2021.
[825] *Engelmann/Brunotte/Lütkens*, RDi 2021, 317 (319); *Grützmacher/Füllsack*, ITRB 2021, 159 (160); *Ebers/Hoch/Rosenkranz/Ruschemeier/Steinrötter*, RDi 2021, 528 (529); vgl. auch *Ebert/Spiecker*, NVwZ 2021, 1188 (1189); *Bomhard/Merkle*, RDi 2021, 276 (277); s. auch schon oben unter 1. Teil B. I. 2. a).
[826] So auch *Roos/Weitz*, MMR 2021, 844 (845); *Bomhard/Merkle*, RDi 2021, 276 (277), die den zweiten Halbsatz als Leerformel bezeichnen und diesem keine hohe Bedeutung zuschreiben.
[827] *Becker/Feuerstack*, MMR 2024, 22 (23); *Feuerstack/Becker/Hertz*, ZfDR 2023, 421 (423); *Hacker/Berz*, ZRP 2023, 226 (227); *Bomhard/Siglmüller*, RDi 2024, 45 (45).

Hingegen wurde das Erfordernis eines maschinengestützten Systems, das so konzipiert ist, dass es mit unterschiedlichem Grad an Autonomie operieren kann, aufgenommen.[828] Maschinengestützt ist das System bereits dann, wenn dieses von Maschinen betrieben wird und damit auf einem Computer läuft.[829] Hiermit sind alle in dieser Arbeit aufgelisteten Systeme erfasst. Ein System weist einen gewissen Grad an Autonomie auf, wenn es „zumindest bis zu einem gewissen Grad unabhängig von menschlicher Kontrolle agiert und in der Lage ist, ohne menschliches Eingreifen zu arbeiten".[830] Jedes der hier angesprochenen Systeme ist in der Lage, bis zu einem gewissen Grad unabhängig zu agieren und ohne menschliches Eingreifen zu arbeiten.[831] Wäre dem nicht so, könnten die hier vorgestellten Geschäftsmodelle und ihre Systeme ihre eigenständige, unterstützende Funktion nicht wahrnehmen. Mithin ist auch dieses Tatbestandsmerkmal erfüllt.

Weiterhin ist die Möglichkeit zur Anpassungsfähigkeit neues Kriterium der Definition. Das Merkmal der Anpassungsfähigkeit „bezieht sich auf seine Lernfähigkeit, durch die es sich während seiner Verwendung verändern kann",[832] und wird damit bei lernfähigen Modellen (insbesondere solchen des maschinellen Lernens) erfüllt sein.[833] Problematisch könnte das Vorliegen der Anpassungsfähigkeit für Systeme sein, die (ausschließlich) auf Expertensystemen beruhen, wie etwa die oben dargestellten Dokumentengeneratoren und juristischen Expertensysteme, da die Systeme als Vertreter der expliziten, deduktiven Programmierung gerade keine eigenständige Lern- und damit Anpassungsfunktion besitzen.[834] Das Merkmal der Lernfähigkeit ist jedoch nicht als zwingendes Merkmal zu verstehen, sondern wird lediglich regelmäßig er-

---

[828] *Bomhard/Siglmüller*, RDi 2024, 45 (45).

[829] Erwägungsgrund 12 der KI-Verordnung; *Bomhard/Siglmüller*, RDi 2024, 45 (45).

[830] Erwägungsgrund 12 der KI-Verordnung; *Becker/Feuerstack*, MMR 2024, 22 (23).

[831] Vgl. auch *Becker/Feuerstack*, MMR 2024, 22 (23), die darauf verweisen, dass „auch ‚nicht intelligente' Computerprogramme zu einem gewissen Grad unabhängig [sind] und [...] in der Lage [sind] ohne menschliches Eingreifen zu arbeiten"; *Feuerstack/Becker/Hertz*, ZfDR 2023, 421 (424), verweisen darauf, dass es fraglich erscheint, ob diese Erweiterung der Definition zu einer Einschränkung des Anwendungsbereichs führt; *Ebers*, LTZ 2024, 1 (1); a.A. hingegen bei *Ebers*, in: Ebers, Stichwort-Kommentar Legal Tech, Regulierung (EU), KI-Verordnung, Rn. 4a, der das Tatbestandsmerkmal hingegen enger sieht und „Legal-Tech-Anwendungen, die nur mit vorgefertigten Textbausteinen arbeiten, nicht in den Anwendungsbereich der KI-VO" fallen lassen will. Dies dürfte jedoch mit der ausdrücklichen Erfassung von logik- und wissensbasierten Systemen, die zwingend vorgefertigt werden müssen, nicht vereinbar sein, vgl. hierzu *Voigt/Hullen*, Handbuch KI-Verordnung, S. 5 f.

[832] Erwägungsgrund 12 der KI-Verordnung.

[833] Vgl. Erwägungsgrund 12 der KI-Verordnung.

[834] *Voigt/Hullen*, Handbuch KI-Verordnung, S. 5 f.

füllt sein.⁸³⁵ Dies zeigt sich insbesondere dadurch, dass die KI-Verordnung auch logik- und wissensgestützte Konzepte und damit insbesondere Expertensysteme in ihren Erwägungsgründen im Rahmen der Ausführungen zum KI-System nennt.⁸³⁶

Ein weiteres Kriterium eines KI-Systems, ist seine Fähigkeit zur Ableitung.⁸³⁷ Auch hierbei nennt Erwägungsgrund 12 der Verordnung ausdrücklich Systeme des maschinellen Lernens und die logik- und wissensbasierten Systeme (mithin insbesondere Expertensysteme) als Beispiele.⁸³⁸

Zusätzlich müssten die Ergebnisse das physische oder virtuelle Umfeld beeinflussen, mit dem sie interagieren. Auch bezüglich dieses Merkmals wird vertreten, dass es sich hierbei um eine Leerformel handelt, die zu keiner weiteren Einschränkung des Anwendungsbereichs führe.⁸³⁹ Vereinzelt wird hingegen argumentiert, dass hierüber eine restriktive Auslegung der KI-Definition geschaffen werden könnte.⁸⁴⁰ Konkrete Anforderungen hieran werden jedoch nicht gestellt. Nach dem Wortlaut „beeinflussen", setzt das Tatbestandsmerkmal zumindest im direkten Umgang mit Menschen insbesondere voraus, dass das System eine gewisse Überzeugungskraft besitzt, da nur so von einer tatsächlichen Beeinflussung seiner Umgebung ausgegangen werden kann. Eine solche Überzeugungskraft kann das System etwa durch eine besondere Qualität oder lediglich durch den Eindruck einer besonderen Qualität erlangen. Je besser die Qualität, beziehungsweise die dem System zugesagte Qualität ist, desto höher wird die Überzeugungskraft und damit der Einfluss des Ergebnisses auf das Umfeld sein. Auch hier bedarf es einer Prüfung des Einzelfalls. Je besser die angebotenen Tools im Rahmen der Rechtsberatung werden und je mehr sich die Benutzer auch tatsächlich auf derartige Anwendungen verlassen, desto eher wird das Tatbestandsmerkmal zu bejahen sein. Ist hingegen keine direkt menschliche Interaktion vorgesehen, kann das System auch schon dann seine Umgebung beeinflussen, wenn die übrigen Komponenten darauf programmiert sind, die Ausgabe des Systems zu übernehmen. Hier ist sodann keine Überzeugungskraft mehr notwendig.

Anbieter im Sinne der Verordnung ist jede „natürliche oder juristische Person, Behörde, Einrichtung oder sonstige Stelle, die ein KI-System entwickelt

---

835 *Voigt/Hullen*, Handbuch KI-Verordnung, S. 5.
836 Erwägungsgrund 12 der KI-Verordnung; *Voigt/Hullen*, Handbuch KI-Verordnung, S. 5 f.
837 *Ebers/Quarch/Rode*, LTZ 2025, 21 (24); *Wachter/Leeb*, RDi 2024, 440 (442 f.).
838 *Ebers/Quarch/Rode*, LTZ 2025, 21 (24); *Voigt/Hullen*, Handbuch KI-Verordnung, S. 5 f.
839 *Roos/Weitz*, MMR 2021, 844 (845); *Bomhard/Merkle*, RDi 2021, 276 (277); *Bomhard/Siglmüller*, RDi 2024, 45 (45).
840 *Kalbhenn*, ZUM 2021, 663 (665).

oder entwickeln lässt, um es unter ihrem eigenen Namen oder ihrer eigenen Marke – entgeltlich oder unentgeltlich – in Verkehr zu bringen oder in Betrieb zu nehmen", Art. 3 I Nr. 2 KI-Verordnung. Unter den Begriff der Anbieter fallen unstreitig alle Akteure, die in diesem Rahmen die Rechtsberatungsdienstleistungen den Kunden anbieten.

2. Konkrete Anforderungen an KI-Systeme

Die KI-Verordnung postuliert hierbei ein risikobasiertes System, das je nach Risikogruppe unterschiedliche Anforderungen an das System und die dieses System anbietende Person stellt (sogenannter risikobasierter Ansatz).[841] Daher muss zunächst ermittelt werden, welcher Risikogruppe die hier vorgestellten KI-Anwendungen zugeordnet werden können. Hierbei unterscheidet die KI-Verordnung zwischen unannehmbarem, hohem, mittlerem und geringem Risiko.[842]

Praktiken und damit KI-Anwendungen, die ein unannehmbares Risiko im Sinne der Verordnung darstellen, werden nach Art. 5 KI-Verordnung verboten.[843] Hierbei erfasst Art. 5 KI-Verordnung bestimmte, besonders schädliche Praktiken, die im Widerspruch zu Werten der Union stehen.[844] Die hier vorgestellten Systeme können jedoch nicht unter einen der Tatbestände subsumiert werden (manipulative Verfahren zur Hervorrufung eines Schadens, Social Scoring, Biometrische Erkennung)[845], weshalb ein allgemeines Verbot ausscheiden muss.[846] Auch können die hier besprochenen anwaltlichen und nichtanwaltlichen (automatisierten) Dienstleistungen nach aktuellem Stand nicht unter einen der Tatbestände der Hochrisikosysteme subsumiert werden, Art. 6 KI-Verordnung i.V.m. Anhang III.[847] Zwar wird in Anhang III auch

---

[841] *Engelmann/Brunotte/Lütkens*, RDi 2021, 317 (319); *Steege*, MMR 2022, 926 (929); *Ebers*, RDi 2021, 588 (588); *Bomhard/Merkle*, RDi 2021, 276 (279); *Ebers/Hoch/Rosenkranz/Ruschemeier/Steinrötter*, RDi 2021, 528 (528); *Spindler*, CR 2021, 361 (362); *Rostalski/Weiss*, ZfDR 2021, 329 (336); *Orssich*, EuZW 2022, 254 (255); Kommission, COM(2021) 206 final, S. 8, 15.

[842] *Bomhard/Merkle*, RDi 2021, 276 (279); *Ebers*, RDi 2021, 588 (588); *Engelmann/Brunotte/Lütkens*, RDi 2021, 317 (319); *Spindler*, CR 2021, 361 (365).

[843] *Steege*, MMR 2022, 926 (929); *Bomhard/Merkle*, RDi 2021, 276 (279); *Engelmann/Brunotte/Lütkens*, RDi 2021, 317 (319f.).

[844] Kommission, COM(2021) 206 final, S. 24; *Engelmann/Brunotte/Lütkens*, RDi 2021, 317 (319).

[845] *Spindler*, CR 2021, 361 (365); *Bomhard/Merkle*, RDi 2021, 276 (279); *Ebers/Hoch/Rosenkranz/Ruschemeier/Steinrötter*, RDi 2021, 528 (530f.); *Orssich*, EuZW 2022, 254 (257f.).

[846] Vgl. auch *Engelmann/Brunotte/Lütkens*, RDi 2021, 317 (319f.).

[847] Vgl. *Engelmann/Brunotte/Lütkens*, RDi 2021, 317 (320f.), insbesondere werden die Vorschriften jedoch für Behörden und Gerichte beim Einsatz von KI-Anwendun-

B. Regulierungsrahmen für nichtanwaltliche Anbieter

die „Rechtspflege" ausdrücklich genannt, dies erfasst jedoch nach Erwägungsgrund 40 nur die Justizbehörden, nicht aber anwaltliche oder sogar nichtanwaltliche Vertreter.[848]

Für KI-Anwendungen, die von der Kommission mit einem mittleren Risiko eingestuft werden, bestehen lediglich Transparenzpflichten gemäß Art. 50 I KI-Verordnung und gegebenenfalls Kennzeichnungspflichten nach Art. 50 II KI-Verordnung.[849] Die Transparenzpflicht betrifft KI-Systeme, „die für die direkte Interaktion mit natürlichen Menschen bestimmt sind [...], es sei denn, dies ist aus Sicht einer angemessen informierten, aufmerksamen und verständigen natürlichen Person aufgrund der Umstände und des Kontexts der Nutzung offensichtlich", Art. 50 I 1 KI-Verordnung. Für die Interaktion mit natürlichen Personen sind in diesem Rahmen die Systeme der Kategorien automatisierte Dokumentenerstellung, der Expertensysteme, Legal Robots und Chatbots vorgesehen, da diese durch das Abfragen von Informationen in natürlicher Sprache die eigene Ausgabe, ebenfalls in natürlicher Sprache, generieren.[850] Nun muss jedoch differenziert werden, bei welchen Anwendungen offensichtlich ist, dass mit einem KI-System und keinem Menschen kommuniziert wird. Zunächst wird aufgrund der Umstände und des Kontexts der Nutzung bei Dokumentengeneratoren, Expertensystemen, Legal Robots und Chatbots, die durch einen Rechtsanwalt benutzt werden, diesem klar sein, dass es sich hierbei nicht um einen menschlichen Interaktionspartner handelt, da er sich typischerweise vor Einsatz eines solchen Systems über die Konformität mit Berufs- und Datenschutzrecht informieren wird.[851] Eine solche Analyse wird vom Endverbraucher mangels derartiger Pflichten nicht zwingend durchgeführt. Enthalten Dokumentengeneratoren, Expertensysteme und Legal Robots hingegen nicht die Möglichkeit einer Spracheingabe in natürlicher Sprache, sondern nur vordefinierte Textboxen, die ausgewählt werden können, ist es im Rahmen der Interaktion während

---

gen relevant; *Block/Jung/Wendt*, CRi 2023, 97 (103); *Wendt*, in: Ebers, StichwortKommentar Legal Tech, Rechtsschutzversicherung, Rn. 37.

[848] *Ebers*, LTZ 2024, 1 (2); im Ergebnis auch *Biallaß*, in: Ory/Weth, jurisPK-ERV, Band 1, Kap. 8 Rn. 412 f., die auf die Bereiche anwaltliche und nicht anwaltliche Rechtsberatung zur Erörterung des Begriffs Rechtspflege nicht eingeht, sodann in Rn. 419 darauf verweist, dass die Rechtsberatung nicht im Bereich der Hochrisiko-KI-Systeme genannt werden.

[849] *Ebers/Hoch/Rosenkranz/Ruschemeier/Steinrötter*, RDi 2021, 528 (535); *Bomhard/Merkle*, RDi 2021, 276 (282); *Engelmann/Brunotte/Lütkens*, RDi 2021, 317 (321).

[850] So im Ergebnis auch *Engelmann/Brunotte/Lütkens*, RDi 2021, 317 (321) für Dokumentengeneratoren, Expertensysteme und Chatbots.

[851] Vgl. zum Ganzen *Remmertz*, in: Remmertz, Legal Tech-Strategien für Rechtsanwälte, 1. Auflage 2020, § 2 Rn. 109 ff., 417 ff.; *Holthausen/Schmid*, in: Chibanguza/Kuß/Steege, Künstliche Intelligenz, § 8 G. Rn. 49 ff.; zu den berufsrechtlichen Anforderungen an Rechtsanwälte s. u. unter 2. Teil C. I.

der Eingabe von Daten auch für jeden Endverbraucher offensichtlich, dass es sich hierbei nicht um eine menschliche, sondern um eine automatisierte (KI-) Anwendung handelt.[852] Dennoch ist auch die Ausgabe des Ergebnisses (etwa eines Rechtsrats, einer Handlungsempfehlung oder eines Rechtsdokuments) als Ergebnis der Interaktion Teil dieser Interaktion. Da hier nicht zwingend für den Endverbraucher ohne weitere Hinweise deutlich ist, dass es sich nicht um ein menschlich generiertes Ergebnis handelt, ist es nicht offensichtlich, dass es sich in diesem Schritt um die Interaktion mit einem KI-System gehandelt hat.[853] Daher ist dem Endverbraucher in klarer und eindeutiger Form mitzuteilen, dass es sich im Rahmen der Interaktion, insbesondere bei der Generierung der Ausgabe, um eine KI-Anwendung handelt, vgl. Art. 50 V 1 KI-Verordnung. Für die Eingabemöglichkeit von natürlicher Sprache wie etwa bei Chatbots ist von vornherein nicht zwangsläufig ersichtlich, dass es sich nicht um eine KI-Anwendung handelt, weshalb bei solchen Anwendungen ebenfalls die Transparenzpflicht besteht.[854] Mithin ist festzustellen, dass die Transparenzpflicht für Dokumentengeneratoren, Expertensysteme, Chatbots und Legal Robots gilt, die sich direkt an den Endverbraucher richten.[855] Hiervon ist jedoch im Allgemeinen auszugehen, da sich dies bereits aus dem UWG ergibt.[856]

Weiterhin haben alle Anbieter von KI-Systemen, die synthetische Textinhalte erzeugen, nach Art. 50 II 1 KI-Verordnung die Pflicht, ihre Ausgabe als künstlich erzeugt oder manipuliert zu kennzeichnen.

Die Information, dass die Interaktion mit einem KI-System erfolgt sowie gegebenenfalls, dass ein Textinhalt durch ein KI-System erzeugt wurde, ist „spätestens zum Zeitpunkt der ersten Interaktion oder Aussetzung in klarer und eindeutiger Weise" dem Nutzer des Systems bereitzustellen, Art. 50 V 1 KI-Verordnung.

Weitere Anforderungen werden an ein sogenanntes KI-Modell mit allgemeinem Verwendungszweck (auch GPAI-Modell genannt)[857] gestellt, das

---

[852] A.A. *Engelmann/Brunotte/Lütkens*, RDi 2021, 317 (321), die jedoch keine derartig differenzierte Analyse anstellen.

[853] So im Ergebnis jedoch ohne weitere Begründung auch *Engelmann/Brunotte/Lütkens*, RDi 2021, 317 (321).

[854] *Müller-Peltzer*, DSB 2022, 230 (231); *Engelmann/Brunotte/Lütkens*, RDi 2021, 317 (321); *Orssich*, EuZW 2022, 254 (259); a.A. *Molavi Vasse'i*, K&R Beilage 7/8/2022, 8 (8); *Johannisbauer*, MMR-Aktuell 2023, 455537, für Chatbots, jedoch ohne weitere Begründung.

[855] Vgl. *Engelmann/Brunotte/Lütkens*, RDi 2021, 317 (321), ohne jedoch auf den Begriff der Legal Robots einzugehen.

[856] S.o. unter 2. Teil B. II. 2. c).

[857] *Voigt/Hullen*, Handbuch KI-Verordnung, S. 9; *Hecht*, KIR 2025, 30 (32); *Ringlage/Weschky*, ZfDR 2024, 417 (418); *Bronner*, KIR 2024, 55 (60).

nach seiner Definition ein „KI-Modell [ist] – einschließlich der Fälle, in denen ein solches KI-Modell mit einer großen Datenmenge unter umfassender Selbstüberwachung trainiert wird –, das eine erhebliche allgemeine Verwendbarkeit aufweist und in der Lage ist, unabhängig von der Art und Weise seines Inverkehrbringens ein breites Spektrum unterschiedlicher Aufgaben kompetent zu erfüllen, und das in eine Vielzahl nachgelagerter Systeme oder Anwendungen integriert werden kann", Art. 3 I Nr. 63 KI-Verordnung. Ein derartiges KI-Modell stellt beispielsweise GPT-4 dar.[858] Hiervon abzugrenzen sind die Systeme, die auf den KI-Modellen beruhen, nicht jedoch selbst KI-Modell sind, da eine Integration in ein nachgelagertes System oder eine nachgelagerte Anwendung nicht möglich ist, vgl. Art. 3 I Nr. 63 KI-Verordnung.[859] Hierbei ist etwa das KI-System ChatGPT zu nennen.[860] In diesem Rahmen bestehen vor allem Anforderungen, die Art. 53 f. KI-Verordnung statuieren und jedem Anbieter eines GPAI-Modells auferlegen.[861] Die Pflichten enthalten primär Dokumentations- und Informationspflichten, die vorrangig für den Anbieter des nachgelagerten Systems oder der nachgelagerten Anwendung bestimmt sind.[862] Eine Relevanz für die Gewährleistung einer ordnungsgemäßen Rechtsberatung wird hierin jedoch nicht gesehen.

Andere Anforderungen stellte noch die Fassung des EU-Parlaments an sogenannte Basismodelle, die mit den jetzigen GPAI-Modellen vergleichbar sind, jedoch keinen Einklang in die aktuelle Fassung der KI-Verordnung gefunden haben.[863] Nach Art. 28b II 1 lit. b KI-Verordnung (EU-Parlament)[864] durfte der Anbieter eines Basismodells „nur Datensätze verarbeiten und einbeziehen, die angemessenen Data-Governance-Maßnahmen für Basismodelle unterliegen, insbesondere Maßnahmen zur Prüfung der Eignung der Datenquellen und möglicher Verzerrungen (englisch Bias) und geeigneter Abhilfemaßnahmen".

Weiterhin musste der Anbieter das Basismodell „so konzipieren und entwickeln, dass während seines gesamten Lebenszyklus ein angemessenes Niveau an Leistung, Vorhersagbarkeit, Interpretierbarkeit, Korrigierbarkeit, Si-

---

[858] *Voigt/Hullen*, Handbuch KI-Verordnung, S. 9; *Hecht*, KIR 2025, 30 (32).
[859] *Hecht*, KIR 2025, 30 (32); vgl. auch Erwägungsgrund 100 KI-Verordnung.
[860] *Voigt/Hullen*, Handbuch KI-Verordnung, S. 9; *Hecht*, KIR 2025, 30 (32); *Hacker/Berz*, ZRP 2023, 226 (227); *Becker/Feuerstack*, MMR 2024, 22 (23); *Feuerstack/Becker/Hertz*, ZfDR 2023, 421 (426).
[861] *Block/Jung/Wendt*, CRi 2023, 97 (100).
[862] *Voigt/Hullen*, Handbuch KI-Verordnung, S. 131; *Hecht*, KIR 2025, 30 (35 f.).
[863] Vgl. hierzu *Block/Jung/Wendt*, CRi 2023, 97 (100); *Hacker/Berz*, ZRP 2023, 226 (227); *Becker/Feuerstack*, MMR 2024, 22 (23); *Feuerstack/Becker/Hertz*, ZfDR 2023, 421 (426).
[864] Parlaments-Entwurf zum Gesetz über künstliche Intelligenz, P9 TA(2023)0236, vom 14.06.2023.

cherheit und Cybersicherheit erreicht wird, das mit Hilfe geeigneter Methoden wie der Modellevaluierung unter Einbeziehung unabhängiger Experten, dokumentierter Analysen und umfassender Tests während der Konzeption, des Entwurfs und der Entwicklung bewertet wird", Art. 28b II 1 lit. c KI-Verordnung (EU-Parlament). Für die Sicherstellung der Leistung vieler KI-Systeme (insbesondere solche, die anhand von einer großen Menge an Daten trainiert werden), ist es entscheidend, dass die Trainings-, Validierungs- und Testdatensätze (einschließlich der Labels) hinreichend relevant, repräsentativ sowie ordnungsgemäß auf Fehler überprüft und so vollständig wie möglich sind.[865] Hierbei gilt es, ein angemessenes Niveau an Leistung sicherzustellen, was hinsichtlich des Einsatzes in der Rechtsberatung zu einem weiteren Anstieg an Qualität, das heißt inhaltlicher Richtigkeit und Vollständigkeit, hätte führen können. Wie die Anforderungen an diese Vorschrift in der Praxis umgesetzt worden wären sowie die genauen Anforderungen an das „angemessene Niveau" wäre jedoch schwer vorherzusehen gewesen.[866] Auch die Herstellung von Transparenz im Hinblick auf Vorhersagbarkeit und Interpretierbarkeit hätte dazu führen können, dass Auswirkungen des sogenannten Black-Box-Effekts[867] abgemildert und so Fehler des Systems und damit des Outputs schneller erkannt und durch das Erfordernis eines angemessenen Niveaus an Korrigierbarkeit auch im Optimalfall beseitigt werden können. Auch hier dürfte es jedoch ungewiss gewesen sein, in welchem Niveau diese Anforderungen in der Praxis umgesetzt werden und umsetzbar sind.[868]

Um die Einhaltung all dieser nach Art. 28b KI-Verordnung (EU-Parlament) erforderlichen Maßnahmen sicherzustellen und zu dokumentieren, hätte der Anbieter zusätzlich ein Qualitätsmanagementsystem einrichten müssen, Art. 28b II 1 lit. f KI-Verordnung (EU-Parlament).

Derartige Verpflichtungen gelten ausschließlich für die Anbieter solcher Systeme, verpflichten jedoch nicht etwa Betreiber (beispielsweise Anwälte, die derartige Systeme im Rahmen ihrer Mandatsarbeit benutzen) oder Anbieter, die auf Grundlage derartiger Sprachmodelle eigene Anwendungen im Legal-Tech Bereich auf den Markt gebracht haben.[869]

---

[865] Vgl. Erwägung 44 der KI-Verordnung.
[866] Vgl. *Feuerstack/Becker/Hertz*, ZfDR 2023, 421 (426 f.); allgemein zur drohenden Rechtsunsicherheit und zur Notwendigkeit weiterer Konkretisierung der KI-Verordnung, *Bomhard/Siglmüller*, RDi 2024, 45 (54).
[867] S. hierzu unten unter 2. Teil C. I. 1. b) bb) (2).
[868] Vgl. *Feuerstack/Becker/Hertz*, ZfDR 2023, 421 (426 f.); *Hartmann*, RDV 2023, 300 (303); allgemein zur drohenden Rechtsunsicherheit und zur Notwendigkeit weiterer Konkretisierung der KI-Verordnung, *Bomhard/Siglmüller*, RDi 2024, 45 (54).
[869] *Ebers*, LTZ 2024, 1 (1).

Alle übrigen Systeme werden von der Kommission als KI-Systeme mit geringem Risiko angesehen, an welche keine weiteren Pflichten gestellt werden.[870] Dies betrifft sowohl die eben erwähnten Systeme, die sich direkt an Anwälte richten, als auch Systeme zum Information Retrieval, der Dokumentenanalyse und der Legal Prediction.

3. Konkrete Anforderungen an die Ersteller der KI-Systeme

Weiterhin schreibt der neue Art. 4 KI-Verordnung die Pflicht einer KI-Kompetenz vor.[871] Hiernach ergreifen „die Anbieter und Betreiber von KI-Systemen [...] Maßnahmen, um nach bestem Wissen und Gewissen sicherzustellen, dass ihr Personal und andere Personen, die in ihrem Auftrag mit dem Betrieb und der Nutzung von KI-Systemen befasst sind, über ausreichende KI-Kompetenz verfügen, wobei ihre technischen Kenntnisse, ihre Erfahrung, ihre Aus- und Weiterbildung und der Kontext, in dem die KI-Systeme eingesetzt werden sollen, sowie die Personen oder Personengruppen, bei denen die KI-Systeme eingesetzt werden sollen, berücksichtigt werden", Art. 4 KI-Verordnung. Hierbei erfordert die KI-Kompetenz nach Art. 3 Nr. 56 KI-Verordnung, die Befähigung, „um KI-Systeme sachkundig einzusetzen sowie sich der Chancen und Risiken von KI und möglicher Schäden, die sie verursachen kann, bewusst zu werden".[872] Die konkrete Ausformung der Kompetenzpflicht kann je nach eingesetztem KI-System unterschiedlich sein.[873] Zu unterscheiden ist in diesem Rahmen jedoch zunächst zwischen dem anwaltlichen und dem nichtanwaltlichen Kontext. Im nichtanwaltlichen Kontext erstellt der Anbieter lediglich das System und stellt dieses den Rechtssuchenden zur Verfügung.[874] Eine Anwendung der Systeme als Assistenzsystem durch die eigenen Angestellten erfolgt typischerweise nicht.[875] Dies ist vielmehr üblicherweise im anwaltlichen Kontext der Fall.[876] Mithin ist für derartige Anbieter lediglich die Kompetenz im Rahmen der Erstellung der Systeme verpflichtend sicherzustellen. Erwägungsgrund 20 der KI-Verordnung

---

[870] *Engelmann/Brunotte/Lütkens*, RDi 2021, 317 (321); *Bomhard/Merkle*, RDi 2021, 276 (282); *Rostalski/Weiss*, ZfDR 2021, 329 (353); dennoch galten die allgemein für KI-Systeme zu beachtenden Grundsätze aus Art. 4a der KI-Verordnung.

[871] *Fleck*, KIR 2024, 99 (100); *Möller-Klapprich*, NJ 2024, 337 (339f.); *Wulf/Bernklau*, GmbHR 2024, R356 (R357).

[872] *Wulf/Bernklau*, GmbHR 2024, R356 (R357); *Wendehorst*, in: Martini/Wendehorst, KI-VO, Art. 4 Rn. 11.

[873] Erwägungsgrund 12 KI-Verordnung; *Fleck*, KIR 2024, 99 (101).

[874] Vgl. etwa für die Systeme oben unter 1. Teil C.

[875] S. hierzu oben unter 1. Teil C. IV. 2. a) bb); vgl. für den Begriff des Assistenzsystems 2. Teil.

[876] S. hierzu unten unter 2. Teil.

führt hierzu aus, dass der (zukünftige) Anbieter oder Betreiber sicherzustellen hat, dass die an der Erstellung beteiligten Personen das Verständnis „über die korrekte Anwendung technischer Elemente in der Entwicklungsphase des KI-Systems" besitzen. Dies setzt ein technisches Verständnis und Fähigkeiten über die eingesetzten Techniken im jeweiligen Einzelfall (Expertensysteme, maschinelles Lernen und seine konkreten Ausformungen wie künstliche neuronale Netze/tiefes Lernen/generative KI usw.)[877] voraus.[878] Da jedoch nach dem Wortlaut von Art. 4 KI-Verordnung auch die Ausbildung des Personals zu berücksichtigen ist,[879] wird die Kompetenzvermittlung in diesem Rahmen typischerweise keine dem Informatikstudium oder einer anderen diese Kompetenz vermittelnde Ausbildung gleichzusetzende Schulung voraussetzen.

V. Zwischenergebnis

Bereits nach aktueller Gesetzeslage müssen Dienstleister eine Reihe von regulatorischen Pflichten beachten, die unmittelbar oder mittelbar dazu dienen, die Qualität der nichtanwaltlichen Rechtsberatung, insbesondere beim Einsatz von KI, sicherzustellen. Hierbei müssen namentlich die Pflichten aus dem RDG, UWG, BGB sowie aus der KI-Verordnung beachtet werden.

C. Regulierungsrahmen für Anwälte bei Nutzung von KI-Software zur Erbringung von Rechtsberatung

Im Anschluss an die Darstellung der Regulierung zur Sicherung einer ordnungsgemäßen Rechtsberatung durch nichtanwaltliche Dienstleister soll nun der Regulierungsrahmen für anwaltliche Rechtsberatung betrachtet werden.[880] Hierdurch soll ein umfassendes Bild der Regulierungslandschaft ge-

---

[877] Vgl. für die hier aufgeführten Techniken oben unter 1. Teil B. II. und 2. Teil II. 7.

[878] Vgl. *Wendehorst*, in: Martini/Wendehorst, KI-VO, Art. 4 Rn. 13; sollte dennoch auch im nichtanwaltlichen Kontext eine Anwendung von KI-Systemen als Assistenzsystem als Assistenzsystem durch die eigenen Mitarbeiter erfolgen, gelten die Ausführungen unter 2. Teil C. II. entsprechend.

[879] *Wendehorst*, in: Martini/Wendehorst, KI-VO, Art. 4 Rn. 20.

[880] Nicht erfasst werden soll der Bereich, der sich aus dem Anwaltsvertrag ergebenden Pflichten. Dieser Bereich ist vielmehr für die anwaltliche Haftung relevant, steht jedoch unabhängig von der Regulierung zur Sicherung einer ordnungsgemäßen Rechtsberatung, s. jedoch unten unter 2. Teil C. I. 1. b) aa), bb), cc). Zu den anwaltlichen Pflichten s. etwa ausführlich *Vill/Fischer*, in: Fischer/Vill/Fischer/Chab/Pape,

schaffen werden. So ist sowohl der Rechtsuchende, der sich an nichtanwaltliche Anbieter wendet, als auch der, der sich an Anwälte wendet, auf eine ordnungsgemäße Rechtsberatung angewiesen.

I. Regulierung durch anwaltliches Berufsrecht

Wichtigstes Regulierungsinstrument zur Sicherung einer ordnungsgemäßen Rechtsberatung im anwaltlichen Umfeld stellt zunächst das anwaltliche Berufsrecht, mithin die Bundesrechtsanwaltsordnung (BRAO) und die Berufsordnung für Rechtsanwälte (BORA), dar.[881] Hierdurch werden unter anderem verschiedene Pflichten statuiert, die der Rechtsanwalt bei Ausübung seiner Tätigkeit einzuhalten hat.[882] Auch in diesem Rahmen soll sich auf die Pflichten beschränkt werden, die einen Einfluss auf die Qualität einer ordnungsgemäßen Rechtsberatung haben können.[883]

1. Gewissenhafte Berufsausübung

Die Berufsausübung des Rechtsanwalts hat in gewissenhafter Form zu erfolgen, § 43 S. 1 BRAO. Jedoch wird § 43 BRAO nach nunmehr h.A. in der Literatur lediglich als sogenannte „Transformationsnorm" in Verbindung mit anderen die Berufsausübung regelnden Normen herangezogen, was dazu führt, dass § 43 BRAO nach dieser Auffassung keine eigenständige Bedeutung zukommt.[884] Da keine spezifischen Normen für die Nutzung von KI-

---

Handbuch der Anwaltshaftung, § 2; *Heinemann*, in: Vollkommer/Greger/Heinemann, Anwaltshaftungsrecht, § 1.

[881] *Scharmer*, in: Hamm, Beck'sches Rechtsanwalts-Handbuch, § 59 Rn. 1; *Kilian*, in: Kilian/Koch, Anwaltliches Berufsrecht, A. Rn. 4.

[882] *Träger*, in: Weyland, BRAO, § 43 Rn. 3; *Borgmann*, in: Borgmann/Jungk/Schwaiger, Anwaltshaftung, 1. Teil Kap. 1 Rn. 36, 38; *Prütting*, in: Henssler/Prütting, BRAO, § 43 Rn. 7f.; *Scharmer*, in: Hamm, Beck'sches Rechtsanwalts-Handbuch, § 59 Rn. 1 ff.; *Kilian*, in: Kilian/Koch, Anwaltliches Berufsrecht, A. Rn. 4.

[883] S. für nicht auf diesen Bereich beschränkte Ausführungen *Offermann-Burckart*, in: Remmertz, Legal Tech-Strategien für Rechtsanwälte, 1. Auflage 2020, § 2.

[884] *Scharmer*, in: Hamm, Beck'sches Rechtsanwalts-Handbuch, § 59 Rn. 7; *Remmertz*, in: Remmertz, Legal Tech-Strategien für Rechtsanwälte, 1. Auflage 2020, § 2 Rn. 417; *Peitscher*, in: Hartung/Scharmer, BRAO, § 43 Rn. 17; *Prütting*, in: Henssler/Prütting, BRAO, § 43 Rn. 21; *Hartung*, AnwBl 2008, 782 (783); *Jähnke*, NJW 1988, 1888 (1889); *Grunewald/Piepenstock*, MDR 2000, 869 (871); a.A. insbesondere die Rechtsprechung AGH NRW NJW-RR 2013, 624 (625); AGH NRW BeckRS 2011, 72255; AGH Berlin BeckRS 2016, 67699 Rn. 8; Saarländischer AGH BRAK-Mitt. 2003, 179 (180); AnwG Hamburg BRAK-Mitt. 2015, 140 (140); AnwG Freiburg BRAK-Mitt. 2005, 27 (30f.).

Software als Assistenz für die anwaltliche Rechtsberatung bestehen,[885] könnte möglicherweise neben den allgemeinen Normen, die in Verbindung mit § 43 BRAO geprüft werden, auch auf die allgemeine Berufspflicht des § 43 S. 1 BRAO zurückzugreifen und mit KI-spezifischem Inhalt zu füllen sein.[886] Die grundsätzliche Möglichkeit eines solchen Rückgriffs wird insbesondere von der Rechtsprechung angenommen.[887]

a) § 43 BRAO als Transformationsnorm

Ganz unstreitig lässt sich § 43 BRAO als Transformationsnorm in Verbindung mit anderen die Berufsausübung regelnden Normen heranziehen.[888] Zunächst in Betracht kommt ein Verstoß gegen § 43 S. 1 BRAO i. V. m. § 3 RDG.[889] Ein solcher kommt dann in Betracht, wenn Rechtsanwälte Dienstleistungen im Rahmen ihrer Mandatsarbeit in Anspruch nehmen, die eine erlaubnispflichtige Rechtsdienstleistung darstellen, jedoch nicht über die nötige Erlaubnis zur Erbringung einer derartigen Rechtsdienstleistung nach § 3 RDG verfügen.[890] Da alle Dienstleistungen, die in dieser Arbeit vorgestellt wurden, für Rechtsanwälte (mangels *subjektiver* Erforderlichkeit der rechtlichen Prüfung des *Einzelfalls*) gerade keine Rechtsdienstleistungen im Sinne des § 2 I RDG darstellen,[891] ist ein solcher Fall mangels eines Verstoßes gegen § 3 RDG beim Einsatz derartiger KI-Tools ausgeschlossen.

---

[885] Vgl. die Auflistung der technik-spezifischen Normen des anwaltlichen Berufsrechts in *Remmertz*, LTZ 2023, 75 (75).

[886] *Remmertz*, in: Remmertz, Legal Tech-Strategien für Rechtsanwälte, 1. Auflage 2020, § 2 Rn. 417; *Hartung*, RDi 2023, 209 (216); *Hartung*, in: Chibanguza/Kuß/Steege, Künstliche Intelligenz, § 8 F. Rn. 33; vgl. auch *Peitscher*, in: Hartung/Scharmer, BRAO, § 43 Rn. 16, der zwar einen theoretischen Einsatzbereich im Rahmen von „Legal Tech-Anwendungen" sieht, jedoch darauf verweist, dass derartige Änderungen durch die Satzungsversammlung mit einer Änderung der Berufsordnung erfolgen müsste, hierzu s. u. unter 2. Teil C. I. 1. b); *von Lewinski*, BRAK-Mitt. 2020, 68 (70), der eine derartige Anwendbarkeit der Norm zumindest für möglich hält.

[887] AGH NRW NJW-RR 2013, 624 (625); AGH NRW BeckRS 2011, 72255; AGH Berlin BeckRS 2016, 67699 Rn. 8; Saarländischer AGH BRAK-Mitt. 2003, 179 (180); AnwG Hamburg BRAK-Mitt. 2015, 140 (140); AnwG Freiburg BRAK-Mitt. 2005, 27 (30 f.).

[888] S. wie eben dargestellt unter 2. Teil C. I. 1.

[889] *Remmertz*, in: Hamm, Beck'sches Rechtsanwaltshandbuch, § 64 Rn. 103; *Remmertz*, in: Remmertz, Legal Tech-Strategien für Rechtsanwälte, 1. Auflage 2020, § 3 Rn. 34; *Prütting*, in: Henssler/Prütting, BRAO, § 43 Rn. 28; *Peitscher*, in: Hartung/Scharmer, BRAO, § 43 Rn. 24; *Praß*, in: BeckOK BRAO, § 43 Rn. 7.

[890] *Remmertz*, in: Hamm, Beck'sches Rechtsanwaltshandbuch, § 64 Rn. 103; *Prütting*, in: Henssler/Prütting, BRAO, § 43 Rn. 28.

[891] S. o. unter 2. Teil A. II. 2. b); 2. Teil A. II. 3. a), b); 2. Teil A. II. 4.

Weiterhin liegt ein Verstoß gegen § 43 S. 1 BRAO i.V.m. § 3 RDG vor, wenn eine als Rechtsanwalt zugelassene Person der Geschäftsführer oder ein sonstiger Beteiligter an einem Unternehmen, das eine unzulässige Rechtsdienstleistung anbietet und damit gegen § 3 RDG verstößt, ist.[892]

b) Eigener Gehalt des § 43 BRAO

Damit § 43 BRAO neben seiner Transformationsfunktion auch ein eigener, selbstständiger Gehalt zugesprochen werden kann, müsste der Norm eine Auffangfunktion zukommen, was jedoch in der Literatur sehr umstritten ist.[893] Zum einen lässt sich vertreten, dass eine derartige Auffangfunktion abzulehnen ist.[894] Dies ergebe sich bereits daraus, dass bei der Beachtung und im Fall eines Verstoßes der Ahndung ein hohes Maß an Rechtssicherheit (und Bestimmtheit) erforderlich sei, was bei einer Auffangnorm und den daraus erwachsenden, ungeschriebenen Berufspflichten nicht gewährleistet sein könne.[895] Weiterhin würde ein eigenständiger Gehalt des § 43 BRAO die insoweit nach § 59a II Nr. 1 BRAO bestehende Satzungsermächtigung zur konkreten Ausgestaltung der gewissenhaften Ausübung leerlaufen lassen, könnten derartige Pflichten bereits aus § 43 BRAO herausgelesen werden, sodass die Gerichte bei der Auslegung der Norm so weiteres Berufsrecht entstehen lassen könnten.[896] Dies ergebe sich auch historisch aus dem Willen der Satzungsversammlung, die für den Erlass der Berufsordnung (BORA) ermächtigt wurde und sich ausdrücklich gegen die Aufnahme der Pflicht zur gewissenhaften Ausübung in die BORA entschieden hätten.[897]

Zum anderen lässt sich hingegen vertreten, dass dem § 43 BRAO ein eigener Gehalt zu entnehmen ist, sodass ein Verstoß gegen die gewissenhafte Berufsausübung auch dann vorliegen könne, wenn keine weitere berufsrecht-

---

[892] *Remmertz*, in: Hamm, Beck'sches Rechtsanwaltshandbuch, § 64 Rn. 103; *Prütting*, in: Henssler/Prütting, BRAO, § 43 Rn. 28.
[893] *Remmertz*, in: Remmertz, Legal Tech-Strategien für Rechtsanwälte, 1. Auflage 2020, § 2 Rn. 417; *Peitscher*, in: Hartung/Scharmer, BRAO, § 43 Rn. 12.
[894] *Prütting*, in: Henssler/Prütting, BRAO, § 43 Rn. 23; *Peitscher*, in: Hartung/Scharmer, BRAO, § 43 Rn. 14; *Grunewald/Piepenstock*, MDR 2000, 869 (870); *Praß*, in: BeckOK BRAO, § 43 Rn. 2.
[895] *Prütting*, in: Henssler/Prütting, BRAO, § 43 Rn. 23; *Peitscher*, in: Hartung/Scharmer, BRAO, § 43 Rn. 14; *Grunewald/Piepenstock*, MDR 2000, 869 (870).
[896] *Prütting*, in: Henssler/Prütting, BRAO, § 43 Rn. 23; *Peitscher*, in: Hartung/Scharmer, BRAO, § 43 Rn. 6, 15; *Grunewald/Piepenstock*, MDR 2000, 869 (870).
[897] *Prütting*, in: Henssler/Prütting, BRAO, § 43 Rn. 23; *Hartung*, AnwBl 2008, 782 f.; Hinweis, dass hiervon noch kein Gebrauch gemacht wurde auch bei *Zuck*, in: Gaier/Wolf/Göcken, BRAO, § 43 Rn. 47.

liche Norm verletzt werde und soweit keine Spezialnorm bestehe.[898] Eine Einschränkung erfährt diese Ansicht insoweit, dass auf die Norm als Auffangtatbestand jedoch nur dann zurückgegriffen werden könne, wenn die insoweit zuständige Satzungsversammlung entweder keine Entscheidung hierüber getroffen (sogenanntes beredetes Schweigen) oder eine bestehende Lücke unbewusst nicht geschlossen habe, was insbesondere auch „für neuartige Verhaltensweisen" gelte.[899] Eine solche Auffangfunktion sei notwendig, um Lücken der anwaltlichen Berufspflichten zu schließen.[900] Auch dem Wortlaut des § 43 S. 1 BRAO sei keine derartige Einschränkung zu entnehmen, dass ein Verhalten, das gegen die gewissenhafte Berufsausübung (und nur hiergegen) verstößt, nicht berufsrechtlich geahndet werden könne.[901] Weiterhin spreche für die Ansicht, dass eine konkrete, detaillierte Ausführung, was vom unbestimmten Rechtsbegriff der Gewissenhaftigkeit erfasst sein soll, „aussichtslos erscheint".[902] Da der Einsatz von KI-Anwendungen in den unterschiedlichen Schritten der anwaltlichen Rechtsberatung als ein Phänomen der letzten Jahre anzusehen ist und damit eine neuartige Verhaltensweise darstellt,[903] wäre nach dieser Ansicht eine Anwendung des § 43 S. 1 BRAO grundsätzlich möglich.

Gegen die erste Ansicht spricht, dass schon keine verfassungsrechtlichen Bedenken gegen die Anwendung des § 43 S. 1 BRAO als Auffangtatbestand bestehen.[904] So ist es gerade dem Charakter einer Generalklausel immanent, eine gewisse Unbestimmtheit aufzuweisen, um ihrer Funktion nach für eine Vielzahl unterschiedlicher, nicht im Einzelnen zuvor vorhersehbarer Fälle

---

[898] AGH NRW NJW-RR 2013, 624 (625); AGH NRW BeckRS 2011, 72255; AGH Berlin BeckRS 2016, 67699 Rn. 8; Saarländischer AGH BRAK-Mitt. 2003, 179 (180); AnwG Hamburg BRAK-Mitt. 2015, 140 (140); AnwG Freiburg BRAK-Mitt. 2005, 27 (30 f.); *Kleine-Cosack*, in: Kleine-Cosack, BRAO, § 43 Rn. 7; *Kleine-Cosack*, NJW 2011, 2251 (2252); *Zuck*, in: Gaier/Wolf/Göcken, BRAO, § 43 Rn. 47; *Dittmann/Thole*, in: Henssler/Prütting, BRAO, § 113 Rn. 6.

[899] AGH NRW BeckRS 2011, 72255; *Zuck*, in: Gaier/Wolf/Göcken, BRAO, § 43 Rn. 47; *Kleine-Cosack*, in: Kleine-Cosack, BRAO, § 43 Rn. 13.

[900] AGH NRW NJW-RR 2013, 624 (625); AGH NRW BeckRS 2011, 72255; *Kleine-Cosack*, in: Kleine-Cosack, BRAO, § 43 Rn. 11.

[901] *Dittmann*, in: Henssler/Prütting, BRAO, § 113 Rn. 11.

[902] So *Peitscher*, in: Hartung/Scharmer, BRAO, § 43 Rn. 14, der hieraus jedoch kein zwingendes Argument für die alleinige Anwendbarkeit von § 43 BRAO sieht. Vielmehr verneint er eine solche Anwendung der Norm mit Hinweis auf das rechtsstaatliche Bestimmtheitsgebot des Art. 20 III GG sowie dem Gebot der Vorhersehbarkeit aus Art. 103 II GG.

[903] So etwa auch *Peitscher*, in: Hartung/Scharmer, BRAO, § 43 Rn. 14.

[904] *Kleine-Cosack*, in: Kleine-Cosack, BRAO, § 43 Rn. 9, 2 f.; *Zuck*, in: Gaier/Wolf/Göcken, BRAO, § 43 Rn. 47.

Anwendung finden zu können.⁹⁰⁵ Daher entspricht es gängiger gerichtlicher Praxis, Generalklauseln zu Berufspflichten für verfassungsmäßig zu erklären.⁹⁰⁶ Weder der Gesetzgeber noch das BVerfG⁹⁰⁷ haben durch eine Abschaffung oder die Erklärung der Verfassungswidrigkeit der Norm beabsichtigt, die Geltung von § 43 S. 1 BRAO aufzuheben, weshalb es dem Willen des Gesetzgebers entspricht, die Norm als geltendes Recht auch (weiterhin) anzuwenden.⁹⁰⁸ Weiterhin ist es in einem derart sensiblen Bereich wie der Beziehung zwischen Anwalt und Mandant,⁹⁰⁹ in welcher der Mandant seine rechtlichen Belange in die Hände einer qualifizierten Person legt, auch notwendig, mit einer gewissen Flexibilität im Rahmen des verfassungsrechtlich Zulässigen, auf neue, nicht vom Gesetzgeber oder der Satzungsversammlung vorhergesehenen Verhaltensweisen, wie etwa dem Einsatz von KI-Tools, zu reagieren.⁹¹⁰ Auch führt eine Anwendung des § 43 S. 1 BRAO keinesfalls zu einem „Leerlaufen" der Satzungsermächtigung des § 59a II BRAO.⁹¹¹ Vielmehr verbleibt ein Anwendungsbereich insoweit, dass hierdurch der Anwendungsbereich der Generalklausel reduziert werden kann, da diese nur dann Anwendung findet, wenn in der BORA oder anderen spezialgesetzlichen Normen gerade keine Regelung des betreffenden Falles vorhanden ist.⁹¹² Mithin ist der zweiten Ansicht zu folgen.

Zu beachten ist jedoch, dass dieser Streit für den konkreten Fall primär dogmatische Relevanz besitzt und in der Praxis deutlich geringere Auswirkungen haben wird. So lässt sich nach der ersten Ansicht eine Verletzung des § 43 S. 1 BRAO begründen, wenn in einem besonderen Maße Pflichten aus dem Anwaltsvertrag verletzt werden.⁹¹³ Lediglich die relevanten Normen ändern sich von § 43 S. 1 BRAO zu § 43 S. 1 BRAO i. V. m. mit den konkreten anwaltlichen Pflichten aus dem Anwaltsvertrags aus §§ 611 ff., 675 BGB.⁹¹⁴

Bereits vorgeschlagene, jedoch noch nicht im Einzelnen ausgeführte Anwendungsbereiche des § 43 BRAO im Rahmen der Nutzung von KI-Tools

---

⁹⁰⁵ *Zuck*, in: Gaier/Wolf/Göcken, BRAO, § 43 Rn. 47.
⁹⁰⁶ *Kleine-Cosack*, in: Kleine-Cosack, BRAO, § 43 Rn. 3.
⁹⁰⁷ BVerfGE 76, 171 (171 ff.).
⁹⁰⁸ *Zuck*, in: Gaier/Wolf/Göcken, BRAO, § 43 Rn. 47, 47b; *Kleine-Cosack*, in: Kleine-Cosack, BRAO, § 43 Rn. 3.
⁹⁰⁹ Vgl. insoweit *Heussen*, NJW 2014, 1786 (1787).
⁹¹⁰ Vgl. AGH NRW BeckRS 2011, 72255; vgl. insoweit auch *Kleine-Cosack*, in: Kleine-Cosack, BRAO, § 43 Rn. 3.
⁹¹¹ *Kleine-Cosack*, in: Kleine-Cosack, BRAO, § 43 Rn. 9.
⁹¹² *Kleine-Cosack*, in: Kleine-Cosack, BRAO, § 43 Rn. 9.
⁹¹³ *Träger*, in: Weyland, BRAO, § 43 Rn. 24; *Prütting*, in: Henssler/Prütting, BRAO, § 43 Rn. 29.
⁹¹⁴ *Träger*, in: Weyland, BRAO, § 43 Rn. 24; *Prütting*, in: Henssler/Prütting, BRAO, § 43 Rn. 29.

sind vor allem die ordnungsgemäße Sachverhaltserfassung sowie die gewissenhafte inhaltliche (juristische) Bearbeitung.[915] Da sich diese Pflichten insbesondere aus dem anwaltlichen Vertrag ableiten lassen, sollen auch die übrigen wesentlichen Pflichten, mithin die „Kenntnis" von Gesetz, Literatur und Rechtsprechung sowie bestimmte Informationspflichten,[916] vor dem Hintergrund des § 43 S. 1 BRAO im Rahmen der Anwendung von KI-Software in der Rechtsberatung betrachtet werden.

aa) Ordnungsgemäße Sachverhaltserfassung

Erste Aufgabe des Rechtsanwalts in der Bearbeitung eines juristischen Problems seines Mandanten, sprich der Rechtsberatung, ist die ordnungsgemäße Erfassung und Aufklärung des Sachverhalts.[917] Nur wenn dieser Schritt erfolgreich gemeistert wurde, können sich die inhaltliche Bearbeitung und die restlichen Aufgaben anschließen.[918] Bedarf es nach den konkreten Umständen des jeweiligen Falls der Kenntnis weiterer Tatsachen, die für die richtige juristische Bearbeitung erforderlich sind und ist deren Bedeutsamkeit für den Mandanten nicht ohne weiteres erkennbar, so muss der Rechtsanwalt diese Tatsachen ergänzend feststellen.[919] Besteht eine derartige Erforderlichkeit einer ergänzenden Feststellung nicht, darf der Rechtsanwalt jedoch auf die Ausführungen des Mandanten vertrauen.[920] Grundsätzlich hat die Befragung persönlich zu erfolgen und darf an keine anderen Personen, etwa Mitarbeiter,

---

[915] *Remmertz*, in: Remmertz, Legal Tech-Strategien für Rechtsanwälte, 1. Auflage 2020, § 2 Rn. 417 ff.; *Remmertz*, LTZ 2023, 75 (75); *Hartung*, RDi 2023, 209 (216); *Hartung*, RDi 2021, 421 (423); *Fries*, in: Linardatos, Rechtshandbuch Robo Advice, § 16 Rn. 26 ff.; *Zuck*, in: Gaier/Wolf/Göcken, BRAO, § 43 Rn. 48b.

[916] *Hartung*, in: Chibanguza/Kuß/Steege, Künstliche Intelligenz, § 8 F. Rn. 33; *Karg*, Anwaltsvertragshaftung, S. 56 ff.

[917] BGH NJW 1998, 2048 (2049); BGH NJW 1985, 1154 (1155); BGH NJW 1994, 1472 (1474); LG Bremen BeckRS 2022, 17253 Rn. 40; *Hartmann/Hartmann*, in: van Bühren, Handbuch Versicherungsrecht, § 10 Rn. 29; *Jungk*, in: Borgmann/Jungk/Schwaiger, Anwaltshaftung, Kap. IV Rn. 16; *Fischer/Vill*, in: Fischer/Vill/Fischer/Chab/Pape, Handbuch der Anwaltshaftung, § 2 Rn. 34; *Heinemann*, in: Vollkommer/Greger/Heinemann, Anwaltshaftungsrecht, § 10 Rn. 1.

[918] *Hartmann/Hartmann*, in: van Bühren, Handbuch Versicherungsrecht, § 10 Rn. 29; *Fischer/Vill*, in: Fischer/Vill/Fischer/Chab/Pape, Handbuch der Anwaltshaftung, § 2 Rn. 34.

[919] BGH NJW 1998, 2048 (2049); BGH NJW 1985, 1154 (1155); BGH NJW 1994, 1472 (1474); OLG Hamm BeckRS 2015, 16895.

[920] BGH NJW 2006, 501 (502); BGH NJW 2002, 1413 (1413); OLG Hamm NJOZ 2016, 58 Rn. 38; *Heinemann*, in: Vollkommer/Greger/Heinemann, Anwaltshaftungsrecht, § 10 Rn. 1; *Jungk*, in: Borgmann/Jungk/Schwaiger, Anwaltshaftung, Kap. IV Rn. 29.

C. Regulierungsrahmen für Anwälte

delegiert werden.[921] Eine Ausnahme besteht nur dann, soweit Fehler bei der Erfassung und Weiterleitung an den Anwalt praktisch ausgeschlossen sind.[922] Dies ist nur dann der Fall, wenn der Sachverhalt und die damit zu beurteilenden rechtlichen Fragen auch für die delegierte Person einfach festzustellen und erfassbar sind.[923]

Probleme der Sachverhaltserfassung können sich beim Einsatz von bereits angesprochenen KI-Tools dann ergeben, wenn der Anwalt diese Systeme (etwa Chatbots/Legal Robots oder juristische Expertensysteme und Online-Rechner) einsetzt.[924] Zu beachten sind jedoch zwei wesentliche Grenzen, die bei einem möglichen Verstoß gegen § 43 S. 1 BRAO relevant werden.

So liegt bereits keine Pflichtverletzung, die möglicherweise zu einem Verstoß gegen § 43 S. 1 BRAO führen könnte, vor, wenn privatautonom der Prüfungsrahmen eingeschränkt wurde, etwa wenn der Mandant ausdrücklich (beispielsweise aus Gründen der Kostenersparnis) den Einsatz von bestimmten KI-Tools wünscht.[925] Damit eine derartige Einschränkung vorliegen kann, muss dies bei Vertragsschluss ausdrücklich vereinbart worden sein.[926] Dies setzt zumindest voraus, dass der Kunde deutlich erkennen konnte, dass er im Rahmen der automatisierten Sachverhaltserfassung nicht mit einem Rechtsanwalt, sondern mit einer technischen Einrichtung kommuniziert, und dass dies dazu führen kann, dass der Anwalt gegebenenfalls nicht den vollständigen Sachverhalt seiner juristischen Bearbeitung zugrunde legen kann, selbst dann, wenn der Anwalt noch im Nachhinein Fragen stellt.[927] Müsste dieser im Anschluss an die automatisierte Sachverhaltserfassung eine erneute vollständige Sachverhaltserfassung persönlich durchführen, entfielen die beiderseitigen Effizienzvorteile, für die sich bewusst entschieden wurden. Entscheidet sich der Mandant daher wissentlich für die mitunter praktiklere/bequemere/schnellere Lösung oder die bei Massenverfahren bestehenden Vorteile[928] und

---

[921] *Hartmann/Hartmann*, in: van Bühren, Handbuch Versicherungsrecht, § 10 Rn. 29; *Jungk*, in: Borgmann/Jungk/Schwaiger, Anwaltshaftung, Kap. IV Rn. 37.
[922] *Jungk*, in: Borgmann/Jungk/Schwaiger, Anwaltshaftung, Kap. IV Rn. 37; *Heinemann*, in: Vollkommer/Greger/Heinemann, Anwaltshaftungsrecht, § 10 Rn. 7.
[923] *Jungk*, in: Borgmann/Jungk/Schwaiger, Anwaltshaftung, Kap. IV Rn. 37; *Heinemann*, in: Vollkommer/Greger/Heinemann, Anwaltshaftungsrecht, § 10 Rn. 7.
[924] *Remmertz*, in: Remmertz, Legal Tech-Strategien für Rechtsanwälte, 1. Auflage 2020, § 2 Rn. 417 ff.; vgl. *Heinemann*, in: Vollkommer/Greger/Heinemann, Anwaltshaftungsrecht, § 10 Rn. 7.
[925] *Fries*, in: Linardatos, Rechtshandbuch Robo Advice, Kap. 16 Rn. 28.
[926] *Remmertz*, in: Remmertz, Legal Tech-Strategien für Rechtsanwälte, 1. Auflage 2020, § 2 Rn. 419.
[927] Vgl. *Remmertz*, in: Remmertz, Legal Tech-Strategien für Rechtsanwälte, 1. Auflage 2020, § 2 Rn. 419.
[928] S. o. unter 2. Teil B. I. 5. d)

nimmt das hierdurch entstehende Risiko bewusst in Kauf, kann bereits keine Pflichtverletzung auf Seiten des Anwalts vorliegen.[929]

Weiterhin können neben Praktikabilität, Zeitersparnis usw. jedoch auch qualitative Vorteile in der Sachverhaltserfassung durch KI-Tools entstehen, die für eine gewissenhafte Sachverhaltserfassung gerade förderlich sind.[930] So verfügen beispielsweise Unternehmen zur Geltendmachung von Fluggastrechten über umfangreiche Datenbanken, etwa zu Wetterdaten, konkreten Flugbewegungen und Streiks, die für die umfassende Aufklärung des Sachverhalts erforderlich sind.[931] Weiterhin können KI-Anwendungen aus dem Bereich Information Retrieval, wie bereits oben beschrieben, aus einer großen Datenmenge relevante Dokumente herausfiltern und strukturieren, sodass sich der Anwalt einen besseren ersten Eindruck über den Sachverhalt verschaffen kann.[932] Darüber hinaus verringert ein Einsatz die Gefahr, dass nach einem erfolgten ordnungsgemäßen Training des Systems bestimmte Standard-Dokumente gänzlich vom Rechtsanwalt übersehen werden.[933] Dies ergibt sich bereits daraus, dass derartige Systeme naturgemäß keine Anzeichen von Erschöpfung oder Probleme der Konzentration aufgrund äußerer Umstände wie Zeitnot, Stress oder fehlenden Pausen aufzeigen können.[934]

Liegt eine derartige Einschränkung der vertraglichen Pflichten nicht vor, ist weiterhin zu beachten, dass nicht jeder Verstoß gegen eine zivilrechtliche Pflicht bereits zu einem Verstoß gegen § 43 S. 1 BRAO führen kann.[935] Vielmehr bedarf es einer „grob vertragswidrigen Verhaltensweise" des Rechtsanwalts.[936] Dies folgt aus dem Grundsatz der freien, selbstverantwortlichen und weisungsfreien Tätigkeit des Rechtsanwalts seinem Mandanten gegenüber, die durch §§ 1, 3, 43a I BRAO und insbesondere auch Art. 12 I GG abge-

---

[929] So auch *Fries*, in: Linardatos, Rechtshandbuch Robo Advice, S. 410.

[930] *Rott*, in: Blocher/Heckmann/Zech, DGRI Jahrbuch 2016, Rn. 34; *Ebers*, in: Ebers/Quarch, Rechtshandbuch ChatGPT, § 13 Rn. 86; vgl. *Fries*, NJW 2016, 2860 (2863 f.).

[931] *Rott*, in: Blocher/Heckmann/Zech, DGRI Jahrbuch 2016, Rn. 34; vgl. *Fries*, NJW 2016, 2860 (2863 f.); s. o. unter 1. Teil C. IV. 2. a) aa).

[932] *Hähnchen/Schrader/Weiler/Wischmeyer*, JuS 2020, 625 (628); allgemein zu Systemen des Information Retrievals s. o. unter 1. Teil C. II. 1.

[933] S. o. unter 1. Teil C. II 1., 1. Teil C. II. 4. a) aa).

[934] So auch *Wagner*, BB 2017, 898 (904), der darauf verweist, dass technischen Systemen keine menschlichen Fehler unterlaufen.

[935] *Träger*, in: Weyland, BRAO, § 43 Rn. 24; *Prütting*, in: Henssler/Prütting, BRAO, § 43 Rn. 29, die jedoch § 43 S. 1 BRAO nicht als Auffangnorm ansehen und daher § 43 S. 1 BRAO i. V. m. §§ 611 ff., 675 BGB anwenden.

[936] *Träger*, in: Weyland, BRAO, § 43 Rn. 24; *Prütting*, in: Henssler/Prütting, BRAO, § 43 Rn. 29; vgl. auch die Auflistung bei *Kleine-Cosack*, in: Kleine-Cosack, BRAO, § 43 Rn. 16.

C. Regulierungsrahmen für Anwälte

sichert ist.[937] Zunächst müsste ein zivilrechtlicher Pflichtverstoß vorliegen (s. o.). Zwar kann der Mandant in Ausübung seiner Privatautonomie, wie eben dargestellt, das Mandat des Rechtsanwalts durch eine bewusste Entscheidung beschränken, jedoch entbindet allein der Einsatz derartiger Lösungen den Rechtsanwalt hingegen nicht von seiner Pflicht zur ordnungsgemäßen und gewissenhaften Prüfung des Sachverhalts, sodass ein vollumfängliches Beratungsgespräch weiterhin notwendig ist.[938] Bestehen Unklarheiten tatsächlicher Art im Hinblick auf die Angaben des Mandanten oder können aus den durch das System gesammelten Informationen bestimmte Beweggründe oder Motive nicht erkannt werden, hat der Rechtsanwalt auch bei einer bewussten Beschränkung des Mandats diese Unklarheiten durch Nachfragen zu beseitigen.[939] Hieraus folgt, dass der Rechtsanwalt die Angaben des Systems in jedem Fall zu überprüfen und kritisch ergebnisoffen zu hinterfragen hat.[940] Dies gilt ebenfalls für Anwendungen des Information Retrievals und die hierbei als nicht relevant eingestuften Dokumente. Das System kann und soll nur eine Vorauswahl treffen, die einen ersten Anknüpfungspunkt für die eigene Analyse des Rechtsanwalts darstellt, etwa über gefundene Aspekte, auf die besonders geachtet werden müssen, oder über solche, die die eigene Analyse gegebenenfalls bestätigen.[941] Weiterhin kann sie, wie bereits erwähnt, bei richtigem Training insbesondere verhindern, dass bestimmte (antrainierte) Standardkonstellationen übersehen werden. Da die ordnungsgemäße und gewissenhafte Sachverhaltserfassung als Fundament für eine ordnungsgemäße weitere Rechtsberatung des Rechtsanwalts essenziell ist, ist sowohl im Fall des bloßen Einsatzes eines KI-Tools ohne Hinweis und einem fehlenden vollumfänglichen Beratungsgespräch als auch bei einem nicht überprüften Übernehmen der Angaben der Software von grob vertragswidrigen Verhaltensweisen auszugehen, die gleichzeitig jeweils einen Verstoß gegen § 43 S. 1 BRAO darstellen.[942]

---

[937] BVerfGE 76, 171 (176); BVerfGE 50, 16 (29); BVerfGE 63, 266 (284); *Kleine-Cosack*, NJW 2011, 2251 (2253); *Träger*, in: Weyland, BRAO, § 43 Rn. 22.

[938] LG Berlin NJW-RR 2014, 1145 (1145 f.); *Remmertz*, in: Remmertz, Legal Tech-Strategien für Rechtsanwälte, 1. Auflage 2020, § 2 Rn. 419.

[939] LG Berlin NJW-RR 2015, 1145 (1146); *Remmertz*, in: Remmertz, Legal Tech-Strategien für Rechtsanwälte, 1. Auflage 2020, § 2 Rn. 419; vgl. auch *Zuck*, in: Gaier/Wolf/Göcken, BRAO, § 43 Rn. 48b.

[940] *Remmertz*, in: Remmertz, Legal Tech-Strategien für Rechtsanwälte, 1. Auflage 2020, § 2 Rn. 420; *Hähnchen/Schrader/Weiler/Wischmeyer*, JuS 2020, 625 (628).

[941] Vgl. *Remmertz*, in: Remmertz, Legal Tech-Strategien für Rechtsanwälte, 1. Auflage 2020, § 2 Rn. 420, der darauf verweist, dass eine Endkontrolle durch den Anwalt „unerlässlich" ist.

[942] So im Ergebnis wohl auch *Remmertz*, in: Remmertz, Legal Tech-Strategien für Rechtsanwälte, 1. Auflage 2020, § 2 Rn. 419 f.

bb) Ordnungsgemäße (gewissenhafte) inhaltliche Bearbeitung

Eine weitere und gleichzeitig die wichtigste, sich aus dem Anwaltsvertrag ergebende Pflicht, ist die Pflicht zur umfassenden und ordnungsgemäßen inhaltlichen und damit juristischen Bearbeitung der aufgrund der Sachverhaltsklärung herausgefilterten Fragen.[943] So verlangt der BGH in ständiger Rechtsprechung eine sorgfältige, umfassende rechtliche Prüfung „nach jeder Richtung".[944] Hierfür hat sich der Rechtsanwalt eine Rechtsanschauung unter Berücksichtigung der allgemeinen rechtswissenschaftlichen Methoden zu bilden.[945] Nur so kann er die beste und sicherste Lösung für den Mandanten finden, Nachteile am besten vermeiden und den Mandanten umfassend hinsichtlich der Rechtslage und der weiteren Schritte beraten und informieren.[946] Für diese ordnungsgemäße Beratung ist vom Anwalt eine Kenntnis der für das Mandat erforderlichen Gesetze, der einschlägigen (insbesondere höchstrichterlichen) Rechtsprechung und der einschlägigen Literatur zu fordern.[947]

Wie bereits festgestellt, kann keins der eingesetzten KI-Systeme eine rechtliche Prüfung des Einzelfalls durchführen, da diese nicht zwingend auf die konkreten individuellen Umstände des jeweiligen Einzelfalls eingehen können, sodass juristische Besonderheiten unberücksichtigt bleiben können.[948] Dies gilt sowohl für Systeme des maschinellen Lernens (inklusive großer Sprachmodelle) als auch für Systeme, die Expertensysteme einsetzen.[949] Zwar ist nicht ausgeschlossen, dass eben auch der Anwalt diese juristischen Besonderheiten nicht erkennt, jedoch kommt es in diesem Rahmen darauf an,

---

[943] *Jungk*, in: Brogmann/Jungk/Schwaiger, Anwaltshaftung, Kap. IV Rn. 33; *Heinemann*, in: Vollkommer/Greger/Heinemann, Anwaltshaftungsrecht, § 11 Rn. 1; *Vill/Fischer*, in: Fischer/Vill/Fischer/Chab/Pape, Handbuch der Anwaltshaftung, § 2 Rn. 52; *Hartmann/Hartmann*, in: van Bühren, Handbuch Versicherungsrecht, § 10 Rn. 37.

[944] BGH NJW 1993, 2676 (2676).

[945] BGH NJW 2002, 292 (293 f.); BGHZ 97, 372 (380); RGZ 87, 183 (187); OLG Bremen NJW 1960, 299 (300); *Heinemann*, in: Vollkommer/Greger/Heinemann, Anwaltshaftungsrecht, § 11 Rn. 1.

[946] BGH WM 2016, 524 Rn. 9; BGH WM 1993, 1376 (1377); *Vill/Fischer*, in: Fischer/Vill/Fischer/Chab/Pape, Handbuch der Anwaltshaftung, § 2 Rn. 52; *Remmertz*, in: Remmertz, Legal Tech-Strategien für Rechtsanwälte, 1. Auflage 2020, § 2 Rn. 419.

[947] *Jungk*, in: Borgmann/Jungk/Schwaiger, Anwaltshaftung, Kap. IV Rn. 34; *Heinemann*, in: Vollkommer/Greger/Heinemann, Anwaltshaftungsrecht, § 11 Rn. 1; *Hartmann/Hartmann*, in: van Bühren, Handbuch Versicherungsrecht, § 10 Rn. 38; *Karg*, Anwaltsvertragshaftung, S. 56 ff.; genauer Kenntnisstand in Literatur und Rechtsprechung sehr umstritten, guten Überblick bietet *Heinemann*, in: Vollkommer/Greger/Heinemann, Anwaltshaftungsrecht, § 11 Rn. 7 ff.

[948] S. o. unter 2. Teil A. II. 1. a) cc) (4) (b); 2. Teil A. II. 2. b).

[949] S. o. unter 2. Teil A. II. 1. a) cc) (4) (b); 2. Teil A. II. 2. b); 2. Teil A. II. 7.

ob er dies bei ordnungsgemäßer Bearbeitung hätte erkennen können.⁹⁵⁰ Aus diesem Grund ist für eine gewissenhafte inhaltliche Bearbeitung, die den Anforderungen an § 43 S. 1 BRAO genügt, zu fordern, dass der Anwalt die Ausgabe des Systems nicht ungeprüft übernimmt, da dies, soweit keine anderslautenden Vertragsbedingungen vereinbart wurden, einen grob vertragswidrigen Pflichtverstoß darstellen würde.⁹⁵¹ Gleiches gilt auch für die Kenntnis von für das Mandat einschlägigen Gesetzen, Rechtsprechung und einschlägiger Literatur. Soweit keine Schnittstelle zum sich ständig aktualisierenden Internet oder zu derartigen sich aktualisierenden Datenbanken eingerichtet ist, muss der Rechtsstand des Systems unbedingt beachtet werden, da bei älteren Datenbanken zwingend die neueren Gesetzesänderungen, die neuere Rechtsprechung, Verwaltungspraxis und Literatur nicht enthalten sein können.⁹⁵² Die Angaben der Systeme können daher nur einen ersten Anhaltspunkt geben, bieten jedoch insbesondere bei induktiv programmierten Systemen keine Gewähr auf Richtigkeit oder Vollständigkeit. Vor allem ist zu beachten, dass Chatbots wie ChatGPT, soweit diese nicht ausdrücklich als Suchmaschinen konzipiert werden, sich nicht als solche eignen.⁹⁵³ Vielmehr dürfen die Ausgaben nur als erster Ansatz der Recherche und nicht als finales Ergebnis dienen. Dies gilt umso mehr, je komplexer und insbesondere wertungsintensiver

---

⁹⁵⁰ Vgl. *Heinemann*, in: Vollkommer/Greger/Heinemann, Anwaltshaftungsrecht, § 11 Rn. 2 f.

⁹⁵¹ *Remmertz*, LTZ 2024, 95 (99); *Hartung*, RDi 2023, 209 (216); *Halbleib*, in: Hartung/Bues/Halbleib, Legal Tech, Rn. 1135; *Remmertz*, in: Remmertz, Legal Tech-Strategien für Rechtsanwälte, 1. Auflage 2020, § 2 Rn. 420; in Rn. 419 verweist er außerdem darauf, dass ein Rechtsanwalt, der derartige Tools verwendet insbesondere bei einer größeren Menge an gleichgelagerten Fällen (beispielsweise Massenverfahren) sich dazu veranlasst sehen könnte, die Umstände des jeweiligen Einzelfalls nicht zu berücksichtigen und Angaben vorschnell zu übernehmen.

⁹⁵² Vgl. allgemein zur Wissenserwerbskomponente *Anzinger*, in: Ebers, Stichwort-Kommentar Legal Tech, Kap. 31 Rn. 12, 26; vgl. zum Browsing-Plugin für ChatGPT, *Lobinger*, LTZ 2023, 187 (189); s. u. unter 2. Teil C. I. 1. b) bb) (3) zum sogenannten Model Drift.

⁹⁵³ So auch *Braegelmann*, Effizienter arbeiten mit ChatGPT, S. 4; *Hartung*, RDi 2023, 209 (213 f.), beschreibt ChatGPT insoweit zutreffend als „Halluzinierende Software"; vgl. auch eindrücklich den Fall aus den USA, bei dem sich ein Anwalt bei der Suche nach Präzedenzfällen auf ChatGPT verlies, das System jedoch fiktive Fälle nannte und nicht auswies, Redaktion beck-aktuell, becklink 2027226; *Bohannon*, Lawyer Used ChatGPT In Court, https://www.forbes.com/sites/mollybohannon/2023/06/08/lawyer-used-chatgpt-in-court-and-cited-fake-cases-a-judge-is-considering-sanctions/ (zuletzt aufgerufen am: 28.02.2025). Nicht vergessen dabei darf werden, dass derartige Systeme nicht die Semantik des von ihnen ausgegebenen Ergebnisses „verstehen". Vielmehr ermittelt das System mit welcher Wahrscheinlichkeit ein bestimmtes Wort nach dem vorherigen Wort verwendet wird, s. o. unter 1. Teil C. IV. 2. b).

die zu beantwortenden Fragen sind.[954] Diese Ergebnisse lassen sich aus den folgenden Problemen erklären.

(1) Korrelation statt Kausalität

Insbesondere bei induktiven Systemen hat der Rechtsanwalt zu beachten, dass derartige Systeme nicht die Semantik der Sprache, sondern vielmehr nur die Syntax dieser Sprache verarbeiten können.[955] Dies kann zur Folge haben, dass das System eine Korrelation in den Datenbeständen erkennt, die jedoch keine Kausalität begründet.[956] Beispielsweise könnte das System erkennen, dass die Datenbestände nur Werkverträge in blauer Schriftart enthalten und daraus schlussfolgern, dass ein Dokument, das in blauer Schrift verfasst wurde, automatisch einen Werkvertrag darstellt.[957] Dies ist sodann die Korrelation, nicht jedoch ist die blaue Schriftart kausal für das Vorliegen eines Werkvertrags, weshalb keine Kausalität zwischen der Schriftfarbe und der Einordnung des Vertragstyps vorliegt. Ein nicht überprüftes Übernehmen kann hier schnell zu für den menschlichen Betrachter „sinnlosen" Ergebnissen[958] führen, was der Rechtsanwalt zu vermeiden hat.

(2) Black-Box-Effekt

Bei induktiven Systemen ist auch der sogenannte Black-Box-Effekt zu beachten, welcher das Phänomen beschreibt, dass der Entscheidungsweg bei impliziten Programmierungen (wie Verfahren des maschinellen Lernens) gerade nicht in für Menschen verständlicher Schrift, beispielsweise durch lesbare Entscheidungsbäume, aufgezeigt wird.[959] Vielmehr wird mit Wahrschein-

---

[954] Vgl. *Remmertz*, in: Remmertz, Legal Tech-Strategien für Rechtsanwälte, 1. Auflage 2020, § 2 Rn. 419.

[955] Allgemein hierzu s. o. unter 1. Teil B. I. 2. a).

[956] *Ebers*, in: Ebers/Heinze/Krügel/Steinrötter, Künstliche Intelligenz und Robotik, § 3 Rn. 16; s. o. unter 1. Teil B. II. 4. b).

[957] Vgl. für das der induktiven Programmierung immanente Ziehen von Hypothesen oben unter 1. Teil B. II. 1.

[958] Vgl. insoweit wieder die Ausführung von *Hartung*, RDi 2023, 209 (213 f.), zur „Halluzination" der Software.

[959] *Fries*, in: Kaulartz/Braegelmann, Rechtshandbuch Artificial Intelligence und Machine Learning, Kap. 15.1 Rn. 25; *Bues*, in: Hartung/Bues/Halbleib, Legal Tech, Rn. 1198; *Niederée/Nejdl*, in: Ebers/Heinze/Krügel/Steinrötter, Künstliche Intelligenz und Robotik, § 2 Rn. 17, 123; *Hoch*, AcP 219 (2019), 646 (656); *Biallaß*, in: Ory/Weth, jurisPK-ERV, Band 1, Kap. 8 Rn. 347; *Podmogilnij/Timmermann*, AnwBl Online 2019, 436 (441); *Lewandowski*, in: Chibanguza/Kuß/Steege, Künstliche Intelligenz, § 11 A. Rn. 1; vgl. auch *Kilian*, NJW 2017, 3043 (3050); *Fries*, NJW 2016, 2860 (2863).

lichkeiten anstelle von natürlicher Sprache und menschlichen Argumentationsstrukturen gearbeitet.[960] Daher muss der Rechtsanwalt eigene ergebnisoffene Recherchen anstellen, will er verhindern, dass er den Überblick über die Lösung „seines" Falls verliert.[961]

(3) Grenzen der Formalisierbarkeit und Grenzen des Trainings

Weiterhin sind bei deduktiven, expliziten Systemen die Grenzen der Formalisierbarkeit anzusprechen. Bei diesen Systemen (etwa Expertensystemen) wird versucht, die juristische Subsumtion durch formale Logik mittels Wenn-Dann-Beziehungen abzubilden.[962] Grenzen ergeben sich zum einen daraus, dass der menschliche Bearbeiter nie jeden einzelnen Sachverhalt im Voraus mittels Regeln und Textbausteinen abbilden können wird.[963] Zum anderen folgt dies aus den strukturwissenschaftlichen Grenzen der Formalisierbarkeit (beispielsweise Unvollständigkeitssätze nach Kurt Gödel), wonach eine formale Darstellung der Welt niemals vollständig möglich ist.[964]

Bei induktiven Systemen, meist Verfahren des überwachten maschinellen Lernens, sind diese umso präziser, je mehr Trainingsdaten den Systemen zum jeweiligen Einzelfall vorliegen.[965] Wird dem System nun ein Standardfall zur Auswertung vorgegeben, werden die Ergebnisse nach dem richtigen Training akkurat sein.[966] Hat das System hingegen einen atypischen Fall auszuwerten, zu dem es keine oder nur sehr wenige Trainingsdaten kannte, etwa durch eine differierende Formulierung, wird die Ausgabe dementsprechend mit hoher Wahrscheinlichkeit nicht akkurat sein, auch wenn dies für einen menschlichen Bearbeiter gegebenenfalls eindeutig als ein Anwendungsfall erkennbar wäre.[967] Auch ist darauf hinzuweisen, dass das Modell nur den Stand abbilden und bei der Erstellung der Ausgabe berücksichtigen kann, der durch die Trainingsdaten repräsentiert wird.[968] Ändert sich die Realität (die externen Umstände), kann dies dazu führen, dass die Ausgabe nicht mehr richtig ist.[969] So

---

[960] S. o. unter 1. Teil B. II. 4., 5.
[961] Vgl. *Fries*, NJW 2016, 2860 (2863); *Kilian*, NJW 2017, 3043 (3050); vgl. *Martini*, JZ 2017, 1017 (1018).
[962] S. o. unter 1. Teil B. II. 2. b).
[963] S. o. unter 2. Teil A. II. a) cc) (4) (b).
[964] *Adrian*, Rechtstheorie 48 (2017), 77 (86 f.).
[965] S. o. unter 1. Teil B. II. 4. b).
[966] S. o. unter 1. Teil C. 4. b) aa).
[967] S. o. unter 1. Teil C. 4. b) aa).
[968] *Bomhard*, DSRITB 2023, 255 (262 f.); *Käde*, MMR 2024, 142 (148).
[969] Dieses Phänomen wird auch als sogenannter „Model Drift" bezeichnet, *Bomhard*, DSRITB 2023, 255 (262 f.); *Käde*, MMR 2024, 142 (148); allgemein zum Model

könnte beispielsweise ein System, das regulatorische Pflichten für Unternehmen automatisiert zusammenfasst, nicht die neue KI-Verordnung berücksichtigen, wenn das Modell ausschließlich auf Trainingsdaten aus dem Jahr 2018 beruht.[970]

(4) Die richtige Anwendung der Systeme

Auch die ordnungsgemäße Anwendung der Systeme ist entscheidend für die spätere Ausgabe des Systems. Insbesondere im Bereich der Large Language Models,[971] die spätestens mit Einführung von ChatGPT ihren Weg in die juristische Praxis gefunden haben, wird das sogenannte „Legal Prompting", aufgrund der immer weiter steigenden Relevanz generativer KI, bedeutsamer.[972] Hierbei handelt es sich um die Fähigkeit, dem System eine Eingabeaufforderung/Handlungsanweisung („Prompt") zu erteilen, mit welcher dieses die bestmögliche Antwort auf die in natürlicher Sprache eingegebene Frage erteilen kann.[973] Hierdurch erhält das System Aufschluss, welchen Inhalt, welchen Umfang oder welche Art von Antwort vom Nutzer gefordert wird.[974] Da es sich bei der Nutzung von Large Language Models um Systeme handelt, die die Eingabe (ihren Input) in natürlicher Sprache verarbeiten, hängt die Qualität und Brauchbarkeit der Antwort (ihr Output) maßgeblich vom eingegebenen Prompt des Anwenders und so von der eigenen Kompetenz im Rahmen des Legal Promptings ab.[975] Daher muss versucht werden, den Prompt in strukturierter Form so eindeutig und inhaltlich vollständig wie möglich wie-

---

Drift, IBM, What is Model Drift?, https://www.ibm.com/topics/model-drift (zuletzt aufgerufen am: 28.02.2025).

[970] *Käde*, MMR 2024, 142 (148 Fn. 40), nennt als Beispiel die Frage an ChatGPT-3.5, wer aktuell Staatsoberhaupt von UK sei. Als Ausgabe gab ChatGPT Queen Elizabeth an.

[971] Nach hier vertretener Ansicht im Bereich der Chatbots anzusiedeln, s. o. unter 1. Teil C. IV. 2. b).

[972] *Monschau*, MK 2024, 13 (13); *Neuhaus*, VersR 2023, 1401 (1403); *Partheymüller*, K&R 2023, 37 (40); sich für einen neuen Beruf des „Legal Prompt Engineers" aussprechend, *Biallaß*, ZAP 2023, 351 (359); *Bachgrund/Nesum/Bernstein/Buchard*, CR 2023, 132 (138); *Groß/Freyenfeld/Gradl*, DStR 2023, 1853 (1856).

[973] *Neuhaus*, VersR 2023, 1401 (1403, 1406); *Monschau*, MK 2024, 13 (13); *Föhr/Marten/Schreyer*, DB 2023, 1681 (1685, 1687); *Feuerhelm/Dieball*, Legal AI und Large Language Models werden die Zukunft aller Juristen prägen, https://legal-tech-verzeichnis.de/fachartikel/legal-ai-und-large-language-models-werden-die-zukunft-aller-juristen-praegen/ (zuletzt aufgerufen am: 28.02.2025); s. auch *Braegelmann*, in: Ebers/Quarch, Rechtshandbuch ChatGPT, § 12 Rn. 1 ff.

[974] *Monschau*, MK 2024, 13 (13).

[975] *Neuhaus*, VersR 2023, 1401 (1406); *Groß/Freyenfeld/Gradl*, DStR 2023, 1853 (1856); *Monschau*, MK 2024, 13 (13); *Niklas*, ArbRB 2023, 268 (269); *Braegelmann*, in: Ebers/Quarch, Rechtshandbuch ChatGPT, § 12 Rn. 2.

derzugeben.[976] Zweifel an der Antwort oder etwaige Ungenauigkeiten müssen versucht werden, durch erneute Prompts in Form von Nachfragen ausgeräumt zu werden.[977]

(5) Zuletzt der „Ergebnis-Bias"

In diesem Rahmen ist auch immer der eigene Bias zwingend zu beachten, das heißt eine Beeinflussung des eigenen (subjektiven) Ergebnisses, das sich der Rechtsanwalt zwingend zu bilden hat, durch die Ausgabe des Systems.[978] Dies kann dazu führen, dass eine eigene Recherche nur einseitig (das Ergebnis bestätigend) erfolgt und anderslautende Informationen und Argumente ignoriert werden.[979] Dieses „übermäßige Verlassen" auf die Ausgabe des Systems (in diesem Zusammenhang der KI-Anwendung) durch den Anwender, den eigentlichen Verantwortlichen und Akteur des Geschehens, ist in der Psychologie, den Kognitionswissenschaften und der Verhaltensökonomie als sogenannter „Automation Bias" bekannt und wird durch den zunehmenden Einsatz von KI-Systemen zur Bearbeitung juristischer Aufgaben auch im juristischen Bereich relevant.[980]

---

[976] *Monschau*, MK 2024, 13 (13); *Groß/Freyenfeld/Gradl*, DStR 2023, 1853 (1856).
[977] *Monschau*, MK 2024, 13 (13).
[978] *Fries*, RW 2018, 414 (422); *Nink*, Justiz und Algorithmen, S. 217 Fn. 330, der sich auf das Werk von Fries bezieht; *Fries/Breidenbach/Glatz*, Rechtshandbuch Legal Tech, Kap. 7.3 Rn. 20; *Biallaß*, in: Ory/Weth, jurisPK-ERV, Band 1, Kap. 8 Rn. 32; *Nink*, in: Ebers, StichwortKommentar Legal Tech, Entscheidungsfindung, automatisierte, Rn. 40.
[979] Vgl. das Tool Gutdeutsch, bei welchem familienrechtliche Berechnungen durchgeführt werden können, ohne dass das System seinen konkreten Rechenweg preisgibt. Dieses Ergebnis wird von Anwälten und Gerichten mitunter ohne eigene Überprüfung übernommen, *Fries*, RW 2018, 414 (422); *Nink*, Justiz und Algorithmen, S. 217 Fn. 330; vgl. auch *Hartung/Meising*, NZFam 2019, 982 (985); *Fries*, in: Breidenbach/Glatz, Rechtshandbuch Legal Tech, Kap. 7.3 Rn. 20; *Biallaß*, in: Ory/Weth, jurisPK-ERV, Band 1, Kap. 8 Rn. 32; *Nink*, in: Ebers, StichwortKommentar Legal Tech, Entscheidungsfindung, automatisierte, Rn. 40; *Ebers*, in: Ebers/Quarch, Rechtshandbuch ChatGPT, § 13 Rn. 30 ff.; dies bestätigt auch eine neue Studie der TU Berlin, in welcher Teilnehmer, die KI-Software einsetzten, dazu neigten, bestimmte Aufgaben weniger gründlich zu bearbeiten als Teilnehmer, die solche Software nicht einsetzten, *Cymek/Truckenbrodt/Onnasch*, Frontiers in Robotics and AI (2023), 10: 1 (1 ff.). Insbesondere ist auch auf die Gefahr eines unvollständigen, missverständlichen oder unstrukturierten Prompts bei der Benutzung von Large Language Models hinzuweisen, die zu einem falschen oder unvollständigen Ergebnis führen können; im Einzelfall ist der Versuch zu unternehmen Zweifel an der Antwort durch Nachfragen an das System auszuräumen, s. o. unter 2. Teil C. I. 1. b) bb) (4).
[980] *Vasel*, LTZ 2023, 179 (183 f.); *Santos*, ZfDR 2023, 23 (28); *Bernzen*, RDi 2023, 132 (137); Datenethikkommission, Gutachten der Datenethikkommission, S. 213; *Martini/Ruschemeier*, in: Hoeren/Sieber/Holznagel, Handbuch Multimedia-Recht,

(6) Vorteile in der Verwendung

Dennoch dürfen auch hier nicht die Vorteile derartiger Systeme für eine gewissenhafte inhaltliche Bearbeitung vernachlässigt werden. So verfügen etwa Systeme zur Dokumentenanalyse, Dokumentengeneratoren und Online-Rechner mitunter über (deutlich) höhere Erfolgsquoten (beziehungsweise höhere juristische Qualität) aufgrund immer gleichbleibender Qualität als die Ergebnisse menschlicher Bearbeiter, ohne etwa subjektive Unterschiede in Inhalt und Ausführung hinnehmen zu müssen.[981] Insbesondere in skalierbaren und damit gut schematisch darstellbaren Bereichen eignet sich daher ein Einsatz von derartigen KI-Anwendungen.[982] Darüber hinaus verfügen bestimmte Systeme über derart große Datenmengen, die von einem menschlichen Bearbeiter nicht erfassbar wären.[983] Werden die Systeme, wie hier beschrieben, im Einklang mit § 43 S. 1 BRAO verwendet, das heißt insbesondere eine eigene ergebnisoffene rechtliche Analyse durchgeführt, kann der Einsatz von KI-Tools zu einer deutlichen qualitativen Steigerung führen, die für eine gewissenhafte Bearbeitung im Sinne des § 43 S. 1 BRAO förderlich ist.

Dennoch entsprechen derartige KI-Systeme nach Ansicht des Verfassers (noch) nicht dem Stand der Technik, sodass für eine mit § 43 S. 1 BRAO konforme Bearbeitung zwingend KI-Systeme zum Einsatz kommen müssten.[984] Dies kann sich jedoch aufgrund der rasanten Entwicklungen in diesem

---

Teil 29.6 Rn. 77; *Nink*, Algorithmen und Justiz, S. 295; s. etwa auch allgemein zum Confirmation Bias, *Schweizer*, Kognitive Täuschungen vor Gericht, S. 178 ff.; *Nink*, Algorithmen und Justiz, S. 63 ff.

[981] Vgl. *Fries*, in: Linardatos, Rechtshandbuch Robo Advice, § 16 Rn. 29; *Kraetzig/Krawietz*, RDi 2022, 145 (151); *Hartung*, in: Hartung/Bues/Halbleib, Legal Tech, Rn. 45, 60; *Hähnchen/Schrader/Weiler/Wischmeyer*, JuS 2020, 625 (628 f.), beschreiben ebenfalls die Vorzüge von semantischen Suchen zum Auffinden der relevanten Normen, da hierdurch durch das Eingeben bestimmter Suchbegriffe gegebenenfalls dazugehörige Rechtsnormen angezeigt werden können. Dies führt nach Ansicht der Autoren zu einer breiteren Argumentationsstruktur und damit besseren Analyse des Sachverhalts. Dem wird sich angeschlossen. In einer Studie des AI Center of Excellence, Onit Inc. Auckland New Zealand, konnte die Frage bestätigt werden, dass fortgeschrittene Large Language Models die menschliche Genauigkeit (von Junior Lawyers und Legal Process Outsourcers) beim Auffinden rechtlicher Probleme im Rahmen der Vertragsanalyse treffen oder sogar übersteigen können. Auch hinsichtlich Schnelligkeit und Kosten übertrafen die Systeme die menschlichen Bearbeiter, vgl. *Martin/Whitehouse/Yiu/Catterson/Perera*, Better Call GPT, Comparing Large Language Models Against Lawyers.

[982] *Hartung*, in: Chibanguza/Kuß/Steege, Künstliche Intelligenz, § 8 F. Rn. 33.

[983] *Kraetzig/Krawietz*, RDi 2022, 145 (151).

[984] Auch *Fries*, in: Linardatos, Rechtshandbuch Robo Advice, § 16 Rn. 29, verweist darauf, dass diese Frage in naher Zukunft relevant werden könnte; *Hoch*, AcP

Bereich schnell ändern, sodass eine Nutzung derartiger Systeme ähnlich typisch und damit auch ähnlich zwingend werden könnten wie Online-Datenbanken.[985]

cc) Informationspflichten

Weiterhin hat der Rechtsanwalt seinen Mandanten umfassend über seine gefundenen Ergebnisse zu informieren und ihn hinsichtlich seiner nächsten Schritte ordnungsgemäß „in allgemeiner, umfassender und möglichst erschöpfender" Weise zu beraten.[986] Auch diese Pflicht darf nicht beim Einsatz von KI-Tools vernachlässigt werden.[987] So könnte bei der (teilweise) automatisierten Bearbeitung von Massenfällen der individuelle Fall mitunter nicht ausreichend einzelfallbasiert analysiert werden,[988] was dazu führen kann, dass keine individuelle Strategie für das weitere Vorgehen entwickelt wird.[989] Da die eigentliche Beratung und damit die konkrete Anwendung der rechtlichen Bearbeitung des Sachverhalts für den Mandanten ebenso wichtig sein wird wie die eigentliche juristische Lösung des Falls, ist, soweit nichts anderes ausdrücklich vereinbart wurde, von einer grob vertragswidrigen Verhaltensweise auszugehen, die zu einem Verstoß gegen § 43 S. 1 BRAO führt.[990]

Auch für diesen Punkt der Informationspflichten gilt jedoch, dass beim richtigen Einsatz der KI-Tools (etwa von juristischen Expertensystemen, die zur Unterstützung für Anwälte programmiert wurden und Möglichkeiten für das weitere Vorgehen ausgeben können) aus den oben genannten Gründen eine förderliche Wirkung für die gewissenhafte Bearbeitung des Mandats im

---

219 (2019), 646 (696 f.); *Remmertz*, in: Remmertz, Legal Tech-Strategien für Rechtsanwälte, 1. Auflage 2020, § 2 Rn. 421 wirft die Frage allgemein auf, gibt jedoch keine konkreten Antworten.

985 S. für Online-Datenbanken etwa OLG Frankfurt a.M. r+s 2021, 577 Rn. 49; *Remmertz*, LTZ 2023, 75 (76), hält es bereits heute für die Bearbeitung von Massenverfahren für geboten, derartige Systeme einzusetzen und leitet dies aus § 5 BORA ab.

986 BGH NJW-RR 2008, 1235 Rn. 14; BGH NJW-RR 2007, 569 Rn. 10; BGH Urt. v. 18.6.1968, VI ZR 160/66 Rn. 11; *Hartmann/Hartmann*, in: van Bühren, Handbuch Versicherungsrecht, § 10 Rn. 63; *Jungk*, in: Borgmann/Jungk/Schwaiger, Anwaltshaftung, Kap. IV Rn. 72; weitere Informationspflichten im Fall von Inkassodienstleistungen jedoch gegenüber der Person, die Empfänger einer derartigen Aufforderung ist, ergeben sich nach § 43d BRAO, s. hierzu etwa *Deckenbrock*, ZRP 2020, 173 (173 ff.).

987 AG Köln MMR 2020, 789 Rn. 12; *Remmertz*, in: Remmertz, Legal Tech-Strategien für Rechtsanwälte, 1. Auflage 2020, § 2 Rn. 419.

988 Vgl. hierzu wiederum unter 2. Teil A. II. 1. a) cc) (4) (b), 2. Teil A. II. 2. b).

989 *Ruth*, in: Hunfeld/Hartwig/Quack/Ruth/Luft, LegalTech, S. 148.

990 Vgl. *Kleine-Cosack*, in: Kleine-Cosack, BRAO, § 43 Rn. 16; vgl. allgemein zur hohen Bedeutung, *Heinemann*, in: Vollkommer/Greger/Heinemann, Anwaltshaftungsrecht, § 12 Rn. 1.

Sinne des § 43 S. 1 BRAO erreicht wird. Hierbei ist wiederum entscheidend, dass das Ergebnis eines derartigen Systems nicht ungeprüft übernommen und die eigene Recherche nicht vom Ergebnis des Systems beeinflusst wird.[991]

2. Verbot der Vertretung widerstreitender Interessen, § 43a IV BRAO

Weiterhin besteht nach § 43a IV BRAO i. V. m. § 3 I BORA das Verbot der Vertretung widerstreitender Interessen, sodass der Rechtsanwalt nicht tätig werden darf, „wenn er einen anderen Mandanten in derselben Rechtssache bereits im widerstreitenden Interesse beraten oder vertreten hat", § 43a IV S. 1 BRAO. Hierauf ist nicht groß einzugehen, da sich beim Einsatz von KI-Tools keine bedeutenden anderen Fragen stellen, die sich nicht auch in der normalen Mandatsbearbeitung stellen würden, sodass auf derartige Ausführungen zu großen Teilen verwiesen werden kann.[992]

Einen in diesem Rahmen wichtigen Punkt spricht Remmertz an.[993] So verweist er darauf, dass beim Einsatz von KI-Dienstleistungen eine Vertretung widerstreitender Interessen dann entstehen kann, wenn einseitig programmierte oder einseitig trainierte Systeme von einem Anwalt benutzt werden, der einen Mandanten vertritt, dessen Interessenlage konträr zu denjenigen der Fälle steht, mit denen die Systeme „gefüttert" wurden.[994] Hierzu nennt er insbesondere den Einsatz von externer Software und externen Datenbanken als Anwendungsfall.[995]

Für die Erfüllung des § 43a IV 1 BRAO ist jedoch insbesondere erforderlich, dass der Rechtsanwalt für beide (widerstreitende) Mandate bereits als Anwalt tätig war oder ist und sich diese Mandate auf dieselbe Rechtssache beziehen.[996] Insbesondere eine vorherige Tätigkeit als Anwalt ist bei Daten

---

[991] S. o. unter 2. Teil C. I 1 b) bb) (4).

[992] Vgl. etwa *Peitscher*, Anwaltsrecht, § 18 Rn. 239 ff.; *Scharmer*, in: Hamm, Beck'sches Rechtsanwalts-Handbuch, § 59 Rn. 17; *Henssler/Özman/Sossna*, JuS 2022, 385 (390 f.).

[993] *Remmertz*, in: Remmertz, Legal Tech-Strategien für Rechtsanwälte, 1. Auflage 2020, § 2 Rn. 430.

[994] *Remmertz*, in: Remmertz, Legal Tech-Strategien für Rechtsanwälte, 1. Auflage 2020, § 2 Rn. 430, Remmertz nennt hierbei als Beispiel Arbeitgeber und Arbeitnehmer.

[995] *Remmertz*, in: Remmertz, Legal Tech-Strategien für Rechtsanwälte, 1. Auflage 2020, § 2 Rn. 430.

[996] *Praß*, in: BeckOK BRAO, § 43a Rn. 187, 193; *von Falkenhausen*, in: Hartung/Scharmer, BRAO, § 43a Rn. 129, 134; *Kleine-Cosack*, in: Kleine-Cosack, BRAO, § 43a Rn. 160, 174; *Henssler*, in: Henssler/Prütting, BRAO, § 43a Rn. 269, 273; *Träger*, in: Weyland, BRAO, § 43a Rn. 57, 62; *Henssler/Özman/Sossna*, JuS 2022, 385 (390 f.).

externer Anbieter, die von fremden oder fiktiven Mandaten stammen, jedoch gerade nicht der Fall, weswegen ein Verstoß gegen das Verbot der Vertretung widerstreitender Interessen ausscheiden muss.[997] Auch für eine analoge Anwendung bleibt kein Platz. So ist die Pflicht, die Ausgaben eines Systems vom Ergebnis unvoreingenommen zu überprüfen, bereits unmittelbar aus § 43 S. 1 BRAO abzuleiten, sodass bereits keine Regelungslücke vorhanden ist, die es zu schließen gibt.

Eine andere Betrachtung könnte sich jedoch dann ergeben, wenn ein „leeres" System, wie etwa KIRA,[998] durch eine Kanzlei mit einseitigen, eigenen Datenbeständen antrainiert wird. In diesen Konstellationen kann sich eine Verletzung des § 43a IV 1 BRAO ergeben, wenn Ausgaben des Systems durch Daten aus vorherigen eigenen gegenläufigen Mandaten, bei denen sich der historische einheitliche Lebensvorgang wenigstens teilweise überschneidet,[999] einseitige Ergebnisse projizieren, da bei Benutzung der Systeme nicht ersichtlich sein wird, woraus sich konkret das gefundene Ergebnis ableiten lässt. Bei Systemen des maschinellen Lernens ergibt sich dies aus dem sogenannten Black-Box-Problem.[1000] Bei Expertensystemen folgt das Problem hingegen daraus, dass im Benutzer-Interface zumeist nicht die Regeln und Datenbestände einsehbar sein werden, die den konkreten Entscheidungsweg abbilden. Selbst wenn dieser Entscheidungsweg angezeigt werden kann, wird nicht bei jeder vorprogrammierten Entscheidung die konkrete Quelle mitsamt Mandatsinformationen angezeigt werden, die der Programmierer zur Erstellung der Daten und Regeln benutzt hat.

Darüber hinaus müsste es zu einem Interessenwiderstreit der Parteien kommen, § 43a IV BRAO. Hierbei muss der Widerstreit im Einzelfall festgestellt werden,[1001] weshalb in diesem Rahmen keine abschließende Auflistung erstellt werden kann. Derartige widerstreitende Interessen ergeben sich etwa im Kontext von Abfindungen (etwa beim Einsatz eines Abfindungsrechners)

---

[997] So im Ergebnis auch *von Lewinski*, BRAK-Mitt. 2020, 68 (69).

[998] S. o. unter 1. Teil C. II. 4. a) aa).

[999] BGH NJW 2013, 1247 Rn. 9; BGH NJW 2012, 3039 Rn. 7 f.; BGH NJW 1953, 430 (431); AGH NRW BeckRS 2011, 11952 Rn. 16; *Henssler*, in: Henssler/Prütting, BRAO, § 43a Rn. 274; *von Lewinski*, BRAK-Mitt. 2020, 68 (69); *Zuck*, in: Gaier/Wolf/Göcken, BORA, § 3 Rn. 5; *Praß*, in: BeckOK BRAO, § 43a Rn. 188; *von Falkenhausen*, in: Hartung/Scharmer, BRAO, § 43a Rn. 131; *Kleine-Cosack*, in: Kleine-Cosack, BRAO, § 43a Rn. 164.

[1000] S. o. unter 2. Teil C. I. 1. b) bb) (2); s. für Anwendungsbeispiele für ein derartiges einseitiges Projizieren weiter unten.

[1001] BVerfG NJW 2006, 2469 (2470); BVerfG NJW 2003, 2520 (2522); *Träger*, in: Weyland, BRAO, § 43a Rn. 67; *Kleine-Cosack*, in: Kleine-Cosack, BRAO, § 43a Rn. 196.

zwischen Arbeitgeber und Arbeitnehmer.[1002] Andere Anwendungsbereiche könnten sich bei der (zumindest teilweise) automatisierten Bearbeitung von Entschädigungszahlungen, zum Beispiel nach der Fluggastrechteverordnung zwischen Fluggast und Airline, ergeben.[1003]

Daher muss sich der Anwalt, will er dieses Ergebnis verhindern, anderweitig, etwa unter Rücksprache mit den Programmierern/Entwicklern, darüber versichern, dass das System nicht einseitig mit Daten aus vorherigen sich überschneidenden Mandaten des Anwalts antrainiert oder programmiert wurden. Dies wird jedoch aufgrund der relativ engen Voraussetzungen des Bezugs auf „dieselbe Rechtssache", der „anwaltlichen Vorbefassung" und der hohen Quantität an benötigten Daten in der Praxis nicht allzu häufig vorkommen. Kann er sich hierüber nicht informieren, sollte er, will er einen Verstoß gegen § 43a IV BRAO vermeiden, auf den Einsatz des Systems verzichten.[1004] Praktisch einfacher umzusetzen und dennoch zu einer Vermeidung eines Verstoßes beitragend, wäre es, das System so zu programmieren, dass es nach Eingabe der relevanten Daten automatisch anzeigen könnte, dass ein Interessenwiderstreit vorliegt und eine weitere Bearbeitung daher nicht möglich ist.[1005] Trotzdem muss weiterhin berücksichtigt werden, dass dennoch ein Verstoß gegen § 43 S. 1 BRAO vorliegen kann, wenn Angaben des Sachverhalts oder des Systems ungeprüft oder nur einseitig überprüft übernommen werden.[1006]

Insbesondere im Bereich der Massenverfahren können sich weitere Probleme ergeben, die zu einem Verstoß gegen § 43a IV BRAO i.V.m. § 3 I BORA führen können, wenn Vergleiche geschlossen werden, mit denen einzelne Mandanten nicht einverstanden sind oder der Schuldner nicht alle Gläubiger befriedigen können wird, da hier die Gefahr besteht, dass einzelne Mandanten als Gläubiger gegenüber anderen Mandanten bevorzugt werden.[1007] In Massenverfahren ist die gleichzeitige Befassung mit unterschiedlichsten Mandaten, die zusammen geltend gemacht werden sollen, typisch.[1008] Da es sich hierbei um gleichgelagerte Fälle handelt (beziehungsweise handeln muss), wird in den meisten Fällen auch eine Sachverhaltsidentität vorliegen, beispielsweise in Fällen von Massenentlassungen, Konzert- oder Flugausfällen usw.[1009]

[1002] *Remmertz*, in: Remmertz, Legal Tech-Strategien für Rechtsanwälte, 1. Auflage 2020, § 2 Rn. 430; so auch *von Lewinski*, BRAK-Mitt. 2020, 68 (69).

[1003] *von Lewinski*, BRAK-Mitt. 2020, 68 (70), nennt als möglichen Anwendungsfall allgemein Reiseverspätungsentschädigungen.

[1004] *von Falkenhausen*, in: Hartung/Scharmer, BRAO, § 43a Rn. 209.

[1005] *von Lewinski*, BRAK-Mitt. 2020, 68 (70).

[1006] S.o. unter 2. Teil C. I. 1. b) aa), bb).

[1007] *Remmertz*, in: Remmertz, Legal Tech-Strategien für Rechtsanwälte, 1. Auflage 2020, § 2 Rn. 430.

[1008] S. bereits oben unter 2. Teil B. I. 5. d).

[1009] *von Lewinski*, BRAK-Mitt. 2020, 68 (70).

Interessenkollisionen, die zu einem Verstoß gegen § 43a IV BRAO führen, ergeben sich, wie zuvor ausgeführt, dann, wenn Vergleiche geschlossen werden, mit denen einzelne Mandanten nicht einverstanden sind oder der Schuldner nicht alle Gläubiger befriedigen können wird, da hier die Gefahr besteht, dass einzelne Mandanten als Gläubiger gegenüber anderen Mandanten bevorzugt werden.[1010]

3. Grenzen des anwaltlichen Werberechts im Rahmen von KI-Dienstleistungen

Weiterhin sollen die Grenzen des anwaltlichen Werberechts aufgezeigt werden, soweit sie dazu geeignet sind, Fehlvorstellungen über die inhaltliche Qualität und den Umfang der anwaltlichen Bearbeitung hervorzurufen. Nach § 43b BRAO (und § 6 I BORA) ist Werbung dem Rechtsanwalt „nur erlaubt, soweit sie über die berufliche Tätigkeit in Form und Inhalt sachlich unterrichtet und nicht auf die Erteilung eines Auftrags im Einzelfall gerichtet ist".

Als Grenze des anwaltlichen Werberechts kann auf die Ausführungen zu § 5 UWG verwiesen werden, da die Pflicht zur Sachlichkeit im Rahmen der Werbung zumindest im Fall einer irreführenden Werbung überschritten ist.[1011] Dennoch ist zu beachten, dass ein höherer Maßstab für anwaltliche Anbieter gilt.[1012] Dies ergibt sich daraus, dass bei den angesprochenen Verbraucherkreisen eine Aussage infolge der im Gegensatz zur üblichen gewerblichen Werbung durchschnittlich zurückhaltenderen Werbung von Anwälten schneller irreführend wirken kann als bei nichtanwaltlichen Anbietern.[1013] Hieraus folgt, dass eine für nichtanwaltliche Anbieter zulässige Werbung nicht zwingend auch für Rechtsanwälte zulässig sein muss.[1014] Bei der Auslegung und Anwendung der Normen müssen stets die Grundrechte des Anwalts aus Art. 12 I GG und Art. 5 I GG beachtet werden, die eine freie berufliche und damit auch werbliche Tätigkeit des Rechtsanwalts schützen.[1015]

[1010] *von Lewinski*, BRAK-Mitt. 2020, 68 (70); *Remmertz*, in: Remmertz, Legal Tech-Strategien für Rechtsanwälte, 1. Auflage 2020, § 2 Rn. 430.
[1011] *Remmertz*, in: Remmertz, Legal Tech-Strategien für Rechtsanwälte, 1. Auflage 2020, § 2 Rn. 313; *Fries*, in: Linardatos, Rechtshandbuch Robo-Advice, § 16 Rn. 30; *Remmertz*, LTZ 2023, 75 (79); der BGH GRUR 2019, 854 Rn. 16 – Patentanwälte in O., verweist darauf, dass „eine Werbung, die gegen § 5 I 2 Nr. 3 UWG verstößt [...] aber jedenfalls den Rahmen berufsrechtlich zulässiger Werbung" verlässt.
[1012] *von Lewinski*, in: Hartung/Scharmer, BORA, § 6 Rn. 31.
[1013] *von Lewinski*, in: Hartung/Scharmer, BORA, § 6 Rn. 31.
[1014] *von Lewinski*, in: Hartung/Scharmer, BORA, § 6 Rn. 31.
[1015] *Träger*, in: Weyland, BRAO, § 43b Rn. 6 ff.; *Prütting*, in: Henssler/Prütting, BRAO, § 43b Rn. 15; *Kleine-Cosack*, in: Kleine-Cosack, BRAO, § 43b Rn. 4; *von Lewinski*, in: Hartung/Scharmer, BORA, § 6 Rn. 30.

So ist etwa die Verwendung von Adwords nicht per se als unzulässig einzustufen, soweit dies in einem sachlichen Rahmen geschieht.[1016] Aus diesem Grund muss eine Adword-Werbung, soll eine Irreführung von Nutzern, die keine anwaltliche Leistung in Anspruch nehmen wollen, ausgeschlossen werden, immer auch als eine solche gekennzeichnet sein.[1017] Insbesondere ist es daher erlaubt, den Gegner als Adword zu eigenen Werbezwecken zu verwenden,[1018] was besondere Bedeutung für Massenfälle zukommt, da so die eigene Werbung und damit das eigene Beratungsangebot durch Eingabe des betroffenen Unternehmens besser aufgefunden werden kann.[1019] In einem derartigen Fall ist aufgrund des sachlichen Zusammenhangs keine Gefahr einer Irreführung zu befürchten.[1020] Anders ist dies hingegen zu bewerten, wenn Adwords benutzt werden, die keinerlei Bezug zur Tätigkeit des Rechtsanwalts beziehungsweise der Rechtsanwaltskanzlei besitzen.[1021] Besteht ein solcher Bezug nicht, ist so von einer Irreführung des bezüglich des Adwords suchenden Rechtsuchenden auszugehen.[1022]

Ebenfalls zulässig sind hingegen auch die Verwendung von Metatags und die Suchmaschinenoptimierung, beide, um die Auffindbarkeit der eigenen Website durch Suchmaschinen zu verbessern.[1023]

Weiterhin relevant ist, ob eine Werbung, dass ein bestimmtes Tool, das beispielsweise medial oder unter informierten Mandantenkreisen Bekanntheit erlangt hat, zum Einsatz kommt, nach diesem Maßstab zulässig ist. Zwar wird von einigen Stimmen in der Literatur die Drittwerbung durch den Rechtsan-

---

[1016] LG München I MMR 2007, 125 (128); *Remmertz*, in: Remmertz, Legal Tech-Strategien für Rechtsanwälte, 1. Auflage 2020, § 2 Rn. 391.

[1017] LG Hamburg NJOZ 2010, 2072 (2074); LG München I MMR 2007, 125 (128); *Remmertz*, in: Remmertz, Legal Tech-Strategien für Rechtsanwälte, 1. Auflage 2020, § 2 Rn. 391.

[1018] *Remmertz*, in: Remmertz, Legal Tech-Strategien für Rechtsanwälte, 1. Auflage 2020, § 2 Rn. 391.

[1019] *Remmertz*, LTZ 2023, 75 (80); in diesem Bereich werben Kanzleien etwa mit Beratungen gegen Wirecard, VW, Audi usw.

[1020] *Remmertz*, in: Remmertz, Legal Tech-Strategien für Rechtsanwälte, 1. Auflage 2020, § 2 Rn. 391.

[1021] *Remmertz*, in: Remmertz, Legal Tech-Strategien für Rechtsanwälte, 1. Auflage 2020, § 2 Rn. 391.

[1022] BGH GRUR 2019, 854 Rn. 22 – Patentanwälte in O.; *Leeb*, Digitalisierung, Legal Technology und Innovation, S. 117; *Remmertz* in: Remmertz, Legal Tech-Strategien für Rechtsanwälte, 1. Auflage 2020, § 2 Rn. 391.

[1023] *Remmertz*, in: Remmertz, Legal Tech-Strategien für Rechtsanwälte, 1. Auflage 2020, § 2 Rn. 392 f.; allgemein zur Zulässigkeit der Werbung im Internet BVerfG NJW 2008, 1298 Rn. 14; *Remmertz*, LTZ 2023, 75 (79); *Scharmer*, in: Hamm, Beck'sches Rechtsanwalts-Handbuch, § 59 Rn. 37.

walt entweder gänzlich oder zumindest in Teilen als unzulässig angesehen,[1024] jedoch stellt der bloße Hinweis auf eine bestehende Kooperation schon keine Werbung für den Kooperationspartner im Sinne der Norm dar. Dies ergibt sich daraus, dass der Begriff der Werbung voraussetzt, dass ein Verhalten besteht, „das darauf abzielt, andere dafür zu gewinnen, die Leistung des Werbenden in Anspruch zu nehmen",[1025] was im Fall des bloßen Hinweises auf eine Kooperation gerade nicht der Fall ist. In diesem Rahmen soll dem (potenziellen) Mandanten lediglich gezeigt werden, dass etwa eine besonders fortschrittliche Technologie zum Einsatz kommt und nicht für den Kooperationspartner geworben werden.[1026] Dennoch müsste die Darstellung in sachlicher Form, und damit ohne den Nutzer irrezuführen, erfolgen (s.o.). Daher darf insbesondere nicht der Eindruck erweckt werden, dass sämtliche Aufgaben mit dem beschriebenen Tool bearbeitet werden (können), vielmehr sollte spezifischer darauf hingewiesen werden, bei welchen Aufgaben und in welchem Umfang die Tools eingesetzt werden.[1027] So könnte zum Beispiel angezeigt werden, dass ein bestimmtes Tool im Rahmen der Sachverhaltserfassung oder als Entscheidungsassistenzsystem zur Unterstützung des Anwalts in der Bearbeitung des Mandats eingesetzt werden kann.

II. RDG/BGB/KI-Verordnung

Weiterhin ist auch im Rahmen der anwaltlichen Anbieter auf RDG, BGB und KI-Verordnung einzugehen. Selbst wenn ein Rechtsanwalt KI-Software anbietet und damit eine Rechtsdienstleistung erbringt, die nach § 3 RDG der Erlaubnis bedarf, besteht diese Erlaubnis nach § 3 BRAO, sodass kein Verstoß gegen § 3 RDG vorliegt.[1028] Ist der Rechtsanwalt hingegen Geschäftsführer oder Gesellschafter eines Unternehmens, das Rechtsdienstleistungen anbietet, bedarf dieses Unternehmen einer Erlaubnis zur Erbringung von Rechtsdienstleistungen, soweit dieses nicht als Rechtsanwaltssozietät einge-

---

[1024] AGH Nordrhein-Westfalen BRAK-Mitt. 2015, 252 (253 f.); *von Lewinski*, in: Hartung/Scharmer, BORA, § 6 Rn. 240; *Knorpp*, Der rechtskonforme Auftritt von Rechtsanwälten im Internet, S. 84 f.; a.A. *Remmertz*, in: Remmertz, Legal Tech-Strategien für Rechtsanwälte, 1. Auflage 2020, § 2 Rn. 401, der von der heutigen Überholung eines generellen Verbots spricht.
[1025] BGH NJW 2003, 346 (346); BGH NJW 1997, 3236 (3237); BGH NJW 2001, 1573 (1574); *Prütting*, in: Hensseler/Prütting, BRAO, § 43b Rn. 14; *Kleine-Cosack*, in: Kleine-Cosack, BRAO, § 43b Rn. 4; *Träger*, in: Weyland, BRAO, § 43b Rn. 2.
[1026] Vgl. so auch *von Lewinski*, in: Hartung/Scharmer, BORA, § 6 Rn. 239.
[1027] Vgl. LG Bielefeld MMR 2018, 549 Rn. 72.
[1028] *Remmers*, in: Bär/Grädler/Mayr, Digitalisierung im Spannungsfeld von Politik, Wirtschaft, Wissenschaft und Recht, Band 2, S. 233 f.; *Biallaß*, in: Ory/Weth, jurisPK-ERV, Band 1, Kap. 8 Rn. 212.

richtet ist.[1029] Nicht ausreichend ist die bloße Stellung des Rechtsanwalts als solcher.[1030]

Auch hinsichtlich der Aktualisierungspflicht nach § 327f BGB und der KI-Verordnung ergeben sich keine Besonderheiten, weshalb auf diese Ausführungen verwiesen werden kann.[1031]

Keine Besonderheiten bestehen im Rahmen der KI-Verordnung durch die Stellung des Rechtsanwalts als solcher, da diese nicht zwischen anwaltlichen und nichtanwaltlichen Anbietern unterscheidet, weshalb auf die obigen Ausführungen verwiesen werden kann.

Eine Besonderheit könnte sich daraus ergeben, dass der Anwalt, der derartige Systeme verwendet, diese jedoch nicht selbst entwickelt oder entwickeln lassen hat, um diese unter seinem eigenen Namen oder seiner eigenen Marke auf den Markt zu bringen, nicht als Anbieter im Sinne der KI-Verordnung, sondern als Betreiber zu qualifizieren sein könnte.[1032] Betreiber ist nach Art. 3 I Nr. 4 KI-Verordnung „eine natürliche oder juristische Person, Behörde, Einrichtung oder sonstige Stelle, die ein KI-System in eigener Verantwortung verwendet, es sei denn, das KI-System wird im Rahmen einer persönlichen und nicht beruflichen Tätigkeit verwendet".

Dies trifft auf Anwälte, die derartige Systeme im Rahmen der Mandatsarbeit verwenden, zu.[1033] Hier gilt es zu beachten, dass die Transparenz- und Kennzeichnungspflicht aus Art. 50 I, II der KI-Verordnung nach ihrem ausdrücklichen Wortlaut nur für Anbieter derartiger KI-Systeme gilt, nicht jedoch für den Betreiber.[1034] Zwar statuiert Art. 50 IV UAbs. 2 der KI-Verordnung ebenfalls eine Kennzeichnungspflicht für synthetisch erzeugten oder manipulierten Text, diese gilt nach ihrem Wortlaut jedoch nur für Texte, die veröffentlicht werden sollen, „um die Öffentlichkeit über Angelegenheiten von öffentlichem Interesse zu informieren"; ein Anwendungsbereich für diese Arbeit

---

[1029] *Remmertz*, in: Hamm, Beck'sches Rechtsanwalts-Handbuch, § 64 Rn. 3; *Hartung*, in: Hartung/Bues/Halbleib, Legal Tech, Rn. 1032; *Biallaß*, in: Ory/Weth, jurisPK-ERV, Band 1, Kap. 8 Rn. 212.

[1030] BGH NJW 2008, 3069 Rn. 18 ff.; *Remmertz*, BRAK-Mitt. 2017, 55, (56 f.); vgl. *Deckenbrock/Henssler*, in: Deckenbrock/Henssler, RDG, § 5 Rn. 19 ff.; *Biallaß*, in: Ory/Weth, jurisPK-ERV, Band 1, Kap. 8 Rn. 212.

[1031] S. o. zu Ausführungen der Aktualisierungspflicht 2. Teil. B. III.; s. o. zu Ausführungen der KI-Verordnung 2. Teil B. IV.

[1032] *Remmertz*, in: Remmertz, Legal Tech-Strategien für die Rechtsanwaltschaft, § 2 Rn. 385; zum persönlichen Anwendungsbereich der KI-Verordnung, *Bomhard/Siglmüller*, RDi 2024, 45 (46).

[1033] *Ebers*, LTZ 2024, 1 (1); *Porschke*, becklink 2033276; *Remmertz*, in: Remmertz, Legal Tech-Strategien für die Rechtsanwaltschaft, § 2 Rn. 385.

[1034] *Ebers*, in: Ebers/Quarch, Rechtshandbuch ChatGPT, § 13 Rn. 105, 107.

und damit insbesondere für die Tätigkeit im Rahmen einer Mandatsarbeit wird daher nicht gesehen.[1035]

Hat die Kanzlei hingegen das KI-System selbst entwickelt oder durch Dritte für sich entwickeln lassen, wie es jüngst durch größere Anwaltskanzleien geschehen ist, und hat sie dieses im eigenen Namen in Betrieb genommen, etwa um die eigenen Anwälte zu unterstützen, so ist sie als Anbieterin nach Art. 3 Nr. 3 KI-Verordnung zu qualifizieren.[1036] Ist dies der Fall, so gilt für sie auch die allgemeine Transparenz- und Kennzeichnungspflicht aus Art. 50 I, II KI-Verordnung.[1037] Eine Kennzeichnungspflicht wird jedoch nur soweit bestehen, als dass die „Ausgabe" des Systems und nicht die des Rechtsanwalts tatsächlich seinen Weg zum Mandanten findet.[1038] Führt der Rechtsanwalt eine eigene ergebnisoffene Recherche durch, wozu er nach hier vertretener Ansicht verpflichtet ist, und übernimmt im Anschluss das Ergebnis, kann nicht mehr die Rede von einer Ausgabe des Systems sein. Vielmehr hat sich der Rechtsanwalt das Ergebnis zu eigen gemacht, sodass der Text nun eine „Ausgabe" des Rechtsanwalts darstellt. Ist hingegen etwa das Mandat beschränkt, sodass der Rechtsanwalt zu keiner eigenen ergebnisoffenen Recherche verpflichtet ist, und wird eine solche auch nicht durchgeführt, besteht weiterhin die Kennzeichnungspflicht.

Weiterhin ist darauf hinzuweisen, dass auch Anwälte und andere Kanzleiangestellte über die KI-Kompetenz nach Art. 4 KI-Verordnung verfügen müssen.[1039] Dies wird insbesondere für die Angestellten von Kanzleien (Anwälte und sonstige Mitarbeiter) relevant, da diese typischerweise die Systeme im Rahmen der Mandatsarbeit als Assistenzsysteme zur Unterstützung einsetzen.[1040] Nach Erwägungsgrund 20 der KI-Verordnung, gehört zur Kompetenz ein Verständnis „über die geeignete Auslegung der Ausgaben des KI-Sys-

---

[1035] Vgl. *Remmertz*, in: Remmertz, Legal Tech-Strategien für die Rechtsanwaltschaft, § 2 Rn. 385; *Ebers*, in: Ebers, StichwortKommentar Legal Tech, Regulierung (EU), KI-Verordnung, Rn. 19.

[1036] *Remmertz*, Hinweise zum Einsatz von künstlicher Intelligenz (KI), S. 6.

[1037] *Remmertz*, Hinweise zum Einsatz von künstlicher Intelligenz (KI), S. 6; *Remmertz*, in: Remmertz, Legal Tech-Strategien für die Rechtsanwaltschaft, § 2 Rn. 384; s. hierzu oben unter 2. Teil B. IV. 2.

[1038] Vgl. zur Kennzeichnungspflicht bei Betreibern Art. 50 IV UAbs. 2 S. 2 KI-Verordnung, der eine Ausnahme von der Kennzeichnungspflicht für Betreiber vorsieht, wenn eine Überprüfung oder redaktionelle Kontrolle des Textes vorgenommen wird; vgl. hierzu *Remmertz*, Hinweise zum Einsatz von künstlicher Intelligenz (KI), S. 6.

[1039] *Porschke*, becklink 2033276; auch wenn der Rechtsanwalt selbst als Betreiber anzusehen ist, gilt die Kompetenzpflicht nach Erwägungsgrund 20 KI-Verordnung auch für ihn.

[1040] S. hierzu oben unter 2. Teil.

tems".[1041] Dies setzt ein „technisches Grundverständnis"[1042] über die Entstehung der Ausgabe voraus und wird insbesondere die für Anwälte im Rahmen des § 43 S. 1 BRAO zu beachtenden Grundsätze (Korrelation statt Kausalität; Black-Box-Effekt; Grenzen der Formalisierbarkeit und des Trainings; die richtige Anwendung der Systeme und den „Ergebnis-Bias") enthalten.[1043]

III. Zwischenergebnis

Im letzten Kapitel konnte aufgezeigt werden, dass auch bereits nach aktuellem anwaltlichen Berufsrecht sowie anderen für den Rechtsanwalt geltenden Pflichten ein Regulierungsrahmen besteht, der die Qualität der Rechtsberatung beim Einsatz von KI schützen soll. Insbesondere § 43 S. 1 BRAO erwies sich hierfür als hilfreich, aus dem Pflichten im Rahmen der Sachverhaltserfassung, der inhaltlichen juristischen Bearbeitung und hinsichtlich von Informationspflichten im Rahmen des Einsatzes von KI herausgearbeitet werden konnten. Vor allem hinsichtlich der Ausführungen zum BGB und der KI-Verordnung ergaben sich keine wesentlichen Besonderheiten zu den für nichtanwaltliche Anbieter geltenden Pflichten.

D. Zwischenergebnis

Sowohl für nichtanwaltliche als auch anwaltliche Anbieter besteht bereits de lege lata ein Regulierungsrahmen, der Rechtsuchende vor Gefahren schützen soll, die daraus entstehen, dass eine qualitativ schlechtere Rechtsberatung erbracht wird. Entweder ausdrücklich (vgl. etwa § 13b RDG, die KI-Verordnung und §§ 327 ff. BGB) oder zumindest mittelbar, ohne direkt auf besondere technische Umsetzungen einzugehen (insbesondere § 2 RDG und § 43 S. 1 BRAO), geht der Rahmen hierbei bereits auf Probleme ein, die sich aus der zunehmenden Automatisierung ergeben. So konnte gezeigt werden, dass sich hierfür neben den klassisch berufsrechtlichen Regelungen aus RDG, BRAO und BORA auch Normen des UWG, BGB und der KI-Verordnung heranziehen lassen. Dennoch konnten nach aktueller Gesetzeslage noch nicht alle Probleme beseitigt werden, die sich aus dem Einsatz KI in der Rechtsberatung ergeben. Diese werden nun im Anschluss dargestellt.

[1041] *Fleck*, KIR 2024, 99 (101).
[1042] *Porschke*, becklink 2033276; so auch *Möller-Klapperich*, NJ 2024, 337 (340).
[1043] *Porschke*, becklink 2033276; s. hierzu oben unter 2. Teil C. I. 1. b) bb); vgl. auch *Sorge*, KIR 2024, 77 (77 f.).

3. Teil

Regulierungsrahmen de lege ferenda zur Sicherung ordnungsgemäßer Rechtsberatung unter Einsatz von KI

Im letzten Teil dieser Arbeit soll daher nun ein eigener Vorschlag aufgestellt werden, der die gefundenen Rechtslücken und/oder Rechtsunsicherheiten vermeiden soll. Ebenso soll in diesem Rahmen auf die technischen Besonderheiten der einzelnen Systeme eingegangen und ein Vorschlag unterbreitet werden, der auf der einen Seite die Rechtslücken und Rechtsunsicherheiten schließt und damit für mehr Rechtssicherheit sorgt, auf der anderen Seite jedoch auch den Fortschritt in diesem Bereich und damit die durch die Berufsfreiheit geschützte Betätigung der einzelnen Akteure nicht verhindert.

A. Aufgefundene Regulierungslücken und Auslegungsunsicherheiten

Die in diesem Kontext zu diskutierenden und möglicherweise zu schließenden Regulierungslücken und Rechtsunsicherheiten betreffen sowohl die regulatorische als auch die technische Ebene.[1] Auf der regulatorischen Ebene anzusprechen sind die folgenden Lücken und Unsicherheiten, die sich im Hinblick auf eine Sicherung einer ordnungsgemäßen Rechtsberatung ergeben, denen es zu begegnen gilt:

– Für nichtanwaltliche Dienstleister Schwierigkeiten bei der Auslegung des Begriffs der Rechtsdienstleistung nach § 2 I RDG, insbesondere im Rahmen der Erforderlichkeit einer rechtlichen Prüfung des Einzelfalls auch nach aktueller Rechtslage;[2]

---

[1] In diesem Rahmen soll jedoch nur regulatorisch versucht werden die Unsicherheiten und Lücken zu schließen. Technische Vorschläge zur Lösung der KI-spezifischen Probleme sollen hingegen nicht vorgestellt werden. Hierzu wird auf die einschlägige Fachliteratur verwiesen: vgl. etwa zu White-Box Ansätzen und zur Erklärbarkeit von KI-Anwendungen *Niederée/Nejdl*, in: Ebers/Heinze/Krügel/Steinrötter, Künstliche Intelligenz und Robotik, § 2 Rn. 123 ff.; *Körner*, in: Kaulartz/Braegelmann, Rechtshandbuch Artificial Intelligence und Machine Learning, Kap. 2.4 Rn. 3 ff.; *Käde/von Maltzan*, CR 2020, 66 (66 ff.); *Berner*, comply 2022, 1 (1).

[2] S. hierzu oben unter 2. Teil A.

– Folgeproblem – keine konkreten gesetzlichen Anforderungen an die Ausgestaltung der Information an Rechtsuchende, dass keine rechtliche Prüfung des *Einzelfalls* vorgenommen wird und werden kann;

– Folgeproblem – keine weiteren Erlaubnistatbestände sowie diesbezügliche, konkrete Pflichten für KI-Dienstleister, wenn diese entweder nicht unter den Rechtsdienstleistungsbegriff nach § 2 I RDG fallen oder unter den Begriff fallen und kein entsprechender Erlaubnistatbestand vorhanden ist;[3]

– Keine vereinheitlichten Anforderungen an Fachexpertise von Inkassodienstleistern durch Unterschiede in der behördlichen Praxis, mangels zentralisierter Aufsicht;[4]

– Für anwaltliche Anbieter stellt sich das anwaltliche Berufsrecht durch die Auslegung des § 43 BRAO bereits als sehr flexibel dar – dennoch bestehen keine konkreten Vorgaben, etwa zum berufsrechtskonformen Einsatz oder zu Weiterbildungspflichten im technischen Bereich, für den Einsatz von KI zur Erbringung der Rechtsberatung (etwa in der BORA).[5]

Auf technischer Ebene ergeben sich, wie zuvor angesprochen, die folgenden Probleme:

– Für induktive Systeme der sogenannte Blackbox-Effekt sowie das Problem der Erforderlichkeit einer hohen Datenqualität und -quantität;[6]

– Für deduktive Systeme die Grenzen der Formalisierbarkeit (etwa sogenannte Gödelsche Unvollständigkeitssätze).[7]

Um diese Probleme regulatorisch zu lösen, wird im Folgenden ein Vorschlag zur Änderung des RDG, der RDV und der BRAO unterbreitet. Bevor jedoch ein neuer Vorschlag vorgestellt werden kann, sind die verfassungs- und europarechtlichen Rahmenbedingungen, die für eine Neuordnung beachtet werden müssen, abzustecken. Das BVerfG statuierte bereits im Jahr 1997, dass nicht jede aus dem rechtlichen Bereich stammende Geschäftstätigkeit in den Anwendungsbereich des RDG fallen kann.[8] Auch der EuGH verlangt, dass vom Dienstleister keine berufliche Qualifikation gefordert werden darf,

---

[3] *Timmermann*, Legal Tech-Anwendungen, S. 676 f.; BT-Drs. 19/9527 S. 3; *Remmertz*, ZRP 2019, 139 (141); *Dahns*, NJW-Spezial 2019, 318 (318).

[4] So etwa auch Länderarbeitsgruppe, Legal Tech: Herausforderungen für die Justiz, S. 48; *Leeb*, Digitalisierung, Legal Technology und Innovation, S. 280 ff.; *Steinrötter/Warmuth*, in: Hoeren/Sieber/Holznagel, Teil 30 Rn. 30.

[5] Für eine allgemeine „IT-Fortbildungspflicht", *Leeb*, Digitalisierung, Legal Technology und Innovation, S. 351 ff.

[6] S. hierzu oben unter 2. Teil C. I. 1. b) bb) (2), (3).

[7] S. hierzu oben unter 2. Teil C. I. 1. b) bb) (3).

[8] BVerfG NJW 1998, 3481 (3482); *Henssler*, in: Deckenbrock/Henssler, RDG, Einleitung Rn. 11.

die außer Verhältnis zu der Art seiner Leistung und den Bedürfnissen der Dienstleister steht.[9] Daher kommt dem Verhältnismäßigkeitsgrundsatz eine besondere Bedeutung zu, will man eine strengere beziehungsweise weitergehende Regulierung schaffen.[10]

B. Änderung des nichtanwaltlichen Berufsrechts de lege ferenda

I. Auslegungsprobleme des § 2 I RDG beim Einsatz von KI-Anwendungen

Auslegungsprobleme hinsichtlich des § 2 I RDG ergeben sich auch nach aktueller Rechtslage beim Einsatz von KI-Anwendungen.[11] Da dies nicht nur bei den Anbietern, sondern auch gerade bei den Rechtsuchenden zu Rechtsunsicherheiten führen kann und zu einem gewissen faktisch „rechtsfreien Raum" ohne klare Vorgaben auch bereits jetzt schon führt,[12] ist dem mit einer klaren Rechtsregelung zu entgegnen. Bereits darauf hingewiesen wurde, dass durch die Systeme *objektiv* keine rechtliche Prüfung des Einzelfalls durchgeführt werden kann, weshalb keine objektive Erforderlichkeit der rechtlichen Prüfung des Einzelfalls besteht. Lediglich kann eine subjektive Erforderlichkeit der rechtlichen Prüfung des *Einzelfalls* vorliegen.[13] Diese subjektive Erforderlichkeit kann nach aktueller Rechtslage jedoch durch einen Hinweis des Anbieters, dass das System aufgrund seiner Programmierung nicht auf alle Umstände des Einzelfalls eingehen kann und dass, selbst wenn eine rechtliche Prüfung durchgeführt wird, diese nicht eine solche des individuellen Einzelfalls darstellt, umgangen werden.[14] Dies hat zur Folge, dass mangels Rechtsdienstleistung schon der Anwendungsbereich des RDG nicht eröffnet ist.[15] Eine solche Anwendbarkeit des RDG wäre jedoch gerade vorteilhaft, um konkrete Anforderungen an neue Erlaubnistatbestände, Hinweispflichten, per-

---

[9] EuGH NJW 1991, 2693 Rn. 17; *Henssler*, in: Deckenbrock/Henssler, RDG, Einleitung Rn. 17.
[10] *Hartung*, in: Riehm/Dörr, Digitalisierung und Zivilverfahren, § 10 Rn. 12; *Overkamp/Overkamp*, in: Henssler/Prütting, RDG, Einleitung Rn. 33 ff.; *Wolf*, in: Gaier/Wolf/Göcken, RDG, § 1 Rn. 4a; vgl. auch BVerfG NJW 1998, 3481 (3483).
[11] S. hierzu oben unter 2. Teil A. II.
[12] Das OLG Dresden NJOZ 2023, 759 Rn. 24 weist jedoch zutreffend darauf hin, dass auch die Digitalisierung nicht im rechtsfreien Raum stattfindet, sodass die bestehenden Gesetze zu beachten sind; *Hoch*, AcP 219 (2019), 646 (667), spricht insoweit von einem „Graubereich".
[13] S. hierzu ausführlich unter 2. Teil A. II. 1. a) cc) (4).
[14] S. o. unter 2. Teil A. II. 1. a) cc) (4) (e).
[15] S. o. unter 2. Teil A. I.

sönliche und sachliche Anforderungen an den Betreiber und eine Überwachung der Systeme zu statuieren.[16] Weiterhin besteht aufgrund der Rechtsprechung des BGH bezüglich des Tatbestandsmerkmals der „konkreten Angelegenheit" im Rahmen des Einsatzes von Expertensystemen (inklusive Dokumentengeneratoren) Unklarheit, ob eine solche vorliegt oder ob, wie nach hier vertretener Ansicht, der Tatbestand gegebenenfalls an der rechtlichen Prüfung des *Einzelfalls* scheitert.[17]

Daher soll § 2 RDG um einen Abs. 3, der vor dem jetzigen Abs. 3 eingefügt wird, ergänzt werden.[18] Dieser § 2 III RDG n. F. soll wie folgt lauten: „Rechtsdienstleistung ist, unabhängig vom Vorliegen der Voraussetzungen des Abs. 1, jedes automatisierte Verfahren in fremder Angelegenheit, das eine rechtliche Prüfung nach Eingabe von Daten des Rechtsuchenden durchführt, unabhängig davon, welche Verfahren hierbei zum Einsatz kommen. Als automatisiertes Verfahren gilt jedes Verfahren, das ohne menschliche Mithilfe aus einem Dateneingang einen hiervon abweichenden Datenausgang erzeugen kann. Eine rechtliche Prüfung im Sinne des S. 1 liegt insbesondere bei automatisierten Verfahren vor, die einem oder mehreren der in Anlage 1 aufgeführten Verfahren zugeordnet werden kann oder können, soweit das Verfahren über die bloße schematische Rechtsanwendung hinausgeht."

Anlage 1 soll die folgenden Verfahren enthalten:

1. „Vertragsgeneratoren oder andere Dokumentengeneratoren, die zur Generierung von rechtlichen Inhalten erstellt wurden und sich an Rechtsuchende richten,

2. juristische Expertensysteme, einschließlich Legal Robots, die für die Interaktion mit Rechtsuchenden entwickelt wurden,

3. Chatbots, die zumindest auch rechtliche Fragen von Rechtsuchenden beantworten können, unabhängig davon, welche Technik hierbei zum Einsatz kommt."

---

[16] *Timmermann*, Legal Tech-Anwendungen, S. 676f.; BT-Drs. 19/9527 S. 3; *Remmertz*, ZRP 2019, 139 (141); *Dahns*, NJW-Spezial 2019, 318 (318).
[17] S. hierzu ausführlich unter 2. Teil A. II. 1. a) cc) (4).
[18] Vgl. Gesetzentwurf der FDP, BT-Drs. 19/9527, S. 3, die den Begriff der automatisierten Rechtsdienstleistung im Rahmen des § 10 I RDG aufnehmen wollten, den § 2 I RDG, jedoch lediglich um den Satz ergänzen wollten, dass Rechtsdienstleistungen auch automatisiert erbracht werden konnten; zustimmend etwa *Remmertz*, ZRP 2019, 139 (141); *Steinrötter/Warmuth*, in: Hoeren/Sieber/Holznagel, Handbuch Multimedia-Recht, Teil 30 Rn. 37; *Leeb*, Digitalisierung, Legal Technology und Innovation, S. 284; *Timmermann*, Legal Tech-Anwendungen, S. 678, schlägt im Ergebnis hingegen ebenfalls eine eigene Definition von „algorithmischen Rechtsdienstleistungen", die sich hinsichtlich der Aufzählung der Anwendungsbereiche hingegen vom hier gewählten Entwurf unterscheidet, vor.

B. Änderung des nichtanwaltlichen Berufsrechts de lege ferenda

Da hiervon die Online-Rechner zur Ermittlung des Bestehens und der Höhe eines Anspruchs, soweit keine anschließende Beauftragung des Inkassodienstleisters erfolgt ist, umfasst sind, soll dieses Problem ebenfalls betrachtet werden. Daher sollte § 2 II RDG um einen neuen S. 2 ergänzt werden, der wie folgt lautet: „Dies gilt ebenfalls für rechtliche Prüfungen und Beratungen, die auf den Abschluss eines Inkassodienstleistungsvertrags gerichtet sind, soweit sich diese Prüfungen und Beratungen auf die Forderung beziehen, hinsichtlich der ein Inkassodienstleistungsvertrag abgeschlossen werden soll."

Weiterhin sollte § 2 III RDG um einen neuen § 2 IV Nr. 7 RDG n. F. ergänzt werden, mit dem Inhalt:

7. „die Erbringung von Rechtsangelegenheiten mittels automatisierter Verfahren gegenüber Rechtsanwälten, Patentanwälten, Notaren, Wirtschaftsprüfern und Steuerberatern, soweit diese in Ausübung ihrer beruflichen Tätigkeit handeln."

1. § 2 III 1 RDG n. F. und § 2 IV Nr. 7 RDG n. F.

Zum einen sollen durch die Formulierung „unabhängig vom Vorliegen der Voraussetzungen des Abs. 1" Auslegungsprobleme beseitigt werden, die sich bei der Analyse des § 2 I RDG gezeigt haben.[19] Zum anderen verdeutlicht der neu eingefügte Abs. 3 S. 1, dass alle automatisierten Verfahren nun nicht mehr unter § 2 I RDG subsumiert werden können, sondern sich ausschließlich nach den Voraussetzungen des § 2 III RDG n. F. richten, sodass § 2 I RDG nunmehr nur noch die analogen Rechtsdienstleistungen erfasst.[20]

Der Begriff des automatisierten Verfahrens wird in S. 2 definiert und soll daher auch in diesem Rahmen behandelt werden.

Das Merkmal der fremden Angelegenheit wurde hingegen aus Abs. 1 übernommen und soll genauso wie in diesem Tätigkeiten im eigenen wirtschaftlichen Interesse aus dem Anwendungsbereich ausschließen. Da bezüglich dieses Tatbestandsmerkmals die Auslegung höchstrichterlich geklärt ist, wird das Risiko einer Rechtsunsicherheit als eher gering angesehen. Zwar hätte auch auf das Merkmal verzichtet werden können, jedoch hätte sodann im Wege des Enumerationsprinzips, etwa im Rahmen des § 2 IV RDG n. F., eine Auflistung von Verfahren unternommen werden müssen, die nicht unter den neuen Rechtsdienstleistungsbegriff fallen sollen.[21] Da es jedoch durch die sich ständig än-

---

[19] S. hierzu ausführlich oben unter 2. Teil A. II.
[20] Dies ist auch Konsequenz von *Timmermann*, Legal Tech-Anwendungen, S. 691, der ebenfalls einen neuen Tatbestand in § 2 RDG schafft.
[21] *Timmermann*, Legal Tech-Anwendungen, S. 685 f., will dies hingegen durch eine Änderung des § 3 RDG lösen.

dernden Einsatzbereiche, vor allem etwa im internen Umfeld von Kanzleien oder Unternehmen, sehr schwierig sein wird, enumerativ alle Anwendungsbereiche aufzuzählen, die nicht in den Anwendungsbereich fallen sollen, wird hiervon abgesehen. Dies sollte insbesondere weiterhin förderlich für den internen Einsatz und die interne Weiterentwicklung derartiger Tools sein.

Auf das Merkmal der konkreten Angelegenheit wurde hingegen verzichtet. Dies führte bereits zu starken Rechtsunsicherheiten aufgrund von differierenden Auslegungen.[22] Durch das Einfügen des Teilsatzes „das eine rechtliche Prüfung nach Eingabe von Daten des Rechtsuchenden durchführt" kann hierauf auch verzichtet werden. Der Passus führt vielmehr dazu, dass verdeutlicht wird, dass es sich um Sachverhaltsdaten aus einem individuellen Fall des Rechtsuchenden handeln muss. Etwaige Zweifel, ob eine Tätigkeit in konkreten Angelegenheiten oder etwa eine rechtliche Prüfung des *Einzelfalls* vorliegt, werden hierdurch beseitigt. So haben die hier ausgeführten Darstellungen vor allem gezeigt, dass der Begriff des Einzelfalls im Rahmen von KI-Anwendungen zu Schwierigkeiten führt.[23]

Weiterhin soll es gerade nicht darauf ankommen, welche Systeme zum Einsatz kommen. So können etwa auch Expertensysteme eine rechtliche Prüfung durchführen, ohne dass es das Konstrukt der subjektiven Erforderlichkeit der rechtlichen Prüfung des *Einzelfalls* bedarf. Der Begriff der rechtlichen Prüfung, der ohne weitere Ausführungen hingegen ebenfalls wieder zu Rechtsunsicherheiten führen würde, wird sodann in § 2 III 3 RDG n. F. näher definiert und sodann in diesem Rahmen behandelt.

Auch kommt dem Begriff der Daten des *Rechtsuchenden* Bedeutung zu. Dieser soll entsprechend seiner allgemeinen Auslegung im Rahmen des § 1 I 2 RDG alle Verbraucher, Gewerbetreibende und Unternehmer umfassen.[24] Jedoch können ebenfalls Rechtsanwälte in den Anwendungsbereich des Begriffs der Rechtsuchenden fallen.[25] Werden derartige Dienstleistungen gegenüber Rechtsanwälten im Rahmen der eigenen Mandatsarbeit erbracht, sind diese aufgrund der neu einzuführenden anwaltlichen Weiterbildungspflicht[26] jedoch nicht derart schutzbedürftig, wie die zuvor aufgelisteten Rechtsuchenden. Aus diesem Grund sollten die im Folgenden aufgelisteten Pflichten nicht gegen-

---

[22] S. o. unter 2. Teil A. II. 1. a) bb).

[23] S. o. unter 2. Teil A. II. 1. a) cc).

[24] OLG Frankfurt BeckRS 2019, 30302 Rn. 25; BT-Drs. 16/3655, S. 45; *Römermann*, in: BeckOK RDG, § 1 Rn. 18; *Deckenbrock*, in: Deckenbrock/Henssler, RDG, § 1 Rn. 8.

[25] LG Hamburg BeckRS 2015, 12293 Rn. 34; *Deckenbrock*, in: Deckenbrock/Henssler, RDG, § 1 Rn. 8; *Overkamp/Overkamp*, in: Henssler/Prütting, RDG, § 1 Rn. 12; *Wolf*, in: Gaier/Wolf/Göcken, RDG, § 1 Rn. 6, jedoch nur im Rahmen ihrer privaten Vermögensangelegenheiten.

[26] S. hierzu unten unter 3. Teil C.

B. Änderung des nichtanwaltlichen Berufsrechts de lege ferenda

über Rechtsanwälten erfüllt werden. Daher werden diese nach § 2 IV Nr. 7 RDG n. F. vom Anwendungsbereich des RDG ausgeschlossen. Zwar wäre auch eine Aufnahme derartiger Rechtsdienstleistungen in den Anwendungsbereich des RDG möglich, sodass in einem nächsten Schritt etwa gefordert werden könnte, dass die Erbringung der Rechtsdienstleistungen, beispielsweise durch einen Volljuristen auf Seiten des Rechtsdienstleisters, überwacht werden müsste. Dies würde jedoch zu einer Verlagerung der Pflichten des Anwalts aus § 43 S. 1 BRAO im Rahmen seiner Mandatsbearbeitung[27] hin zum Anbieter der Dienstleistung führen. Eine Verschiebung dieser Pflicht auf den Anbieter der Dienstleistung, der nicht zwingend ein Rechtsanwalt sein muss,[28] wäre jedoch unbillig und ist abzulehnen. Handeln diese hingegen in privater Funktion, ist eine Ungleichbehandlung zu den sonstigen Rechtsuchenden nicht zu rechtfertigen, weshalb in diesem Rahmen kein Ausschluss erfolgt.[29] Um einen Verstoß gegen Art. 3 I GG zu verhindern, sind ebenfalls die anderen klassischen rechtsberatenden Berufe wie Patentanwälte, Notare, Wirtschaftsprüfer und Steuerberater hiervon erfasst.[30]

2. § 2 III 2 RDG n. F.

In S. 2 wird der Begriff des automatisierten Verfahrens näher ausgeführt. Hierunter versteht der Neuentwurf „jedes Verfahren, das ohne menschliche Mithilfe aus einem Dateneingang einen hiervon abweichenden Datenausgang erzeugen kann". Der Passus ohne menschliche Mithilfe soll zunächst klarstellen, dass es sich begriffsnotwendig bei automatisierten Verfahren um ein automatisiertes Element handeln muss. Hierbei kommt es jedoch nur darauf an, dass aus dem Dateneingang automatisiert, das heißt ohne menschliches Zutun, ein Datenausgang produziert wird. Eingang und Ausgang von Daten knüpfen dabei an die allgemeine technische Terminologie an.[31] Weiterhin muss der Datenausgang ein anderer sein als der Dateneingang, mithin über die bloße Anzeige der eingegebenen Daten hinausgehen. Weitere Anforderungen an das automatisierte Verfahren werden sodann im Rahmen der rechtlichen Prüfung gestellt.

---

[27] S. o. unter 2. Teil C. I. 1. b).
[28] BT-Drs. 16/3655, S. 30; *Hellwig/Ewer*, NJW 2020, 1783 (1783); *Fries*, NJW 2020, 193 (194); *Steinrötter/Warmuth*, in: Hoeren/Sieber/Holznagel, Handbuch Multimedia-Recht, Teil 30 Rn. 58.
[29] Vgl. zur aktuellen Rechtslage im Rahmen des § 1 I 2 RDG, *Wolf*, in: Gaier/Wolf/Göcken, RDG, § 1 Rn. 6.
[30] Vgl. zu den berufsrechtlichen Anforderungen etwa *Fritz*, Zulässigkeit automatisierter außergerichtlicher Rechtsdienstleistungen, S. 110 ff.
[31] Vgl. etwa *Hacker*, ZfPW 2019, 148 (151); *Hansmann/Röckinghausen*, in: Landmann/Rohmer, BImSchV, § 3 S. 4; *Rottmeier/Eckel*, NStZ 2020, 193 (197).

3. § 2 III 3 RDG n. F. und Anlage 1 n. F.

Weiterhin muss der Begriff der rechtlichen Prüfung für automatisierte Verfahren näher definiert werden. Diese Aufgabe übernimmt § 2 III 3 RDG n. F. i. V. m. Anlage 1.[32] Wie bereits angemerkt, spielt es hierbei keine Rolle, welche technischen Verfahren zum Einsatz kommen, sodass sowohl Expertensysteme als auch Verfahren des maschinellen Lernens und sämtliche anderen Verfahren eine rechtliche Prüfung durchführen können (soweit diese in eine der in Anlage 1 aufgeführten Kategorien oder sonst unter den Begriff der rechtlichen Prüfung eingeordnet werden können). Auch in diesem Rahmen muss beachtet werden, dass nicht jede rechtliche Angelegenheit in den Anwendungsbereich des RDG fallen kann.[33] Daher wird vorgeschlagen, diesen wie im § 2 I RDG auf solche Bereiche zu beschränken, die über eine bloß schematische Rechtsanwendung hinausgehen.[34]

Die nicht abschließende Aufzählung der Anlage 1 soll hierbei dem Bestimmtheitsgrundsatz und damit der Rechtssicherheit dienen. Durch die Formulierung „insbesondere" wird verdeutlicht, dass die Auflistung in Anlage 1 nicht abschließend sein soll, damit die Praxis auf Neuerungen im Rechtsberatungsmarkt agil eingehen kann, bevor der Gesetzgeber den Anhang erweitert. Dennoch wird dem Bestimmtheitsgrundsatz durch die Ausgestaltung Genüge getan, da die „Regelbeispiele" eine Richtung vorgeben, an der sich zur Auslegung des unbestimmten Rechtsbegriffs orientiert werden kann. Als Kriterium lässt sich etwa eine Vergleichbarkeit der Schutzbedürftigkeit der Rechtsuchenden heranziehen. Darüber hinaus sollte dem Wortlaut nach „Tätigkeiten im rechtlichen Bereich, die jedoch keine rechtliche Prüfung erforderlich machen, da sie nach Inhalt, Formen und Rechtsfolgen jedermann derart vertraut seien, dass sie nicht als rechtliche Lebensvorgänge empfunden würden, ausscheiden"[35] und weiterhin nicht dem Anwendungsbereich des RDG unterfallen. Daher sollte der Tatbestand vor dem Hintergrund des Art. 12 I GG restriktiv ausgelegt werden.

---

[32] Die Regelung orientiert sich hierbei am Konzept des Art. 3 Nr. 1 KI-Verordnung (EU-Kommission), der ebenfalls zur Definition des Begriffs der KI auf seinen Anhang verweist; ähnliche Methodik im BtMG verwendet, vgl. *Timmermann*, Legal Tech-Anwendungen, S. 678.

[33] S. bereits oben zu den Ausführungen des BVerfG unter 3. Teil A.

[34] Auch *Timmermann*, Legal Tech-Anwendungen, S. 678, wendet dieses Kriterium zur Einschränkung des Tatbestands an, verlangt jedoch eine „über die schematische Anwendung von Rechtsnormen *hinausgehende rechtliche Prüfung des Einzelfalls*". Auf das Kriterium des Einzelfalls wird bei dem hier vorgeschlagenen Entwurf verzichtet. Ebenfalls ist das Kriterium der rechtlichen Prüfung im Rahmen der Aufzählung bei dem hier vorgeschlagenen Entwurf nicht notwendig, da die Aufzählung gerade zur Konkretisierung des Tatbestandsmerkmals der rechtlichen Prüfung herangezogen wird.

[35] S. o. unter 2. Teil A. II. 1. a) cc) (4) (a).

B. Änderung des nichtanwaltlichen Berufsrechts de lege ferenda

Zuletzt soll auf die einzelnen Ausführungen der Anlage 1 eingegangen werden. In diesem Zusammenhang wurde eine Darstellung von verschiedenen Produktgruppen gewählt.[36] Bezüglich der Begrifflichkeiten ist auf die Ausführungen im Rahmen dieser Arbeit zu verweisen.[37] Darüber hinaus ist zu beachten, dass die Anlage 1 nur solche Dienstleistungen umfasst, die sich an Verbraucher und Unternehmer richten, die nicht in der Funktion als Rechtsanwalt auftreten. Dies folgt aus der oben ausgeführten Begründung der geringeren Schutzbedürftigkeit im Rahmen von Rechtsdienstleistungen nach § 2 III RDG n. F.

Nr. 1 der Anlage 1 erfasst einheitlich solche Vertrags- und sonstigen Dokumentengeneratoren,[38] die über eine bloß schematische Rechtsanwendung hinausgehen. Auch in diesem Kontext ist es unerheblich, welche Technik hierbei zum Einsatz kommt.

Nr. 2 erfasst Systeme, die mit dem Rechtsuchenden im Rahmen der Sachverhaltserfassung interagieren und eine Handlungsanweisung oder ein sonstiges rechtliches Ergebnis in natürlicher Sprache ausgeben können. Da es für den Nutzer grundsätzlich unerheblich ist, welches Verfahren hierbei zum Einsatz kommt (deduktive oder induktive Verfahren), sollen auch solche Systeme mit unter diese Kategorie fallen, die Verfahren des maschinellen Lernens einsetzen, sodass Legal Robots ebenfalls unter die Nr. 2 subsumierbar sind. Nicht unter Nr. 2 sollen hingegen solche Online-Rechner eingeordnet werden, die durch einen Inkassodienstleister angeboten werden, sogar dann, wenn keine Beauftragung erfolgt, vgl. § 2 II 2 RDG n. F.

Zuletzt sollen von Nr. 3 und damit vom RDG solche Chatbots erfasst werden, die zumindest auch rechtliche Fragen des Rechtsuchenden beantworten können. Unbeachtlich ist hierbei, ob der Chatbot neben juristischen Fragen auch andere Fragen beantworten kann. So kann es keine Privilegierung für solche Chatbots geben, die lediglich mit sehr breit aufgestellten Datenbeständen antrainiert wurden, gegenüber anderen, deren Trainingsphase lediglich mit einem Ausschnitt dieses Datenbestands erfolgt ist.

Weiter könnte man über eine Ermächtigung etwa des Bundesministeriums für Justiz zur Ergänzung des Anhang I in Form einer Rechtsverordnung nachdenken, da dies insbesondere zu einem effektiven Reagieren auf neuere Ent-

---

[36] So auch *Timmermann*, Legal Tech-Anwendungen, S. 677, der jedoch in andere Produktgruppen unterteilt; a.A. Länderarbeitsgruppe, Legal Tech: Herausforderungen für die Justiz, S. 51 f., die aufgrund der Vielfältigkeit des Marktes eine Gruppierung ausschließen. Dem soll mit der hier gewählten Untergliederung widersprochen werden.

[37] S. für Vertrags- und Dokumentengeneratoren oben unter 1. Teil C. I.; s. für juristische Expertensysteme oben unter 1. Teil C. IV. 1.; s. für Legal Robots oben unter 1. Teil C. IV. 2. a); s. für Chatbots oben unter 1. Teil C. IV. 2. b).

[38] *Fries*, ZRP 2018, 161 (165 f.), der diese jedoch im Rahmen des § 10 RDG nennt.

wicklungen auf dem Rechtsberatungsmarkt führen würde.[39] Dem ist jedoch zu widersprechen. Timmermann[40] verwies bereits darauf, dass durch eine derartige Ermächtigung wiederum Rechtsunsicherheit bei den Anbietern derartiger Dienstleistungen besteht, da die dann zuständige Behörde die betreffende Dienstleistung ohne vorherige parlamentarische Debatte auf der Liste aufnehmen könnte. Die neu vorgeschlagene Regulierung soll jedoch gerade der Rechtssicherheit dienen. Der Übersichtlichkeit halber und um eine zukünftige „Überfrachtung" des § 2 RDG zu verhindern, wurde dennoch die Auflistung in Anlage I gewählt.

4. § 2 II 2 RDG n. F.

Nach hier vertretener Auffassung ist es nach aktueller Rechtslage nicht möglich, von einer Überlagerung des § 2 II RDG für den Fall einer fehlenden Beauftragung des Inkassodienstleisters für die eben erwähnten Online-Rechner auszugehen, weshalb sich diese grundsätzlich nach § 2 I RDG richten.[41] Da diese im Fall einer fehlenden Beauftragung jedoch nicht auf die Eintreibung einer Forderung gerichtet sind, fallen solche Online-Rechner nicht unter die aktuelle Befugnis zur Erbringung von Inkassodienstleistungen § 10 I 1 Nr. 1 RDG.[42] Wird das RDG um diesen vorgeschlagenen Satz ergänzt, wird verdeutlicht, dass sich die Inkassodienstleistung und damit die Inkassodienstleistungsbefugnis auch auf die im Vorfeld des Vertragsschlusses liegende Prüfung und Beratung hinsichtlich der Forderung, die gegebenenfalls später im Rahmen eines Vertragsverhältnisses eingezogen werden soll, bezieht. Hierdurch wird gewährleistet, dass nur solche Anbieter Online-Rechner zur Verfügung stellen und damit schutzbedürftigen Rechtsuchenden anbieten, die auch hierfür grundsätzlich qualifiziert sind.

II. Ergänzung der Erlaubnistatbestände

Da nun der Anwendungsbereich für viele Dienstleistungen eröffnet wurde und dies deshalb geschah, um weitere Pflichten zum Schutz des Rechtsuchenden für die Anbieter zu statuieren, müssen jedoch auch dementsprechende Erlaubnistatbestände geschaffen werden. Daher wird der § 10 RDG um eine neue Nr. 4 ergänzt mit dem Wortlaut:

4. „Rechtsdienstleistungen nach § 2 Abs. 3."

---

[39] Vgl. *Timmermann*, Legal Tech-Anwendungen, S. 678.
[40] *Timmermann*, Legal Tech-Anwendungen, S. 678.
[41] S. o. unter 2. Teil A. II. 5. a) cc) (2).
[42] S. o. unter 2. Teil A. II. 5. a) cc) (2).

III. Ergänzung der Pflichten für neu geschaffene Erlaubnisinhaber

Weiterhin müssen die neuen Pflichten aufgestellt werden, die an die „neu" in den Anwendungsbereich des RDG fallenden Anbieter zu stellen sind.

Zunächst sollte § 12 I RDG um eine neue Nr. 4 ergänzt werden:

4. „im Falle des Einsatzes von automatisierten Verfahren, unabhängig ob im Rahmen von § 2 Abs. 2 oder § 2 Abs. 3, die Berufung eines Produktsicherungsmanagers."

Dementsprechend müsste ebenfalls ein neuer Abs. 4 eingefügt werden: „Der Betreiber der mithilfe von automatisierten Verfahren erbrachten Rechtsdienstleistung muss mindestens eine natürliche Person berufen, die als Produktsicherungsmanager agiert. Der Produktsicherungsmanager muss in dem Unternehmen dauerhaft beschäftigt sowie in allen Angelegenheiten, beziehungsweise bei einer Zuständigkeitsunterteilung bei mehreren Produktsicherungsmanagern in den ihm zugewiesenen Angelegenheiten, die Rechtsdienstleistungen mittels automatisierter Verfahren des Unternehmens betreffen, weisungsunabhängig und weisungsbefugt in der Feststellung der Fehler sein. Der Produktsicherungsmanager muss seine Sachkunde durch Zeugnisse nachweisen können."

Weiterhin sollte ein neuer § 6 RDV (Nachweis der Sachkunde des Produktsicherungsmanagers) eingefügt werden: „Der Produktsicherungsmanager kann seine Sachkunde durch ein Zeugnis über das Bestehen der ersten Prüfung nach § 5d Abs. 2 des Deutschen Richtergesetzes nachweisen. Zum Nachweis genügt auch das Zeugnis über gleichwertige rechtliche und wirtschaftsrechtliche Abschlüsse."

Zuletzt in diesem Rahmen muss ein neuer § 13a RDG (Pflichten des Produktsicherungsmanagers) ergänzt werden: „Zur Sicherung der Qualität der automatisierten Verfahren hat er soweit möglich alle Schritte im Rahmen der Erstellung automatisierter Verfahren auf ihre juristische Vertretbarkeit hin zu überprüfen und Vorschläge zur Behebung der Fehler zu unterbreiten. Fällt ein Fehler erst später auf, hat er alle hierzu notwendigen Maßnahmen zu treffen, um die Ursachen der Fehler zu ermitteln und Vorschläge zur Berichtigung zu unterbreiten."

Weiterhin bedarf es neuer Informationspflichten für Rechtsdienstleistungen, die mittels automatisierter Verfahren erbracht werden. Aus diesem Grund muss ein neuer § 13b RDG (Informationspflichten bei Rechtsdienstleistungen mittels automatisierter Verfahren) eingefügt werden:

(1) „Registrierte Personen, die Rechtsdienstleistungen mittels automatisierter Verfahren erbringen, müssen am Anfang einer jeden Interaktion die folgenden Informationen klar und verständlich in Textform übermitteln:

1. wenn eine Interaktion in natürlicher Sprache mit dem System vorgesehen ist, dass es sich hierbei um ein automatisiertes Verfahren handelt und keine Interaktion mit einem Menschen stattfindet,
2. unabhängig ob eine Interaktion in natürlicher Sprache mit dem System vorgesehen ist, dass im Rahmen der rechtlichen Prüfung aufgrund der jeweiligen Programmierung des Verfahrens das System gegebenenfalls nicht darauf ausgelegt ist, jeden Aspekt des Sachverhalts zu berücksichtigen, der zu einer anderen rechtlichen Einschätzung führen könnte,
3. wenn ein Ergebnis vollständig mittels automatisierter Verfahren erbracht wird, dass das Ergebnis vollständig automatisch erzeugt wird,
4. wenn ein Ergebnis teilweise mittels automatisierter Verfahren erzeugt wird, welche Schritte durch einen menschlichen Bearbeiter erbracht werden.

(2) In hiervon getrennter Form hat die registrierte Person klar und verständlich in Textform darauf hinzuweisen, welche Techniken im Rahmen der automatisierten Verfahren zum Einsatz kommen.

(3) Erfolgt die Beauftragung der registrierten Person bereits bevor die in Abs. 1 genannten Informationen dem Rechtsuchenden zur Verfügung gestellt werden konnten, müssen die Informationen aus Abs. 1 in hervorgehobener Weise bei Vertragsabschluss in Textform übermittelt werden."

1. § 12 I Nr. 4, IV RDG n. F.

Durch die neu eingeführte Regelung muss ein Produktsicherungsmanager für jede Tätigkeit, bei welcher automatisierte Verfahren zum Einsatz kommen, unabhängig davon, ob dies im Rahmen von Rechtsdienstleistungen nach § 2 II RDG n.F. oder § 2 III RDG n.F. geschieht, eingesetzt werden.[43] Dies ergibt sich daraus, dass bei einem solchen Einsatz von automatisierten Verfahren durch die gleichgelagerte und nicht in jedem Fall manuell überprüfte Bearbeitung durch derartige automatisierte Verfahren sich Fehler des Systems deutlich breiter und gravierender auswirken als in der bloßen manuellen Bearbeitung.[44] Dies gilt sowohl im Rahmen des § 2 II RDG n.F. als auch bei automatisierten Verfahren nach § 2 III RDG n.F. Bei manuell bearbeiteten Rechtsdienstleistungen verbleibt es hingegen bei der jetzigen Gesetzeslage. Diese Erwägungen rechtfertigen mithin auch eine unterschiedliche Behandlung zur manuellen Bearbeitung.

---

[43] Vgl. auch für Berufsausübungsgesellschaften die Möglichkeit zur Schaffung eines „Compliance Officers" nach § 31 II 2 BORA, *Remmertz*, LTZ 2024, 95 (95).

[44] Vgl. insoweit auch *Jungk*, in: Remmertz, Legal Tech-Strategien für Rechtsanwälte, 1. Auflage 2020, § 5 Rn. 109; *Riechert*, AnwBl 2020, 168 (168).

B. Änderung des nichtanwaltlichen Berufsrechts de lege ferenda

Auch handelt es sich hierbei insbesondere um einen deutlich geringeren Eingriff, als von jeder Person, die bei der Bearbeitung beteiligt ist, eine theoretische und praktische Sachkunde zu verlangen, wobei die theoretische Sachkunde mittels Lehrgang nach § 4 RDV absolviert werden kann.[45] Dennoch wird durch diese Änderung ein „Mehr" an Qualitätssicherung zur aktuellen Rechtslage, nach welcher bereits die Benennung einer qualifizierten Person nach § 12 IV RDG auf Seiten des Anbieters ausreicht,[46] gewährleistet. Dieses „Mehr" an Qualitätssicherung ist auch gerade wegen der besonderen und vorher bereits beschriebenen Gefahr bei automatisierten Verfahren zum Schutz der Rechtsuchenden erforderlich und angemessen. Weiterhin wird eine solche Einrichtung eines Produktmanagers in vielen, sich bereits am Markt etablierten Unternehmen auch kein allzu großes „Mehr" an Pflichten darstellen, da diese zumeist auch ohne diese Pflicht Personen mit den hier geforderten Sachkenntnissen für die juristische Qualität ihrer Produkte beschäftigen werden. Auch sollte dies kein unüberwindbares Hemmnis für Unternehmen werden, die sich neu auf dem Markt etablieren wollen, da für ein derartiges Etablieren auch die juristische Qualität der Dienstleistung ein entscheidendes Kriterium sein wird, um sich gegenüber anderen Marktteilnehmern durchzusetzen.

Nach dem neu eingefügten § 12 IV 1 RDG n. F. muss der Betreiber mindestens eine natürliche Person als Produktsicherungsmanager berufen. Hierbei obliegt es dem Betreiber, organisatorisch sicherzustellen, dass die Pflichten des Produktsicherungsmanagers durch diesen auch realistisch wahrgenommen werden können. Ist der Umfang zu groß, hat er mehrere Produktsicherungsmanager zu berufen, unter denen die einzelnen Aufgabenbereiche aufzuteilen sind. Zwar wird auch eine Delegation von Aufgaben durch den Produktsicherungsmanager an ihm unterstehende Mitarbeiter möglich sein, jedoch muss gewährleistet sein, dass jegliche Ergebnisse der Mitarbeiter durch den Produktsicherungsmanager kontrolliert und kritisch überprüft werden. Nur so erfüllt die Forderung nach einer besonderen Sachkunde vollständig ihren Zweck. Wäre diese Aufgabe durch einen einzelnen Produktsicherungsmanager nicht realistisch zu bearbeiten, muss der Betreiber daher weitere Produktsicherungsmanager berufen.

---

[45] So aber etwa *Leeb*, Digitalisierung, Legal Technology und Innovation, S. 285, die den erfolgreichen Abschluss des ersten juristischen Staatsexamens und vergleichbare wirtschaftsrechtliche Abschlüsse für den Sachkundenachweis ebenso wie Fries für Input leistende Mitarbeiter verlangt; *Fries*, ZRP 2018, 161 (165), der für den Sachkundenachweis sogar die Befähigung zum Richteramt nach § 5 I DRiG für alle Mitarbeiter, die „juristischen Input" leisten verlangt; vgl. ausführlich zu den Registrierungsvoraussetzungen oben unter 2. Teil B. I. 1. a).

[46] Vgl. zur qualifizierten Person, *Günther*, in: BeckOK RDG, § 12 Rn. 129, 133; *Dötsch*, in: Deckenbrock/Henssler, RDG, § 12 Rn. 125; *Overkamp/Overkamp*, in: Henssler/Prütting, RDG, § 12 Rn. 43.

Der Produktsicherungsmanager muss im Unternehmen dauerhaft beschäftigt sein.[47] Dies ergibt sich daraus, dass der Produktsicherungsmanager die Abläufe und eingesetzten Techniken kennen muss, um Risiken zu erkennen und hierbei entstehende Fehler richtig beheben, beziehungsweise die richtige Behebung anstoßen zu können. So muss er etwa andere Weisungen beim Einsatz von deduktiven als von induktiven Systemen erteilen. Bei deduktiven Systemen wird es gegebenenfalls ausreichen, die Datenbanken (mithin entweder die Textbausteine oder die Regeln zur Kombination dieser) zu ändern. Bei induktiven Systemen hingegen muss das System gegebenenfalls mit anderen Datenbeständen aufgrund von nicht ausreichend qualitativen Datenbeständen neu oder mit einer breiteren Masse von Datenbeständen antrainiert werden, damit dieses auf andere rechtliche Aspekte eines Sachverhalts, wie etwa eine zwingende abweichende Bearbeitung für einen bestimmten Fall, eingehen kann. Daher ist eine enge Zusammenarbeit mit der IT-Abteilung essenziell. Die Behebung von rein technischen Problemen, wie zum Beispiel die Behebung von Problemen der Interoperabilität und Kompatibilität (vgl. § 327e I 3, 4 BGB), liegt jedoch nicht zwingend in seinem Aufgabenbereich, zumal hierfür schon keine Sachkunde nachgewiesen werden muss, vgl. § 6 RDV n. F. Dies verbleibt Aufgabe des Betreibers und gegebenenfalls der hiernach beauftragten ITler.

Auch muss der Produktsicherungsmanager im Hinblick auf Rechtsdienstleistungen mittels automatisierter Verfahren, beziehungsweise bei der Berufung mehrerer Produktsicherungsmanager, wenn dies organisatorisch notwendig erscheint, weisungsunabhängig und weisungsbefugt bezüglich der Feststellung von Fehlern sein. Dies ergibt sich daraus, dass dem Produktsicherungsmanager alle Befugnisse eingeräumt werden sollen, die er benötigt, um juristische Fehler in den Dienstleistungen feststellen zu können.[48] Seine umfassenden Kompetenzen erstrecken sich jedoch ausschließlich auf die Feststellung der Fehler der Dienstleistungen. In diesem Rahmen verfügt er über ausreichende Kenntnisse, um Risiken und Auswirkungen derartiger Fehler am besten einzuschätzen. Nicht jedoch gehen seine Befugnisse derart weit, dass er vollkommen weisungsfrei in der Behebung dieser Fehler ist. Derartige Behebungen können gravierende wirtschaftliche Folgen nach sich ziehen und obliegen weiterhin im Einzelfall der qualifizierten Person.[49] Dennoch wird es Aufgabe des Produktsicherungsmanagers sein, gegebenenfalls in Zusammen-

---

[47] Für den aktuellen § 12 IV RDG s. *Dötsch*, in: Deckenbrock/Henssler, RDG, § 12 Rn. 126; *Overkamp/Overkamp*, in: Henssler/Prütting, RDG, § 12 Rn. 43.

[48] Für den aktuellen § 12 IV 2 RDG vgl. *Siegmund*, in: Gaier/Wolf/Göcken, RDG, § 12 Rn. 62; *Günther*, in: BeckOK RDG, § 12 Rn. 134; *Overkamp/Overkamp*, in: Henssler/Prütting, RDG, § 12 Rn. 43.

[49] Zur aktuellen Rechtslage vgl. *Günther*, in: BeckOK RDG, § 12 Rn. 134; *Dötsch*, in: Deckenbrock/Henssler, RDG, § 12 Rn. 131.

arbeit mit der IT-Abteilung, Lösungsvorschläge zu entwerfen, über deren Umsetzung daraufhin die qualifizierte Person entscheiden kann.

Zuletzt muss der Produktsicherungsmanager seine Sachkunde durch Zeugnisse nachweisen können. Konkretere Anforderungen stellt § 6 RDV n. F., weshalb Ausführungen in diesem Rahmen erfolgen.

2. § 6 RDV n. F.

§ 6 RDV n. F. stellt eine Ausformung des § 12 IV 3 RDG n. F. dar und orientiert sich seiner Struktur nach an §§ 2, 3 RDV. § 6 RDV n. F. verlangt entweder das erfolgreiche Absolvieren des ersten juristischen Staatsexamens oder vergleichbare wirtschaftsjuristische Abschlüsse, soweit ein gewisser Bezug zur späteren Tätigkeit vorhanden ist.[50]

§ 6 RDV n. F. soll jedoch nicht lediglich eine Obergrenze auf das Erfordernis eines Studienabschlusses statuieren. So kann beispielsweise für Rechtsdienstleistungen mittels automatisierter Verfahren im steuerrechtlichen Bereich auch ein Steuerberater eingestellt werden, auch wenn sein Studienabschluss wirtschaftswissenschaftlicher und gerade nicht wirtschaftsrechtlicher Natur war. Ein rein wirtschaftswissenschaftliches Studium reicht jedoch nicht aus, sodass im eben erwähnten Fall etwa der Abschluss als Steuerberater als Nachweis seiner Sachkunde zu fordern ist. Auch ist am grundsätzlichen Erfordernis des Studienabschlusses als Untergrenze aufgrund seiner Länge und der damit erreichten Qualifikation festzuhalten. Ein 120-stündiger Sachkundelehrgang reicht insbesondere im Hinblick auf die erhöhte Gefahrenlage nicht aus.[51] Auch ausländische Studienabschlüsse sind hierbei zu akzeptieren, wenn es sich etwa um ein Unternehmen handelt, das ausschließlich Dokumentengeneratoren zum Beispiel für internationale Verträge anbietet. Insbesondere ein LLM als weitere Qualifizierung eines LLB oder eines anderen universitären

---

[50] *Leeb*, Digitalisierung, Legal Technology und Innovation, S. 285, fordert ebenfalls zumindest den Abschluss des ersten juristischen Staatsexamens. Lässt jedoch auch andere „vergleichbare" wirtschaftsjuristische Abschlüsse ausreichen. Beachtet werden muss jedoch, dass hier von einer Erforderlichkeit für die theoretische Sachkenntnis aus § 12 I Nr. 2 RDG i. V. m. § 2 RDV gesprochen wird, nicht etwa für einen hier vorgeschlagenen Produktsicherungsmanager; auch *Hoch*, AcP 219 (2019), 646 (669), plädiert für die verpflichtende Hinzuziehung eines zugelassenen Rechtsanwalts; vgl. hierzu auch der geplante § 5 III RDG-E, der die Möglichkeit der Hinzuziehung eines Rechtsanwalts vorsah, *Deckenbrock/Henssler*, in: Deckenbrock/Henssler, RDG, § 5 Rn. 19 ff.

[51] So auch allgemein zur theoretischen Sachkunde *Hartmann*, NZM 2019, 353 (358); LG Berlin BeckRS 2018, 16851 Rn. 12; *Leeb*, Digitalisierung, Legal Technology und Innovation, S. 285, jedoch dem widersprechend BGH NJW 2020, 208 Rn. 221 ff.; vgl. zu den Registrierungsanforderungen oben unter 2. Teil B. I. 1. a).

wirtschaftsrechtlichen Studiums wird als ausreichend angesehen.[52] Allein der Abschluss eines Bachelors (oder LLB) in einem wirtschaftsjuristischen Bereich wird jedoch nicht als Äquivalent zu einem ersten juristischen Staatsexamen anzusehen sein und daher aufgrund der verkürzten Regelstudienzeit und der damit verbundenen geringeren Tiefe des juristischen Verständnisses als nicht für den Sachnachweis ausreichend angesehen. Zu beachten ist in diesem Rahmen, dass es sich gerade nicht um die theoretischen Sachkompetenzen des Rechtsdienstleisters handelt, sondern um eine unabhängige Abteilung, die die juristische Qualität der Dienstleistungen überwachen und sicherstellen soll, was aufgrund der erhöhten Gefahrenlage derartiger Verfahren erforderlich und angemessen erscheint.[53] Jedoch etwa verpflichtend einen Volljuristen zu verlangen, wird nicht für verhältnismäßig gehalten.[54] So entscheidet sich der Rechtsuchende ausdrücklich dafür, keinen Anwalt aufzusuchen. Zwar rechtfertigt dies nicht, dass ein Ergebnis schon bei der Erstellung juristisch nicht korrekt ist, dennoch ist zu beachten, dass ein Produktsicherungsmanager, der kein Volljurist ist, der insbesondere die Abläufe im Unternehmen und in einem spezialisierten immer wiederkehrenden Bereich kennt, nicht zwangsläufig schlechtere Arbeit leistet als ein Volljurist.[55] Zumal derartige Anwendungen auch gerade von Einblicken aus anderen Disziplinen profitieren. Das Erfordernis eines Volljuristen wird daher als nicht verhältnismäßig angesehen und abgelehnt.

3. § 13a RDG n. F.

§ 13a RDG n. F. statuiert die Pflichten, die ein Produktsicherungsmanager zur ordnungsgemäßen Erfüllung seiner Aufgaben wahrzunehmen hat. So hat er im Rahmen der Erstellung automatisierter Verfahren, soweit möglich, die einzelnen Schritte auf seine juristische Vertretbarkeit zu überprüfen und Vorschläge zur Behebung der Fehler zu unterbreiten. Auch hier kommt es, wie bereits angesprochen, darauf an, ob deduktive oder induktive Verfahren zum Einsatz kommen. Entscheidend ist hierbei insbesondere, dass diese Pflicht nur in dem Umfang besteht, in dem dies auch tatsächlich möglich ist. So wird es im Einzelfall möglich sein, alle Textbausteine und Regeln eines Expertensystems und damit von deduktiven Systemen zu überprüfen. Problematisch könnte dies bei induktiven Systemen aufgrund des Black-Box-Problems[56]

---

[52] *Leeb*, Digitalisierung, Legal Technology und Innovation, S. 285, zur theoretischen Sachkenntnis.

[53] S. hierzu bereits oben unter 3. Teil B. III. 1.

[54] *Leeb*, Digitalisierung, Legal Technology und Innovation, S. 285; a.A. *Fries*, ZRP 2018, 161 (165), beide zur theoretischen Sachkunde.

[55] *Fries*, ZRP 2018, 161 (165), für Dokumentengeneratoren.

[56] S. hierzu bereits oben unter 2. Teil C. I. 1. b) bb) (2).

werden, wenn einzelne Ergebnisse nicht vollständig nachvollzogen werden können. Hierbei beschränkt sich die Pflicht des Produktsicherungsmanagers darauf, zu beachten, dass derartige Systeme mit einem ausreichenden, qualitativ hochwertigen Datenbestand antrainiert werden, der nicht ausschließlich gleichgelagerte Daten enthält (da sonst von diesem abweichende Konstellationen durch das System nicht oder nur schlechter erkannt werden können)[57]. Weiterhin hat er derartige Systeme vor seiner Freigabe stichprobenartig zu prüfen, in welchem Rahmen er versuchen muss, zumindest Standardkonstellationen aus dem jeweiligen Einsatzbereich auf seine Richtigkeit zu testen.[58] Insbesondere bei induktiven Systemen wird sich bei einem gefundenen Fehler eine Kooperation mit der IT-Abteilung nicht vermeiden lassen. Im Anschluss muss ein Verbesserungsvorschlag unterbreitet werden, der den Fehler behebt und daraufhin etwa an die qualifizierte Person weitergegeben wird, da diese grundsätzlich für die Umsetzung derartiger Entscheidungen zuständig ist[59] und auch weiterhin bleiben soll. Zwar könnte man dem Produktsicherungsmanager ebenfalls eine Kompetenz zur Behebung derartiger Fehler einräumen. Letztlich bleibt dies, wie bereits erwähnt, aber Aufgabe und Verantwortung des Erlaubnisinhabers beziehungsweise der qualifizierten Person. Der Produktsicherungsmanager soll lediglich die Rolle einer internen (spezialisierten) Rechtsabteilung einnehmen, die über die juristische Qualität der Dienstleistungen verpflichtend wacht und bei Verstößen hierüber informiert, sodass hierauf eingegangen werden kann. Eine Verpflichtung zur uneingeschränkten Akzeptanz dieser Änderungsvorschläge würde zu sehr in die Rechte des Erlaubnisinhabers eingreifen. Dennoch ist davon auszugehen, dass der Erlaubnisinhaber die Änderungen umsetzen wird, da qualitative Fehler typischerweise neben Schadensersatzansprüchen auch zu einer Schädigung des Rufs und damit zur Verschlechterung der Auftragslage führen können.[60]

4. § 13b RDG n. F.

Weiterhin schreibt § 13b RDG n.F. weitere Informationspflichten für mittels automatisierter Verfahren erbrachte Rechtsdienstleistungen vor. Hierbei wird eine Unterscheidung in Abs. 1 und 2 bezüglich der Darstellung getroffen. Die Informationen in Abs. 1 müssen am Anfang einer jeden Interaktion dem Rechtsuchenden klar, verständlich und in Textform angezeigt werden, wohin-

---

[57] Vgl. hierzu oben unter 1. Teil C. II. 4. a) aa).
[58] Vgl. allgemein zur Qualitätssicherung auch *Yuan/Szypulka*, in: Ebers, Stichwort-Kommentar Legal Tech, Kap. 58 Rn. 38.
[59] *Günther*, in: BeckOK RDG, § 12 Rn. 134; *Dötsch*, in: Deckenbrock/Henssler, RDG, § 12 Rn. 131.
[60] Vgl. insoweit etwa *Breunig*, in: Ebers, StichwortKommentar Legal Tech, Kap. 37 Rn. 19, 46 ff.

gegen die Informationen aus Abs. 2 explizit nicht mit in dieser Form der Anzeige enthalten sein dürfen. Dies folgt daraus, dass die Informationen aus Abs. 1 die Grundlage für eine informierte Entscheidung des Rechtsuchenden, ob ein solches System benutzt werden soll, darstellen sollen. Die Informationen aus Abs. 2 werden hingegen zwar ebenfalls für bestimmte Rechtsuchende relevant werden, haben jedoch keine über die in Abs. 1 bereits dargestellten Auswirkungen auf das Ergebnis. Um eine Überfrachtung dieser Information am Anfang der Interaktion zu verhindern, was zur Folge haben könnte, dass der Inhalt vergleichbar mit dem eines Cookie-Banners nicht richtig wahrgenommen wird,[61] müssen die Informationen aus Abs. 2 getrennt dargestellt werden.

§ 13b I Nr. 1 RDG n.F. statuiert die Pflicht der Ausweisung einer Interaktion in natürlicher Sprache mit einer automatisierten Anwendung (hierbei wird es sich zumeist nach dem hier vertretenen KI-Begriff um KI-Anwendungen handeln). Insbesondere bei Interaktionen in natürlicher Sprache, die menschliche Konversationen gerade simulieren sollen, besteht die Gefahr, dass der Rechtsuchende nicht erkennt, dass es sich hierbei um ein automatisiertes Verfahren handelt. Dies ist jedoch eine Information, die essenziell für seine Entscheidung ist, ob er seine Rechtsangelegenheiten in die Hände des Anbieters legen soll. Zwar ergibt sich diese Pflicht für KI-Anwendungen bereits aus der KI-Verordnung[62] und nach hier vertretener Ansicht auch aus dem UWG[63], dennoch soll diese Information auch einheitlich mit den übrigen Informationspflichten verpflichtend in diesem Rahmen dargestellt werden.

§ 13b I Nr. 2 RDG n.F. stellt hingegen die Pflicht auf, darauf hinzuweisen, dass im Rahmen von automatisierten Verfahren aufgrund ihrer Programmierung (sowohl deduktive als auch induktive Systeme) der vom Rechtsuchenden geschilderte Fall gegebenenfalls nicht vollständig erfasst und gelöst werden kann. Dies ergibt sich daraus, dass beide Systeme objektiv nicht in der Lage sind, eine Prüfung durchzuführen, die auf sämtliche Umstände des Einzelfalls eingehen kann, worin nach hier vertretener Ansicht der Unterschied zur menschlichen Bearbeitung liegen kann.[64] Darauf ist der Rechtsuchende unabhängig davon, welche Art der Interaktion mit dem Rechtsuchenden stattfindet, hinzuweisen, damit dieser selbst die Vorteile derartiger Systeme mit den hier aufgelisteten Nachteilen abwägen kann.[65]

---

[61] *Lempke*, RDi 2021, 224 (229), zum aktuellen § 13a RDG.
[62] S.o. unter 2. Teil B. IV. 2.
[63] S.o. unter 2. Teil B. II. 2. c).
[64] S. ausführlich oben unter 2. Teil A. II. 1. a) cc) (4) (b) und 2. Teil A. II. 2. b).
[65] *Fries*, ZRP 2018, 161 (165), verweist darauf, dass die North Carolina State Bar Association ein ähnliches Informationsmodell gewählt hat, sodass der Benutzer darü-

§ 13b I Nr. 3 RDG n.F. und § 13b I Nr. 4 RDG n.F. verpflichten die registrierte Person hingegen, darauf hinzuweisen, ob das Ergebnis vollständig mittels automatisierter Verfahren erzeugt wurde oder, wenn teilweise menschliche Bearbeitung stattfindet, in welchen Bereichen dies geschieht. Eine derartige Information nimmt insbesondere zwei Funktionen wahr.

Zum einen soll der Rechtsuchende darüber informiert werden, welche Schritte mittels automatisierter Verfahren erbracht und daher gegebenenfalls nicht auf jeden Umstand des Einzelfalls eingehen werden. So wird es für den Rechtsuchenden mitunter entscheidend sein, ob das (vorläufige) Ergebnis durch einen menschlichen Bearbeiter überprüft wird oder ob bestimmte, etwa wertende Schritte gänzlich durch menschliche Bearbeiter übernommen werden. Besonders zu beachten ist in diesem Rahmen, dass die Informationen in klarer und verständlicher Form zur Verfügung gestellt werden. Das abstrakte Nennen des konkreten Tatbestandsmerkmals, bei welchem eine manuelle Prüfung vorgenommen wird, ist aus diesem Grund sehr wahrscheinlich für einen überwiegenden Anteil an Rechtsuchenden nicht förderlich und erfüllt nicht die Informationspflicht. Etwa kann darauf hingewiesen werden, dass nach automatisierter Feststellung des Sachverhalts im Rahmen der Prüfung eine wertende Betrachtung im Bereich xy notwendig wird, die von einem menschlichen Bearbeiter übernommen wird. In anderen Fällen könnte darauf hingewiesen werden, dass eine vorläufige Erstprüfung vollständig automatisiert erfolgt ist und sodann eine manuelle Überprüfung des Ergebnisses stattgefunden hat.

Zum anderen haben Rechtsuchende so Gewissheit, ob ihre rechtliche Angelegenheit vollständig oder nur teilweise automatisiert geprüft wird, was gerade ausschlaggebend für ihren Entschluss sein kann, den Dienstleister zu beauftragen oder nicht, wodurch die Willensfreiheit weiter gestärkt wird.[66] Zusammenfassend erfüllt die Informationspflicht daher die Funktion, dem Rechtsuchenden Informationen zum Inhalt seiner Beauftragung zu geben und damit seine Willensfreiheit im Hinblick auf die Beauftragung zu schützen.

Nach § 13b II RDG n.F. hat die registrierte Person in hiervon getrennter Form klar und verständlich in Textform darauf hinzuweisen, welche Techniken im Rahmen der automatisierten Verfahren zum Einsatz kommen. Wie bereits erwähnt wurde die separierte Form gewählt, um eine Überfrachtung der

---

ber aufgeklärt werden muss, dass das erstellte Dokument gegebenenfalls nicht genauso „passgenau ist, wie die Beratung bei einem Rechtsanwalt". Eine identische Formulierung wurde jedoch in diesem Rahmen nicht gewählt, da insbesondere nicht darauf verwiesen wurde, dass die Bearbeitung durch einen Rechtsanwalt gegebenenfalls im Einzelfall „besser" sein könnte.

[66] Dies war auch insbesondere gesetzgeberisches Ziel der neu eingeführten Informationspflichten, etwa aus § 13b RDG, s.o. unter 2. Teil B. I. 1. d).

Information zu vermeiden. Die Informationspflicht wird für erforderlich gehalten, da bestimmte in diesem Bereich informierte Rechtsuchende einen besonderen Wert darauf legen werden, mit welcher Technik die eigene Angelegenheit bearbeitet wird.[67] Daher muss etwa auf der Website, insbesondere in verständlicher Form, darauf hingewiesen werden, welche Techniken bei der automatisierten Bearbeitung zum Einsatz kommen. Bezüglich des Umfangs und Anforderungen an die Verständlichkeit kann auf Ausführungen zu Art. 13 II lit. f DS-GVO verwiesen werden, sodass es nicht zu einer Verpflichtung zur Herausgabe von Geschäftsgeheimnissen kommt.[68]

Nach § 13b III RDG n. F. müssen die Informationen aus Abs. 1 in hervorgehobener Weise bei Vertragsabschluss in Textform übermittelt werden, soweit die Beauftragung der registrierten Person bereits bevor die in Abs. 1 genannten Informationen dem Rechtsuchenden zur Verfügung gestellt werden konnten, erfolgt. Hiernach soll das unbillige Ergebnis verhindert werden, das entsteht, wenn der Dienstleister ohne Übermittlung der in Abs. 1 genannten Informationen bereits beauftragt wurde und die Informationen erst im Rahmen der ersten Interaktion zur Verfügung gestellt werden, da sich so der Rechtsuchende vor Beauftragung nicht ordnungsgemäß über die für ihn relevanten Informationen informieren konnte. Weiterhin muss die Information in „hervorgehobener Weise" erfolgen.[69] Dies hat zum Ziel, dem Rechtsuchenden ebenso effektiv wie im Rahmen der ersten Interaktion die Informationen näher zu bringen und verhindert etwa eine Auflistung in den AGB, wodurch die Gefahr weiter minimiert wird, dass derartige Informationen übersehen werden.[70] Bei der Begrifflichkeit wurde sich an § 312j II BGB orientiert.[71]

Insgesamt wird das durch den Gesetzgeber gewählte Informationsmodell[72] auf die für automatisierte Verfahren relevanten Informationen erweitert.

---

[67] S. o. unter 2. Teil B. II. 2. b), zur Verwendung von bestimmten Buzz-Words.

[68] Etwa *Franck*, in: Gola/Heckmann, DS-GVO, Art. 13 Rn. 29; *Paal/Hennemann*, in: Paal/Pauly, DS-GVO, Art. 13 Rn. 31a ff.; *Bäcker*, in: Kühling/Buchner, DS-GVO, Art. 13 Rn. 54 f.; *Mester*, in: Taeger/Gabel, DS-GVO, Art. 13 Rn. 29; vgl. auch *Haag/Risthaus*, in: Hoeren/Pinelli, Künstliche Intelligenz, S. 305.

[69] *Lempke*, RDi 2021, 224 (229), verwendet den Begriff für eine mögliche Änderung des aktuellen § 13a RDG.

[70] Vgl. *Lempke*, RDi 2021, 224 (229).

[71] *Lempke*, RDi 2021, 224 (229).

[72] BT-Drs. 19/9527, S. 3; *Remmertz*, ZRP 2019, 139 (140); *Stadler*, VuR 2021, 123 (126); *Steinrötter/Warmuth*, in: Hoeren/Sieber/Holznagel, Handbuch Multimedia-Recht, Teil 30 Rn. 33; *Skupin*, GRUR-Prax 2020, 581 (581).

IV. Staatliche Aufsicht

Weiterhin soll über die Erforderlichkeit einer Verbesserung der staatlichen Aufsicht diskutiert werden. Vor allem zwei Kritikpunkte lassen sich in der Literatur erkennen.[73] Zum einen wird angeführt, dass keine zentrale Aufsicht vorhanden ist, was in der Praxis zu einer differierenden Auslegung im Rahmen der Entscheidungen der Verwaltung führen kann und führt.[74] Zum anderen wird der nicht ausreichende Prüfungsumfang durch die jeweils zuständige Aufsichtsbehörde kritisiert.[75]

Durch die Änderung des § 13 I 1 RDG mit Wirkung zum 01.01.2025 ist der Antrag auf Registrierung einheitlich beim Bundesamt für Justiz zu stellen.[76] Hierdurch wird eine einheitliche Auslegung gerade sichergestellt, sodass insbesondere i.V.m. § 13 II RDG eine einheitliche und rechtssichere Verwaltungspraxis gewährleistet ist. Eine Änderung erscheint nach Auffassung des Verfassers nicht notwendig.[77]

Ferner wird sich in diesem Vorschlag gegen eine Erweiterung des Prüfungsumfangs der Aufsichtsbehörde ausgesprochen. Durch den erweiterten Pflichtenkatalog, der nun für registrierte Personen gilt, die Rechtsdienstleistungen mittels automatisierter Verfahren erbringen, werden alle Gefahren, die für Rechtsuchende im Rahmen von automatisierten Verfahren entstehen können, beseitigt.[78] Die Aufsicht über die Einhaltung dieser Pflichten obliegt sodann weiterhin der zuständigen Aufsichtsbehörde.

V. Lösung durch Übertragung des anwaltlichen Berufsrechts?

Fraglich ist, ob eine Änderung des RDG auch derart hätte erfolgen können, dass auch das anwaltliche Berufsrecht auf Rechtsdienstleister Anwendung findet oder alternativ bestimmte anwaltliche Berufspflichten auf Rechtsdienst-

---

[73] Vgl. insoweit *Timmermann*, Legal Tech-Anwendungen, S. 701 ff.

[74] *Schwintowski*, in: Interview von Suliak, https://www.lto.de/recht/legal-tech/l/forschungsstelle-legal-tech-berlin-humboldt-universitaet-digitalisierung/ (zuletzt aufgerufen am: 28.02.2025); *Steinrötter/Warmuth*, in: Hoeren/Sieber/Holznagel, Handbuch Multimedia-Recht, Kap. 30 Rn. 30; *Quarch/Neumann*, LTZ 2022, 220 (223); *Ebers*, in: Ebers, StichwortKommentar Legal Tech, Kap. 78 Rn. 32; *Timmermann*, Legal Tech-Anwendungen, S. 701; vgl. insoweit auch BT-Drs. 20/3449, S. 45.

[75] *Timmermann*, Legal Tech-Anwendungen, S. 707.

[76] BGBl I 2023, S. 2.

[77] Im Ergebnis auch *Leeb*, Digitalisierung, Legal Technology und Innovation, S. 317, für eine Ablehnung einer Änderung.

[78] S. o. zur Auflistung der nach aktueller Rechtslage noch bestehenden Gefahren unter 3. Teil A.

leister übertragen werden.[79] Dies hätte hinsichtlich der Qualität der Rechtsdienstleistung insbesondere den Vorteil, dass im Fall der Abwesenheit von anderslautenden Sachverhaltsinformationen sowohl eine Sachverhaltsfeststellung zu erfolgen hat, die auch auf die Einzelheiten des Falls eingeht als auch nach hier vertretener Ansicht die Pflicht zur ergebnisoffenen Kontrolle des Ergebnisses.[80] Dennoch ist eine solche Übertragung nach aktuellem Stand abzulehnen. Wie sich gezeigt hat, kann den sich aus automatisierten Verfahren ergebenden Gefahren auch durch eine weniger in die Berufsfreiheit eingreifende Änderung des RDG begegnet werden. Auch entspricht das von den Dienstleistern angebotene Modell gerade dem, wofür sich viele Rechtsuchende aktiv entschieden haben, etwa aus Kosten-, Praktikabilitäts- oder Zeitgründen, indem sie sich entweder ausdrücklich gegen einen Anwalt entschieden haben oder einen solchen gar nicht erst aufgesucht hätten.[81] Weiterhin werden nach aktuellem Stand typischerweise auch verschiedene Kreise von Rechtsuchenden angesprochen, die gegebenenfalls keine oder nur eine kleine Überschneidung haben.[82] So verbleiben den Rechtsanwälten insbesondere weiterhin komplexe, umfangreiche Fälle sowie solche, die einen besonders hohen Streitwert haben.[83] Zuletzt bleibt auch die gerichtliche Vertretung der eigenen Mandanten Aufgabe des Rechtsanwalts.[84] Dennoch kann aufgrund des sich ständig ändernden Marktes, der damit verbundenen Änderung der bearbeiteten rechtlichen Angelegenheiten und der Änderung von Gefahren für Rechtsuchende in Zukunft auch eine Übertragung des anwaltlichen Pflichtenprogramms möglich erscheinen. Nach aktueller Lage ist dies jedoch abzulehnen.

C. Änderung des anwaltlichen Berufsrechts de lege ferenda

Weiterhin bedarf es der Betrachtung, ob und wenn ja, wie das anwaltliche Berufsrecht zu ändern ist, um eine ordnungsgemäße Rechtsberatung regulatorisch zu gewährleisten. Wie sich gezeigt hat, weist das anwaltliche Berufsrecht eine Flexibilität auf, mit der grundsätzlich ordnungsgemäß auf die Ge-

---

[79] *Kleine-Cosack*, AnwBl 2017, 702 (711); vgl. BR-Drs. 219/1/23, S. 4 f., und die diesbezügliche geplante Einführung von § 11b RDG (Berufsrechtliche Pflichten); *Römermann*, Festschrift Singer, 561 (571 ff.).
[80] S. o. unter 2. Teil C. I. 1. b) aa), bb).
[81] BT-Drs. 19/27673, S. 13 f.
[82] BT-Drs. 19/27673, S. 13 f.
[83] Vgl. BT-Drs. 19/27673, S. 14 f., 35; vgl. *Halbleib*, in: Hartung/Bues/Halbleib, Legal Tech, Rn. 1135.
[84] Vgl. BT-Drs. 19/27673, S. 14 f., 35; vgl. *Halbleib*, in: Hartung/Bues/Halbleib, Legal Tech, Rn. 1135.

fahren eingegangen werden kann, die beim Einsatz von KI in der anwaltlichen Rechtsberatung entstehen. Dies gilt jedoch auch nur insoweit, wie die Pflichten, die bereits nach aktuellem Berufsrecht bestehen, den Rechtsanwälten, die derartige Systeme einsetzen, bekannt sind und auch von diesen eingehalten werden.[85] Dies setzt wiederum eine Kenntnis der Einsatzmöglichkeiten, aber auch der Risiken voraus, die bei der Benutzung entstehen können.[86]

Aus diesem Grund wird eine Weiterbildungspflicht vorgeschlagen, die solche Rechtsanwälte adressiert, die bestimmte Verfahren im Rahmen der Mandatsbearbeitung einsetzen.[87] Eine derartige Pflicht kann weder aus der allgemeinen Weiterbildungspflicht nach § 43a VI BRAO noch aus der Pflicht zur Kenntnis des Berufsrechts abgeleitet werden.[88] Hierfür soll ein neuer § 43g BRAO eingefügt werden mit dem Inhalt:

(1) „Der Rechtsanwalt hat eine Lehrveranstaltung über die Einsatzmöglichkeiten und Risiken von juristischen Assistenzsystemen zu besuchen, bevor er derartige Systeme im Rahmen der Mandatsbearbeitung einsetzen darf. Die Lehrveranstaltung muss mindestens zehn Zeitstunden dauern und die wesentlichen Bereiche der Einsatzmöglichkeiten und Auswirkungen für das anwaltliche Berufsrecht und die Risiken für die Mandatsbearbeitung umfassen.

(2) Die Pflicht nach Abs. 1 S. 1 besteht nicht, wenn der Rechtsanwalt die durch eine Teilnahme an einer Lehrveranstaltung erworbenen Kenntnisse durch Nachweise, die eine solche Sachkunde belegen und nicht älter als drei Jahre sind, nachweisen kann.

(3) Der Rechtsanwalt hat sich im Anschluss selbstständig über neue Entwicklungen und die damit verbundenen Risiken weiterzubilden."

I. § 43g I 1 BRAO n. F.

§ 43g I 1 BRAO n. F. statuiert eine spezifische Fortbildungspflicht für Rechtsanwälte, die juristische Assistenzsysteme im Rahmen ihrer Mandatsbearbeitung einsetzen wollen. Hierdurch soll gerade keine allgemeine Weiterbildungspflicht für jeden Rechtsanwalt statuiert werden, sondern nur eine solche für diejenigen, die derartige Verfahren auch tatsächlich einsetzen oder einsetzen wollen. Eine allgemeine Pflicht wäre nach hier vertretener Ansicht auch

---

[85] *Leeb*, Digitalisierung, Legal Technology und Innovation, S. 351.
[86] S. hierzu bereits ausführlich oben unter 2. Teil C. I. 1. b) aa), bb), cc).
[87] So auch schon mit anderer Ausgestaltung als „IT-Fortbildungspflicht" *Leeb*, Digitalisierung, Legal Technology und Innovation, S. 351 ff.; *Schäfer*, ZAP 2018, 527 (527); *Chirco*, DSRITB 2015, 519 (533), der darauf verweist, dass Anwälte in Zukunft „über eine profunde IT-rechtliche Expertise verfügen müssen".
[88] Vgl. *Leeb*, Digitalisierung, Legal Technology und Innovation, S. 348 f.

nicht erforderlich, da ein Einsatz von KI-Dienstleistungen nach aktuellem Stand der Technik noch nicht gemäß § 43 S. 1 BRAO erforderlich ist.[89] Sollte sich dies ändern, müsste über eine allgemeine Pflicht diskutiert werden. Zwar könnte eine partielle Pflicht dazu führen, dass die Schwelle zum Einsatz von derartigen Systemen bei Rechtsanwälten, die bis zum jetzigen Zeitpunkt solche Systeme noch nicht eingesetzt haben, erhöht wird. Typischerweise wird jedoch ein gewisser Druck von der Mandantschaft ausgehen, dass bestimmte automatisierte Verfahren aus Effizienz- und Kostengründen eingesetzt werden,[90] sodass davon auszugehen ist, dass eine Weiterbildungspflicht keine unverhältnismäßige Schwelle darstellt, die dazu führt, dass viele Rechtsanwälte derartige Systeme nicht einsetzen.

Weiterhin wurde von einer allgemeinen IT-Weiterbildungspflicht Abstand genommen.[91] Nach hier vertretener Ansicht ergibt sich bereits aus § 43 S. 1 BRAO die Pflicht, alle Maßnahmen zu treffen, die für die gewissenhafte Mandatsbearbeitung notwendig sind. Hierzu gehören auch bestimmte technische Systeme, wie etwa ein PC, mit welchem Online-Datenbanken aufgerufen werden können.[92]

Der Begriff der juristischen Assistenzsysteme ist hierbei weit zu verstehen und erfasst jede technische Einrichtung, die über die bloße Organisation der Mandatsbearbeitung hinausgeht und damit eine materielle Funktion in der Mandatsbearbeitung wahrnimmt.[93] Aufgrund des weiten Begriffsverständnisses sind alle im Rahmen dieser Arbeit vorgestellten KI-Dienstleistungen vom Begriff erfasst. Da auch juristische Datenbanken eine entscheidende Rolle im Rahmen der Mandatsbearbeitung spielen, sollen sie ebenfalls unter den Begriff der juristischen Assistenzsysteme subsumiert werden können, soweit sie über die herkömmliche Suchfunktion hinausgehen.[94] Für herkömmliche

---

[89] A.A. *Leeb*, in: Breidenbach/Glatz, Rechtshandbuch Legal Tech, Kap. 8.2 Rn. 11 ff., die eine allgemeine IT-Fortbildungspflicht für alle Rechtsanwälte für notwendig hält; s.o. unter 2. Teil C. I. 1. b) bb) (5).

[90] S.o. unter 2. Teil C. I. 1. b) bb) (5); so auch *Hoch*, AcP 219 (2019), 646 (697).

[91] Für eine derartige „IT-Fortbildungspflicht", *Leeb*, in: Breidenbach/Glatz, Rechtshandbuch Legal Tech, Kap. 8.2 Rn. 11 ff.

[92] S.o. unter 2. Teil C. I. 1. b) bb) (5).

[93] Allgemein zum Begriff des juristischen Assistenzsystems, *Fries*, NJW 2016, 2860 (2863); *Burr*, BB 2018, 476 (477); *Wagner*, Legal Tech und Legal Robots, S. 71; *Timmermann*, Legal Tech-Anwendungen, S. 39 ff.; *Biallaß*, in: Ory/Weth, jurisPK-ERV, Band 1, Kap. 8 Rn. 144; Länderarbeitsgruppe, Legal Tech: Herausforderungen für die Justiz, S. 112.

[94] Etwa die Suchfunktion von Beck-chat, die mithilfe von generativer KI passgenaue Fundstellen zu den über das System gestellten juristischen Fragen ausgeben können soll, https://rsw.beck.de/beck-online-service/bedienhilfe/faq-beck-chat (zuletzt aufgerufen am: 28.02.2025). Ein solches System wäre jedoch nach dem hier zugrunde gelegten Begriffsverständnis als ein System des Information Retrievals einzuordnen.

Suchmaschinen besteht mangels entsprechender Risiken keine Erforderlichkeit einer Weiterbildungspflicht.

II. § 43g I 2 BRAO n. F.

Bezüglich des Umfangs stellt § 43g I 2 BRAO n. F. klar, dass eine mindestens 10-stündige Lehrveranstaltung besucht werden muss, die über die wesentlichen Bereiche der Einsatzmöglichkeiten und Auswirkungen für das anwaltliche Berufsrecht und die Risiken für die Mandatsbearbeitung informiert. Für den zeitlichen Umfang wurde sich an § 43f BRAO orientiert, der ebenfalls eine 10-stündige Lehrveranstaltung für das anwaltliche Berufsrecht vorschreibt. Da auch Kenntnisse des anwaltlichen Berufsrechts essenziell sind, wird ebenfalls eine mindestens 10-stündige Veranstaltung für angemessen gehalten.

Eine derartige Weiterbildungspflicht im Hinblick auf Einsatzmöglichkeiten, Risiken für die Mandatsbearbeitung und berufsrechtliche Auswirkungen für Rechtsanwälte, die juristische Assistenzsysteme (vor allem KI-Dienstleistungen) im Rahmen ihrer (materiellen) Rechtsberatung einsetzen wollen, wird weiterhin als notwendig angesehen. Dies ergibt sich bereits daraus, dass ansonsten die Risiken, die bei einer derartigen Benutzung für die Qualität der Rechtsberatung und auch für die berufsrechtlichen Folgen entstehen, nicht vorhergesehen werden können. Versteht der Benutzer nicht die ungefähre Funktionsweise eines derartigen Systems, kann er ebenfalls die Risiken und damit auch die Fehler, die hieraus erwachsen können, nicht genügend erkennen. Eine derartige Pflicht, die etwa über Kurse erfüllt werden kann,[95] kann jedoch auch gerade in förderlicher Weise zum vermehrten (richtigen) Einsatz von KI durch unterschiedliche Rechtsanwälte beitragen und so zu qualitativen Verbesserungen und insbesondere Kostenvorteilen für die Mandantschaft führen. Bekannt ist, dass insbesondere Großkanzleien, große Wirtschaftsprüfungsgesellschaften und hierauf spezialisierte kleinere Kanzleien sich in diesem Bereich betätigen und forschen,[96] sodass auch die einzelnen Anwälte der jeweiligen Großkanzlei mit derartigen Lösungen sowie diesbezüglichen Schulungen in Berührung kommen. Dies kann jedoch gerade für Anwälte kleiner Kanzleien abschreckend wirken, sodass sich diese entweder gar nicht oder erst viel später an derartige Lösungen „herantrauen". Wird sich durch eine derartige statuierte Pflicht jedoch ein Markt für diesbezügliche Schulungen bilden, wird auch die Schwelle für solche Rechtsanwälte geringer sein,

---

[95] S. hierzu unten unter 3. Teil C. III.
[96] *Hellwig/Ewer*, NJW 2020, 1783 (1783); *Hartung*, in: Hartung/Bues/Halbleib, Legal Tech, Rn. 64; *Northoff/Gresbrand*, in: Hartung/Bues/Halbleib, Legal Tech, Rn. 466 f.; *Busekist/Glock/Mohr*, in: Hartung/Bues/Halbleib, Legal Tech, Rn. 489.

sich über die eingesetzten und einsetzbaren KI-Dienstleistungen zu informieren. Hierdurch können wiederum auch die Mandanten kleiner Anwaltskanzleien, typischerweise Privatpersonen und damit Verbraucher, von den Qualitäts- und Kostenvorteilen profitieren. Auch dies kann die Wettbewerbsfähigkeit der Anwaltschaft gegenüber den nichtanwaltlichen Akteuren erhöhen.[97] Aus den eben genannten Gründen wird eine derartige Pflicht zur Weiterbildung als Berufsausübungsregel auch gerade im Rahmen des Art. 12 I GG verhältnismäßig sein. Dies wird insbesondere dadurch verstärkt, dass eine derartige Pflicht nur diejenigen Rechtsanwälte trifft, die auch solche Systeme einsetzen wollen. Besteht dieser Wunsch nicht, muss auch keine Weiterbildung durchlaufen werden. Sollen derartige Systeme eingesetzt werden, überwiegen die Interessen der Mandanten am Schutz vor Risiken, die beim Einsatz von KI-Anwendungen entstehen.

Bezüglich der Weiterbildung hinsichtlich der Einsatzbereiche kann auf die im Rahmen dieser Arbeit vorgestellten Systeme (Automatisierte Dokumentenerstellung, Information Retrieval, Systeme der Dokumentenanalyse, Predictive Analytics, Juristische Expertensysteme, Legal Robots und Chatbots) verwiesen werden.[98] Vor allem der Bereich des Legal Promptings ist durch den immer stärkeren Einsatz von Large Language Models in der juristischen Praxis von Bedeutung, weshalb auch diese Fähigkeit relevant für die Weiterbildung der sie nutzenden Anwälte ist.[99] Aus diesem Grund muss eine aktuelle Weiterbildungsveranstaltung neben den Grundzügen des Legal Promptings auch auf die Gefahr hinweisen, dass die Qualität und damit auch die Brauchbarkeit der Antwort maßgeblich von der eigenen Kompetenz im Rahmen des Legal Promptings abhängt.[100]

Abschließend ist auf das Konkurrenzverhältnis zu Art. 4 KI-Verordnung und die sich hieraus ergebende Kompetenzpflicht einzugehen. In den Bereichen, in denen die KI-Verordnung Anwendung findet, ist sie aufgrund des Anwendungsvorrangs vorrangig anzuwenden.[101] Ein tatsächliches Konkurrenzverhältnis besteht jedoch nicht, vielmehr greifen die Regelungen ineinander.[102] Die hier statuierte Weiterbildungspflicht soll zum einen die abstrakten

---

[97] So auch *Hellwig/Ewer*, NJW 2020, 1783 (1785).
[98] S. o. unter 1. Teil C.
[99] S. o. zum Legal Prompting unter 2. Teil C. I. 1. b) bb) (4); so auch *Partheymüller*, K&R 2023, 37 (40).
[100] S. o. unter 2. Teil C. I. 1. b) bb) (4).
[101] Vgl. Art. 288 II 2 AEUV; *Ruffert*, in: Callies/Ruffert, AEUV, Art. 288 Rn. 21; *Wendehorst*, in: Martini-Wendehorst, KI-VO, Art. 2 Rn. 147; *Ebers*, in: Ebers, StichwortKommentar Legal Tech, Regulierung (EU), KI-Verordnung, Rn. 20; *Ebers*, in: Ebers/Quarch, Rechtshandbuch ChatGPT, § 13 Rn. 113.
[102] Auch *Remmertz*, Hinweise zum Einsatz von künstlicher Intelligenz (KI), S. 7, verweist abstrakt darauf, dass die Regeln der KI-Verordnung und das anwaltliche Be-

Möglichkeiten und die abstrakten Risiken des Einsatzes von KI in der Rechtsberatung enthalten. Die KI-Kompetenz ist hingegen auf das konkrete KI-System bezogen.[103] Weiterhin soll die Weiterbildungspflicht auf die berufsrechtlichen Folgen eines Verstoßes hinweisen, was nicht Ziel der KI-Kompetenz ist.[104] Auch kann sich der zeitliche Anknüpfungspunkt unterscheiden. Die Weiterbildung kann durch den Rechtsanwalt im Voraus für den Fall eines nur beabsichtigen Einsatzes von KI-Software absolviert werden und muss nicht kurz vor dem konkreten Einsatz eines bestimmten Tools durchgeführt werden. Da die Ausbildung des Nutzers des KI-Systems berücksichtigt werden soll,[105] verringert sich die Kompetenzpflicht insoweit auf das noch nicht im Rahmen der Weiterbildung Gelernte. Dies ist jedoch auch umgekehrt möglich. Kommt der Rechtsanwalt zunächst seiner Kompetenzpflicht nach Art. 4 KI-Verordnung nach, verringert dies seine Weiterbildungspflicht um den gelernten Kompetenzbereich. Dem wird sodann über § 43g III BRAO n. F. Rechnung getragen.

III. § 43g II BRAO n. F.

Eine Weiterbildungspflicht soll jedoch auch nicht zwingend bestehen. Kann der Rechtsanwalt nachweisen, dass er innerhalb der letzten drei Jahre eine Lehrveranstaltung besucht hat, die ebenfalls alle Aspekte einer derartigen, hier vorgestellten Veranstaltung abdecken, soll eine Weiterbildungspflicht nach § 43g I 1 BRAO n. F. entfallen. Zwar könnte argumentiert werden, dass eine solche in der Vergangenheit liegende Lehrveranstaltung aufgrund des sich ständig ändernden Marktes und der damit verbundenen Risiken nicht mehr in der Lage ist, eine aktuelle Weiterbildung sicherzustellen. Nach hier vertretener Ansicht ist es jedoch primär entscheidend, dass der Rechtsanwalt darauf hingewiesen wird, dass er sich in bestimmten Bereichen seiner Mandatsbearbeitung durch juristische Assistenzsysteme unterstützen kann.[106] Auch muss generell vermittelt werden, dass sich diese Bereiche aufgrund neuer technischer Entwicklungen ständig ändern können und dass Gefahren beim Einsatz für die Mandatsbearbeitung bei unsachgemäßer Verwendung entstehen können, die zu berufsrechtlichen Konsequenzen führen können,

---

rufsrecht „grundsätzlich nebeneinander" stehen; so auch *Ebers*, in: Ebers, Stichwort-Kommentar Legal Tech, Regulierung (EU), KI-Verordnung Rn. 21; s. auch *Ebers*, in: Ebers/Quarch, Rechtshandbuch ChatGPT, § 13 Rn. 114.

[103] S. o. unter 2. Teil C. II.
[104] Vgl. Erwägungsgrund 20 „um [...] die Grundrechte, Gesundheit und Sicherheit zu wahren und eine demokratische Kontrolle zu ermöglichen"; *Ebers*, in: Ebers/Quarch, Rechtshandbuch ChatGPT, § 13 Rn. 114; a.A. *Porschke*, becklink 2033276.
[105] S. o. unter 2. Teil C. II.
[106] S. hierzu ausführlich oben unter 2. Teil C. I. 1. b) aa), bb), cc).

aber auch, dass Vorteile beim sachgemäßen Einsatz für Kosten, Effizienz und Qualität der Rechtsberatung bestehen.[107] Hat er dieses Wissen, kann er sich eigenständig über neuere Entwicklungen und derartige Risiken informieren, entweder im Selbststudium oder, soweit dies nicht möglich ist, durch Zuhilfenahme von qualifizierten Stellen.

Derartige Lehrveranstaltungen können etwa spezielle Lehrveranstaltungen für Rechtsanwälte zum korrekten Einsatz von Legal Tech in der Mandatsbearbeitung darstellen. Zu beachten ist, dass dennoch eine Vergleichbarkeit auch im Rahmen der Stundenanzahl bestehen sollte, weshalb aktuelle, nach § 43f BRAO, § 5a BORA durchgeführte Seminare, die auch auf den Einsatz von Legal Tech und das diesbezügliche anwaltliche Berufsrecht eingehen, aufgrund einer sehr wahrscheinlich bestehenden, geringeren Stundenanzahl als die im Rahmen des § 43g I 2 BRAO n. F. vorgeschriebenen 10 Stunden, nicht ausreichen.[108]

Weiterhin findet eine weitere Begrenzung darauf statt, dass die besuchte Lehrveranstaltung nicht länger als drei Jahre in der Vergangenheit liegen darf. Der Dreijahres-Zeitraum soll hierbei einen angemessenen Ausgleich zwischen einer ordnungsgemäßen Belehrung hinsichtlich der Potenziale und Risiken darstellen, aber auch Vorerfahrungen (etwa solche, die vor dem Referendariat, beispielsweise im Rahmen einer Wissenschaftlichen Mitarbeit in einer Großkanzlei/einer Wirtschaftsberatung oder in einem sonstigen Unternehmen erworben wurden) hinreichend und damit verhältnismäßig berücksichtigen.

Weiterhin ergibt sich eine selbstständige Weiterbildungspflicht des Rechtsanwalts erst dann, wenn eine Lehrveranstaltung nach § 43g I 1 BRAO n.F. erfolgreich absolviert wurde und der Rechtsanwalt juristische Assistenzsysteme im Rahmen der Mandatsbearbeitung einsetzen darf. Hat der Rechtsanwalt in der Vergangenheit bereits eine nach § 43g III BRAO n. F. vergleichbare Lehrveranstaltung besucht, musste er sich bis zur Einführung des § 43g BRAO n.F. noch nicht weiterbilden, weshalb er nicht zwingend über aktuelle Einsatzmöglichkeiten und Risiken informiert ist. Zwar muss er dies nach § 43g III BRAO nun auch tun, will er derartige Systeme einsetzen. Dies wird ihm jedoch nicht oder nur sehr schwer möglich sein, wenn seine Lehrveranstaltung zu sehr in der Vergangenheit liegt. Aus diesem Grund wurde der Zeitraum auf drei Jahre bestimmt und kein längerer Zeitraum gewählt.

---

[107] S. hierzu ausführlich oben unter 2. Teil C. I. 1. b) aa), bb), cc).
[108] Vgl. hierzu etwa RAK München, Anwaltliches Berufsrecht im Bereich Legal Tech – Teil 2, https://seminare.rak-muenchen.de/64008-4-anwaltliches-berufsrecht-im-bereich-legal-tech-teil-2-5671511/ (zuletzt aufgerufen am: 28.02.2025).

IV. § 43g III BRAO n. F.

Der Rechtsanwalt wurde bereits im Rahmen der Lehrveranstaltung auf das Risiko hingewiesen, dass bestimmte Verhaltensweisen beim Einsatz von juristischen Assistenzsystemen zu einem Verstoß gegen das anwaltliche Berufsrecht führen können. Will er nun neue Verfahren im Rahmen der Mandatsbearbeitung einsetzen, muss er sich ebenfalls über die hiermit verbundenen Risiken und den richtigen Einsatz informieren. Ist er sich unsicher, hat er sich externen Rat einzuholen. § 43g III BRAO n. F. nimmt hierbei nur eine allgemein klarstellende Funktion ein, da sich diese Pflicht nach hier vertretener Ansicht bereits aus § 43 S. 1 BRAO ergibt.[109] Darüber hinaus soll klargestellt werden, dass der Rechtsanwalt nicht etwa jährlich eine Lehrveranstaltung besuchen, sondern lediglich sich selbstständig weiterbilden muss. Auch wurde explizit auf die Erforderlichkeit eines Nachweises verzichtet, da es grundsätzlich Aufgabe des Rechtsanwalts ist und auch bleiben soll, nachdem er über das allgemeine Risiko etwa einer Verletzung des anwaltlichen Berufsrechts aufgeklärt wurde, alle erforderlichen Maßnahmen zu treffen, um eine zukünftige gewissenhafte Bearbeitung des Mandats sicherzustellen.[110]

D. Möglichkeit der Anpassung der KI-Verordnung oder Erlass sonstigen EU-Rechts?

Langfristig wäre weiterhin über eine Anpassung des EU-Rechts nachzudenken, da dies zu einer Vereinheitlichung der verschiedenen nationalen Regelungen und zu einer Verstärkung der Investition und Forschung auch im europäischen Raum führen würde.[111] Zu denken wäre etwa an eine Ergänzung der KI-Verordnung oder der Erlass einer eigenen Richtlinie oder Verordnung.[112] Aufgrund des sich in den einzelnen Mitgliedstaaten stark unterscheidenden regulatorischen Umfelds zur Erbringung von Rechtsdienstleistungen mittels

---

[109] S. hierzu ausführlich oben unter 2. Teil C. I. 1. b) aa), bb), cc).

[110] S. o. unter 2. Teil C. I. 1. b).

[111] *Brechmann*, Legal Tech und das Anwaltsmonopol, S. 215; *Timmermann*, Legal Tech-Anwendungen, S. 651, der jedoch den Kompetenztitel ablehnt; *Birkholz*, Das Smartlaw-Paradox oder warum das RDG zur Regulierung von ChatGPT & Co. ungeeignet ist, https://legal-tech-verzeichnis.de/fachartikel/das-smartlaw-paradox-oder-warum-das-rdg-zur-regulierung-von-chatgpt-co-ungeeignet-ist/ (zuletzt aufgerufen am: 28.02.2025).

[112] *Birkholz*, Das Smartlaw-Paradox oder warum das RDG zur Regulierung von ChatGPT & Co. ungeeignet ist, https://legal-tech-verzeichnis.de/fachartikel/das-smartlaw-paradox-oder-warum-das-rdg-zur-regulierung-von-chatgpt-co-ungeeignet-ist/ (zuletzt aufgerufen am: 28.02.2025); *Brechmann*, Legal Tech und das Anwaltsmonopol, S. 217.

automatisierter Verfahren durch nichtanwaltliche Anbieter oder unter Zuhilfenahme von juristischen Assistenzsystemen durch Rechtsanwälte[113] bedarf es hierfür zunächst einer mitgliedstaatenübergreifenden Diskussion, auf welche Standards sich in diesem Kontext geeinigt werden soll. Zwar kann das hier vorgeschlagene Regulierungsmodell auch auf EU-Ebene vorgestellt werden, jedoch ist abzuwarten, ob andere Staaten, denen eine restriktivere Regulierung zugrunde liegt, dem folgen werden.

E. Zwischenergebnis

Durch den neuen Vorschlag zur Anpassung des anwaltlichen und nichtanwaltlichen Berufsrechts konnte ein rechtssicherer Regulierungsrahmen geschaffen werden, der auf alle Gefahren für die Qualität der Rechtsberatung für den Rechtsuchenden eingeht, dabei die technischen Besonderheiten berücksichtigt, jedoch auch die Potenziale derartiger Systeme hinreichend berücksichtigt, sodass sich dem Fortschritt nicht verschränkt wird. Dies wurde im für nichtanwaltliche Anbieter geltenden Recht sowohl durch eine Erweiterung des Begriffs der Rechtsdienstleistung und damit verbunden des Informationsmodells als auch durch die Einführung eines Produktsicherungsmanagers ermöglicht. Für das anwaltliche Berufsrecht wurde hingegen ein anderer Weg gewählt, sodass eine verpflichtende Weiterbildungspflicht für solche Anwälte geschaffen wurde, die sogenannte juristische Assistenzsysteme (die insbesondere KI-Dienstleistungen einschließen) im Rahmen ihrer Mandatsbearbeitung einsetzen (wollen). Im Rahmen dieser Weiterbildung sollen dem Rechtsanwalt alle relevanten Risiken und Potenziale sowie deren berufsrechtlichen Auswirkungen, die im Rahmen der Mandatsbearbeitung entstehen können, nähergebracht werden. Von einer zwingenden Weiterbildungspflicht wurde hingegen abgesehen.

---

[113] *Brechmann*, Legal Tech und das Anwaltsmonopol, S. 215.

4. Teil

Zusammenfassung der Ergebnisse in Thesen

Abschließend sollen die in dieser Arbeit gefundenen Ergebnisse durch die Formulierung von Thesen zusammengefasst werden:

1. KI-Systeme können nicht die Semantik der Sprache, sondern lediglich ihre Syntax verarbeiten, was dazu führt, dass sie lediglich eine Antwort simulieren, ihre Bedeutung jedoch nicht tatsächlich semantisch verstehen können.
2. Der Begriff der KI ist aufgrund seiner Unschärfe mittels seiner eingesetzten Technik zu definieren, da sich nur so eine abgrenzbare Definition ergibt.
3. Trotz der Vielzahl an KI-Dienstleistungen, die auf dem Rechtsberatungsmarkt angeboten werden, lassen sich dennoch einige wenige Gruppen herausarbeiten. So lassen sich Dokumentengeneratoren, Systeme des Information Retrievals, Systeme der Dokumentenanalyse, Systeme zur Vorhersage von rechtlichen Ereignissen, juristische Expertensysteme, Legal Robots und Chatbots unterscheiden. Überschneidungen sind jedoch in der Praxis möglich und gängig.
4. Hinsichtlich des Begriffs der Rechtsberatung kann in regulatorischer Hinsicht auf den Begriff der Rechtsdienstleistung aus § 2 RDG zurückgegriffen werden. Im Rahmen des § 2 I RDG gilt es zu beachten, dass eine Tätigkeit auch durch eine Software erbracht werden kann, diese jedoch einer natürlichen oder juristischen Person zugerechnet werden muss. In Fällen, in denen ein Rechtsuchender sich mit einem individuellen eigenen Rechtsproblem an ein KI-System wendet, liegt eine konkrete Angelegenheit vor. Dass nicht alle Umstände des Einzelfalls betrachtet werden können, ist hierfür nicht relevant, sondern vielmehr erst im Tatbestandsmerkmal der Erforderlichkeit der rechtlichen Prüfung des Einzelfalls anzusprechen. Weiterhin muss eine rechtliche Prüfung des Einzelfalls lediglich erforderlich sein, nicht zwingend durchgeführt werden. Ist eine rechtliche Prüfung des Einzelfalls jedoch objektiv schon nicht möglich, muss die objektive Erforderlichkeit der rechtlichen Prüfung des Einzelfalls ausscheiden. Dies war bei jedem der Systeme der Fall. Lediglich eine subjektive Erforderlichkeit der rechtlichen Prüfung des Einzelfalls konnte dieses Ergebnis ändern.

5. Auch das UWG, BGB und die KI-Verordnung sind für die Regulierung zur Sicherung einer ordnungsgemäßen Rechtsberatung sowohl für anwaltliche als auch für nichtanwaltliche Anbieter heranzuziehen. Aus dem UWG ergibt sich die Pflicht, irreführende geschäftliche Handlungen zu unterlassen. Aus § 327f BGB konnte unter Umständen eine Pflicht zur Aktualisierung bei Änderungen der Gesetzeslage und unter Umständen bei Änderungen der Rechtsprechung angenommen werden. Die KI-Verordnung verpflichtet die Anbieter derartiger Systeme hingegen nur bei Systemen, die auf eine Interaktion mit Menschen ausgelegt sind, darauf hinzuweisen, dass die Interaktion nicht mit einem Menschen geführt wurde.

6. Das anwaltliche Berufsrecht, insbesondere § 43 S. 1 BRAO, erweist sich bereits heute als tauglich, viele Gefahren, die sich beim Einsatz von KI-Systemen ergeben, in großem Umfang zu regulieren.

7. Weiterhin ist es möglich, einen (anwaltlichen und nichtanwaltlichen) Regulierungsrahmen zu schaffen, der auf alle Gefahren eingeht, die sich beim aktuellen Einsatz von KI im Rahmen der Rechtsberatung ergeben, ohne sich dabei gleichzeitig den Potenzialen derartiger Systeme, wie etwa Qualitätssteigerung, Effizienz und damit eine mögliche Kostenoptimierung, zu verschränken. Hierfür bedarf es im Rahmen der nichtanwaltlichen Regulierung einer Ergänzung des Begriffs der Rechtsdienstleistung für automatisierte Verfahren und neuer hiermit verbundene Informationspflichten als auch der Einführung eines Produktsicherungsmanagers. Für die Ergänzung des anwaltlichen Berufsrechts ist die Einführung einer Weiterbildungspflicht für solche Rechtsanwälte notwendig, die KI-Dienstleistungen im Rahmen ihrer Mandatsbearbeitung einsetzen (wollen).

Literaturverzeichnis

Adrian, Axel: Der Richterautomat ist möglich – Semantik ist nur eine Illusion, Rechtstheorie 48 (2017), 77 ff.

Aletras, Nikolaos/*Tsarapatsanis*, Dimitrios/*Preotiuc-Pietro*, Daniel/*Lampos*, Vasileios: Predicting judicial decisions of the European Court of Human Rights: a Natural Language Processing perspective, 2016.

Anwalts-Suchservice Köln: Legal-Tech-Umfrage: Anwälte begreifen Legal Tech zunehmend als Chance, AG 2020, R60 f.

Arnold, Stefan: Künstliche Intelligenz und Parteiautonomie – Rechtsfähigkeit und Rechtswahlfähigkeit im Internationalen Privatrecht, IPRax 2022, 13 ff.

Artificial Lawyer: AI Beats Human Lawyers in CaseCrunch Prediction Showdown, https://www.artificiallawyer.com/2017/10/28/ai-beats-human-lawyers-in-casecrunch-prediction-showdown/ (28.02.2025).

Ashley, Kevin D.: Artificial Intelligence and Legal Analytics – New Tools for Law Practice in the Digital Age, Cambridge 2017.

Ashley, Kevin D./*Brüninghaus*, Stefanie: Automatically classifying case texts and predicting outcomes, Artificial Intelligence and Law (2009), 17: 125 ff.

Bachgrund, Richard/*Nesum*, Lonk/*Bernstein*, Max/*Buchard*, Christoph: Das Pro und Contra für Chatbots in Rechtspraxis und Rechtsdogmatik – Ein kritischer Beitrag zum Auftrag des Rechts und der (Rechts-)Wissenschaft: Argumentieren Sie noch, oder chatten Sie schon?, CR 2023, 132 ff.

Bäcker, Carsten: Juristisches Begründen – Subsumtion und Ponderation als Grundformen juristischer Methodenlehre, JuS 2019, 321 ff.

Bär, Christian/*Grädler*, Thomas/*Mayr*, Robert: Digitalisierung im Spannungsfeld von Politik, Wirtschaft, Wissenschaft und Recht – 2. Band: Wissenschaft und Recht, Berlin 2018.

Bartuschka, Wolfram: Compliance durch und bei der Digitalisierung – neue Chancen und Herausforderungen, BB 2020, 941 ff.

Beck, Susanne/*Kusche*, Carsten/*Valerius*, Brian: Digitalisierung, Automatisierung, KI und Recht – Festgabe zum 10-jährigen Bestehen der Forschungsstelle RobotRecht, erschienen in: Robotik und Recht, Band 20, Baden-Baden 2020.

Becker, Daniel/*Feuerstack*, Daniel: Der neue Entwurf des EU-Parlaments für eine KI-Verordnung – Analyse der wesentlichen Neuerungen gegenüber dem Entwurf der EU-Kommission, MMR 2024, 22 ff.

Beckhaus, Gerrit/*Schakel*, Adriaan/*Treichl*, Lukas: Machine Learning in der anwaltlichen Beratung – Einsatzbereiche in der Wirtschaftskanzlei, REthinking: Law 2/2021, 20 ff.

Beckmann, Martin/*Durner*, Wolfgang/*Mann*, Thomas/*Rockinghausen*, Mark: Landmann/Rohmer Umweltrecht, 105. Auflage, Stand: 01.09.2024, München 2024.

BeckOK BGB: Hrsg. *Hau*, Wolfgang/*Poseck*, Roman, 73. Edition, Stand: 01.02.2025, München 2025.

BeckOK BRAO: Hrsg. *Römermann*, Volker, 26. Edition, Stand: 01.02.2024, München 2025.

BeckOK BVerfGG: Hrsg. *Walter*, Christian/*Grünewald*, Benedikt, 18. Edition, Stand: 01.12.2024, München 2024.

BeckOK Datenschutzrecht: DS-GVO, DGA, BDSG. Datenschutz und Datennutzung: Hrsg. *Wolff*, Heinrich Amadeus/*Brink*, Stefan/*Ungern-Sternberg*, Antje, 50. Edition, Stand: 01.11.2024, München 2024.

BeckOK RDG: Hrsg. *Grunewald*, Barbara/*Römermann*, Volker, 32. Edition, Stand: 01.07.2024, München 2024.

BeckOK Urheberrecht: Hrsg. *Götting*, Horst-Peter/*Lauber-Rönsberg*, Anne/*Rauer*, Nils, 45. Edition, Stand: 01.02.2025, München 2025.

Beierle, Christoph/*Kern-Isberner*, Gabriele: Methoden wissensbasierter Systeme – Grundlagen, Algorithmen, Anwendungen, 6. Auflage, Wiesbaden 2019.

Beisel, Wilhelm/*Klumpp*, Hans-Hermann: Der Unternehmenskauf – Gesamtdarstellung der zivil- und steuerrechtlichen Vorgänge einschließlich gesellschafts-, arbeits-, und kartellrechtlicher Fragen bei der Übertragung eines Unternehmens, 7. Auflage, München 2016.

Bergmann, Jan: Handlexikon der Europäischen Union, 6. Auflage, Baden-Baden 2022.

Berndt, Thomas/*Aggeler*, Mattias/*Teo*, Rogier: Effiziente Review-Prozesse durch E-Discovery: Vorgehensweise und Praxisbeispiel, BB 2012, 173 ff.

Berner, Wolfgang: Auf Augenhöhe mit künstlicher Intelligenz, comply 2022, 1.

Bernzen, Anna K.: Roboter als Richter? – Zur Automatisierung der Rechtsprechung, RDi 2023, 132 ff.

Beurskens, Michael: So gut wie ein Anwalt? – Chancen und Grenzen der Werbung für Legal Tech Angebote, LTZ 2022, 207 ff.

Biallaß, Isabelle: Ändern Legal-Tech-Anwendungen die Arbeit der Anwaltspraxis?, ZAP 2023, 351 ff.

Birkholz, Matthias: Das Smartlaw-Paradoxon oder warum das RDG zur Regulierung von ChatGPT & Co. ungeeignet ist, https://legal-tech-verzeichnis.de/fachartikel/das-smartlaw-paradox-oder-warum-das-rdg-zur-regulierung-von-chatgpt-co-ungeeignet-ist/ (28.02.2025).

Bitter, Georg/*Rauhut*, Tilman: Grundzüge zivilrechtlicher Methodik – Schlüssel zu einer gelungenen Fallbearbeitung, JuS 2009, 289 ff.

Block, Martina/*Jung*, Constantin/*Wendt*, Domenik: Requirements for „Legal Tech AI Systems" – Reflections on the negotiated AI Act with regard to Legal Technology using AI, CRi 2023, 97 ff.

BMF: Nutzungsdauer von Computerhardware und Software zur Dateneingabe und -verarbeitung, Schreiben vom 22.02.2022, Gz.: IV C 3 – S 2190/21/10002:025.

BMWK: rfrnz, https://www.de.digital/DIGITAL/Redaktion/DE/Gruenderwettbewerb/Artikel/Preistraeger/preistraeger-17-1/preistraeger-rfrnz.html (28.02.2025).

Bohannon, Molly: Lawyer Used ChatGPT In Court – And Cited Fake Cases. A Judge Is Considering Sanctions, https://www.forbes.com/sites/mollybohannon/2023/06/08/lawyer-used-chatgpt-in-court-and-cited-fake-cases-a-judge-is-considering-sanctions/ (28.02.2025).

Bomhard, David: KI-Training mit fremden Daten – IP-rechtliche Herausforderungen rund um § 44 b UrhG, DSRITB 2023, 255 ff.

Bomhard, David/*Merkle*, Marieke: Europäische KI-Verordnung – Der aktuelle Kommissionsentwurf und praktische Auswirkungen, RDi 2021, 276 ff.

Bomhard, David/*Siglmüller*, Jonas: AI Act – das Trilogergebnis, RDi 2024, 45 ff.

Bommarito II, Michael/*Katz*, Daniel Martin: GPT takes the Bar Exam, 2022.

Borgmann, Brigitte/*Jungk*, Antje/*Schwaiger*, Michael: Anwaltshaftung – Systematische Darstellung der Rechtsgrundlagen für die anwaltliche Berufstätigkeit, 6. Auflage, München 2020.

Botta, Jonas: Die Förderung innovativer KI-Systeme in der EU – Zum Kommissionsvorschlag der KI-Reallabore („AI regulatory sandboxes"), ZfDR 2022, 391 ff.

Braegelmann, Tom: ChatGPT-FAQ für Kanzleien: Die wichtigsten Fragen und Antworten auf einem Blick, S. 4 ff., erschienen in: Effizienter arbeiten mit ChatGPT – Potenziale, Prompts und Praxistipps für Kanzleien, Hürth 2023.

BRAK: Positionspapier der BRAK zu Digitalisierung und Zugang zum Recht vom 26.10.2020, Berlin 2020.

Brechmann, Bernhard: Legal Tech und das Anwaltsmonopol – Die Zulässigkeit von Rechtsdienstleistungen im nationalen, europäischen und internationalen Kontext, Tübingen 2021.

Breidenbach, Stephan/*Glatz*, Florian: Legal Tech-Lösungen: ein Zwischenstand, REthinking: Law 3/2020, 4 ff.

Breidenbach, Stephan/*Glatz*, Florian: Rechtshandbuch Legal Tech, 2. Auflage, München 2021.

Brink, Stefan/*Eckhardt*, Jens: Wann ist ein Datum ein personenbezogenes Datum? – Anwendungsbereich des Datenschutzrechts, ZD 2015, 205 ff.

Brockmeyer, Henning: Text und Data Mining – Eine rechtsökonomische Analyse der neuen Schranken im Urheberrecht, München 2022.

Brogmann, Brigitte/*Jungk*, Antje/*Schwaiger*, Michael: Anwaltshaftung – Systematische Darstellung der Rechtsgrundlagen für die anwaltliche Berufstätigkeit, 6. Auflage, München 2020.

Bronner, Pascal: Risikoklassifizierung, Risikobewertung und Risikominimierung nach der KI-Verordnung – Eine erste Analyse des risikobasierten Regulierungsansatzes der KI-VO, KIR 2024, 55 ff.

Brox, Hans/*Walker*, Wolf-Dietrich: Besonderes Schuldrecht, 48. Auflage, München 2024.

Bues, Micha-Manuel: Wenn der RoboAnwalt an die Kanzleitür klopft, https://www.lto.de/recht/kanzleien-unternehmen/k/kuenstliche-intelligenz-robo-anwalt-artificial-intelligence/ (28.02.2025).

van Bühren, Hubert W.: Handbuch Versicherungsrecht, 7. Auflage, Bonn 2017.

Bülow, Helge von: Interview mit Benedikt M. Quarch, https://www.elegal.technology/interviews/benedikt-quarch (28.02.2025).

Burr, Marcel: Die Entwicklung von Legal Robots am Beispiel der grunderwerbsteuerlichen Konzernklausel, BB 2018, 476 ff.

Busche, Daniel: Einführung in die Rechtsfragen der künstlichen Intelligenz, JA 2023, 441 ff.

Büttel, Priska Katharina: Online-Vertragsgeneratoren als Rechtsdienstleistung im Sinne des RDG erlaubnispflichtig, jurisPR-ITR 25/2019 Anm. 6.

Callan, Robert: Neuronale Netze im Klartext, München 2003.

Calliess, Christian/*Ruffert*, Matthias: EUV • AEUV – Das Verfassungsrecht der Europäischen Union mit Europäischer Grundrechtecharta, 6. Auflage, München 2022.

CEPEJ: European ethical Charter on the use of Artificial Intelligence in judicial systems and their environment, Straßburg 2018.

Cerullo, Megan: AI-powered „robot" lawyer won't argue in court after jail threats, https://www.cbsnews.com/news/robot-lawyer-wont-argue-court-jail-threats-do-not-pay/ (28.02.2025).

Chibanguza, Kuuya J./*Kuß*, Christian/*Steege*, Hans: Künstliche Intelligenz – Recht und Praxis automatisierter und autonomer Systeme, Baden-Baden 2022.

Chirco, Claudio G.: Industrie 4.0 in der Praxis – Die Auswirkungen der Vernetzung von Wertschöpfungsketten auf die anwaltliche Beratung, DSRITB 2015, 519 ff., erschienen in: Taeger, Jürgen: Tagungsband Herbstakademie 2015 – Internet der Dinge – Digitalisierung von Wirtschaft und Gesellschaft, Oldenburg 2015.

Coy, Wolfgang/*Bonsiepen*, Lena: Erfahrung und Berechnung – Kritik der Expertensystemtechnik, erschienen in: Informatik-Fachberichte, Band 229, Berlin 1989.

Cymek, Dietlind Helene/*Truckenbrodt*, Anna/*Onnasch*, Linda: Lean back or lean in? Exploring social loafing in human–robot teams, Frontiers in Robotics and AI (2023), 10: 1 ff.

D'Agostino, Chase: Project Johnny 5 – A Case Study on Evaluating AI Abstraction Tools, New York.

Dahns, Christian: Automatisierte Rechtsdienstleistung durch einen Vertragsgenerator, NJW-Spezial 2019, 766.

Dahns, Christian: Ein erster Schritt zur Modernisierung des Rechtsdienstleistungsrechts?, NJW-Spezial 2019, 318 f.

Datatilsynet: The Norwegian Data Protection Authority: Artificial intelligence and privacy – Report, January 2018.

Datenethikkommission der Bundesregierung: Gutachten der Datenethikkommission, Berlin 2019.

Dauses, Manfred A./*Ludwigs*, Markus: Handbuch des EU-Wirtschaftsrechts, 61. Auflage, München 2024.

Deckenbrock, Christian: Erweiterung anwaltlicher Informationspflichten gegenüber Dritten – Wirksame Bekämpfung unseriösen Inkassos oder Eingriff in das anwaltliche Mandatsverhältnis?, ZRP 2020, 173 ff.

Deckenbrock, Christian: Inkassodienstleister und Mietpreisbremse, LMK 2022, 815402.

Deckenbrock, Christian: Wann wird Legal Tech zur Rechtsdienstleistung? – Die heutige Software in Vertragsgeneratoren genügt hierfür noch nicht, AnwBl Online 2020, 178 ff.

Deckenbrock, Christian: Zulässigkeit eines „Rechtsdokumentengenerators", DB 2020, 1563.

Deckenbrock, Christian/*Henssler*, Martin: Rechtsdienstleistungsgesetz: RDG – Rechtsdienstleistungsverordnung und Einführungsgesetz zum RDG, 5. Auflage, München 2021.

Degen, Thomas A./*Krahmer*, Benjamin: Legal Tech: Erbringt ein Generator für Vertragstexte eine Rechtsdienstleistung?, GRUR-Prax 2016, 363 ff.

Dethloff, Nina: Europäisierung des Wettbewerbsrechts – Einfluss des europäischen Rechts auf das Sach- und Kollisionsrecht des unlauteren Wettbewerbs, Tübingen 2001.

Dettling, Heinz-Uwe: Künstliche Intelligenz, Arzneimittel und Apotheken vor Ort – eine Standortbestimmung (1. Teil), A&R 2020, 256 ff.

Dettling, Heinz-Uwe/*Krüger*, Stefan: Erste Schritte im Recht der Künstlichen Intelligenz – Entwurf der „Ethik-Leitlinien für eine vertrauenswürdige KI", MMR 2019, 211 ff.

Deutsches Forschungszentrum für Künstliche Intelligenz: Saarbrücker Forscher entwickeln Suchmaschine für Argumentationen, https://www.dfki.de/web/news/saarbruecker-forscher-entwickeln-suchmaschine-fuer-argumentationen (28.02.2025).

Disput, Anja: Change of Control-Klauseln im gewerblichen Mietvertrag, NZM 2008, 305 ff.

Dreier, Thomas/*Schulze*, Gernot: Urheberrechtsgesetz: UrhG – Urheberrechts-Diensteanbieter-Gesetz, Verwertungsgesellschaftengesetz, Nebenurheberrecht, Kunsturhebergesetz, 7. Auflage, München 2022.

Dreyer, Heinrich/*Lamm*, Christian-Peter/*Müller*, Thomas: RDG – Rechtsdienstleistungsgesetz mit Einführungsgesetz und Rechtsdienstleistungsverordnung Praxiskommentar, Berlin 2009.

Dulle, Thomas/*Galetzka*, Christian/*Partheymüller*, Johannes: Automatisierte Dokumentengeneratoren – Wer haftet?, DSRITB 2017, 625 ff., erschienen in: Taeger, Jürgen: Tagungsband Herbstakademie 2017 – Recht 4.0 – Innovationen aus den rechtswissenschaftlichen Laboren, Oldenburg 2017.

Ebers, Martin: Gewährleistung für Legal Tech-Anwendungen gegenüber Verbrauchern – Was gilt seit Umsetzung der Digitalen Inhalte-Richtlinie?, LTZ 2022, 4 ff.

Ebers, Martin: Standardisierung Künstlicher Intelligenz und KI-Verordnungsvorschlag, RDi 2021, 588 ff.

Ebers, Martin: StichwortKommentar Legal Tech – Recht – Geschäftsmodelle – Technik – Alphabetische Gesamtdarstellung, Baden-Baden 2023.

Ebers, Martin/*Heinze*, Christian A./*Krügel*, Tina/*Steinrötter*, Björn: Künstliche Intelligenz und Robotik – Rechtshandbuch, München 2020.

Ebers, Martin/*Hoch*, Veronica R. S./*Rosenkranz*, Frank/*Ruschemeier*, Hannah/*Steinrötter*, Björn: Der Entwurf für eine EU-KI-Verordnung: Richtige Richtung mit Optimierungsbedarf – Eine kritische Bewertung durch die Mitglieder der Robotics & AI Law Society (RAILS), RDi 2021, 528 ff.

Ebers, Martin/*Quarch*, Benedikt: Rechtshandbuch ChatGPT – KI-basierte Sprachmodelle in der Praxis, Baden-Baden 2024.

Ebers, Martin/*Quarch*, Benedikt/*Rode*, Patrick: Auswirkungen der EU KI-VO auf den Einsatz Künstlicher Intelligenz durch Justizbehörden, LTZ 2025, 21 ff.

Ebert, Andreas/*Spiecker*, Indra: Der Kommissionsentwurf für eine KI-Verordnung der EU – Die EU als Trendsetter weltweiter KI-Regulierung, NVwZ 2021, 1188 ff.

Ecker, Sabine: Legal Tech – Grundlegendes, Tools und Arbeitshilfen, ZAP 2019, 1317 ff.

Ehmann, Eugen/*Selmayr*, Martin: Datenschutz-Grundverordnung: DS-GVO, 3. Auflage, München 2024.

Eichelberger, Jan/*Wirth*, Thomas/*Seifert*, Fedor: Urheberrechtsgesetz – mit Verwertungsgesellschaftengesetz, 4. Auflage, Baden-Baden 2021.

Elfring, Klaus: Legal Due Diligence Reports, JuS-Beil. 2007, 3 ff.

Eliot, Lance B.: AI and Legal Argumentation: Aligning the Autonomous Levels of AI Legal Reasoning, Stanford 2020.

Ellenberger, Jürgen/*Bunte*, Hermann-Josef: Bankrechts-Handbuch, 6. Auflage, München 2022.

Enders, Peter: Einsatz künstlicher Intelligenz bei juristischer Entscheidungsfindung, JA 2018, 721 ff.

Engelmann, Christoph/*Brunotte*, Nico/*Lütkens*, Hanna: Regulierung von Legal Tech durch die KI-Verordnung, RDi 2021, 317 ff.

Engler, Katharina: Legal Tech-Inkasso: Herausforderungen der neuen Sachkundeprüfung, RDi 2022, 101 ff.

Erman – Bürgerliches Gesetzbuch – Kommentar mit Nebengesetzen (AGG, BeurkG, BVersTG, EGBGB, ErbbauRG, ProdhaftG, VBVG, VersAusglG, WEG – teils in Auszügen) und Internationalem Privatrecht: Hrsg. Westermann, Harm Peter/Grunewald, Barbara/Maier-Reimer, Georg, 17. Auflage, Köln 2023.

Ertel, Wolfgang: Grundkurs Künstliche Intelligenz – Eine praxisorientierte Einführung, 4. Auflage, Wiesbaden 2016.

Ettinger, Jochen/*Jaques*, Henning: Beck'sches Handbuch Unternehmenskauf im Mittelstand – Vertragsgestaltung, Steuerliche Strukturierung für Käufer und Verkäufer, 3. Auflage, München 2021.

Feuerhelm, Nils/*Dieball*, Julia Sophie: Legal AI und Large Language Models werden die Zukunft aller Juristen prägen, https://legal-tech-verzeichnis.de/fachartikel/legal-ai-und-large-language-models-werden-die-zukunft-aller-juristen-praegen/ (28.02.2025).

Feuerstack, Daniel/*Becker*, Daniel/*Hertz*, Nora: Die Entwürfe des EU-Parlaments und der EU-Kommission für eine KI-Verordnung im Vergleich – Eine Bewertung mit Fokus auf Regeln zur Transparenz, Forschungsfreiheit, Manipulation und Emotionserkennung, ZfDR 2023, 421 ff.

Fezer, Karl-Heinz/*Büscher*, Wolfgang/*Obergfell*, Eva Inés: Lauterkeitsrecht: UWG – Kommentar zum Gesetz gegen den unlauteren Wettbewerb, 3. Auflage, München 2016.

Fiedler, Herbert: Orientierung über juristische Expertensysteme – Grundlagen und Möglichkeiten, CR 1987, 325 ff.

Fischer, Gero/*Vill*, Gerhard/*Fischer*, Detlev/*Chab*, Bertin/*Pape*, Gerhardt: Handbuch der Anwaltshaftung – unter Einbeziehung von Steuerberatern und Wirtschaftsprüfern, 5. Auflage, Bonn 2019.

Fleck, Tilmann: AI literacy als Rechtsbegriff – Anforderungen an KI-Kompetenz nach Art. 4 KI-VO, KIR 2024, 99 ff.

Floridi, Luciano: The European Legislation on AI: a Brief Analysis of its Philosophical Approach, Philosophy & Technology (2021), 34: 215 ff.

Floridi, Luciano: What the Near Future of Artificial Intelligence Could Be, Philosophy & Technology (2019), 32: 1 ff.

Flory, Charlotte: Die Regulierung von Inkassodienstleistungen nach dem sog. Legal Tech-Gesetz, LTZ 2023, 10 ff.

Föhr, Tassilo Lars/*Marten*, Kai-Uwe/*Schreyer*, Marco: Generative Künstliche Intelligenz und risikoorientierter Prüfungsansatz, DB 2023, 1681 ff.

Forschungsstelle Legal Tech: https://www.forschungsstelle-legal-tech.de/wp-content/uploads/13-feb-2019.pdf (15.09.2022).

Frauenhofer-Gesellschaft: Maschinelles Lernen – Eine Analyse zu Kompetenzen, Forschung und Anwendung, München 2018.

Frenz, Walter: Grundfragen der Niederlassungs- und Dienstleistungsfreiheit im neuen Gewande, GewA 2007, 98 ff.

Freyler, Carmen: Robot-Recruiting, Künstliche Intelligenz und das Antidiskriminierungsrecht, NZA 2020, 284 ff.

Fries, Martin: Automatische Rechtspflege, RW 2018, 414 ff.

Fries, Martin: Button-Pflicht für Legal Techs – Besprechung von LG Berlin, Vorlagebeschluss vom 2.6.2022 – 67 S 259/21, RDi 2022, 533 ff.

Fries, Martin: De minimis curat mercator: Legal Tech wird Gesetz, NJW 2021, 2537 ff.

Fries, Martin: PayPal Law und Legal Tech – Was macht die Digitalisierung mit dem Privatrecht?, NJW 2016, 2860 ff.

Fries, Martin: Rechtsberatung durch Inkassodienstleister: Totenglöcklein für das Anwaltsmonopol?, NJW 2020, 193 ff.

Fries, Martin: Staatsexamen für Roboteranwälte? – Optionen für die Regulierung von Legal-Tech-Dienstleistern, ZRP 2018, 161 ff.

Fritz, Luisa: Zulässigkeit automatisierter außergerichtlicher Rechtsdienstleistung, Hamburg 2019.

Gaier, Reinhard/*Wolf*, Christian/*Göcken*, Stephan: Anwaltliches Berufsrecht – BORA BRAO EMRK EuRAG FAO GG RDG RDGEG Anwaltshaftung, 3. Auflage, Köln 2020.

Galetzka, Christian/*Garling*, Sophie/*Partheymüller*, Johannes: Legal Tech – „smart law" oder Teufelszeug?, MMR 2021, 20 ff.

Gansmeier, Johannes/*Kochendörfer*, Luca: Digitales Vertragsrecht Anwendungssystematik, Regelungsprinzipien und schuldrechtliche Integration der §§ 327 ff. BGB, ZfPW 2022, 1 ff.

Geissler, Dennis: Aktuelle Vorhaben des Gesetzgebers zur Digitalisierung des Gerichtsstandortes Deutschland – Ein kritischer Ausblick unter Einbeziehung aktueller Beispiele konkurrierender Gerichtsstände im Ausland, LTZ 2022, 12 ff.

Gelbrich, Kathrina/*Timmermann*, Daniel: Der Mangelbegriff im Kaufrecht nach Umsetzung der WKRL und DIRL, NJOZ 2021, 1249 ff.

Geminn, Christian: Die Regulierung Künstlicher Intelligenz – Anmerkungen zum Entwurf eines Artificial Intelligence Act, ZD 2021, 354 ff.

Germershausen, Charlotte: Der Anwalt 4.0 – Automatisierung der Rechtsberatung durch Chatbots?, DSRITB 2019, 757 ff., erschienen in: Dörr, Dieter: Tagungsband Herbstakademie 2019 – Die Macht der Daten und der Algorithmen – Regulierung von IT, IoT und KI, Oldenburg 2019.

Gertz, Michael/*Aumiller*, Dennis: Legal Tech und Deep Learning – Eine Bestandsaufnahme, LTZ 2022, 30 ff.

Gesellschaft für Informatik: Informationsextraktion, https://gi.de/informatiklexikon/informationsextraktion (28.02.2025).

Gierbl, Anita/*Schreyer*, Marco/*Borth*, Damian/*Leibfried*, Peter: Deep Learning für die Wirtschaftsprüfung – Eine Darstellung von Theorie, Funktionsweise und Anwendungsmöglichkeiten, IRZ 2021, 349 ff.

Gloy, Wolfgang/*Loschelder*, Michael/*Danckwerts*, Rolf: Handbuch des Wettbewerbsrechts, 5. Auflage, München 2019.

Gola, Peter/*Heckmann*, Dirk: Datenschutz-Grundverordnung, Bundesdatenschutzgesetz: DS-GVO/BDSG – VO (EU) 2016/679, 3. Auflage, München 2022.

Google: Reducing Loss: Stochastic Gradient Descent, https://developers.google.com/machine-learning/crash-course/reducing-loss/stochastic-gradient-descent (28.02.2025).

Gordon, Thomas F./*Walton*, Douglas: The Carneades Argumentation Framework, 2006.

Gräbig, Johannes: Anmerkung zu einer Entscheidung des LG Berlin, Urteil vom 15.01.2019 (15 O 60/18) – Zur Vereinbarkeit des Legal-Tech-Angebots von „wenigermiete.de" mit den Begrenzungen des Rechtsdienstleistungsgesetzes, MMR 2019, 180 ff.

Grabitz, Eberhard/*Hilf*, Meinhard/*Nettesheim*, Martin: Das Recht der Europäischen Union: EUV/AEUV, 83. Auflage, München 2024.

Grapentin, Justin: Die Erosion der Vertragsgestaltungsmacht durch das Internet und den Einsatz Künstlicher Intelligenz, NJW 2019, 181 ff.

Grapentin, Justin: Vertragsschluss und vertragliches Verschulden beim Einsatz von Künstlicher Intelligenz und Softwareagenten, Baden-Baden 2018.

Greenstein, Stanley: Preserving the rule of law in the era of artificial intelligence (AI), Artificial Intelligence and Law 30 (2022), 291 ff.

Greger, Reinhard: Das „Rundum-sorglos-Modell": Innovative Rechtsdienstleistung oder Ausverkauf des Rechts?, MDR 2018, 897 ff.

Greger, Reinhard: Streiten – oder streiten lassen? Erfolg des „Rundum-sorglos-Modells" – Innovative Formen und rechtliche Grenzen der Konfliktdelegation, AnwBl 2017, 932 ff.

Greiner, Stefan: Das Finanzierungsleasing zwischen Vertrag und Gesetz, NJW 2012, 961 ff.

Grossmann, Maura R./*Cormack*, Gordon V.: Technology-Assisted Review in E-Discovery can be more effective and more efficient than exhaustive manuel Review, Richmond Journal of Law and Technology (2011), 17(3): 1 ff.

Groß, Stefan/*Freyenfeld*, Maximilian/*Gradl*, Stefan: Riders on the Storm – 16 Thesen, wie ChatGPT & Co. die Steuerberater-Branche verändern könnten, DStR 2023, 1853 ff.

Grunewald, Barbara/*Piepenstock*, Karola: Anwaltliche Berufspflichten – Verstöße gegen § 43 BRAO und anwaltsgerichtliche Maßnahmen – (§ 43 BRAO), MDR 2000, 869 ff.

Grunewald, Barbara/*Römermann*, Volker: Rechtsdienstleistungsgesetz – Kommentar, 1. Auflage, Köln 2008.

Grupp, Michael: Legal Tech – Impulse für Streitbeilegung und Rechtsdienstleistung, AnwBl 2014, 660 ff.

Grupp, Michael/*Bues*, Micha-Manuel: Die Automation des Rechts: zu Anforderungen und Möglichkeiten im Rechtsmarkt heute, REthinking: Law 2/2019, 19 ff.

Grupp, Michael/*Fiedler*, Bernhard: Legal Technologies: Digitalisierungsstrategien für Rechtsabteilungen und Wirtschaftskanzleien, DB 2017, 1071 ff.

Grützmacher, Malte/*Füllsack*, Anna Lena: Der Entwurf einer EU-KI-Verordnung – Ein erster Überblick über den Vorschlag der Kommission v. 21.4.2021, ITRB 2021, 159 ff.

Gsell, Beate/*Krüger*, Wolfgang/*Lorenz*, Stephan/*Reymann*, Christoph: beck-online. GROSSKOMMENTAR BGB, Stand: 01.02.2025, München 2025.

Guggenberger, Leonid: Einsatz von KI in der Verwaltung, NVwZ 2019, 844 ff.

Günther, Tim: Das neue „Legal-Tech"-Gesetz – Eine Zwischenlösung für den Rechtsdienstleistungsmarkt, MMR 2021, 764 ff.

Günther, Tim: Legal Tech auf dem Vormarsch an den Grenzen des Wettbewerbs- und Berufsrechts, GRUR-Prax 2020, 96 ff.

Günther, Tim/*Grupe*, Lars: Zulässigkeit der Blickfangwerbung von Legal-Tech-Unternehmen – Werbeaussagen wie „kostenlos", „günstiger", „schnell" und „erfolgreich" am Maßstab des UWG, MMR 2020, 145 ff.

Haarmann, Bastian: IT – Keine Extraktion von Wissen aus verschiedenen Datenwelten, VW 2011, 1169.

Habbe, Julia Sophie/*Pelz*, Christian: Interne Untersuchungen – Status quo und Zukunftsbetrachtung, BB 2020, 1226 ff.

Hacker, Philipp: Daten als Gegenleistung – Rechtsgeschäfte im Spannungsfeld von DS-GVO und allgemeinem Vertragsrecht, ZfPW 2019, 148 ff.

Hacker, Philipp: Die Regulierung von ChatGPT et al. – ein europäisches Trauerspiel, GRUR 2023, 289 f.

Hacker, Philipp/*Berz*, Amelie: Der AI Act der Europäischen Union – Überblick, Kritik und Ausblick, ZRP 2023, 226 ff.

Hähnchen, Susanne/*Schrader*, Paul T./*Weiler*, Frank/*Wischmeyer*, Thomas: Legal Tech – Rechtsanwendung durch den Menschen als Auslaufmodell?, JuS 2020, 625 ff.

Hakenberg, Waltraud: Europarecht, 9. Auflage, München 2021.

Hamm, Christoph: Beck'sches Rechtsanwalts-Handbuch, 12. Auflage, München 2022.

Hannemann, Thomas/*Wiegner*, Michael: Münchener Anwaltshandbuch Mietrecht, 5. Auflage, München 2019.

Hanzl, Martin/*Pelzmann*, Helen/*Schragl*, Markus: Handbuch Digitalisierung – Eine Betrachtung aus technologischer, rechtlicher und steuerrechtlicher Sicht, Wien 2021.

Haratsch, Andreas/*Koenig*, Christian/*Pechstein*, Matthias: Europarecht, 13. Auflage, Tübingen 2023.

Harte-Bavendamm, Henning/*Henning-Bodewig*, Frauke: Gesetz gegen den unlauteren Wettbewerb: UWG – Mit Preisangabenverordnung und Geschäftsgeheimnisgesetz, 5. Auflage, München 2021.

Hartmann, Malte: Bremst die Mietpreisbremse das Legal Tech-Inkasso? Der Umfang der Inkassoerlaubnis aus aufsichtsrechtlicher Perspektive – Mietright, wenigermieten & Co. vor den Zivilgerichten, NZM 2019, 353 ff.

Hartmann, Malte: ChatGPT & Co. in der Strafjustiz – Einsatzszenarien großer KI-Sprachmodelle in der Strafverfolgung, RDV 2023, 300 ff.

Hartung, Markus: Der Regierungsentwurf zum Legal Tech Inkasso – hält er, was er verspricht? – Die Zukunft des Verbraucher- und Unternehmerinkassos und der Zugang zum Recht, AnwBl 2021, 152 ff.

Hartung, Markus: Innovation und Legal Tech, NJW-Sonderheft 20/2017, 20 f.

Hartung, Markus: Legal Tech Sandboxes – Perspektive aus dem „Maschinenraum", RDi 2021, 421 ff.

Hartung, Markus: Noch mal: Klagen ohne Risiko – Prozessfinanzierung und Inkassodienstleistung aus einer Hand als unzulässige Rechtsdienstleistung?, BB 2017, 2825 ff.

Hartung, Markus: Smartlaw, ChatGPT und das RDG, RDi 2023, 209 ff.

Hartung, Markus/*Bues*, Micha-Manuel/*Halbleib*, Gernot: Legal Tech – Die Digitalisierung des Rechtsmarkts, München 2018.

Hartung, Markus/*Meising*, Ulrike: Legal Tech im Familienrecht, NZFam 2019, 982 ff.

Hartung, Wolfgang: Sanktionsfähige Berufspflichten aus einer Generalklausel? – Keine speziellen Pflichten aus der allgemeinen Pflicht des § 43 BRAO, AnwBl 2008, 782 f.

Hartung, Wolfgang/*Scharmer*, Hartmut: Berufs- und Fachanwaltsordnung: BORA/FAO – Bundesrechtsanwaltsordnung (§§ 43–59q BRAO), 8. Auflage, München 2022.

Hecht, Moritz: Regulierung von GPAI-Modellen durch die KI-Verordnung – Eine Begriffs- und Pflichtenannäherung, KIR 2025, 30 ff.

Heckmann, Dirk/*Paschke*, Anne: jurisPK-Internetrecht, 8. Auflage, Saarbrücken 2024.

Heinze, Christian: Kartellrechtliches Sammelklagen-Inkasso nach Airdeal und RDG-Reformgesetz – zugleich Anmerkung zum Urteil des LG Stuttgart in Sachen Rundholzvermarktung, NZKart 2022, 193 ff.

Hellwig, Hans-Jürgen/*Ewer*, Wolfgang: Keine Angst vor Legal Tech – Kurze Antworten auf aktuelle Fragen, NJW 2020, 1783 ff.

Henning, Kai/*Lackmann*, Frank/*Rein*, Andreas: Privatinsolvenz – Insolvenzverfahren mit Restschuldbefreiung – Handkommentar, 2. Auflage, Baden-Baden 2022.

Henssler, Martin: Prozessfinanzierende Inkassodienstleister – Befreit von den Schranken des anwaltlichen Berufsrechts?, NJW 2019, 545 ff.

Hennsler, Martin/*Flory*, Charlotte: Kein Verstoß gegen RDG durch elektronischen Generator für Rechtsdokumente „smartlaw", EWiR 2020, 495 f.

Henssler, Martin/*Kilian*, Matthias: Rechtsinformationssysteme im Internet, CR 2001, 682 ff.

Henssler, Martin/*Özman*, Lena/*Sossna*, Thomas: Anwaltliches Berufsrecht – Grundlagen unter Berücksichtigung der großen BRAO-Reform, JuS 2022, 385 ff.

Henssler, Martin/*Prütting*, Hanns: Bundesrechtsanwaltsordnung – Berufsordnung, Berufsordnung, Fachanwaltsordnung, EuRAG, CCBE – Rechtsberatungsgesetz – Partnerschaftsgesellschaftsgesetz, 2. Auflage, München 2004.

Henssler, Martin/*Prütting*, Hanns: Bundesrechtsanwaltsordnung – mit EuRAG, Berufs- und Fachanwaltsordnung, RAVPV, Rechtsdienstleistungsgesetz, Mediationsgesetz, ZMediatAusbV und Partnerschaftsgesellschaftsgesetz, 6. Auflage, München 2024.

Herberger, Marie: Gesprächs- und Kooperationspartner der besonderen Art für die Anwaltsarbeit: ChatGPT und die Folgen, ZAP 2023, 465 f.

Herberger, Maximilian: „Künstliche Intelligenz" und Recht – Ein Orientierungsversuch, NJW 2018, 2825 ff.

Herold, Viktoria: Algorithmisierung von Ermessensentscheidungen durch Machine Learning, InTer 2019, 7 ff.

Hessel, Stefan/*Potel*, Karin: Update qua Gesetz – Aktualisierungspflicht nach § 327 f BGB in der Praxis, RDi 2022, 25 ff.

Heussen, Benno: Weisungen von Mandanten gegenüber ihren Rechtsanwälten – Berufsethische Überlegungen, NJW 2014, 1786 ff.

Heydn, Truiken J.: Schuldrechtsreform 2.0: Das neue Gewährleistungsrecht für digitale Produkte in der Praxis – Neue und altbekannte Rechtsbehelfe für Verbraucher und Unternehmen, CR 2021, 709 ff.

Hilgendorf, Eric: Autonome Systeme, künstliche Intelligenz und Roboter, erschienen in: Barton, Stephan/Eschelbach, Ralf/Hettinger, Michael/Kempf, Eberhard/Krehl, Christoph/Salditt, Franz: Festschrift für Thomas Fischer, München 2018, S. 99 ff.

Hoch, Veronica R. S.: Anwendung Künstlicher Intelligenz zur Beurteilung von Rechtsfragen im unternehmerischen Bereich – Zulässigkeit, Grenzen und Haftungsfragen beim Einsatz von Legal Robots, AcP 219 (2019), 646 ff.

Hoch, Veronica R. S.: Big Data und Predictive Analytics im Gerichtsprozess – Chancen und Grenzen der Urteilsprognose, MMR 2020, 295 ff.

Hoch, Veronica R. S./*Hendricks*, Jan David: Das RDG und die Legal Tech-Debatte: Und wo bleibt das Unionsrecht?, VuR 2020, 254 ff.

Hoeren, Thomas/*Pinelli*, Stefan: Künstliche Intelligenz – Ethik und Recht, erschienen in: Information und Recht, Band 87, München 2022.

Hoeren, Thomas/*Sieber*, Ulrich/*Holznagel*, Bernd: Handbuch Multimedia-Recht – Rechtsfragen des elektronischen Geschäftsverkehrs, 58. Auflage, München 2022.

Hoffmann-Becking, Michael: Münchener Handbuch des Gesellschaftsrechts, Band 4 – Aktiengesellschaft, 6. Auflage, München 2024.

Höpfner, Clemens/*Daum*, Jan Alexander: Der „Robo-Boss" – Künstliche Intelligenz im Arbeitsverhältnis, ZFA 2021, 467 ff.

Hopt, Klaus J.: M&A Due Diligence und Kautelarpraxis, ZHR 186 (2022), 7 ff.

Huff, Martin W.: Keine Rechtsdienstleistung ohne menschliche Beratung, https://www.lto.de/recht/juristen/b/vertragsgenerator-smartlaw-urteil-lg-koeln-falsch-keine-rechtsdienstleistung-aufgabe-gesetzgeber-legal-tech/ (28.02.2025).

Hullen, Nils: Effizienzsteigerung in der Rechtsberatung durch Rechtsvisualisierungstools – Von der Rechtsinformatik zu Legal Tech, Baden-Baden 2019.

Hunfeld, Clemens/*Hartwig*, Paul Bruno/*Quack*, Lukas/*Ruth*, Marvin/*Luft*, Constantin: LegalTech – LegalTech – Fluch oder Segen für die Anwaltschaft?, erschienen in: Schriftenreihe der Stiftung der Hessischen Rechtsanwaltschaft, Band 12, Göttingen 2022.

IBM: The DeepQA Research Team, http://www.research.ibm.com/deepqa (28.02.2025).

IBM: What is Model Drift?, https://www.ibm.com/topics/model-drift (28.02.2025).

Jäckle, Wolfgang: Erste praktische Erfahrungen mit dem Gesetz zur Verbesserung des Verbraucherschutzes im Inkassorecht, VuR 2023, 123 ff.

Jähnke, Burkhard: Rechtliche Vorgaben einer künftigen Neuregelung des anwaltlichen Standesrechts, NJW 1988, 1888 ff.

Jandach, Thomas: Juristische Expertensysteme – Methodische Grundlagen ihrer Entwicklung, Berlin 1993.

Jandt, Silke/*Steidle*, Roland: Datenschutz im Internet – Rechtshandbuch zu DSGVO und BDSG, 1. Auflage, Baden-Baden 2018.

Jänich, Volker Michael: Lauterkeitsrecht, München 2019.

Jäschke, Marvin: BGH: Zur Erlaubnis der (automatisierten) Inkassodienstleistung (Legal-Tech), CR 2020, R4 f.

Johannisbauer, Christoph: ChatGPT im Rechtsbereich – erste Erfahrungen und rechtliche Herausforderungen bei der Verwendung künstlich generierter Texte, MMR-Aktuell 2023, 455537.

Junker, Markus/*Beckmann*, Roland Michael/*Rüßmann*, Helmut: juris-PraxisKommentar BGB – Band 2 – Schuldrecht, 10. Auflage, Stand: 01.02.2023, Saarbrücken 2023.

Käde, Lisa: Next-Level Software Development – Computerprogrammschutz und weitere rechtliche Stolpersteine beim Einsatz von Code-generierender KI in der Praxis, MMR 2024, 142 ff.

Käde, Lisa/*Maltzan*, Stephanie von: Die Erklärbarkeit von Künstlicher Intelligenz (KI) – Entmystifizierung der Black Box und Chancen für das Recht, CR 2020, 66 ff.

Kalbhenn, Jan Christopher: Designvorgaben für Chatbots, Deepfakes und Emotionserkennungssysteme – Der Vorschlag der Europäischen Kommission zu einer KI-VO als Erweiterung der medienrechtlichen Plattformregulierung, ZUM 2021, 663 ff.

Kaplan, Jerry: Künstliche Intelligenz – Eine Einführung, Frechen 2017.

Karanasiou, Argyro/*Pinotsis*, Dimitris: Towards a Legal Definition of Machine Intelligence – The Argument for Artificial Personhood in the Age of Deep Learning, London 2017.

Karg, Thomas: Anwaltsvertragshaftung – Pflichtverletzung und Verschulden im neuen Schuldrecht, Regensburg 2004.

Kastl, Graziana: Filter – Fluch oder Segen? – Möglichkeiten und Grenzen von Filtertechnologien zur Verhinderung von Rechtsverletzungen, GRUR 2016, 671 ff.

Kästle, Florian/*Svernlöv*, Carl: Legal Due Diligence in International M&A Transactions – A Practitioner's Guide, Baden-Baden 2022.

Katz, Daniel Martin/*Bommarito*, Michael J./*Blackman*, Josh: A General Approach for Predicting the Behavior of the Supreme Court of the United States, 2017.

Kaufmann, Annelie: Richterscore bekommt nur wenige Daten, https://www.lto.de/recht/justiz/j/vg-berlin-vg2k619-richterscore-daten-richter-berlin-herausgabe-einwilligung-handbuch-der-justiz/ (28.02.2025).

Kaulartz, Markus/*Braegelmann*, Tom Hinrich: Rechtshandbuch Artificial Intelligence und Machine Learning, München 2020.

Kilian, Matthias: Die Zukunft der Juristen – Weniger, anders, weiblicher, spezialisierter, alternativer – und entbehrlicher?, NJW 2017, 3043 ff.

Kilian, Matthias: Trojanische Pferde im Rechtsdienstleistungsrecht? – Betrachtungen zur Renaissance von Inkassodienstleistern, NJW 2019, 1401 ff.

Kilian, Matthias/*Koch*, Ludwig: Anwaltliches Berufsrecht, 2. Auflage, München 2018.

Kilian, Wolfgang: Legal Tech: Artificial Intelligence and Legal Decisionmaking, CRi 2022, 127 ff.

Klaas, Arne: Demokratieprinzip im Spannungsfeld mit künstlicher Intelligenz – Demokratische Entscheidungsfindung durch und mithilfe von selbstlernenden Algorithmen, MMR 2019, 84 ff.

KLDiscovery: Ediscovery, E-Discovery oder eDiscovery?, https://www.kldiscovery.com/de/informationen/was-ist-ediscovery (28.02.2025).

Kleine-Cosack, Michael: Bundesrechtsanwaltsordnung: BRAO, 9. Auflage, München 2022.

Kleine-Cosack, Michael: Das Recht der Rechtsdienstleistung im Wandel – Aktuelle Judikatur zwischen Rückschritt und Liberalisierung als Antwort auf den Markt, AnwBl 2017, 702 ff.

Kleine-Cosack, Michael: Zulässigkeit des Masseninkassos durch Rechtsanwälte, NJW 2011, 2251 ff.

Kleinkopf, Felicitas/*Jacke*, Janina/*Gärtner*, Markus: Text- und Data-Mining – Urheberrechtliche Grenzen der Nachnutzung wissenschaftlicher Korpora bei computergestützten Verfahren und digitalen Ressourcen, MMR 2021, 196 ff.

Knöfel, Oliver L.: Zur Frage der wettbewerbsrechtlichen Zulässigkeit von Internetwerbung eines deutschen Ltd.-Gründungsagenten in Österreich, BB 2007, 2313 ff.

Knorpp, Katrin: Der rechtskonforme Auftritt von Rechtsanwälten im Internet, Hamburg 2005.

Köbrich, Thomas/*Froitzheim*, Oliver: Lass uns quatschen – Werbliche Kommunikation mit Chatbots, WRP 2017, 1188 ff.

Köhler, Helmut/*Bornkamm*, Joachim/*Feddersen*, Jörn: Gesetz gegen den unlauteren Wettbewerb: UWG – GeschGehG, PAngV, UKlaG, DL-InfoV, P2B-VO, 43. Auflage, München 2025.

Kommission: Europe's Digital Decade, https://digital-strategy.ec.europa.eu/en/policies/europes-digital-decade#tab_4 (28.02.2025).

Kommission: European data strategy – Making the EU a role model for a society empowered by data, https://commission.europa.eu/strategy-and-policy/priorities-2019-2024/europe-fit-digital-age/european-data-strategy_en (28.02.2025).

Konertz, Roman: Urheberrechtliche Fragen der Textgenerierung durch Künstliche Intelligenz – Insbesondere Schöpfungen und Rechtsverletzungen durch GPT und ChatGPT, WRP 2023, 796 ff.

Konertz, Roman/*Schönhof*, Raoul: Das technische Phänomen „Künstliche Intelligenz" im Allgemeinen Zivilrecht – Eine kritische Betrachtung im Lichte von Autonomie, Determinismus und Vorhersehbarkeit, erschienen in: Recht der Informationsgesellschaft, Band 47, Baden-Baden 2020.

Kraetzig, Viktoria/*Krawietz*, Lina: Vertragsgeneratoren als Subsumtionsautomaten, RDi 2022, 145 ff.

Krenzler, Michael: Der Rechtsdienstleistungsbegriff in Zeiten von Legal Tech, BRAK-Mitt. 2020, 119 ff.

Krenzler, Michael: Rechtsdienstleistungsgesetz – RDG – RDGEG – RDV – Handkommentar, 2. Auflage, Baden-Baden 2017.

Krenzler, Michael/*Remmertz*, Frank R.: Rechtsdienstleistungsgesetz – RDG – RDGEG – RDV – Handkommentar, 3. Auflage, Baden-Baden 2023.

Kruse, Rudolf/*Borgelt*, Christian/*Klawonn*, Frank/*Moewes*, Christian/*Ruß*, Georg/*Steinbrecher*, Matthias: Computational Intelligence – Eine methodische Einführung in Künstliche Neuronale Netze, Evolutionäre Algorithmen, Fuzzy-Systeme und Bayes-Netze, Wiesbaden 2011.

Kühling, Jürgen/*Buchner*, Benedikt: Datenschutz-Grundverordnung, Bundesdatenschutzgesetz: DS-GVO/BDSG, 4. Auflage, München 2024.

Kühling, Jürgen/*Schildbach*, Roman: Corona-Apps – Daten- und Grundrechtsschutz in Krisenzeiten, NJW 2020, 1545 ff.

Kuhlmann, Phillip: Künstliche Intelligenz – Einführung in Machine Learning, Deep Learning, neuronale Netze, Robotik und Co., 2018.

Küstner, Kim Manuel/*Louven*, Sebastian: Plattform-Governance und Recht, Berlin 2024.

Kutschera, Franz von: Elementare Logik, Wien 1967.

Lancaster University: Kasparov vs. Deep Blue – IBM in the service of express shipping, health insurance, manufacturing, financial investments, air transportation, and retail distribution, https://www.lancaster.ac.uk/fass/projects/neicts/SS-lectures/SS-lecture-1-07a.htm (28.02.2025).

Länderarbeitsgruppe Legal Tech: Herausforderungen für die Justiz – Abschlussbericht der Länderarbeitsgruppe – Unter Beteiligung der Länder Berlin, Baden-Württemberg, Bayern, Hamburg, Mecklenburg-Vorpommern, Niedersachsen, Schleswig-Holstein, Hessen, Nordrhein-Westfalen und des Saarlandes, Berlin 2017 ff.

Längsfeld, Alexander M. H.: (Un-)Wirksamkeit von Change-of-Control-Klauseln – Zum neuen § 225 a IV 3 InsO, NZI 2014, 734 ff.

Lawrence, John/*Reed*, Chris: Argument Mining: A Survey, Computational Linguistics (2019), 45(4): 765 ff.

Lechner, Hans/*Zuck*, Rüdiger: Bundesverfassungsgerichtsgesetz: BVerfGG, 8. Auflage, München 2019.

Leeb, Christina-Maria: Digitalisierung, Legal Technology und Innovation – Der maßgebliche Rechtsrahmen für und die Anforderungen an den Rechtsanwalt in der Informationstechnologiegesellschaft, Berlin 2019.

Leeb, Christina-Maria: Zulässigkeit des Geschäftsmodells eines Online-Dokumentengenerators, RDi 2021, 619 ff.

Leeb, Christina-Maria/*Hotz*, Thorsten: Legal Tech auf der rechtspolitischen Agenda – was bleibt, was kommt? – Vortrag im Rahmen des Online-Symposions „Legal Tech im Urheber- und Medienrecht" des Instituts für Urheber- und Medienrecht am 5.2.2021, ZUM 2021, 379 ff.

Leithäuser, Malte: Nachträgliche Mängel beim Softwarekauf – Zwischen Aktualisierungspflicht und Nacherfüllungsanspruch, RDi 2023, 274 ff.

Lempke, Christian: Legal Tech-Gesetz – Vom Ansatz verfehlt und nicht verbrauchergerecht, RDi 2021, 224 ff.

Lenzen, Manuela: Künstliche Intelligenz – Was sie kann & was uns erwartet, 3. Auflage, München 2019.

Leßner, Anne: Illegal Tech? – Vertragsstrukturen und Regulierung von Legal-Tech-Anbietern, DSRITB 2019, 231 ff., erschienen in: Taeger, Jürgen: Tagungsband Herbstakademie 2019 – Die Macht der Daten und der Algorithmen – Regulierung von IT, IoT und KI, Oldenburg 2019.

Leupold, Andreas/*Wiebe*, Andreas/*Glossner*, Silke: IT-Recht – Recht, Wirtschaft und Technik der digitalen Transformation, 4. Auflage, München 2021.

Lewinski, Kai von: Kollidierende Interessen beim Einsatz von Legal Tech, BRAK-Mitt. 2020, 68 ff.

Liebwald, Doris: An Evaluation of „New EUR-Lex" – all tasks achieved and all problems solved?, MR-Int 2005, 156 ff.

Linardatos, Dimitrios: Künstliche Intelligenz und die Verantwortung, ZIP 2019, 504 ff.

Linardatos, Dimitrios: Rechtshandbuch Robo Advice – Automatisierte Finanz- und Versicherungsdienste, München 2020.

Lobinger, Simon: (Chat-)GPT in der juristischen Leistungserbringung – Möglichkeiten und Grenzen, LTZ 2023, 187 ff.

Looschelders, Dirk: Schuldrecht – Allgemeiner Teil, 22. Auflage, München 2024.

Lorenz, Luisa: Chatbots im praktischen Einsatz: Grundbegriffe, Rechtsfragen und Anwendungsszenarien, K&R 2019, 1 ff.

Lorse, Jürgen: Entscheidungsfindung durch künstliche Intelligenz – Zukunft der öffentlichen Verwaltung?, NVwZ 2021, 1657 ff.

Mainzer, Klaus: Künstliche Intelligenz – Wann übernehmen die Maschinen?, 2. Auflage, Berlin, Heidelberg 2019.

Mann, Thomas: Einführung in die juristische Arbeitstechnik – Klausuren – Hausarbeiten – Seminararbeiten – Dissertationen, 5. Auflage, München 2015.

Marten, Kai-Uwe/*Föhr*, Tassilo Lars/*McIntosh*, Stephen: KI-basierte Datenanalyse und risikoorientierter Prüfungsansatz, WPg 2022, 898 ff.

Martin, Lauren/*Whitehouse*, Nick/*Yiu*, Stephanie/*Catterson*, Lizzie/*Perera*, Rivindu: Better Call GPT, Comparing Large Language Models Against Lawyers, Auckland 2024.

Martini, Mario: Algorithmen als Herausforderung für die Rechtsordnung, JZ 2017, 1017 ff.

Martini, Mario: Blackbox Algorithmus – Grundfragen einer Regulierung Künstlicher Intelligenz, Berlin 2019.

Martini, Mario/*Wendehorst*, Christiane: KI-VO – Verordnung über künstliche Intelligenz, München 2024.

Mashi, Mohammad: Konzeption und Einsatz wissensbasierter Systeme als ergänzende Systeme in der Fertigung, Ilmenau 2015.

Matthes, Florian: Stehen regelbasierte Expertensysteme vor einer Renaissance im Bereich Legal Tech?, REthinking: Law 2019, 28 ff.

Mayer, Franz C.: Die Warenverkehrsfreiheit im Europarecht – eine Rekonstruktion, EuR 2003, 793 ff.

McCarthy, Joseph Raymond/*Minsky*, Marvin Lee/*Rochester*, Nathaniel/*Shannon*, Claude Elwood: A Proposal for the Dartmouth Summer Research Project on Artificial Intelligence, 1955.

McCulloch, Warren S./*Pitts*, Walter: A logical calculus of the ideas immanent in nervous activity, Bulletin of mathematical biophysics (1990), 5(4): 99 ff.

Medicus, Dieter/*Lorenz*, Stephan: Schuldrecht I – Allgemeiner Teil, 22. Auflage, München 2021.

Meyer, Darja/*Schelle*, Florian: ChatGPT im Steuerbereich: Aufbruch in ein neues Zeitalter? – Anwendungsfälle, Grenzen und Potenziale generativer Künstlicher Intelligenz, beck.digitax 2023, 77 ff.

Meyer-Sparenberg, Wolfgang/*Jäckle*, Christof: Beck'sches M&A-Handbuch – Planung, Gestaltung, Sonderformen, regulatorische Rahmenbedingungen und Streitbeilegung bei Mergers & Acquisitions, 2. Auflage, München 2022.

Minsky, Marvin: Semantic Information Processing, Cambridge 1968.

Mitchell, Tom M.: Machine Learning, New York 1997.

Mochales, Raquel/*Moens*, Marie-Francine: Argumentation Mining, Artificial Intelligence and Law (2011), 19: 1 ff.

Moens, Marie-Francien: Argumentation Mining – How can a machine acquire common sense and world knowledge?, Argument and Computation (2017), 9(1): 1 ff.

Molavi Vasse'i, Ramak: Transparenzanforderungen an Künstliche Intelligenz, K&R Beilage 7/8/2022, 8 ff.

Molavi, Ramak/*Erbguth*, Jörn: Künstliche Intelligenz und Deep Learning – Technische Grundlagen und ethische Einordnung, ITRB 2019, 120 f.

Möller-Klapperich, Julia: ChatGPT und Co. – aus der Perspektive der Rechtswissenschaft, NJ 2023, 144 ff.

Möller-Klapprich, Julia: Die neue KI-Verordnung der EU, NJ 2024, 337 ff.

Monschau, Norbert: Künstliche Intelligenz: So können ChatGPT & Co. in der mietrechtlichen Kanzlei helfen, MK 2024, 13 ff.

Morell, Alexander: Keine Kooperation ohne Konflikt – Verstößt ein Inkassodienstleister durch das Angebot einer Prozessversicherung gegen § 4 RDG?, JZ 2019, 809 ff.

Morell, Alexander: Rage against the machine – Verstößt Legal-Tech-Inkasso gegen das Rechtsdienstleistungsverbot?, WM 2019, 1822 ff.

Morsch, Stephan/*Schicker*, Stefan C.: Dokumenten-Automatisierung in der Praxis, REthinking: Law 2/2019, 9 ff.

Müller-Peltzer, Philipp: Künstliche Intelligenz und Datenschutzrecht – Ein Blick auf die neue KI-Verordnung, DSB 2022, 230 ff.

Münchener Kommentar zum Bürgerlichen Gesetzbuch: Hrsg. *Säcker*, Franz Jürgen/*Rixecker*, Roland/*Oetker*, Hartmut/*Limperg*, Bettina, 9. Auflage, München 2022.

Münchener Kommentar zum Lauterkeitsrecht (UWG), Band 1 – Grundlagen des Lauterkeitsrechts, Internationales Wettbewerbs- und Wettbewerbsverfahrensrecht, Unionsrechtlicher Rahmen, Vorabentscheidungsverfahren – Kommentierung – AEUV – Vertrag über die Arbeitsweise der europäischen Union (Art. 34–36, 56, 57, 59, 62), UGP-Richtlinie (Richtlinie über unlautere Geschäftspraktiken – Richtlinie 2005/29 EG), Geschäftsgeheimnis-Richtlinie (Richtlinie EU 2016/943), Gesetz gegen den unlauteren Wettbewerb (§§ 1–7 UWG): Hrsg. *Heermann*, Peter W./*Schlingloff*, Jochen, 3. Auflage, München 2020.

Neuhaus, Kai-Jochen: Künstliche Intelligenz im Versicherungsrecht – Grundsätzliche Überlegungen und praktische Erfahrungen am Beispiel von ChatGPT und der Berufsunfähigkeitsversicherung, VersR 2023, 1401 ff.

Nickl, Afra: ChatGPT als Rechtsdienstleister? – Praxistest: Rechtsberatende Leistung durch KI am Beispiel eines Softwarekaufvertrags, MMR 2023, 328 ff.

Nikelsky, Michael Christian: Induktive Logik: Confirmation and Confirmability, Karlsruhe.

Niklas, Thomas: ChatGPT und das Arbeitsrecht – Ein Überblick über Fragestellungen beim Einsatz von Künstlicher Intelligenz und Chatbots in Unternehmen, ArbRB 2023, 268 ff.

Nink, David: Justiz und Algorithmen – Über die Schwächen menschlicher Entscheidungsfindung und die Möglichkeiten neuer Technologien in der Rechtsprechung, Berlin 2021.

Ohly, Ansgar/*Sosnitza*, Olaf: Gesetz gegen den unlauteren Wettbewerb: UWG – mit Geschäftsgeheimnisgesetz (Auszug) und Preisangabenverordnung, 8. Auflage, München 2023.

Orssich, Irina: Das europäische Konzept für vertrauenswürdige Künstliche Intelligenz, EuZW 2022, 254 ff.

Ory, Stephan/*Weth*, Stephan: juris-Praxiskommentar Elektronischer Rechtsverkehr – Band 1 – Allgemeiner Teil, 2. Auflage, Saarbrücken 2022.

Paal, Boris P./*Pauly*, Daniel A.: Datenschutz-Grundverordnung Bundesdatenschutzgesetz: DS-GVO BDSG, 3. Auflage, München 2021.

Partheymüller, Johannes: ChatGPT & Co. in der Rechtsberatung – Gamechanger oder fehlgeleiteter Hype?, K&R 2023, 37 ff.

Pech, Sebastian: Verträge über digitale Inhalte und digitale Dienstleistungen – Ein Überblick zu den Neuregelungen im BGB (Teil I), GRUR-Prax 2021, 509 ff.

Pechstein, Matthias/*Nowak*, Carsten/*Häde*, Ulrich: Frankfurter Kommentar zu EUV, GRC und AEUV, 2. Auflage, Tübingen 2023.

Peitscher, Stefan: Anwaltsrecht, 3. Auflage, Baden-Baden 2021.

Petrasincu, Alex/*Unseld*, Christopher: Das Sammelklage-Inkasso im Lichte der BGH-Rechtsprechung und der RDG-Reform, NJW 2022, 1200 ff.

Petrasincu, Alex/*Unseld*, Christopher: Die Bedeutung der RDG-Novelle für das abtretungsbasierte Sammelinkasso, RDi 2021, 361 ff.

Pfeifer, Lars/*Helmke*, Torben: Die Digitalrechtsakte der EU (DGA, DSA, DMA, KI-VO-E und DA-E) – Teil I, ZD-Aktuell 2023, 01125.

Plog, Philipp/*Lose*, Martin: Wie smart ist der Vertragsgenerator Smartlaw? – Die zukünftige Regulierung von Dienstleistungen im Rechtsbereich, AnwBl Online 2021, 131 ff.

Podmogilnij, Valeria/*Timmermann*, Daniel: Legal Tech – eine Schärfung der Konturen, AnwBl Online 2019, 436 ff.

Polat, Cemre: A Critical Appraisal of the Proposal for an AI Liability Directive: Is It Fit for Its Own Purpose?, GPR 2023, 114 ff.

Pommerening, Klaus: Expertensysteme – Eine Einführung, Mainz 1988.

Porschke, Anisja: Fortbildungspflichten nach dem AI Act: Wie Kanzleien KI-Kompetenzen vermitteln können, becklink 2033276.

Postinett, Axel: Künstliche Intelligenz – Die Robo-Anwälte kommen, https://www.handelsblatt.com/karriere/kuenstliche-intelligenz-die-robo-anwaelte-kommen/13601888.html (28.02.2025).

Prütting, Hanns: Das Drama um das Legal-Tech-Inkasso, ZIP 2020, 1434 ff.

Prütting, Hanns/*Wegen*, Gerhard/*Weinreich*, Gerd: BGB – Kommentar – Bürgerliches Gesetzbuch, 19. Auflage, Hürth 2024.

Purnhagen, Kai: Europarecht, 4. Auflage, München 2022.

Quarch, Benedikgt M.: Legal Tech als „Sofortlösung"? – Die Idee des „Consumer Claims Purchasings", LTV 1/2020, 8 f.

Quarch, Benedikt M./*Engelhardt*, Clemens: Legal Tech-Markt – der Versuch eines Marktüberblicks, LTZ 2022, 38 ff.

Quarch, Benedikt M./*Neumann*, Jan: Überblicksaufsatz Legal Tech Markt 2023, LTZ 2023, 96 ff.

Quarch, Benedikt M./*Neumann*, Jan: „Und täglich grüßt das Murmeltier": Zum Legal Tech (Sammelklage-)Inkasso, LTZ 2022, 220 ff.

Rack, Manfred: LEGAL-TECH – nur mit Anwälten – Zwei Smartlaw-Urteile von LG und OLG Köln mit unterschiedlichem Ergebnis im Vergleich mit der juristischen Methodenlehre, CB Sonderbeilage 1/2021, 1 ff.

van Raden, Lutz: Computergestützte juristische Informationssysteme – neue Entwicklungen, NJW 1988, 2451 ff.

Redaktion beck-aktuell: USA: Anwalt fällt auf von ChatGPT erfundene Urteile herein, becklink 2027226.

Reinking, Kurt: Verbraucherverträge über digitale Produkte für Kraftfahrzeuge, DAR 2021, 185 ff.

Remmertz, Frank: Aktuelle Entwicklungen im RDG – In dubio pro libertate?, BRAK-Mitt. 2018, 231 ff.

Remmertz, Frank: Aktuelle Entwicklungen im RDG – Nach der Reform ist vor der Reform, BRAK-Mitt. 2021, 288 ff.

Remmertz, Frank: Aktuelle Entwicklungen im RDG – Rechtsdienstleistungen in Zeiten des Umbruchs, BRAK-Mitteilungen 5–6/2024, 260 ff.

Remmertz, Frank: Hinweise zum Einsatz von künstlicher Intelligenz (KI), 2024.

Remmertz, Frank: Legal Tech – Rechtliche Beurteilung nach dem RDG, BRAK-Mitt. 2017, 55 ff.

Remmertz, Frank: Legal Tech-Strategien für die Rechtsanwaltschaft – Berufsrecht, Kooperationen, Haftung, 2. Auflage, München 2025.

Remmertz, Frank: Legal Tech-Strategien für Rechtsanwälte – Berufsrecht, Kooperationen, Haftung, 1. Auflage, München 2020.

Remmertz, Frank: Legal Tech-Update im anwaltlichen Berufsrecht und im RDG, LTZ 2023, 75 ff.

Remmertz, Frank: Legal Tech-Update im anwaltlichen Berufsrecht und im RDG, LTZ 2024, 95 ff.

Remmertz, Frank: Rechtsdienstleistungen durch Large Language Models (LLMs), RDi 2023, 401 ff.

Remmertz, Frank: Automatisierte Rechtsdienstleistungen im RDG, ZRP 2019, 139 ff.

Remus, Dana/*Levy*, Frank S.: Can Robots be Lawyers? – Computers, Lawyers, and the Practice of Law, 2016.

Riechert, Stefan: Legal Tech und Serienschäden – Wie sieht der Deckungsschutz aus, wenn sich Fehler dank Legal Tech vervielfältigen?, AnwBl 2020, 168 f.

Riehm, Thomas/*Dörr*, Sina: Digitalisierung des Zivilverfahrens, Berlin 2023.

Ring, Gerhard: Erfolgshonorar und Prozessfinanzierung – Reform des RVG und des RDG infolge des Legal Tech-Gesetzes, NJ 2021, 525 ff.

Ringlage, Philipp/*Weschky*, Julian: KI-System-Anbieter als Adressaten der Anbieterpflichten für GPAI-Modelle?, ZfDR 2024, 417 ff.

Rollberg, Christoph: Algorithmen in der Justiz – Rechtsfragen zum Einsatz von Legal Tech im Zivilprozess, Baden-Baden 2020.

Römermann, Volker: Der schwierige Umgang mit Legal Tech in der gerichtlichen Praxis – Besprechung von OLG Köln, Urt. v. 19.6.2020 – 6 U 263/19, NJW 2020, 2678 ff.

Römermann, Volker: Legal Tech als berufsrechtliche Herausforderung – Zulässige Rechtsdurchsetzung mit Prozessfinanzierung und Erfolgshonorar, NJW 2019, 551 ff.

Römermann, Volker: RDG – zwei Schritte vor, einen zurück, NJW 2008, 1249 ff.

Römermann, Volker: Rechtsanwendung ohne rechtliche Prüfung?, NJW 2014, 1777 ff.

Römermann, Volker: Rechtsdienstleistungsmarkt morgen – Konsequenzen aus der Entschließung des Bundestages vom 11. Juni 2021, erschienen in: Tölle, Antje G. I./Benedict, Jörg/Koch, Harald/Klawitter, Stephan/Paulus, Christoph G./Preetz, Friedrich: Selbstbestimmung: Freiheit und Grenzen – Festschrift für Reinhard Singer zum 70. Geburtstag, Berlin 2021, S. 561 ff.

Römermann, Volker/*Praß*, Jan-Philipp: Die Wirksamkeit von Change-of-Control-Klauseln im Insolvenzfall – Erhöhung der Sanierungschancen vs. Vertragsfreiheit, NWB 2013, 2644 ff.

Roos, Philipp/*Weitz*, Caspar Alexander: Hochrisiko-KI-Systeme im Kommissionsentwurf für eine KI-Verordnung – IT- und produktsicherheitsrechtliche Pflichten von Anbietern, Einführern, Händlern und Nutzern, MMR 2021, 844 ff.

Rostalski, Frauke: Legal Tech now and then – Sollte Technik den Menschen in der Rechtsfindung ersetzen?, REthinking: Law 1/2019, 4 ff.

Rostalski, Frauke/*Weiss*, Erik: Der KI-Verordnungsentwurf der Europäischen Kommission, ZfDR 2021, 329 ff.

Rott, Peter: Legal Tech aus Verbraucherperspektive, S. 111 ff., erschienen in: Blocher, Walter/Heckmann, Dirk/Zech, Herbert: DGRI Jahrbuch 2016 – Informationstechnik und Recht, Köln 2017.

Rott, Peter: Rechtsdurchsetzung durch Legal Tech-Inkasso am Beispiel der Mietpreisbremse – Nutzen oder Gefahr für Verbraucher?, VuR 2018, 443 ff.

Rottmeier, Christian/*Eckel*, Philipp: Die Entschlüsselung biometrisch gesicherter Daten im Strafverfahren, NStZ 2020, 193 ff.

Russel, Stuart/*Norvig*, Peter: Artificial Intelligence – A Modern Approach, 2. Auflage, Hoboken 2003.

Saljanin, Salem/*Vögele*, Alexander/*Borstell*, Thomas/*van der Ham*, Susann: Verrechnungspreise – Betriebswirtschaft, Steuerrecht, 6. Auflage, München 2024.

Samuel, Arthur L.: Some Studies in Machine Learning – Using the Game of Checkers, IBM Journal of Research and Development (1959), 3(3): 211 ff.

Santos, Victoria Guijaro: Nicht besser als nichts – Ein Kommentar zum KI-Verordnungsentwurf, ZfDR 2023, 23 ff.

Sassenberger, Thomas/*Faber*, Tobias: Rechtshandbuch Industrie 4.0 und Internet of Things – Praxisfragen und Perspektiven der digitalen Zukunft, 2. Auflage, München 2020.

Sauer, Heiko: Die Grundfreiheiten des Unionsrechts – Eine Handreichung für die Fallbearbeitung, JuS 2017, 310 ff.

Sauter, Eugen/*Schweyer*, Gerhard/*Waldner*, Wolfram: Der eingetragene Verein – Gemeinverständliche Erläuterung des Vereinsrechts unter Berücksichtigung neuester Rechtsprechung mit Formularteil, 21. Auflage, München 2021.

Schäfer, Ekkehart: Grußwort zum 69. Deutschen Anwaltstag in Mannheim, ZAP 2018, 527 f.

Scherr, Elisabeth: IT-Einsatz im Qualitätssicherungssystem der Wirtschaftsprüferpraxis, WPg 2019, 549 ff.

Schneider, Jochen: Impulse und Probleme der Digitale-Inhalte-Richtlinie und deren Umsetzung im BGB, ITRB 2021, 182 ff.

Schneider, Jochen/*Conrad*, Isabell: Personenbezogene Daten als „Preis" für digitale Produkte – Ein Marktmodell mit vielen Herausforderungen für die praktische Umsetzung, K&R 2022, 225 ff.

Schoch, Friedrich/*Schneider*, Jens-Peter: Verwaltungsrecht – Verwaltungsverfahrensgesetz: VwVfG, 5. Ergänzungslieferung, Stand: Juli 2024, München 2024.

Schrader, Paul T.: Automatisierung der Rechtsanwendung, BRAK-Mitt. 2020, 62 ff.

Schröder, Sebastian: Legal Tech im Arbeitsrecht: Chatbots, DB 31/2019, M18 f.

Schuh, Mathias/*Friehoff*, Lukas: Deep Learning im Rechtsmarkt – Möglichkeiten und Hürden, LR 2019, 43 ff.

Schulze, Reiner/*Dörner*, Heinrich/*Ebert*, Ina: Bürgerliches Gesetzbuch: BGB, 12. Auflage, Baden-Baden 2024.

Schulze, Reiner/*Staudenmayer*, Dirk: EU Digital Law – Article-by-Article Commentary, Baden-Baden 2020.

Schweizer, Mark: Kognitive Täuschungen vor Gericht: eine empirische Studie, Zürich 2005.

Searle, John R.: Minds, brains and programs, Behavioral and Brain Sciences (1980), 3(3): 417 ff.

Seibt, Christoph H.: Beck'sches Formularbuch Mergers & Acquisitions, 4. Auflage, München 2025.

Simitis, Spiros/*Hornung*, Gerrit/*Spiecker*, Indra: Datenschutzrecht – DS-GVO mit BDSG, 2. Auflage, Baden-Baden 2025.

Singer, Reinhard: Vertragsgeneratoren als „smarte" Formularhandbücher? – Erweiterte Betätigungsfelder für nichtanwaltliche Dienstleister nach dem „Smartlaw"-Urteil des BGH und ihre Grenzen, RDi 2022, 53 ff.

Skupin, Florian: Auf dem Weg zu einem Rechtsdienstleistungsmarkt 2.0? (Teil 1) – Verbraucherschutz bei Legal Tech auf der rechtspolitischen Agenda, GRUR-Prax 2020, 581 ff.

Skupin, Florian: Das neue Rechtsdienstleistungsrecht – Anwaltliche Erfolgshonorare und neue Pflichten für Legal Techs, GRUR-Prax 2021, 368 ff.

Skupin, Florian: Die Entwicklung der Legal-Tech-Rechtsprechung im Jahr 2021, RDi 2022, 63 ff.

Skupin, Florian: Die Entwicklung der Legal Tech-Rechtsprechung im Jahr 2022, RDi 2023, 93 ff.

Söbbing, Thomas: Künstliche neuronale Netze – Rechtliche Betrachtung von Software- und KI-Lernstrukturen, MMR 2021, 111 ff.

Sommer, Martin: Haftung für autonome Systeme – Verteilung der Risiken selbstlernender und vernetzter Algorithmen im Vertrags- und Deliktsrecht, Baden-Baden 2020.

Sorge, Christoph: KI-Kompetenz als Schlüsselqualifikation in der juristischen Ausbildung, KIR 2024, 77 f.

Sorge, Christoph/*Krüger*, Jochen: Die Vorhersage von Gerichtsentscheidungen – Methodische und inhaltliche Ausgangsüberlegungen, BRJ Sonderausgabe 01/2021, 13 ff.

Sosnitza, Olaf: Die Aktualisierungspflicht im neuen Recht der digitalen Inhalte des BGB, erschienen in: Berger, Christian/Boemke, Burkhard/Gaul, Hans Friedhelm/Haertlein, Lutz/Heiderhoff, Bettina: Prozessrecht, Zwangsvollstreckungsrecht, Insolvenzrecht – Festschrift für Ekkehard Becker-Eberhard, München 2022, S. 535 ff.

Spies, Axel: ChatGPT & Co. – Keine Insellösungen, MMR 2023, 469.

Spindler, Gerald: Der Vorschlag der EU-Kommission für eine Verordnung zur Regulierung der Künstlichen Intelligenz (KI-VO-E) – Ansatz, Intrumente, Qualität und Kontext, CR 2021, 361 ff.

Spindler, Gerald: Roboter, Automation, künstliche Intelligenz, selbst-steuernde Kfz – Braucht das Recht neue Haftungskategorien?, CR 2015, 766 ff.

Spindler, Gerald: Umsetzung der Richtlinie über digitale Inhalte in das BGB – Schwerpunkt 1: Anwendungsbereich und Mangelbegriff, MMR 2021, 451 ff.

Spindler, Gerald/*Schmitz*, Peter: Telemediengesetz: TMG – mit Netzwerkdurchsetzungsgesetz (NetzDG), 2. Auflage, München 2018.

Stadler, Astrid: Abtretungsmodelle und gewerbliche Prozessfinanzierung bei Masseschäden, WuW 2018, 189 ff.

Stadler, Astrid: Grenzen der Inkassozession nach dem Rechtsdienstleistungsgesetz – Zugleich Besprechung von BGH, Urteil v. 27. 11. 2019 – VIII ZR 285/18, JZ 2020, 321 ff.

Stadler, Astrid: Verbraucherschutz durch die erneute Reform des Rechtsdienstleistungsgesetzes?, VuR 2021, 123 ff.

Stadler, Astrid: Zulässigkeit von Inkasso-Bündelungs- und Finanzierungsmodellen nach RDG – Ein notwendiges Machtwort des Bundesgerichtshofs, RDi 2021, 513 ff.

Staehelin, Alesch: Begriff und Wesen der Künstlichen Intelligenz – Möglichkeiten, Realitäten, Grenzen, GRUR 2022, 1569 ff. .

Stanford Law School: CodeX Techindex, http://techindex.law.stanford.edu (28.02.2025).

Staudinger, Julius von: Staudinger BGB – J. von Staudingers Kommentar zum Bürgerlichen Gesetzbuch: Staudinger BGB – Buch 1: Allgemeiner Teil – Gesamtwerk zu Buch 1 mit Einführungsgesetz und Nebengesetzen, Neubearbeitung 2018, Köln 2018.

Stede, Manfred: Automatic argumentation mining and the role of stance and sentiment, Journal of Argumentation in Context (2020), 9(1): 19 ff.

Steege, Hans: Definition von Künstlicher Intelligenz in Art. 3 Abs. 1 KI-VO-E – Ein Meilenstein auf dem Weg zu einem harmonisierten Rechtsrahmen?, MMR 2022, 926 ff.

Steege, Hans: Legal Tech –, von Benedikt Quarch und Clemens Engelhardt, Springer Gabler Wiesbaden, 1. Auflage 2021, 46 Seite, 14,99 Euro, ISBN 978-3-658-36359-8; NZV 2022, 227 f.

Steffek, Felix: Liebe Leserinnen und Leser, ZKM 2018, 75.

Stein, Holger/*Ruppert*, Stefan: Digitaler Generator für Rechtsdokumente keine Rechtsdienstleistung, DStR 2020, 2039 f.

Steinbuch, Karl: Über den Wert von Informationen, GRUR 1987, 579 ff.

Steinert, Friedrich Florian: Überzahlungen und korrespondierende Aufklärungspflichten des Inkassounternehmers, ZRI 2022, 761 ff.

Steinrötter, Björn: Legal Tech im Reiserecht, RRa 2020, 259 ff.

Stiemerling, Oliver: „Künstliche Intelligenz" – Automatisierung geistiger Arbeit, Big Data und das Internet der Dinge, CR 2015, 762 ff.

Stollfuß Medien GmbH & Co. KG, Bonn: DStV-Präsident Elster erörtert mit MdB Andreas Jung aktuelle steuerpolitische Herausforderungen, StbG 2019, 140.

Streinz, Rudolf: EUV/AEUV – Vertrag über die Europäische Union, Vertrag über die Arbeitsweise der Europäischen Union, Charta der Grundrechte der Europäischen Union, 3. Auflage, München 2018.

Sturm, Jan Felix: Gesetzeskraft und Bindungswirkung von Entscheidungen des Bundesverfassungsgerichts, JURA 2018, 682 ff.

Suliak, Hasso: „Großer Nachholbedarf im Rechtssystem" – Interview: erste Forschungsstelle für Legal Tech, https://www.lto.de/recht/legal-tech/l/forschungsstelle-legal-tech-berlin-humboldt-universitaet-digitalisierung/ (28.02.2025).

Sundar, Sindhu: It might be possible to fight a traffic ticket with an AI „robot lawyer" secretly feeding you lines to your AirPods, but it could go off the rails, https://www.businessinsider.com/donotpay-robot-lawyer-ai-chatgpt-fight-traffic-tickets-legal-risks-2023-1 (28.02.2025).

Susskind, Richard: Tomorrows Lawyers – An Introdction to Your Future, 2. Auflage, New York 2017.

Szostek, Dariusz/*Załucki*, Mariusz: Legal Tech – Information technology tools in the administration of justice, Baden-Baden 2021.

Taeger, Jürgen/*Gabel*, Detlev: DS-GVO – BDSG – TTDSG, 4. Auflage, Frankfurt am Main 2022.

Tanriverdi, Hakan: Mensch unterliegt Maschine: Computer gewinnt das komplexeste Spiel der Welt, https://www.sueddeutsche.de/wissen/kuenstliche-intelligenz-mensch-unterliegt-maschine-computer-gewinnt-das-komplexeste-spiel-der-welt-1.2904384 (28.02.2025).

Timmermann, Daniel: Legal Tech-Anwendungen – Rechtswissenschaftliche Analyse und Entwicklung des Begriffs der algorithmischen Rechtsdienstleistung, Baden-Baden 2020.

Timmermann, Daniel/*Gelbrich*, Katharina: Können Algorithmen subsumieren?, NJW 2022, 25 ff.

Timmermann, Daniel/*Hundertmark*, Lukas: Smartlaw und der Rechtsdienstleistungsbegriff – Auslegungsschwierigkeiten des BGH und Notwendigkeit eines systematischen legislativen Ansatzes, RDi 2021, 269 ff.

Tolksdorf, Klaus: Der Umfang der Inkassoerlaubnis nach dem „Lexfox-Urteil" des Bundesgerichtshofs, ZIP 2021, 2049 ff.

Tolksdorf, Klaus: „Sammelklagen" von registrierten Inkassodienstleistern – ein unzulässige Erscheinungsform des kollektiven Rechtsschutzes?, ZIP 2019, 1401 ff.

Trapova, Alina/*Mezei*, Péter: Robojournalism – A Copyright Study on the Use of Artificial Intelligence in the European News Industry, GRUR Int. 2022, 589 ff.

Turing, Alan: Computing Machinery and Intelligence, Mind (1950), 49: 433 ff.

Vasel, Johann Justus: Künstliche Intelligenz in der Justiz, LTZ 2023, 179 ff.

Vogel, Paul: Künstliche Intelligenz und Datenschutz – Vereinbarkeit intransparenter Systeme mit geltendem Datenschutzrecht und potentielle Regulierungsansätze, Baden-Baden 2022.

Vogelgesang, Stephanie/*Krüger*, Jochen: Legal Tech und die Justiz – ein Zukunftsmodell? – jM-Reihe „Justiz digital" (Teil 1), jM 2019, 398 ff.

Voigt, Paul/*Hullen*, Nils: Handbuch KI-Verordnung – FAQ zum EU AI Act, Berlin 2024.

Vollkommer, Max/*Greger*, Reinhard/*Heinemann*, Jörn: Anwaltshaftungsrecht, 5. Auflage, München 2021.

Wachter, Martin/*Leeb*, Christina-Maria: KI-Systeme in der Rechtspflege, RDi 2024, 440 ff.

Wagner, Jens: Legal Tech und Legal Robots – Der Wandel im Rechtswesen durch neue Technologien und Künstliche Intelligenz, 2. Auflage, Wiesbaden 2020.

Wagner, Jens: Legal Tech und Legal Robots in Unternehmen und den diese beratenden Kanzleien – Teil 1: Einsatzbereiche und praktische Folgen, BB 2017, 898 ff.

Walter, Stephan: Definitionsextraktion aus Urteilstexten, Saarbrücken 2010.

Weber, Klaus: Rechtswörterbuch, 24. Auflage, München 2022.

Weberstaedt, Jakob: Online-Rechts-Generatoren als erlaubnispflichtige Rechtsdienstleistung? – Legal-Tech-Innovationen: Kein Objekt der Regulierung für Rechtsdienstleistungsrecht, AnwBl 2016, 535 ff.

Weingartner, Sebastian: Wissen und Gesellschaft I – Einführung in die analytische Wissenschaftstheorie – Tutorat zur Vorlesung – Herbstsemester 2011, Zürich 2011.

Weitnauer, Wolfgang: Handbuch Venture Capital – Von der Innovation zum Börsengang, 7. Auflage, München 2022.

Wellenhofer, Marina: Sachenrecht, 39. Auflage, München 2024.

Wendehorst, Christiane: Die neuen Regelungen im BGB zu Verträgen über digitale Produkte, NJW 2021, 2913 ff.

Wendt, Domenik Henning/*Jung*, Constantin: Rechtsrahmen für Legal Technology – Zugleich Besprechung von OLG Köln v. 19. 6. 2020 – 6 U 263/19, ZIP 2020, 1666 („smartlaw"), ZIP 2020, 2201 ff.

Werry, Susanne: Generative KI-Modelle im Visier der Datenschutzbehörden – Technische Entwicklungen im Zusammenhang mit KI-Modellen begegnen einer Vielzahl datenschutzrechtlicher Herausforderungen, MMR 2023, 911 ff.

Wessels, Ferdinand: Legal Tech als unzulässige Rechtsdienstleistung, MMR 2020, 56 ff.

Westphalen, Friedrich von: Haftungsfragen beim Einsatz Künstlicher Intelligenz in Ergänzung der Produkthaftungs-RL 85/374/EWG, ZIP 2019, 889 ff.

Wettlaufer, Jan Max: Vertragsgestaltung, Legal Techs und das Anwaltsmonopol – Bewertung von Angeboten automatisierter Vertragsgestaltung durch das RDG, MMR 2018, 55 ff.

Weyland, Drag: Bundesrechtsanwaltsordnung: BRAO – Berufsordnung, Fachanwaltsordnung, Partnerschaftsgesellschaftsgesetz, Recht für Anwälte aus dem Gebiet der Europäischen Union, Patentanwaltsordnung, 11. Auflage, München 2024.

Wischmeyer, Thomas: Regulierung intelligenter Systeme, AöR 143 (2018), 1 ff.

Wolf, Manfred: Schuldnerhaftung bei Automatenversagen, JuS 1989, 899 ff.

Wormit, Maximilian: Legal Tech – Erbringen Online-Rechtsdokumentengeneratoren Rechtsdienstleistungen nach dem RDG?, InTer 2021, 22 ff.

Wulf, Hans Markus/*Bernklau*, Emily: Die KI-Verordnung: Umsetzungspflichten, KI-Kompetenz und verbotene Praktiken, GmbHR 2024, R356 ff.

Wußler, Sebastian: Elektronische Hilfe bei der Strafzumessung: Smart Sentencing, DRiZ 2020, 8 f.

Wuttke, Laurenz: Künstliche neuronale Netzwerke – Definition, Einführung, Arten und Funktion, https://datasolut.com/neuronale-netzwerke-einfuehrung/ (28.02.2025).

Wuttke, Laurenz: Training-, Validierung- und Testdatensatz, https://datasolut.com/wiki/trainingsdaten-und-testdaten-machine-learning/ (28.02.2025).

Yuan, Tianyu: Recht automatisieren und Automatisierung regulieren – Ein praktischer Blick auf die Chancen und Risiken des Einsatzes der Künstlichen Intelligenz für die Rechtsbranche, REthinking: Law 2/2021, 4 ff.

Zech, Herbert: Künstliche Intelligenz und Haftungsfragen, ZfPW 2019, 198 ff.

Ziegler, Nicolas/*Nagl*, Sebastian: Zugang zu Industriedaten für KMU – Gleichzeitig eine rechtliche und technische Analyse des Entwurfs des Data Acts als KMU-Instrument, ZfDR 2023, 57 ff.

Zimmermann, Christian: Legal Tech – Vielfalt der Anwendungen und richtige Haftungsvorsorge – Innovationen bergen neue Risiken – kohärenter Versicherungsschutz ist wichtig, AnwBl 2019, 815 ff.

Zorilla, Montoya: Towards a Credible Future: Uses of Technology in International Commercial Arbitration, SchiedsVZ 2018, 106 ff.

Stichwortverzeichnis

Aktualisierungspflicht 211 ff.
Assistenzsystem 78, 80 f., 90 f., 253, 255 f., 279 ff., 281, 283 f., 285

Black-Box 31, 228, 242 f., 249, 272 f.

Chatbot
– Einsatzbereiche 91 ff.
– Regulierung 162 ff., 213 ff.
Confirmation Bias 245

Dokumentenanalyse
– Einsatzbereiche 66 ff.
– Regulierung 141 ff.
Dokumentengenerator
– Einsatzbereiche 53 ff.
– Regulierung 106 ff., 216

E-Discovery 57 ff.
Expertensystem
– Einsatzbereiche 53 ff., 79 ff.
– Regulierung 106 ff., 149 ff., 213 ff.
– Technische Grundlagen 34 ff.

Formalisierbarkeit 35 f., 79 f., 87, 243

Generative KI 23, 25, 92
Gewissenhafte Berufsausübung 231 ff.

Halluzination 15, 241 f.

Information Extraction 61 ff.
Information Retrieval
– Einsatzbereiche 56 ff.
– Regulierung 137 ff.
Informationspflicht 182 ff., 247 f., 267, 273 ff.

Inkassodienstleistung 82 ff., 87 ff., 151 ff., 168 ff.
Inkassodienstleistungserlaubnis 168 ff.
Interessenwiderstreit
– Anwalt 248 ff.
– Rechtsdienstleister 191 ff.

KI-Verordnung 220 ff., 254 ff.
– Anbieter 223 f., 255
– Betreiber 254 f.
– Kennzeichnungspflicht 226, 254 f.
– KI-Kompetenz 229 f., 255 f.
– Transparenzpflicht 225 f., 254 f.
Korrelation
Künstliche Intelligenz
– Begriff 25 ff.
– Historie 20 ff.
Künstliche Neuronale Netze 46 ff.

Legal Robot
– Einsatzbereiche 86 ff.
– Regulierung 162, 216 f.
LLM *siehe* Sprachmodelle

Maschinelles Lernen 38 ff.
– Aktives Lernen 45
– Überwachtes maschinelles Lernen 40 ff.
– Unüberwachtes maschinelles Lernen 42 ff.
– Verstärkendes Lernen 44 f.
Mietpreisrechner 149 f., 159, 173 ff., 190 f., 191

Predictive Analytics *siehe* Vorhersagen
Produktsicherungsmanager 267, 268 ff., 272 f.

Stichwortverzeichnis

Prompt 244 f., 282

Rechtliche Prüfung 120 ff., 141, 142 ff., 148, 150 ff., 160 f., 162, 163 ff.
Reform 257 ff.
– Anwaltliches Berufsrecht 279 ff.
– Nichtanwaltliches Berufsrecht 259 ff.
Regulierung 95 ff.
– Begriffseingrenzung 19
– BGB 208 ff., 254
– BRAO 231 ff.
– De lege ferrenda *siehe* Reform
– KI-Verordnung 220 ff., 254 ff.
– RDG 96 ff., 105 ff., 167 ff., 253 f.
– UWG 199 ff., 251 ff.

Sachverhaltserfassung 56 ff., 78, 236 ff.

Semantik 26 f., 92, 145, 241, 242
Simulation 26 f., 91 f., 274
Sprachmodell 25, 92, 240
Subsumtion *siehe* Rechtliche Prüfung
Syntax 26 f., 145, 242

Text- und Data-Mining 64 f.
Trainingsdaten
– Auswirkungen 68, 72, 89, 92, 145 f., 164, 228, 238, 239, 243 f.
– Technische Grundlagen 40 ff.

Vorhersagen
– Einsatzbereiche 73 ff.
– Regulierung 147 ff.

Weiterbildungspflicht 279 ff., 281 ff., 283 ff.

Simon Hager

Legal Technology, Anwaltshaftung und anwaltliches Risikomanagement

Die Anwaltshaftung als Stolperstein für anwaltliche Legal-Tech-Anwendungen?

Mit den neuen technischen Möglichkeiten, die nicht zuletzt durch den Einsatz Künstlicher Intelligenz eröffnet werden, steht die anwaltliche Mandatsbearbeitung vor einem grundlegenden Wandel. Diese Arbeit widmet sich der Frage nach der Zukunft der anwaltlichen Rechtsdienstleistung und untersucht, welche haftungsrechtlichen Gefahren Rechtsanwälte bei der Nutzung digitaler Hilfsmittel beachten sollten. Dabei werden sowohl künftige technische Entwicklungen als auch der Status quo in den Blick genommen. Durch diese Arbeit werden mögliche Wege aufgezeigt, mit denen Rechtsanwälte existenzgefährdende Haftungsrisiken vermeiden können, ohne auf den Einsatz von Legal Technology verzichten zu müssen. So werden die teils versteckten Risiken bei der Nutzung von Legal Technology herausgearbeitet, aber auch dargelegt, dass bei einem umsichtigen anwaltlichen Risikomanagement die anwaltliche Berufshaftung keine unüberwindbare Hürde darstellt.

Internetrecht und Digitale Gesellschaft, Band 65
623 Seiten, 2025
ISBN 978-3-428-19242-7, € 119,90
Titel auch als E-Book erhältlich.

www.duncker-humblot.de